国家出版基金项目
NATIONAL PUBLICATION FOUNDATION

U0595938

中国近代
思想家文库

◎

卢作孚卷

王果 编

中国人民大学出版社
·北京·

总　序

对于近代的理解，虽不见得所有人都是一致的，但总的说来，对于近代这个词所涵的基本意义，人们还是有共识的。一个国家、一个民族走入近代，就意味着以工业化为主导的经济取代了以地主经济、领主经济或自然经济为主导的中世纪的经济形态，也还意味着，它不再是孤立的或是封闭与半封闭的，而是以某种形式加入到世界总的发展进程。尤其重要的是，它以某种形式的民主制度取代君主专制或其他不同形式的专制制度。中国是个幅员广大、人口众多、历史悠久的多民族国家，由于长期历史发展是自成一体的，与外界的交往比较有限，其生产方式的代谢迟缓了一些。如果说，世界的近代是从 17 世纪开始的，那么中国的近代则是从 19 世纪中期才开始的。现在国内学界比较一致的认识，是把 1840 年到 1949 年视为中国的近代。

中国的近代起始的标志是 1840 年的鸦片战争。原来相对封闭的国门被拥有近代种种优势的英帝国以军舰、大炮再加上种种卑鄙的欺诈打开了。从此，中国不情愿地加入到世界秩序中，沦为半殖民地。原来独立的大一统的中央集权的君主专制国家，如今独立已经极大地被限制，大一统也逐渐残缺不全，中央集权因列强的侵夺也不完全名实相符了。后来因太平天国运动，地方军政势力崛起，形成内轻外重的形势，也使中央集权被弱化。经历第二次鸦片战争、中法战争、甲午战争、八国联军入侵的战争以及辛亥革命后的多次内外战争，直至日本全面侵略中国的战争，致使中国的经济、政治、教育、文化，都无法顺利走上近代发展的轨道。古今之间，新旧之间，中外之间，混杂、矛盾、冲突。总之，鸦片战争后的中国，既未能成为近代国家，更不能维持原有的统治秩序。而外患内忧咄咄逼人，人们都有某种程度“国将不国”的忧虑。

“天下兴亡，匹夫有责”，读书明理的士大夫，或今所谓知识分子，尤为敏感，在空前的危机与挑战面前，皆思有所献替。于是发生种种救亡图存的思想与主张。有的从所能见及的西方国家发展的经验中借鉴某些东西，形成自己的改革方案；有的从历史回忆中拾取某些智慧，形成某种民族复兴的设想；有的则力图把西方的和中国所固有的一些东西加以调和或结合，形成某种救亡图强的主张。这些方案、设想、主张，从世界上“最先进的”，到“最落后的”，几乎样样都有。就提出这些方案、设想、主张者的初衷而言，绝大多数都含着几分救国的意愿。其先进与落后，是否可行，能否成功，尽可充分讨论，但可不必过为诛心之论。显而易见，既然救国的问题最为紧迫，人们所心营目注者自然是种种与救国的方案直接相关的思想学说，而作为产生这些学说的更基础性的理论，及其他各种知识、思想，则关注者少。

围绕着救国、强国的大议题，知识精英们参考世界上种种思想学说，加以研究、选择，认为其中比较适用的思想学说，拿来向国人宣传，并赢得一部分人的认可。于是互相推引，互相激励，更加发挥，演而成潮。在近代中国，曾经得到比较广泛的传播的思想学说，或者够得上思潮的，主要有以下几种：

（一）进化论。近代西方思想较早被引介到中国，而又发生绝大影响的，要属进化论。中国人逐渐相信，进化是宇宙之铁则，不进化就必遭淘汰。以此思想警醒国人，颇曾有助于振作民族精神。但随后不久，社会达尔文主义伴随而来，不免发生一些负面的影响。人们对进化的了解，也存在某些片面性，有时把进化理解为一条简单的直线。辩证法思想帮助人们形成内容更丰富和更加符合实际的发展观念，减少或避免片面性的进化观念的某些负面影响。

（二）民族主义。中国古代的民族主义思想，其核心是“非我族类，其心必异”，所以最重“华夷之辨”。鸦片战争前后一段时期，中国人的民族思想，大体仍是如此。后来渐渐认识到“今之夷狄，非古之夷狄”，“西人治国有法度，不得以古旧之夷狄视之”。但当时中国正遭受西方列强的侵略和掠夺，追求民族独立是民族主义之第一义。20世纪初，中国知识精英开始有了“中华民族”的概念。于是，渐渐形成以建立近代民族国家为核心的近代民族主义。结束清朝君主专制，创立中华民国，是这一思想的初步实现。第一次世界大战爆发，中国加入“协约国”，第一次以主动的姿态参与世界事务，接着俄国十月革命爆发，这两件事对近代中国的发展历程造成绝大影响。同时也将中国人的民族主义提升到一个新的层次，即与国际主义（或世界主义）发生紧密联系。也可以说，中国人更加自觉地用世界的眼光来观察中国的问题。新生的中国共产党和改组后的国民党都是如此。民族主义成为中国的知识精英用来应对近代中国所面临的种种危机和种种挑战的一个重要的思想武器。

（三）社会主义。社会主义作为一种模糊的理想是早在古代就有的，而且不论东方和西方都曾有过。但作为近代思潮，它是于 19 世纪在批判近代资本主义的基础上产生的。起初仍带有空想的性质，直到马克思和恩格斯才创立起科学社会主义。20 世纪初期，社会主义开始传入中国。当时的传播者不太了解科学社会主义与以往的社会主义学说的本质区别。有一部分人，明显地受到无政府主义的强烈影响，更远离科学社会主义。直到五四新文化运动兴起之后，中国人始较严格地引介、宣传科学社会主义。但有一段时间，无政府主义仍是一股很大的思想潮流。中国共产党的成立，从思想上说，是战胜无政府主义的结果。中国共产党把在中国实现社会主义乃至共产主义作为自己的奋斗目标。此后，社会主义者，多次同各种非科学社会主义思想的信仰者进行论争并不断克服种种非科学社会主义思想的影响。

（四）自由主义。自由主义也是从清末就被介绍到中国来，只是信从者一直寥寥。直到五四新文化运动兴起，具有欧美教育背景的知识精英的数量渐渐多起来，自由主义始渐渐形成一股思想潮流。自由主义强调个性解放、意志自由和自己承担责任，在政治上反对一切专制主义。在中国的社会条件下，自由主义缺乏社会基础。在政治激烈动荡的时候，自由主义者很难凝聚成一股有组织的力量；在稍稍平和的时候，他们往往更多沉浸在自己的专业中。所以，在中国近代史上，自由主义不曾有，也不可能有大的作为。

（五）激进主义与保守主义。处于转型期的社会，旧的东西尚未完全退出舞台，新的东西也还未能巩固地树立起来，新旧冲突往往要持续很长的时间，有时甚至达到很激烈的程度。凡助推新东西成长的，人们便视为进步的；凡帮助旧东西排斥新东西的，人们便视为保守的。其实，与保守主义对应的，应是进步主义；与顽固主义相对的则应是激进主义。不过在通常话语环境中人们不太严格加以区分。中国历史悠久，特别是君主专制制度持续两千余年，旧东西积累异常丰富，社会转型极其不易。而世界的发展却进步甚速。中国的一部分精英分子往往特别急切地想改造中国社会，总想找出最厉害的手段，选一条最捷近的路，以最快的速度实现全盘改造。这类思想、主张及其采取的行动，皆属激进主义。在中共党史上，它表现为“左”倾或极左的机会主义。从极端的激进主义到极端的顽固主义，中间有着各种程度的进步与保守的流派。社会的稳定，或社会和平改革的成功，都依赖有一个实力雄厚的中间力量。但因种种原因，中国社会的中间力量一直未能成长到足够的程度。进步主义与保守主义，以及激进主义与顽固主义，不断进行斗争，而实际所获进步不大。

（六）革命与和平改革。中国近代史上，革命运动与和平改革运动交替进行，有时又是平行发展。两者的宗旨都是为改变原有的君主专制制度而代之以某种形式的近代民主制度。有很长一个时期，有两种错误的观念，一是把革命理解为仅仅是指以暴力取得政权的行动，二是与此相关联，把暴力革命与和平改革对立起来，认为革命是推动历史进步的，而改革是维护旧有统治秩序的。这两种论调既无理论根据，也不合历史实际。凡是有助于改变君主专制制度的探索，无论暴力的或和平的改革都是应予肯定的。

中国近代揭幕之时，西方列强正在疯狂地侵略与掠夺殖民地和半殖民地，中国是它们互相争夺的最后一块、也是最大的资源地。而这时的中国，沿袭了两千年的君主专制制度已到了奄奄一息的末日，统治当局腐朽无能，对外不足以御侮，对内不足以言治，其统治的合法性和统治的能力均招致怀疑。革命运动与改革的呼声，以及自发的民变接连不断。国家、民族的命运真的到了千钧一发之际，危机极端紧迫。先觉分子救国之心切，每遇稍具新意义的思想学说便急不可待地学习引介。于是西方思想学说纷纷涌进中国，各阶层、各领域，凡能读书读报者，受其影响，各依其家庭、职业、教育之不同背景而选择自以为不错的一种，接受之，信仰之，传播之。于是西方几百年里相继风行的思想学说，在短时期内纷纷涌进中国。在清末最后的十几年里是这样，五四时期在较高的水准上重复出现这种情况。

这种情况直接造成两个重要的历史现象：一个是中国社会的实际代谢过程（亦即社会转型过程）相对迟缓，而思想的代谢过程却来得格外神速。另一个是在西方原是差不多三百年的历史中渐次出现的各种思想学说，集中在几年或十几年的时间里狂泻而来，人们不及深入研究、审慎抉择，便匆忙引介、传播，引介者、传播者、听闻者，都难免有些消化不良。其实，这种情况在清末，在五四时期，都已有人觉察。我们现在指出这些问题并非苛求前人，而是要引为教训。

同时我们也看到，中国近代思想无比的多样性与复杂性呈现出绚丽多彩的姿态，各种思想持续不断地展开论争，这又构成中国近代思想史的一个突出特点。有些论争为我们留下了非常丰富的思想资料。如兴洋务与反洋务之争，变法与反变法之争，革命与改良之争，共和与立宪之争，东西文化之争，文言与白话之争，新旧伦理之争，科学与人生观之争，中国社会性质的论争，社会史的论争，人权与约法之争，全盘西化与本位文化之争，民主与独裁之争，等等。这些争论都不同程度地关联着一直影响甚至困扰着中国人的几个核心问题，即所谓中西问题、古今问题与心物关系问题。

中国近代思想的光谱虽比较齐全，但各种思想的存在状态及其影响力是很不平衡的。有些思想信从者多，言论著作亦多，且略成系统；有些可能只有很少的人做过介绍或略加研究；有的还可能因种种原因，只存在私人载记中，当时未及面世。然这些思想，其中有很多并不因时间久远而失去其价值。因为就总的情况说，我们还没有完成社会的近代转型，所以先贤们对某些问题的思考，在今天对我们仍有参考借鉴的价值。我们编辑这套《中国近代思想家文库》，希望尽可能全面地、系统地整理出近代中国思想家的思想成果，一则借以保存这份珍贵遗产，再则为研究思想史提供方便，三则为有心于中国思想文化建设者提供参考借鉴的便利。

考虑到中国近代思想的上述诸特点，我们编辑本《文库》时，对于思想家不取太严格的界定，凡在某一学科、某一领域，有其独立思考、提出特别见解和主张者，都尽量收入。虽然其中有些主张与表述有时代和个人的局限，但为反映近代思想发展的轨迹，以供今人参考，我们亦保留其原貌。所以本《文库》实为"中国近代思想集成"。

本《文库》入选的思想家，主要是活跃在1840年至1949年之间的思想人物。但中共领袖人物，因有较为丰富的研究著述，本《文库》则未收入。

编辑如此规模的《文库》，对象范围的确定，材料的搜集，版本的比勘，体例的斟酌，在在皆非易事。限于我们的水平，容有瑕隙，敬请方家指正。

《中国近代思想家文库》编纂委员会

目　录

导 言
存天下于一方的天下士

卢作孚的一生充满传奇，闹过革命，办过教育，创过实业，统过军队，也做过高官。他白手起家，收复长江航运，成为一代船王；连横合纵，斡旋于军阀之间，助消蜀中战火；纵横捭阖，说服刘湘，促成中央军入川；临危受命，主持粮政、交通，保护民族复兴最后命脉；主持乡建，十年苦心经营，将北碚建成“新中国的缩影”[①]。蒋介石介绍他加入国民党[②]，毛泽东评价他是新中国工业不能忘记的四人之一[③]，张群说他是“一个没有受过教育的学者，一个没有现代个人享受的现代企业家，一个没有钱的大亨”[④]。

卢作孚出入政商、游走于庙堂与江湖之间的人生经历，以现在的观点来看，近乎不可思议，却是那时许多和他一样心系天下的读书人的人生剪影，或可说是后科举时代志于济世的读书人的一种人生新常态。在这种新的历史条件下走出的新生活样态，还没有被今人很好地认识，或受现代性认识论的影响，今人往往将人、事、物放到边界分明的认知盒

---

① 陶行知在1939年参观完北碚以后说道：“北碚的建设……可谓将来如何建设新中国的缩影”。参见《在北碚试验区署纪念周大会上的讲演》，见《陶行知全集》，第3卷，311页，成都，四川教育出版社，2005。

② 参见卢国纪：《我的父亲卢作孚》，235～236页，成都，四川人民出版社，2003；《翁文灏、卢作孚正式加入国民党》，载《新民报》，1938-06-03，第2版。

③ 毛泽东曾对黄炎培等人谈到，中国民族工业的发展不能忘记四个人，分别是搞重工业的张之洞、搞化学工业的范旭东、搞交通运输的卢作孚和搞纺织工业的张謇。参见林耀伦、熊甫编：《卢作孚文集》，“前言”，7页，北京，北京大学出版社，2012；张守广：《卢作孚年谱》，501页，重庆，重庆出版社，2005。

④ 转引自T. H. Sun（孙恩三）：《卢作孚和他的长江船队》，见政协重庆市北碚委员会编：《风范长存——重庆市北碚区各界隆重纪念卢作孚先生诞辰一百周年》，124页，重庆，四川省政协重庆市北碚区委员会，1993。

子之中，赋予其不同的意义，结果迷失在一段段剪影之中，得不到超乎片段之上的整体意象。

以卢作孚为例，从他 1952 年自尽到 1980 年恢复名誉，28 年间，这个最不应被忘记的人淡出了历史的记忆。改革开放以后，以经济建设为中心，卢作孚作为创办民生公司的爱国资本家，重回人们的视线。近年来，随着国家大力实施新农村建设、城乡统筹和新型城镇化，卢作孚作为北碚“乡村建设”运动的缔造者，又一次成为时代关注的焦点。无论是资本家还是“乡建”先驱，这些复活的历史记忆有着明显的方向性，其实都是将今人关注的重点重新投射到卢先生身上，将其复杂的人生面相简单化地贴上某一种人物的标签，将其多元的人生经历抽离为向着这一目标的叙事而不断“进步”。

卢作孚的人生自有其大格局，并镶嵌于他所处的时代之中。如赫尔德所说：“我由我所长成。好比一棵树，我成其为我：种子固然重要，但空气、土壤和所有其他所有周遭因素也都滋养着种子，构成着种子、果实和树。”① 实业家也好，乡建先驱也罢，卢作孚不同时期丰富多彩的人生经历，就像其生命之树上的不同分支。只有把不同的树枝放在一起，复原枝枝叶叶在树上本来的位置，才能看出这棵大树枝叶扶疏的全貌；也只有知道其生长过程中的阳光、雨露、土壤与气候，才可能明了这树如何长成后来的样子。要进一步认识卢作孚斑斓人生经历背后安身立命的价值世界与一以贯之的理想追求，就需要重建他生活成长的大时代与小环境，顺着他人生的足迹，仔细辨识各树枝与主干接榫处的锋向、深浅与位置，重新将其链接到主干之上。

选这本集子的主要目的，就是想从这些重要文本中，重访卢作孚不同时期的人生轨迹，于依稀仿佛之间拼凑出卢先生平生的功业志向，以增进我们对他的了解。与以往大多重视他发迹以后的研究不同，这篇导言侧重重建其生命之树的成长环境和生长过程，尤其重视先立其干，把他不同的人生分支接回到主干之上，借着重建周遭的空气土壤，重新观察他人生的大格局，即一种后经典时代的存天下于一方的“天下士”情怀。

将天下之一方“改造”成示范“全局”的“局部”，是一个十分复

① Frank Ankersmit，*Meaning*，*Truth*，*and Reference in Historical Representation*，Ithaca，Cornell University Press，2012，pp. 1-2.

杂的过程。它既涉及宏观层面，旧“天下”的崩解以及现代国家建构这一新“全局”的出现；也关乎微观层面，再造“一方”中的社会关联、运行规则和伦理道德，使之成为符合新世界组织原则、游戏规则，具有“模范”作用的“局部”；更需要在以上两个层面之间建立起文化社会、政治经济等多重联系，将因应世变的各种建制在一个地方实实在在地建设起来。以上三个层次彼此交织叠加，共同左右着“道”在地方转化的过程[①]，也是卢作孚所谓“局部改造”的题中应有之义。

导言将按时间顺序展开，跟随卢作孚的脚踪穿梭于天下与一方、全局与局部之间，重现他在经典淡出的时代[②]，运用国民革命、民众教育、创办实业等新兴手段，探索弘道救国新途径的历史，从中揭示他存天下于一方这一平生志业的形成过程。

道已远人：后科举时代读书人的人生困境

身逢世变的卢作孚这一代人，面临着特别尴尬的时代困局：他们不能顺着相延已久的登科之路，实现士人或澄清天下、或造福一方的人生理想。因为1905年的废除科举，不仅在体制上终止了士人的产生机制，而且在现实人生中也阻断了书生报国的仕进之路。随着士人生成机制的断绝，“道”渐失弘道的主体。加之民国以后，短短几年内，废除读经、取消祭孔、“打倒孔家店”一波未平一波又起，传统中国的“天下”亦随之崩解。在既无“君”又失“道”的民国初年，军焰滔天，读书人实现“得君行道”的理想几无可能。然而，废科举这一自上而下的变革，在基层地方社会造成的影响远不如在国家层面彻底。在地方，虽然危机重重，但传统的“道”并未完全褪色，士绅也没有完全丧失基础，保留着读书人通过改造“道”进而再造“地方”这一新时期“觉民行道”的可能。

卢作孚生于1893年。七岁时，他进入当地私塾接受蒙学教育。同很多同龄读书人一样，不到十岁，他便从《三字经》等蒙学读物开始，

---

① 本导言侧重在地方史的语境中展开这一论题；学理层面的相关讨论，请参阅罗志田《近代中国“道”的转化》，载《近代史研究》，2014（6）。

② 近代中国值得注意的一个根本变化是传统经典从人们生活中淡出。它深刻改变了全社会的价值追求和生活方式。此问题仅有少量研究，尚未得到充分讨论。请参阅罗志田《经典淡出之后：20世纪中国史学的演变与延续》（北京，三联书店，2013）一书的引论。

涵养修齐治平的士人理想。本来，按照奉行千年的科举传统，若有朝一日金榜题名，便可踏上“学而优则仕”的坦途，从一方俊才跃升为兼善天下的士大夫；即使名落孙山，也可以凭借一身所学，在乡间为夫子、为大夫、为书吏、为乡绅，维持桑梓、造福一方。[①] 对四民之首的传统读书人而言，无论高居庙堂还是远在江湖，无论“得君行道”还是“觉民行道”，“天下”和“地方”都为“道”之所覆，都能通过“以人弘道”的方式，在朝在野砥柱中流，成为四民社会名副其实的重心。

但是，废科举这一“数千年中莫大举动”（严复语），彻底改变了卢作孚这一代人的人生轨迹。十来岁的时候，正是他们从启蒙向应举过渡的关口[②]，在匆忙上马的清末新政中，各地广兴新式学堂，新学堂中崇尚西学，中学最不受重视。口岸新学堂子弟，比如卢作孚的同龄人梁漱溟，念完蒙学以后，转而学习西学和新知报刊。[③] 而远在四川和湖南乡间的卢作孚和毛泽东，仍遵循着从蒙学到举学的故径，沿着登科的阶梯一步一步往上攀爬。卢作孚从私塾升到书院，毛泽东则在私塾中一学六年。后来，毛泽东回忆，对这些经书“背得，可是不懂。那时候很相信孔夫子，还写过文章”[④]。

惟尚西学和城乡教育分离，对乡居学子已是大为不利，而 1905 年科举制度的突然废除，则彻底改写了他们的人生。对卢作孚这一辈读书人而言，仕进之路的断绝使求学和经世之间断成两阕，迫使他们不得不重新思考两个重大人生问题：如何求知、如何遂志。科举废除后，12 岁的卢作孚，像毛泽东、郭沫若、傅斯年、顾颉刚这些乡间学子一样，仍在被更名的新式学堂中稍作观望，谁也说不清楚被废的科举会不会像 1898 年那样废后旋兴。[⑤] 但看清形势后，他认识到要寻求西学，就不能指望乡间程度不高的新学堂，若不能出洋，比较现实的选择是踏出乡

---

① Benjamin Elman, *Civil Examinations and Meritocracy in Late Imperial China*, Harvard University Press, 2013.

② 旧式教育一般在两三年启蒙之后，就会转入研习四书五经，为科举考试做准备。

③ 参见梁漱溟：《我的自学小史》，见《梁漱溟全集》，第二卷，667～676 页，济南，山东人民出版社，1990。

④ 毛泽东：《关于哲学问题的讲话》（1964 年 8 月 18 日，龚育之笔录），见龚育之：《听毛泽东谈哲学》，载《北京党史》，2003（6），5 页。

⑤ 比如山东聊城的傅斯年和江苏的顾颉刚，参见王汎森：《傅斯年：中国近代历史与政治中的个体生命》，17～18 页，北京，三联书店，2012。

关，到更加开化的地方或省城去觅新知。[①] 正如毛泽东在 1910 年写给他父亲的诗中所言："孩儿立志出乡关，学不成名誓不还。"[②]

1908 年，卢作孚离开合川来到成都求学。可即便到了省城，新式学校的程度也未必能解答学生们对后科举时代学问和人生问题的困惑。梁漱溟就指出，北京的新学堂对于当时青年学子"追求不已"的"人生问题"和"社会问题，亦可云中国问题"[③] 不大关注。在山西的刘大鹏也观察到，科举一废，"学堂成效未有验"，维系"世道人心"的体制总枢纽亦随之解体，可谓"大不便于天下"[④]。很多到大城市求学的青年学子都不满足于学堂中破碎化的技术性知识，他们心中隐隐然还怀有更大的"天下"。为了求得关于人生和社会问题的答案，青年读书人中盛行着一股"自学"的风气。

一开始，卢作孚也在学校中求学，后因其程度太低，索性退而自学。自学的内容，除了数学以外，主要是关乎进化论和孙文革命思想等。北京的梁漱溟也不满足于学校教育，自学梁启超编的《新民丛报》《新小说》，以及从日本传入的革命派的报刊。在湖南，毛泽东也感到"学绝道丧"[⑤]，感到学校终"非读书之地，意志不自由，程度太低，俦侣太恶，有用之身，宝贵之时日，逐渐催落，以衰以逝，心中实大悲伤"[⑥]。他后来还跟斯诺谈到 1912 年有半年时间，每天到湖南省立图书馆读书，读了亚当·斯密的《原富》、孟德斯鸠的《法意》、卢梭的《民约论》、赫胥黎的《天演论》，以及各国历史、地理的书籍和革命学说。

这些自学内容的共同特点，在于帮助学子们在旧有之"道"远已而去的情况下，寻觅一套通行于世界的新"道"。这些通行天下的新规律，可以帮助他们重新厘定国家和个人在混沌新世界中的时空方位和人生坐标。其中，古往今来的各国史乘，揭示了一个绵延演化的国家体系，可以填补天下坍塌之后的时空空白感；而经济学、社会学和社会进化论等各种学理，则为了解这个陌生新世界的演进提供了新的解释，赋予它一

---

① 参见郭沫若：《少年时代》，141、179 页，上海，海燕书店，1948；王汎森：《傅斯年：中国近代历史与政治中的个体生命》，19 页。

② 《毛泽东年谱》，上卷，8 页，北京，中央文献出版社，1993。

③ 梁漱溟：《我的自学小史》，见《梁漱溟全集》，第二卷，679 页。

④ 刘大鹏：《退想斋日记》，146 页，太原，山西人民出版社，1990。

⑤ 毛泽东：《致湘生信》（1915 年 6 月 25 日），见《毛泽东早期文稿》，9 页，长沙，湖南出版社，1990。

⑥ 毛泽东：《致黎锦熙信》（1915 年 11 月 9 日），见《毛泽东早期文稿》，30 页。

种方向感和秩序感。对青年知识分子而言，如果了然世界“全景图”，又掌握其运动规律，于国，可以把作为“天下”的中国重新安顿到按科学规律运行的新世界之中；于己，则可以在把握世界、国家大势中校准个人的人生方向与意义。

革命救国

此时到城市的青年知识分子，浸润在辛亥前后流行的各种革命学说之中。与一般西学不同，革命学说一方面与一般的社会、史地书籍一样，提供了一种对社会的规律性认识；另一方面，还能通过革命将这种规律性认识付诸实践，对人生价值和奋斗方向具有更鲜明的导向性。把革命理论变成实际行动，更为充斥在城市中的读书人提供了一次以革命之“道”变革天下的机会。对后科举时代的读书人而言，这是一种以新的“政治革命”的方式，延续读书人“得君行道”、澄清天下旧理想的方式。

辛亥革命就是这样一个重新建立读书人与新国家联系的机会，只不过这次机会主要为各级武学堂的学生攫取了。甲午以后，尚武之风复炽。19 世纪 90 年代前后出生的这一辈人，在废科举后，很多弃文从武，进入武学堂。辛亥革命后的四川，出生于 1875—1880 年的第一代军人在两周之内从革命党手中夺取了权力，到 20 世纪 20 年代中期，19 世纪 90 年代前后出生的那批毕业于晚清军事学堂的年轻将领渐渐上台，到 20 世纪 20 年代后期和三四十年代，他们是执掌四川大权的中坚力量。① 可以说，晚清军事学堂的学生群体是辛亥革命最大的受益者。

对于卢作孚这样一介书生来说，虽也树立了革命救国的理想，但在现实中却很难走通。1910 年，卢作孚在成都接受了孙中山的民主革命学说，次年加入了同盟会。② 在成都的辛亥革命中，他参与了同盟会组织的学生罢课活动。革命胜利后，都督府曾委任他为夔关监督。两周后

---

① 参见［美］罗伯特·A·柯白：《四川军阀与国民政府》，8～22、27～39 页，成都，四川人民出版社，1985。

② 一说为署名卢思的报端文字引起了正在发展会员的同盟会四川支部的曾丕农的注意，吸收卢作孚为会员。该说参见张鲁、张湛昀：《卢作孚》（上），51 页，南京，江苏人民出版社，2010。

风云突变，四川军政府被军人和袍哥同时认可的尹昌衡、罗伦所控制，之后四川陷入南北军阀相互争夺的困局，特别是革命党与北洋军阀的冲突之中。1913年，亲袁的川省都督胡景伊开始大肆迫害革命党。① 卢作孚为形势所迫悄然离蓉，拟东返合川老家。走到大足，为当地驻军所擒，审讯之时，幸有当地一士绅认为其确为学生，遂得以脱险。考虑到家乡也在拿人，他辗转重庆，仍不容久留，经友人推荐，折往宜宾江安中学暂避祸端。

此次有惊无险，并没有浇熄卢作孚革命救国的热情。他对上海心向往之。那时的上海就像一颗磁石，吸引了来自全国的革命青年。如孙中山所言，武昌起义后，于革命“最有力而影响于全国最大者，厥为上海”②。通过此前与之相识的前往上海的四川革命党员介绍，1914年夏天，21岁的卢作孚决定加入前往上海的青年知识分子的行列，“去寻求救国的办法和途径”③。

到1915年秋，他旅居沪上一年。这一年，他一方面通过上海的革命网络，大大拓展了社会交往空间，扩充了人脉网络，使其不再局限于四川老家的亲友、商帮、同乡、师徒、同学的圈子之中。另一方面，置身革命青年圈子的经历，使其近距离地感受到革命青年不够成熟，逐渐放弃了狭义政治革命的抱负，转而投身于更为广义的社会革命浪潮。甫一到上海，他就去联系曾一起在成都参加革命的同志。不过似乎在沪宁一带的川籍革命党并没有太好的表现，章太炎1912年曾以“群盗鼠窃狗偷”讥讽之。④ 很快，卢作孚发现“这些以前所谓的革命党人，大多数对革命前途没有什么远大的理想”，甚至过起纸醉金迷的生活，这与他心中的革命理想颇为抵牾，遂与那些人断绝了往来。⑤

教育救国

“得君行道”的革命救国道路走不通，卢作孚开始思索新的人生道

① 参见胡兰畦：《胡兰畦回忆录（1901—1994）》，15页，成都，四川人民出版社，1995；周开庆：《四川与辛亥革命》，305页，台北，学生书局，1984。

② 《孙中山全集》，第6卷，244页，北京，中华书局，1981。

③ 卢国纪：《我的父亲卢作孚》，20页。

④ 参见吴玉章：《辛亥革命》，160页，北京，人民出版社，1974。

⑤ 参见卢国纪：《我的父亲卢作孚》，23页。

路。浪迹沪上这一年，他通过曾经的革命青年黄警顽引介，到商务印书馆读书，并结识了黄炎培，树立了教育救国的理想。1914 年，商务印书馆共出版新书 586 种、1 186 册。① 其中，卢作孚感兴趣的主要集中在时事政治、实验教育、各国历史，尤其是教育方面和帝国主义对中国的经济掠夺上。②

更直接的思想冲击可能来自黄炎培，这时他正提倡自学和实用教育。此前黄炎培以《申报》记者的身份考察了安徽、江西、浙江、山东、河北五省教育，认为当前教育的最大弊端在于教育脱离生活，1913 年还专门写了《学校教育采用实用主义之商榷》的小册子，倡导实用教育。1914 年，黄炎培发表了关于“自学”的讲演，这是他提倡职业教育的前身。黄炎培所重视的自学和实用，与卢作孚个人的见解和经历颇为契合。卢作孚深得黄炎培赏识，得其力荐去商务印书馆任编辑。卢虽志不在此，婉辞不就，但此后与黄成为了莫逆之交。

沪上的书籍和经历改变了卢作孚的想法。他感到教育与政治互为表里，但教育却更为根本、更为长久。卢作孚从进化论的立场出发，在各国历史中看到民智民力对国家兴亡有决定性作用，促成他树立教育救国的人生理想。他于 1916 年说：“惟吾亦留心教育之一人，且始终认教育为救国不二之法门”，“为国家根本大计，法治赖以立，实业赖以兴，军备赖以裕，即为国家所赖以存”。虽然国家“缘实业致富，军备致强”，不过若果“民意民力，尤复薄弱”，那么“富强之效，亦如捕风”。他于“东西史册”中看到，“一国之教育与其政治恒互为因果，一政治之施，必赖教育为之倡导；一政治之良，必得教育为之扶植，则是教育也”。他引赫胥黎《天演论》说，“智仁勇之民兴，而有以为群力群策之资，而后其国乃一富而不可贫，一强而不可弱也”。教育不仅是改进政治之本，更是改进社会百业之本。“盖一国之教育与其政治恒互为因果，一政治之施，必赖教育为之倡导；一政治之良，必得教育为之扶植”，“岂惟政治然哉。即社会上凡百事业，孰非

① 参见王云五：《商务印书馆与新教育年谱》，上册，86～87、89～90 页，南昌，江西教育出版社，2008。

② 参见卢国纪：《我的父亲卢作孚》，24 页。

以教育培之根底者”①。

认准“教育为救国不二之法门”以后，剩下的问题就是在哪里办教育、从什么入手启民智的问题。大城市的容纳能力毕竟有限，对于卢作孚这样的边缘知识分子而言，可资利用的社会网络亦十分局促，除了有限而竞争激烈的媒体、新机构职位以外，革命的网络非常不稳定，时常受到各方势力打压，并不能为他们中大多数提供自足的日常给养，发展的空间颇受限制。

在大城市接触了新的思想知识、新的社会组织、新的作息习惯，结识了新的朋友以后，返回更有基础的家乡不失为一个更为实际的选择。一方面，乡里有家族、师友、同学的既有人脉，可为事业之一助；另一方面，又可乘当时新派思潮在县城蔓延之东风，将文化资本转化为社会资本。如此兼得新旧网络之利，的确比在大城市餐不果腹的日子看起来更利于发展。

卢作孚选择了返乡发展的第二条道路。1915 年秋，卢作孚怀着教育救国的理想回到成都。在辗转几个学校以后，经兄长卢志林推荐，1916—1919 年间他先后加盟《群报》和《川报》，立身于振人群体。中学老师和记者，都是启发民智的职业，也都合于卢作孚胸中教育救国的志向。

当时的川报馆汇聚了一时精英，把卢作孚吸纳入一个最为活跃、最为先进的全国性知识信息网络之中。《川报》不但是“五四”期间成都最有力的媒体②，报社还为卢作孚展开一个重要的人脉网络，包括后来民生公司的代总经理宋师度、民生机器厂厂长李劼人，还包括沈与白、曾孝谷、李哲生、孙少荆、刘莜卿、吴虞、穆济波、何鲁之、周晓和、李晓舫、李澄波、胡少襄等人。③ 报馆班底李劼人、王光祈、曾琦、周太玄等是 1907 年开办的成都高等学堂附属中学的同学。1918 年 6 月 30

---

① 卢作孚：《各省教育厅之设立》（1916 年 9 月 17 日），见林耀伦、熊甫编：《卢作孚文集》，1～2 页。

② 当时《川报》资讯的畅通，很大程度上要归功于王光祈等人。参见李劼人：《自传》，见《李劼人选集》，第一卷，4～5 页，成都，四川人民出版社，1980。另据张熟秀回忆，王光祈“五四”期间发回报道五十余篇。李劼人也说：“北京的‘五四’运动之所以能及时传到成都，使成都青年得以即是看到这线光明，就不能不归功于王光祈了。”参见张熟秀：《“五四”运动在四川的会议》，见《王光祈年谱》，397 页，北京，人民音乐出版社，1987；李劼人：《“五四”追忆王光祈》，载《川西日报》，1950-05-04。

③ 参见邱沛篁、王朝荣、周元正主编：《成都大词典・报刊篇》，685 页，成都，四川人民出版社，1995。

日起，他们开始筹备成立少年中国学会①；一年后，少年中国学会正式成立②。

少年中国学会的宗旨是“本科学的精神，为社会的活动，以创造少年中国”。按照后来卢作孚引进泸县川南师范的少年中国学会会员恽代英的理解，少年中国学会“不仅仅是讲学的团体，亦不仅仅是做事的团体，且不仅仅是讲局部的学做局部的事的团体”，“总盼望我们学会创造一个健全的、互助的，社会活动的团体”③。浸润在这个团体中，使卢作孚有机会接触、阅读、思考、讨论、书写“五四”中国最前沿的政治、社会、文化问题。特别是这个协会思想的一大特色是用社会革命的办法改变中国，这为卢作孚之后形成用再造社会的办法变革中国、存天下于一方的理想，产生了不可低估的作用。

可能是受到“五四”时期甚嚣尘上的新村主义、无政府主义的影响④，或受到当时“到民间去”“到乡间去”口号的感召⑤，抑或有感于边缘知识分子在城市中“生计的艰难”⑥，对城市各种消极的“城市病”的反思⑦，当时少年中国学会中兴起一种转向乡村的倾向。少年中国学

---

① 对卢作孚影响颇大的少年中国学会甫一成立就是一个跨国的松散组织的团体，如曾琦于 1920 年 4 月 1 日说：“吾会此时人数虽少，然已逐渐分布世界重要都会”（《少年中国》，第 1 卷第 12 期，1920）。把他们连接在一起的因素颇多，有地缘的纽带，如其核心成员的川籍特色；有同学的纽带，如成都高等学校附属中学和早稻田大学的同窗之谊；有印书媒体时代的特有交流方式，基于一个共同发表意见的期刊阵地，以写作、编辑、通信、笔谈为方式的交流渠道等。根据周策纵的研究，参加 1919 年 7 月成立大会的会员中，9 名在法国，7 名在日本，4 名在德国，1 名在英国，都是学生；15 名在北京，12 名在南京，4 名在上海，4 名在成都，分别是学生、教师、记者、编辑、译者；另有 15 名企业家和记者，来自武昌、长沙、天津、济南、西安、广州以及福建、浙江和奉天。参见 *The May Fourth Movement：Intellectual Revolution in Modern China*，p. 252，note. 9。

② 此时卢作孚虽与他们多有接触，但并未入会。卢作孚加入少年中国学会的时间是 1921 年 12 月至 1922 年 1 月之间。

③ 恽代英：《致少年中国学会全体同志》，见《来鸿去燕录》，75 页，北京，北京出版社，1981。

④ 参见［美］德里克等：《中国革命中的无政府主义》，桂林，广西师范大学出版社，2006。

⑤ Charles W. Hayford，*To the People：James Yen and Village China*，New York，Columbia University Press，1990，pp. 3-85.

⑥ 另一位少年中国学会会员左舜生“五四”时说，“五四”时期青年学术团体的三大危险，“一是愚昧，二是升级的艰难，三是缺少精神修养”。可见，生计艰难，绝不是少数人、个别地方的特别现象。另一位知识青年王光祈的回忆也证实了这种情况，参见左舜生：《小组织之提倡》，载《时事新报·学灯副刊》，1919-07-02。

⑦ 参见张英进：《中国现代文学与电影中的城市》，南京，江苏人民出版社，2007。

会会员李大钊 1919 年 9 月就说，“中国今日的情形，都市和村落完全打成两橛”，“我们青年应该到农村里去”。“在都市里漂泊的青年朋友们呵！”“你们为何不赶紧收拾行装，清结旅债，还归你们的乡土？”“速向农村去吧！”“那炊烟锄影、鸡犬相闻的境界，才是你们安身立命的地方呵！”① 类似的言论，在毛泽东、赵世炎、黄日葵、张闻天这些少年中国学会会员中都可以看到，尤其是在工读互助团这一脉的会员中。②

返乡实践

卢作孚置身的成都报馆和学会，是连接京沪“五四”新思潮的纽带，不过这些思想的在地化还需要更加深厚的本地政治社会支持．少年中国学会的会员中弥漫开来的到乡间实干一番的理想，正是其生动体现。就在这个关节当口，永宁道尹杨森的一封聘书，为卢作孚提供了这一机会。直到 1933 年，提起这段知遇之恩，回忆其十年漂泊、一朝得志，卢作孚仍难抑其“银鞍白马度春风”的喜悦：“自己在 1920 年以前，还是一个只说不做的人；如做教师，还是说，而且是只能在报纸上去说。第一次给我做的机会，还是杨军长，是在泸县任教育科长那时候，才用力在教育上学做的试验。”③

卢作孚之投泸县，一是因为有近代大众传媒作为媒介，为漂泊读书人提供了一个发声的窗口；更重要的是因为在早年的自学和游历中，他积累起了让四川地方实力派耳目一新的新知新见。他去泸县，乃是因为杨森读到他的文章，认为其有“新思想、新道德、新文化”④，遂函请其到治，供职教育科。虽然历史上因钦佩文章而心驰神交的例子屡见不鲜，不过在仕进正途断绝的情况下，这些以观察社会、公开发表、竞夺视听、报端争鸣、引领观瞻为主要形式的交往方式，已经和往常以文会友的写作目的有了天壤之别。对卢作孚这样的青年知识分子而言，这些新闻纸，既是获得生计的基础，又是其新知的源头，还是他们发表意

---

① 李大钊：《青年与农村》（1919 年 2 月 20—23 日），见《李大钊全集》，第二卷，305、307～308 页，石家庄，河北教育出版社，1999。

② 如北京工读互助团有 17 名少中成员，上海工读互助团有 8 位少中成员，武汉也有好几位。

③ 卢作孚于 1933 年应杨森之邀，在广安做的一次演讲记录。参见卢国纪：《我的父亲卢作孚》，36 页。

④ 卢国纪：《我的父亲卢作孚》，35 页。

见，影响社会的渠道。

卢作孚与杨森在泸县的际会就显出了重要意义：思想的网络寻得了社会政治的基础，理想的种子找到了实践的土壤。新知识分子的网络和组织，如报馆、学会、中学，一旦与地方实力派结合，立刻推动了新知识、思潮在地域上的扩张，而且孕育了改革社会计划的实践。卢的才能从泸县新政开始，逐渐受到地方实力派的赏识和重用，开启了又一重十分不同于以前以桑梓师友、知识精英和漂流革命党人为基础的社会网络，为他日后经营再造地方，打开了另一扇方便之门。①

1921年初，卢作孚欣然受命后，开始实践其教育救国的理想。“如是之积极经营，所需于吾人之力正多，而教育尤其根本。国中万事，希望若绝，寻求希望，必于教育事业”②。卢作孚不仅认为教育系根本解决问题之法，而且进一步认为，民众教育才是体现时代特色的努力方向。他认为教育顺应当时社会变化的体现之一，即是从少数人受教育转变到人人受教育。他说：“是今后受教育者，应为人类之全体，不应复为少数，而实际上尚仅少数受教育者，不容不亟亟以谋量之增加”③。这就是为什么他教育救国的思想会具体化到两件事情上：创办通俗教育会和振兴川南师范。

卢作孚之所以能把这两件事情办得有声有色，很大程度上要归功于他早年漂泊的经历和积累起来的知识分子的网络。这些文化资本一旦具备了在地的社会基础，就会迸发出巨大的力量。在通俗教育方面，黄炎培为当世翘楚，卢作孚早在上海寻求革命法门的时候，就已与黄炎培过从，得风气之先。卢作孚一到任，就在白塔寺成立通俗教育会，以之为中心，在川南25县境内展开民众教育，在极短的时间里就建起了图书馆、阅览室，吸引人来读书，另外还把书送出去，派人挑运图书，送至四乡，供民众阅读。对不能识文断字的乡民，则通过讲演、运动会、展览会等多种形式，以耳濡目染的方式教化民众。④

川南师范的振兴，则主要是得到了少年中国学会同人的襄助。此校

---

① 这种结合在当时的四川并不是特例。在重庆，刘湘麾下川东道尹叶秉诚署中，陈愚生任了卢作孚在泸县相似的位置——川东道署教育科长，在渝团结了一批少中会员办报、办教育。

② 卢作孚：《〈教育月刊〉发刊词》(1922年1月)，见林耀伦、熊甫编：《卢作孚文集》，4页。

③ 卢作孚：《教育经费与教育进行》(1922年1月)，见林耀伦、熊甫编：《卢作孚文集》，6页。

④ 参见《少年中国》，第3卷第7期(1922年2月)，61～61页。

是1905年以前四川最早建立的两所师范学校之一。[①] 1920年川南师范的振兴，最大的优势即在延揽了当时最有活力的一群青年知识分子，主要是少年中国学会的会员恽代英、王德熙、穆济波、周晓和、张式之等人，除了恽代英外，其他人都是川籍会员。1920年底到1922年6月，这批人之所以从北京、上海、南京等城市和华中地区汇聚到泸县，除了有少年中国学会的跨地区网络及陈愚生引荐外，还因为他们怀有与卢作孚一样的教育救国的理想。

不过，当时的政治环境并没有为社会革命提供稳定的根基。1922年8月，川南军阀混战，刘湘下野，退回大邑老家，杨森被逐，亦退至湖北，赖心辉部张英旅攻下泸县。恽代英和其他不少优秀教员被免职，川南学生亦只望转学他处，少年中国学会会员在重庆办公学"此实为最近原因"。卢作孚在泸县失去凭依，从泸县教育科长任上撤下。离职前，事业未竟，"因为各种方法皆无把握，故曾确定每县教育局长之三年训练计划"，"正拟将此计划付诸实行时，因政局发生变化而中辍"[②]。

四川的政潮突变扑灭了卢作孚在泸县刚刚燃起的教育救国的希望。他认识到，一概依靠地方实力派并不可靠。尤其在民国初年的四川，地方实力派你方唱罢我登场，社会事业的基础不牢，随时会因军阀的倒台而轰塌。如何将救国的道路立定在更可靠的基础之上？这条道路应该以什么样的方式利用"地方已成势力"？如何处理事业发展与社会教育的关系？如何处理社会教育与学校教育的关系？又依靠什么人来推进社会变革？

实业救国

1922年8月，卢作孚带着这些问题，再一次把目光投向上海，寻求人生坐标的再定位。他和好友郑璧成在上海，找到六年前的旧识黄炎培和黄警顽，主要想了解实业和教育问题。这大概与他参与川南新政的经历相关。他在川南所从事的主要是学校教育和社会教育。可是这两方面都需要经济支撑，他曾在主办的杂志上疾呼增加教育投入，地方反对之声不小。如何"谋于建设""旁午经营"[③]，可能是他这次上海之行需

---

① 参见中国科学院历史研究所第三所主编：《锡良遗稿·奏稿》，第一册，520～521页，北京，中华书局，1959。

② 卢作孚：《一段错误的经历》（1940年6月），见林耀伦、熊甫编：《卢作孚文集》，402页。

③ 卢作孚：《〈教育月刊〉发刊词》（1922年1月），见林耀伦、熊甫编：《卢作孚文集》，4页。

要解答的难题之一。

上海，这个中国第一都会，表面上五方杂处，尤其是20世纪20年代中各种思想、时尚、实业、教育机构、政治派系五花八门，不过对于真正想了解这个城市并从中获得启示的内陆知识分子卢作孚而言，从中能得到什么，很大程度上取决于进入这个城市的路径。对卢作孚而言，黄炎培和黄警顽就是他的路径。如果说六年前黄炎培、黄警顽主要是帮助他谋生活、开眼界，找到教育救国的法门的话，这一次他们二位则启发卢作孚架起了从教育救国到实业救国的桥梁。

最大的启发还是来自黄炎培。五四运动前后大致十年的时间里，全国知识界的风气有着很大的变化，一股行动尚实的风气逐渐蔓延开来。[①] 到20世纪20年代中期，知识分子在救国路径选择上基本有了一个大致的分流。[②] 在此期间，黄炎培也不断明确他教育救国的着力方向，从1916年提倡实用教育，到1917年成立中华职业教育社，再到1918年成立中华职业学校；到20年代，他的职业教育已经发展得相当可观。[③] 黄炎培办职业教育，瞄准的正是都市中接受过初步教育但又不能升入高等学府[④]、没有一技之长又难以招工的年轻人，通过授之以实用的知识和技能，使其顺利就业。从实用教育到职业教育，黄炎培办学的主旨日益明确，就是为漂泊在都市中的青年知识分子提供一个就业速成学校，在学校教育与实业就业之间架设一座桥梁。

卢作孚这次在上海得到的启发，不仅是要架设这样一座桥梁，而且是要越过桥梁，径直建设实业的载体，让实业成为培养人才的基地、社会事业的基础和改革中国的孵化器。这次旅居沪上半年左右的时间里，卢作孚几乎所有的时间都花在教育和实业的考察上，结合自己对时局的

---

① 参见罗志田：《走向“行动的时代”：“问题与主义”争论后的一个倾向》，载《社会科学战线》，2005（1）。

② 从五四运动后期直到20世纪20年代末，知识界在救国路径上不断在武装革命与社会革命、全盘改革与局部改变、城市救国与农村路线、自下而上的革命与自上而下的变革之间分殊离合，即使在一个阵营内部也呈现出不同的分野。20年代知识界大分流的问题头绪很多、问题纷繁，这里不一一展开。

③ 参见许汉三编：《黄炎培年谱》，55页，北京，文史资料出版社，1985。

④ 据20世纪20年代江苏职业教育学校的一份不完全统计，其毕业生中仅有不到10%可以进入大学深造。Wen-HsinYeh，“Huang Yanpei and the Chinese Society of Vocational Education in Shanghai Networking，” in Nara Dillon and Jean C. Oi eds.，*At the Crossroads of Empires：Midllemen，Social Networks，and State-building in Republican Shanghai*，Stanford，CA，Stanford University Press，2008，pp. 25－44.

认识，探索着救国的途径。他特别考察了寓兵于工的事业，为中国大量的士兵如何从作战转为从事生产寻找解决的办法。

“局部改造以模范全局”

此次江浙沪之行对卢作孚的另一重启发来自张謇的南通建设。[①] 南通是从落后农村中迅速建设起来的现代城镇，在 20 世纪早期素有“模范城”之美誉。卢作孚此时造访的南通，经历了 1921 年华北、华东洪水的打击和 1922 年的债务危机，已不在其巅峰状态[②]，不过也未到三五年后举步维艰的局面。可以说，此时南通的建设事业已一应俱全，包括大生丝厂、通海农垦公司，戏院、学校、报社、博物馆，慕筹堂、老人院等慈善机构和手枪队等。[③] 几年后，卢作孚在北碚也创建了工厂、学校、博物馆、手枪队、新报刊社等，他的乡村建设格局与方式，在很多方面都可能受到了张謇南通建设的启发。

这是卢作孚第一次参观一个完整的地方建设计划，对怀着在教育和实业上求救国答案之心的他而言，触动必定不小。他对张謇说：“你老人家经营的事业好呀!”[④] 这话虽带几分客气，不过张氏兄弟利用家族力量，从经济、文化、社会、环境各个方面整体上经营一个地方的思路，从很多方面都启发着卢氏兄弟即将在北碚展开的存天下于一方的志业。

特别是张氏兄弟的地方建设，并不以牺牲农民、农业为代价，而是保护农民土地，在工业化的同时一定程度上兼顾农民、农业和农村的发展。[⑤] 张謇的南通体现出“一种有别于大城市中心的、外国所主导的现代化”[⑥]，这对卢作孚日后在北碚建设新世界有着不可低估的潜移默化

---

① 张謇是继蔡元培之后，黄炎培早年的两大人生导师之一，南通也是当时黄炎培经常造访的地方。卢作孚的南通之行，很可能是出于黄炎培的引荐。

② Qin Shao, *Culturing Modernity: The Nantong Model, 1890—1930*, Stanford, CA, Stanford University Press, 2004, p. 204.

③ Elisabeth Koll, *From Cotton Mill to Business Empire: The Emergence of Regional Enterprises in Modern China*, Cambridge and London, Harvard University Asian Center, 2003, pp. 211-250.

④ 卢作孚：《人才，要用得得当》(1932 年 12 月)，见唐文光、李萱华等编：《卢作孚文选》，102 页，重庆，西南师范大学出版社，1989。

⑤ Elisabeth Koll, *From Cotton Mill to Business Empire: The Emergence of Regional Enterprises in Modern China*, p. 229.

⑥ Qin Shao, *Culturing Modernity: The Nantong Model, 1890—1930*, pp. 3, 5.

的影响。30 年代，有人将卢作孚主导建设的北碚称为新的“模范城”和“模范村”，号称“小南通”，从中我们也可以嗅出张氏兄弟南通建设和卢氏兄弟北碚建设之间或多或少的联系。

当卢作孚在沪上找到实业救国与地方建设法门的同时，四川局势发生了重大变化，为旅居上海的卢作孚提供了新的机遇。1924 年，杨森任四川军务督理，发起成都新政。泸县愉快的合作经历，促使杨森欲继续延请卢作孚担任其教育厅长。卢作孚吸取了前一阶段进入地方势力体制内以变革社会的教训，此时开始尝试将其变革社会的理想立定在一个相对独立的建制内，即通俗教育馆。

通俗教育馆是杨森专门为卢作孚的教育、实业救国理想量身打造的一个机构。此馆设在成都原少城公园之内，一时间汇聚了成都文教、艺术界的众多精英，主要从事基本的文化、科学知识的普及。卢作孚办通俗教育馆，所谋者不仅仅是人才和知识的聚集，更重要的是，他要通过教育馆将新世界的意象，引介、传递到一般民众的意义世界中去；让新世界的互相关联、运行规律和道德伦理，借着人们喜闻乐见的展现形式，在一般民众的日用生活中生根发酵，打通新学新知和人们生活意义世界之间的隔阂，达到影响和教育民众的目的。

在杨森政府中，此馆虽然取得了半独立的地位，杨森也尽可能地从经费、人力上给予支持，但在军阀混战的政局中，通俗教育馆还是没能逃过人亡政息的命运。1925 年，杨森自恃实力充盈，发动统一大战，在四川其他军阀的联盟合击之下，仓皇出逃，结束了他一年多一点儿的成都新政。这种情况下，卢作孚的通俗教育馆也顿失凭依，再一次遭受到人亡政息的命运。

卢作孚“局部改造以模范全局”这一再造社会的基本原则，在1923—1926 年间已日渐成型。这与他长期辗转于内陆、沿海多重世界，出入媒体学会、地方政治多个网络，善于从中寻找平衡点与结合点分不开。早在 1923 年，他就写过一篇《局部改造以模范全局》的文章，阐发了他从经略一方到变革全局的思路和办法。① 历经泸县、成都两次夭折后，为了进一步展开其救世理想，还需要寻找一个更加稳固的根据

---

① 现在此文已逸，但在同年的另一篇文章中，他谈道：希望指定两县或三县作为特别试验的区域，重新创造出改造地方、应对危局的办法，从这区域以内开始“试验”，“如果把主张的成绩实现出来了，人便自然相信了，虽然规模很小，影响也是很大的”。参见《一个根本事业怎样着手经营的一个意见》(1923 年)，见林耀伦、熊甫编：《卢作孚文集》，21～22 页。

地。稍后，他返乡创业的实际行动表明了他思考的结果：他的新世界，需要寻找一个更为稳妥的立足基础，使之不随军阀兴灭而飘零；它需要一个更为开放的环境，可以从政治的束缚中解放出来，突破现实中的各种边界，进行大胆的创造。他后来回合川和北碚创建民生公司、进行乡村建设试验，就是对这一理想的具体实践。

人不远道的天下士

“人能弘道，非道弘人。”20 世纪以后，虽道已远人，但立身过渡时代的读书人却并未远道。他们因应近代中国“破虏”“富强”的新要求，构筑起安身立命的新根基；在仕进道路断绝之后，传承修齐治平的余绪，创造性地突破现代个人、社会、国家之间的藩篱，重新打通个体生命与国家兴亡、价值世界和现实生活之间的通道。

导言对这一问题的初步探研，以卢作孚为考察主体，重建他在“五四”前后一二十年的思想社会大转型中，如何产生出一种“存天下于一方”的救世理想，以企建成“一方”进而示范“天下”。卢作孚这种救世理想，是在“道高于国”的传统中国天下崩解后，从形而上超人超国的“天下”退守到形而下具体一地的范围之中。这“一方之天下”经由一番试验性、可控的建设，重新对接于地方社会，完成一种足以应对当地当前危机的创造性转化。通过率先在一方建成“天下”，达到示范影响全国的效应。这样，原本传统中国的高于国的“天下”，通过在地化地、退而结网，再次上升到民族国家的“国家”层面，获得了超越地方特殊性的普遍性，将应然世界与实然世界再次统一起来。

卢作孚这一理想在合川和北碚的具体展开与实践，涉及的头绪和过程极为复杂，这里已不能详论。读者可以从集子搜录的文章中大致看出其“天下士”的轮廓。正如太史公曰：“所贵于天下之士者，为人排患释难解纷乱而无取也。即有取者，是商贾之事也，而连不忍为也。”①按太史公的看法，卢作孚办民生公司也好，建设北碚也好，入仕为官也好，都是“为人排患释难解纷乱”。他一生“公而忘私，为而不有”②，所作所为绝非“商贾之事”，而是体现了民国时期“天下士”的本色。

---

① 《史记·鲁仲连邹阳列传》。

② 梁漱溟：《景仰故交卢作孚先生献词》，见张守广：《卢作孚年谱》，509 页。

概言之，他开创的民生公司和北碚建设都是存有天下、示范全局之“一方”，都是要通过社会革命的办法建成一方，并通过这个模范的示范作用，达到引领社会、变革国家的目的。

最后需要说明的是，“存天下于一方”虽然在20世纪二三十年代是一股强劲有力的社会思潮，在思想和实践方面都有着极为广泛的共鸣（比如盛极一时的乡村建设和地方自治运动），但它并不是当时“天下士”救世理想的唯一形态。最明显的例子，就是马克思主义传入以后，从整体入手再造全局的革命思路日益成为革命青年的救国选择。到底是从整体入手还是从局部入手救国救民，虽然在近代中国一直存有分歧，但这些实践层面着手方向的差异，并不妨碍我们理解后经典时代中国读书人在价值层面的“天下士”情怀。

* * *

卢作孚的一生是多元而丰富的。过去，人们一般把他当作实业家、乡建领袖或教育家，而没有看到他众多人生片段背后一以贯之的整体志向。本文集在选编原则上，尤为看重能反映出他生平志业、人生转折、理想情怀的文章。在选编过程中，凌耀伦、熊甫、张守广等前辈学者编辑的文集对本书帮助很大。但为了反映出卢先生关键人生节点和事业转折期的变化，我删去了上述文集中主旨意思相近的文章，加入了《卢作孚书信集》中的几封重要书信，补充了两篇从未收入文集的逸文。

所收论著，尽量做到以原貌为准。原文中卢氏自注，以（）标出。所有已发表文章，均以发表时间为准。对于原文在报刊连载的，均注明连载时间。据此原则对以往各版文集做了校勘，凡肯定原文误植者，后加〔〕，凡肯定遗漏者，后加〈〉，并将正确内容、遗漏内容注于〔〕、〈〉中；标题与原文发表时不一致的，以题注注出；个别地名、人名等需要说明的，以脚注注之。

最后，我要特别感谢2012年北大版《卢作孚文集》的主编熊甫先生。他和已故的凌耀伦先生一道，在20世纪80年代初收罗了有关卢作孚的大量文献资料和口述材料，奠定了后来卢作孚研究的基础。这次又特别惠允我使用他们文集中的文献，并根据卢氏原文和“研究方便”的原则做出修改，特此表示深深的敬意和感谢！

王果

2015年4月

各省教育厅之设立
(1916年9月17、18日)

教育总长范静生，拟于各省设教育厅直辖于中央，藉促教育之进行。据新闻所载，目前已持此意，向各省磋商，能成事实与否，今不可知。惟吾亦留心教育之一人，且始终认教育为救国不二之法门，以谓立国家于法治，而缘实业致富，军备致强，民智民德，顾乃卑下。民意民力，尤复薄弱，不有教育以扶持，长养之徒云，法治犹无物也，富强之效，亦如捕风。故教育厅设立之消息，苟未遽成事实也。吾为兹论，将以证明其必需设立，而冀当局者之深省，使已有成为事实之望也。吾将更进一步论教育经费之宜谋优裕；教育权限之宜谋扩张；教育人才之宜谋独立。要即欲教育有完全独立之精神，不受外界之逼拶，及为其他政潮所牵引，以尽教育之能事，得在亚洲大陆放一异彩，致国富强，毋落人后。呜呼！吾言为拙，吾望实深矣。

袁世凯任总统者四年，筹化施为，几以便私图，遂私欲，方嫉视人民有真教育起与之为难也。故于教育扼制之，漠置之，中央教育部等若闲曹，至不复有关轻重。各省设教育厅本属绝不可能之举，虽有拟议，泡影而已。顾彼所以缩小教育之规模，束缚其者，亦自振振有词，谓教育厅离省行政而独立，或教育事业亟图进趋，则职员之岁俸，物事之购置，所需经费必骤增加。值今国帑空虚，罗掘无计，绝难胜此负担也。而不知谋逞大欲，辇人运动，所耗者非国帑欤！征收无法，吏胥作弊所侵、渔者非国帑欤！厚置军备，力奖恶探，所支给者，又非国帑欤。彼乃靳而不与，此则挥霍如泥，利国利己之不同，手段遽以悬绝。独不思教育为国家根本大计，法治赖以立，实业赖以兴，军备赖以裕，即为国家所赖以存。政府筹各项经费，当以教育为先着，偶有不足，尚应自他项移注，方足以宏教育之施，收完美之果，非然者直是自杀政策耳。

顾袁氏犹有说曰：教育诚救国要图，然收功在十年二十年以后，今日军事财政，棼如乱丝，稍缓解决，且酿巨变。则不得不就目前状态，为因应之设施，整军经武，理财治赋，图于急切之功，以防祸变之作而不知，凡斯问题，终待教育昌明，始能解决。且对内治功，对外图力，必待教育大昌，能始持之弗坠，惟其收功缓，斯谋进行，愈不可不急也。不然比诸先进国而终瞠乎其后，且恐兼弱攻昧之事，终不免及乎我国也。袁世凯忽于根本之图，无期月三年之虑，盲其目以趋，欲弗颠踬，恶可得耶！幸止亡身，未及于国耳。然则今日不可不谋教育独立，以促教育整理。而各省教育厅之设立，亦即有不容游移迟虑者矣。

或谓就事实观之，教育行政不过法令草拟，册报钩稽已耳，非如财政之繁复，军事之紧急，何须特立机关，徒高位置，致虚糜国帑为耶。吾则以为教育行政，果仅草拟法令，钩稽簿籍外，此非所闻问，诚无须特立机关，徒高位置，然又何贵有此法令？何须为是钩稽乎？法令颁于下必求其一一实现，表报集于上，必问其事之当否。孰者应予变通，孰者应谋改进，得要持衡，以为措施，则联络之事，考察之法，不可有用周密。教育愈普及，即职掌愈繁复，非设专司难期整理。若夫我国教育徒颁法令，不责效之实现与否，但凭簿书，不问事之真际如何，此腐败之习，正国家之病，当从根本上图救治，未可因噎废食也。

读东西史册，每见国家新政，格尼难施，追其学说浸灌即深，人民知途径之所择，而阻力竟去于不自知，岂非教育之功欤？赫胥黎氏论天演曰："治人之人，固赋于治于人者也。凶狡之民，不得廉公之利，偷懦之众，不兴神武之君，故欲郅治之降，必于民力、民智、民德三者之中，求其本也。"又曰："智仁勇之民兴，而有以为群力群策之资，而后其国乃一富而不可贫，一强而不可弱也。"此教育之说也。盖一国之教育与其政治恒互为因果，一政治之施，必赖教育为之倡导；一政治之良，必得教育为之扶植，则是教育也。实立于政治对峙之地位，而未可忽视也。岂惟政治然哉。即社会上凡百事业，孰非以教育培之根底者，故必有独立之精神，勿复使风雨飘摇，如旧时现状，始足以振起教育，改良政治，发展社会之实力，而富强我国家也。特自实际言之，教育规划整理，持全局之衡者，亦政治中事，一手一足，经营旁午，则社会之自为谋也。离政治而独立，其为辞觉非雅训。然吾谓独立者，不过教育一部离他项政治而独立。如司法之地位然，求免外界逼移，不为其他政潮所波及，以尽教育之能事，如是而已。各省教育厅，则吾立张，中不可缓之图也。

虽然教育厅果成事实，而权限局促如故，经费拮据如故，则机关徒立，位置徒高，仍属无益也。吾国教育事业设施未几，进步殊迟，以已有之经费维持，已有之成绩，尚时虞不济。此后，之谋发展图进行，岂遂能为无米之炊？以吾为言，应裁抑国家他项之支款，尽先拨付于教育。常年费则优为支给，设施费复预为储备按年计月，以计增加，而减政之说绝不可议及于教育。是后，经费无拮据之苦，进行乃无掣肘之虞也。中央教育部，在能规划大体，立教育之准鹄，使各省勿风气自为，背道而趋，如是足矣。故为问教育厅之设立，直辖于中央，究为统一的性质？抑为独立的性质？如为统一的性质也，吾国幅员辽阔，交通有便不便，风气有开不开，难易上之差别，缓急上之区分，必欲事事绳以一律，削足适履，则反有碍于教育进行。范静生总长富有教育研究之人，其设教育厅，必为独立的性质，可知则吾所期。凡事予各省以伸缩之地，缓急进趋，听自为谋，而惟据其始以观其终，按其施而责其效，而后各省教育之权限，庶无局促之虞耳。下至于各县教育，又必离县行政而独立，使直辖各省教育厅，不受县知事之束缚，始能自由发展也。若今之知事，勿论其罕有教育之研究也，试问知事中曾得几人由小学校而中学校，躬受各级之教育，一领其旨趣者。以如是之人，且无教育明了之观念，令其主宰一县教育而为之监督，则教育堕于黑暗宜矣。况庶政纷纭，精神亦难贯注，故必离却知事之指挥，而后各县教育之权限，始无局促之虞也。

尤有进者，则教育人才之独立，必期实行。教育中人，无论处于行政之地位，抑处于实施之地位，要须知教育精义，而有其志趣，可于行政及实施间，互换以资调节。断不可以他项人才或志趣游移者，滥竽此数，亦勿听教育专门之人才而营逐他务，紊其心思。诚以教育者，具义最深，措施最难，影响最大，稍有误会，毫厘千里，贻国家以隐忧。故必以恒为经，以专为纬，朝夕勤勤，实心伍事，乃有浓郁之兴味，足树教育稳固之基。且调节人才，而常以教育行政与实施教育者，互为更换，则得双方之平，而愈使接近，除去隔膜，下易施为，上易查考，岂非至善哉！此吾人才独立之说，所以必系于设立教育厅之后者也。

（原载《四川群报》1916 年 9 月 17、18 日）

《教育月刊》发刊词*
（1922年1月）

自国体变革，十载以还，存于吾人心目中之问题，远且无论，请论吾川，殆惟兵、匪，政治纠纷，……日谋所以解决之，而至今未解决，且尚未得解决之术，未卜解决何日者。类为消极方面之问题，无论从消极方面解决之，终不可能也，即能解决，其为效不过一瞥。此解决矣，彼又酝酿，补苴罅漏，日不遑给，疲于追逐，终无穷极，吾人欲稍坐享安宁，终不容有坐享安宁之日。乃吾人无所觉察，倾向所在，犹只消极问题，以自陷于不可解决穷困苦痛之境；而不知移其倾向，谋于建设，解决积极方面之问题，使所求乎宴安无事者，一变而为旁午经营，所感乎穷困苦痛者，一变而为浓郁酣醉，使今之妨害事业者，转而乐于扶助或且经营事业，使今之嫉恶人者皆爱人，如是之积极经营，所需于吾人之力正多，而教育尤其根本。国中万事，希望若绝，寻求希望，必于教育事业。是以全省人士，当竭全力，以共扶助，期其进行达于坦途。顾教育界悬以为问题积极经营之者几何人？教育界以外悬以为问题积极经营之者伊谁？此吾不能不深自慨，而深有爱于永宁一道之时机也。

永宁一道，白杨前道尹于教育事业消沉之日谋所以振起之，而王道尹继之经营，屈指且期年矣！效果所呈，与所预期，相去远甚。迹其经过之状况，而求其困难之原因，一在教育界大多数之人尚未知所适从，一在教育界以外大多数之人尚未有所信仰。要皆未睹教育界之良果，未觉教育为一问题，为一目前亟待解决之问题。斯则同人所欲提出；虽为学甚陋，无所贡献于教育，夙夜奔忙之余，复不能深思详考，发为论著，不惟于教育裨助无由，抑且多纰缪处，然以教育相需之急，提出问

* 月刊为四川泸县永宁道尹公署教育科编辑发行，本文原署名卢思。

题，以供讨论，终有所不能已也，爰定发行本刊之议。

本刊之为义二：（一）研究教育应循之途径，与夫应采之方法。教育事业，经世界甚多教育家之研究，讫于今兹，仍不能谓已发明有可以共循之途径，共采之方法，而不可移易，仍方在研究与改进中，其称最良者，即研究之事日精，其改进也亦日增，其可靠之效率而未有已也。吾道教育，则大多循于旧有途径，而局于旧有方法，由其所加之力，与其所获之果，可以证其为病甚深。乃施教育者习焉不自觉其为病，除所循途径外，不信尚有其他途径可循，除所采方法外，不信尚有其他方法可采。一切以旧有者为当然，未尝稍加探索，稍加研究。故步自封，何能进步？不但以今日状况，较于十年以前，无进步可言，缘此以往，虽累百年，仍复如今，亦可预断。本刊即在输入研究之精神，祛尽成见，研究道属教育究应循何途径，采何方法。一面介绍各国教育家之主张，及其实施之状况。然非以直接供吾道教育应用，而只以供解决吾道教育问题之参考。愿全道教育界人士及教育界以外关心于教育事业之人士，以所蓄教育问题提出于本刊并以研究所得解决问题之方法，及试验方法所得之结果，披露于本刊其相与研究，不必藉如何之集会，即以本刊为道属研究教育之中枢，为道属解决教育问题之前锋，此则本刊发行之目的，而有望于吾道热心教育人士共举本刊之精神者也。

（二）叙述道属教育之状况及其改进之经过，非谓改进已有如何之成绩，亟亟以求襮于人也。就教育之状况言：吾人注意之，宜深知之，而谋改进，尤必以所有状况为所对之症，以决所施之方，虽目前尚无从容之视察，完密之统计，道属教育，究为如何状况，同人亦方茫然；然愿举所已知者，披露于本刊，更藉视察及统计，以求所未知者，随时披露，期有以供稽考焉。至所欲述改进之经过，非改进之成绩，乃经过之困难。困难之象，紧迫四周，与日相随，吾人求所以逐步度越之。其所获得之知识，无论属于成功，属于失败，皆为有裨，而可以供临困难时之参证。且其有裨，不在知识，而在知识如何发现之，非直以成功失败之迹，足为一切趋避之指针。乃望热心教育人士，于解决困难问题时，能就当前状况，自然审所趋避，能以最小之力，获最大之果，不更如吾辈之迂拙，有时挟甚大之力，结果乃所获甚小，或竟一无所获也。

由上言之，本刊有异于一般之政报，徒载行政上无谓之公牍及消息。乃以所研究，与所经过，贡献之教育界，而吾教育界复以所研究与所经过笔录赐投于本刊，以共求教育途径所应适从。一方面亦以贡献于教育界以外之人士，以求其于教育有甚明之认识，甚深之信仰，因而为协力之扶助。且不止于此也，乃更望有以批评之，指导之，俾于进行之际，即有自鉴之资，愈减所加之力，提前成功之期，则不惟同人之所窃祷，抑亦表同情于教育事业诸君子之所共愿者也。

（原载《教育月刊》第1卷第1期，1922年1月）

教育经费与教育进行*
(1922 年 1 月)

吾提出此问题，乃欲明教育经费与教育进行之关系。教育进行含有相异之两义：其一，但使教育未尝停搁，学校未尝闭门，皆得谓之进行。如是，则已有之教育经费，已足以维持教育进行而有余。即支其七成或至于七成中之五成、四成、三成，学校亦未至于闭门，无庸筹其多之经费，且无庸恢复原有之足数，以供其滥费。惟进行之又一义，则就量言，须谋增多；而就质言，须谋改良。此其所资之经费则虽支足原数，亦感不足，必随进行之度以为增加，求其进行益速，即必增加经费益多，如问经费之应增加与否，则不如直问教育之应进行与否。分析言之，即量应增多与否？质应改良与否？如斯以求解答，较为直截了当也。

第一问题：量应增多与否？解答甚易。自一方面观之，人人皆有天赋之本能，即人人皆应有受教育之机会。自他方面观之，吾人所处欲得良好之社会，必其社会中皆系受有良好教育之人。是今后受教育者，应为人类之全体，不应复为少数，而实际上尚仅少数受教育者，不容不亟亟以谋量之增加；经费与量相随，既增加其量矣，又安容靳于经费而不增加也？

第二问题：质应改良与否？吾人试一考究目前所施教育之良否，即可知之。若以欧美列邦比较而观，则其教育可谓良矣，至少亦良于吾人之所施；然而彼教育家求发现更良之法，乃皇皇如不及，研究施行，相辅并进，改革速度，日有加增。吾国，则安于不良，大多教育界或教育界以外之人，犹不知此不良之法外，世尚发现有甚多之良法，足供吾人

* 原署名卢思。

之则效，至少亦足供吾人之参考。吾之教育事业，既落欧美之后，改良教育之速度，宜较欧美而尤速，即经费增加之速度，亦宜较欧美而有加，安可遇增加经费辄反对，使无所资以为改革，长此安于不良之教育，以食不良之结果也？

欲上述两问题之解决，教育经费，须有巨额之增加，绝无可以反对之理由，苟有反对者，是认教育只为少数之人所应受，且此少数之人，只应受不良之教育也。顾道属教育经费，即为解决上述问题以谋增加矣，反对者乃正有辞。其一：以为不良之教育，不应投以甚多之经费。其二：以为教育问题，非目前急切之问题。其三：以为教育经费增加，人民不胜其担负。其四：以为道属增加教育经费，不合法定之手续，此理由之充分与否，请分别推论之。

（一）不良之教育，不仅不应投以甚多之经费，乃真不应投以经费也。不仅新加之经费为可惜，即原有之经费，无谓消耗之，亦未始不可惜。消耗之而无裨，犹仅经费损失已耳，以支不良教育之进行，乃更于损失经费外，蒙不良之结果，直接中于受教育者之身，间接乃中于全社会，无论吾身或吾所亲受教育与否，举无所逃之，是应反对者不仅新加经费，直应并原有经费而反对之；不仅使经费纤毫不加，直应使经费纤毫无有，教育事业全停，乃为计之得也。

今乃亟亟以谋教育经费之增加，谋之者非至愚也，非愿以甚多之经费投于不良之教育，乃正欲使不良之教育改良，故益以经费，以为改良之资也。虽经费有加，其良果之加率，乃逾于经费，吾人非至愚，又胡为不勉担有限之经费，以换取无穷之良果。即谓换取良果，尚为不可必得之事，吾人亦终不应挟消极之方法，听其不良，而应先尽乎己之责任，充量供其设施上之需要，排其设施上之障碍，扶助促责，期其改良，乃为吾人应采之方法，吾人诚病今日教育之不良也，愈不容不加力，而增加经费，愈为吾人所必身自担当，而不容委卸，亦绝无可委卸者也。

（二）目前待解决之问题甚多，其尤急切而为人民生活之安宁所关者，乃兵如何裁撤？匪如何消灭？人民如何休养生息？故反对教育经费之增加，有为说者曰：民必富而后教，今民未富也。又有为说者曰：国必偃武后而修文，今武未偃也。此其先后缓急之见解，乃有根本之错谬。民何以富？其必生产能力增加也。彼欧美人生产能力之所由雄伟，何莫非资于教育？今舍教育，将安有增加能力之术？倒果为因，以为民必富而后教，而欲坐以待富，岂有异于俟河之清乎？

军事与教育，断断不能分为不可并存之文武。以欧战之剧烈，战线之上犹且施教育，安得谓为修文必待偃武？又况国中用武，不幸之事，原因繁复，而必归根于教育。盖一切自人为之，使人而受良好之教育，则所为必有裨于人群，绝不至用武国中，反以祸吾人群为也。

于此两点，可见目前之问题，无有急切于教育者。一切病象，皆缘于人，须教育救治之；一切事业，皆待于人，须教育兴举之。吾人于其他问题或为避免一时之痛苦，而有重大之捐输。如军费、团费，前数年收回军票之费，虽以为病，亦必勉为担负。乃于教育为有永久之福利者，而独疑之，加经费甚轻，而反对甚力，此其眼光，近乎远乎？愿反对者省之！

（三）人民负担诚重，而负担之教育经费则甚轻，所惜此日尚无精密之统计，不过大要计之，教育经费为额之巨，以较于军费、团费皆远不逮，以较于一切负担之总额，则且不达十分之一。其间尚有学田及历年所拨之庙产会款，此在县区经费每居大半，以关系甚重。吾人需要甚急之教育，吾人所担之经费，乃尚不足与消极事业所担经费比并，而尚以重为辞，一度增加，增加而后，仍远不逮军费、团费，即必起而反对。教育所以为吾人群谋也，反对而遂，果为谁利？人非至愚，宁能出是？今后负担，必日增加，乃自然之趋势，于前此增加之经过，乃今后应增加之事业，可以推测知之。不加于此，则加于彼，不加于今日，则加于明日。吾人如犹不知经营旁午之为利，而犹以政府轻徭减赋，休养生息为德政，不独至愚已也，抑亦事实之不可能。但使吾人移其他之浮费，（如种种迷信及送子弟入私塾之费）以助教育，则教育所增已巨，必且超出于今之所增；今之所增，又安有负担莫胜之虑？愿反对者省之！

（四）法为人群所立，且为人群之福利而立也。诚使吾人所为而不合于法定手续，亦须视其是否妨于人民之福利。使其妨于人民之福利，则当依法禁制之；使其即为人民之福利，则当依法承认之；乃无悖于立法之原理。不能为求合于法定手续故，乃竟以人群福利殉之。苟必持法以绳，则道属增加教育经费，类属县区所有，非省经费，无庸提交省议会；而县议会选自宣统之末，讫于今兹，已历十稔，不惟时效已逾，抑亦名义徒存，内容已非。果举全道计之，合于法者，曾有几乎？法不律已，徒以绳人，且不问是非，只问从违，高明之士，岂宜尔尔？愿反对者省之！

要之：反对增加教育经费之理由，无可成立，吾人至诚之所希望，在反对者，详加考较，终自觉醒。亦复希望吾教育界，有自举教育之成绩，成绩与经费，互有因果之关系，经费而不增加，固不易表著成绩，成绩而未表著，亦不易增加经费。彼反对增加经费者，由其对于教育未有同情，所以未有同情，由其未有信仰，所以未有信仰，即由其未见教育之成绩也。故教育界希望增加经费之方法，不在责备负担经费者，乃在力谋改进教育之方法，表著教育之成绩，以引起人之同情。断断不宜对于反对经费增加者，有所深恨。即令为之解释，态度之间，亦宜诚恳殷勤，而以变反对为扶助期望之。根本解释，仍在工作之勤，与夫工作结果之美，此予人以共见，人无有不乐于协助者也，惟吾教育界人士亦相与深省之！

（原载《教育月刊》第1卷第1期，1922年1月）

一个根本事业怎样着手经营的一个意见*（1923年）

△就政治方面可以着手之处所言

我们相信，无论什么事业，都应“大处着眼，小处着手”。这有两种解释，横的方面，事业要做到大的范围，却应从小的范围起；纵的方面，事业要做到大的进步，却应从小的步骤起。许多事业进行起来，都是起初艰难，后来便渐渐容易；起初缓慢，后来便渐渐快利。所以起初从小处着手，用力比较经济。在现今的中国，尤其在四川，提倡一种什么事业，起初更是艰难的。因为以前没有这些积极的事业，就是有这些事业，也没有怎么积极的经营，现在骤然积极地经营起来，第一便是感觉人才的缺乏。现在所谓人才，大抵工于对人，而忽于做事，他们没有经过做事的训练，对于事业没有志趣，自然因循而不振；就有志趣的，也多浮夸而无实。骤然做起事来，需要的人才还待一个一个地切实的训练。所以着手之初，宜为小规模的经营，以为逐渐训练的基础和准备。人才增加，事业自易发展。第二是感方法的困难。我们经营的事业，如果以前没有的，所用方法，是否经济，有无成效，自然我们不能判断，因为没有经验。就令事业以前有了，而经营的方法须根本改变，我们也是重新试验，结果必难完满，纵不至终于失败，意外挫折也终难免。事业的规模若大，此项挫折的损失也大，所以最初从小规模着手，也是一种最经济的方法。第三是经费的问题。建设事业，在需要巨额的经费，在需要取给于民间；而在中国数千年的成训，都是以轻徭减赋为善政，今若骤然建设事业多端，便要大加税捐，大摄民间，民不愿意，便会大起反对。所以最初更宜以少的经费，经营规模小的事业，等到成绩显

---

* 原署名卢思。时间不详，约在1923年前后。

著，民众赞成以后，逐渐谋扩大的机会，便少许多困难的问题。

我对于这种建设的程序，提出具体的意见，贡于四川有志而且有力改革政治事业的人们。却并不是主张大家对于政治全局从此不问，不过希望大家对于“怎样着手改革政治”一点上特别注意，而且特别加力。积极方面，希望获得一些可靠的结果；消极方面，希望减少许多无谓的纷争。执口说以与人争执，人不相信，也得以另一种口说以与我争执；如果把主张的成绩实现出来了，人便自然相信了，虽然规模很小，影响也是很大的。

我现在并不能完全指出各种应该建设的事业和怎样建设的方法来。就我一时想到的，只能预说一个大概。而在进行中间，有三种必须留意的条件：1. 各种事业必须同时努力，因为社会问题，都是相互影响的，所以各种事业都是可以相互帮助的。2. 各种事业，都要天天想法，天天进步或改良，没有一个可以永停的地位；一种可以永守的方法。3. 在经营事业的途程上，对于一般人重在指导和帮助，期于引起他们的信心和同情，期于他们都有勇气，都有愉快的精神和积极的兴趣走到经营的路上去。我们想用这种方法替代那偏于用强迫手段急遽地改革社会或解决社会某方面的问题。因为社会不是急遽改革得了的，而施强迫的手段，每每弄到弥漫了愁怨或恐怖的空气，纵然能由强迫得着预期的结果，也未必就如预期那样圆满或迅疾，可使一般人深深印了愁怨或恐怖的刺激，而一切引起这种情绪和由这种情绪引起的行为成了积习，更是人类一种痼疾！一时不容易治疗得好的。所以我们应该用指导和帮助人的力量到最高度，而减强迫人的手段到最低度。

我所希望于有志的当局着手让步，是集中精神在力所能及的区域以内，是更集中精神在力所能及的区域以内的二县或三县以内。指定两县或三县作为特别试验的区域，许多建设的事业和怎样建设的方法，都从这两县或三县的区域以内开始试验。今且把建设上的种种问题和应该注意的种种事项的大要列在下面：

一、制度

（一）以现行各种制度的大纲为起点。

（二）不受现行各种制度的束缚，依于地方上或事业上的需要，而更依于审慎的计划和完密的手续，可以变更现行各种制度。（这一层是在现行制度下面应该容许的，切不可误把统一认为划一，分歧认为分裂。就一方面说，国家须统一，制度却不须划一；就他方面说，国家不可分裂，制度却可分歧。）

二、人才

（一）需要的条件

1. 对于所有事业，有透彻的研究和见解。

2. 对于事业的进行，能具体地设计。

3. 对于事业的计划，能切实地进行。

4. 对于进行的事项，能切实地整理。

（二）任用的条件

1. 经营一种事业的人，对于所有事业或事业的每一步骤，须拟具体的而又切于实施的计划。

2. 按期进行并且进行到每期应到的地步。

3. 届期报告：

（1）进行的事项和方法。

（2）获得的成绩。

（3）感受的困难。

（4）届期未到达原有计划的地步的原因。

4. 提高待遇，不提高地位。

三、机关——主要各机关特别选用主持的人才

（一）行政总机关——此对其他各机关含有以下各性质：

1. 帮助的。

2. 联络的。

3. 指导的。

4. 监督的。

（二）财政机关。

（三）司法机关——监狱附。

（四）教育行政机关。

（五）实业行政机关。

（六）交通行政机关。

（七）市政机关。

（八）团练机关。

四、组织——各机关的组织

（一）职务，依性质或范围重新分配。

（二）有一定的办事时间。

（三）有一定的办事处所。

（四）有办事上一定相互衔接或联络。

（五）有办事上需要的设备。

（六）有关于下列各项精密的整理：

1. 物的整理：款项，文卷，图书等的整理。

2. 事的整理。

附带的条件：

1. 变更组织和人员的条件：

(1) 组织一经确定以后，只能随事变更，不能随人——机关主任的人——变更。

(2) 人员一经确定以后，只能因事变更，不能因人变更。

2. 一切公开：用人公开，办事公开，收支款项公开。

五、团体——应帮助或指导的团体

（一）地方的团体

1. 城：由各街以到一区，由各区以到全城。

2. 乡：由各团以到一场，由各场以到一乡或一镇。

3. 县：由城各镇和各乡以到一县。

（二）职业的团体

1. 商：由各帮以到商会。

2. 工：由各帮以到工会。

3. 农：由各乡农会以到县农会。

（三）团体的组织

1. 议事的组织。

2. 办事的组织。

（四）团体的事业

1. 如何改善团体中各分子的生活。

2. 如何提高团体内各分子的知识和能力。

3. 如何防御或救济团体内公共的灾害，寻求或促进团体内公共的福利。

六、联络

（一）应相互联络的是：

1. 各区域。

2. 各机关。

3. 各团体。

4. 各事业。

（二）相互联络的事项和方法

1. 协商。

2. 互助。

3. 交换方法。

4. 比较成绩。

七、事业

（一）教育

1. 量——须经营到：

（1）义务教育与社会教育，以普及为度。

（2）除义务教育外，各级学校以能供需要为度。

（3）教育经费以能应教育上的需要，最初一步以能应最低需要为度。

2. 质——期在受教育者：

（1）有政治的、社会的、家庭的、职业的、游戏的……实际生活的训练。

（2）从实际生活上，有获得科学的、艺术的……知识的能力。

（3）有不自束缚于成见的思想。

（4）有不拘于习惯的习惯。

（二）教育行政

1. 直接经营量的发展

（1）社会教育从城内经营起，同时巡回到四乡去。

（2）义务教育须有统筹的计划，而从急切需要的区域经营起。

（3）各级学校，依于社会需要的缓急，次第设施。

（4）教育经费，须尽先以最大部分增加于教育事业上的设备。

2. 间接辅导质的改善

（1）关于研究方面

①读书。

②通信。

③开会。

④参观教育事业。

（2）关于实施方面

①教材。

②教法。

③训育。

④设备。

⑤与社会或家庭之联络。

3. 经营和辅助的方法

（1）统计。

（2）视察。

（3）研究。

（4）计划。

（5）进行或催促进行。

（6）奖励。

①对于人员的奖励，寓于待遇方法内。

②对于事业的奖励，寓于补助经费内。

（三）实业

1. 开发地方产业。

2. 改进一般人职业上的状况。

3. 增加一般有职业的人数，到最大度；使有财产者的生活也依赖职业，逐渐增加职业上的收入，限制财产上的利率。

（四）实业行政

1．事业

（1）直接经营的：森林，矿产，大工厂等。

（2）尽力辅导的：地方产业的经营和工人职业的改进。

2．方法

（1）调查：调查地方的物产、需要和职业状况等。

（2）研究。

（3）计划。

（4）试验或经营。

（5）宣传：传习、讲演或刊行报告。

（6）为经营者代问、代办一切事项。

（7）视察及指导。

（8）奖励——促进其销场。

（五）交通

1．关于水陆道路事项

（1）水：开凿滩险。

（2）陆：修筑道路。

2．修筑道路的规模和方法，须视

（1）地方产业上的需要。

（2）经过地方的运输上的需要。

3．促进各种交通事业

（1）促进船车事业。

（2）促进邮电事业。

4．促进各种事业的方法

（1）辅助扩充或改良。

（2）排除障碍。

（六）团练

1．征练的方法

（1）征志愿的民丁，常备人数暂照现有的常练人数。

（2）分组递换，如把常练人数分为三组，每组训练六个月，便应两月递换一组，两月退伍一组，新征一组。

2．负担的任务

（1）除匪患。

（2）御军队的暴乱或侵犯。

（3）负担其他保护人民和事业的任务。

（七）司法

1. 审判

（1）须力减手续和时间，以便利于有职业者和无产业者的诉讼案件。

（2）须依事实上充分的证据和原因以为判断。

（3）对于犯罪者，须依偶犯或惯犯的性质，而分别予以适宜的处办。

2. 监狱

（1）感化

①藉谈话、演说、音乐……事项或其他的机会感化犯罪者。

②使犯罪者受友爱、正直的感化。

（2）训练

①藉工作、游戏、饮食起居……事项或其他的机会训练犯罪者。

②使犯罪者受勤劳、节省、洁净等训练。

（八）市政

1. 关于工程事业

（1）道路。

（2）污水之排泄，用水之供给。

（3）一切建筑物。

2. 关于公安事业

（1）警察注重：①服务的训练；②治安事项上的指导；③治安事项上的取缔。

（2）消防注重：①消防的取缔；②救灾的设备。

3. 关于卫生事项

（1）卫生的指导。

（2）卫生的取缔。

（3）卫生的设备。

4. 关于公共娱乐事项

（1）娱乐的指导。

（2）娱乐的取缔。

（3）娱乐的设备。

（九）综核

1. 综核的机关：县以上的综核机关

2. 综核的事项

(1) 选择人才：选择各县主要各机关主持的人才。

(2) 审定计划。

(3) 考核成绩。

八、经费

(一) 组织经费委员会：各县的经费委员会

1. 委员

(1) 地方团体选派。

(2) 职业团体选派。

2. 任务

(1) 筹措增加的经费。

(2) 审核预算和决算。

(3) 监察收支。

(二) 增加经费的步骤

1. 增加支出

(1) 从需要经费最急而又最感不敷之部分增加起，著了成绩以后，再增加到别部分。

(2) 从最低限度增加起，著了成绩以后，再增加到较大数。

2. 增加收入

(1) 先清积弊，从最初收入到最后支出，须求没有一钱入了私囊或作了私用。

(2) 次加各种无病平民的税收，并用累进率征收资产方面之所得税。

(原载《人生小丛书》第二种。由昌福印刷公司印制，人生社赠送)

四川的新生命*
（1924年）

提　纲

一、机关生活

（一）办事　（二）读书　（三）游戏

（四）饮食起居　（五）考查　（六）宣传

二、政治设施

（一）经济方面　（二）交通方面　（三）教育方面

（四）内务方面　（五）司法方面　（六）财政方面

三、人员训练

（一）行政官吏　（二）民众团体　（三）军队士兵

一、机关生活

（一）办事

Ⅰ. 提倡大办公室

1. 原因：

（1）易于取联络；

（2）易于照料全局；

（3）易于提起办事的精神。

2. 设备：

* 本文是卢作孚为帮助当时省政当局整顿机关工作而拟订的办法纲要。

（1）每人须有一定席次，并须有储藏文件之抽屉。

（2）每部须有一定地段，并须有公共储藏之文具柜。

（3）须有列为统系编有目录之册（期于检查极为便利）。

（4）须有可供参考之图书文表。

（5）须有可供应用之各种器具（如电铃、打印机、打字机、复写机、订载机……）。

3. 规律：

（1）每部须将：①本部职责以内的事项列为表；②本周应办事项及前周已办事项按周列为表；③本日应办事项及前日已办事项按日列在黑板上，列在办事日记上。

（2）每人须将：①自己职责以内的事项列为表；②本周应办事项及前周已办事项按周列为表；③本日应办事项及前日已办事项按日列在办事日记上。

（3）每人每日须将办事日记，每周须将办事〈周报〉表送交本部主任人员核阅。

（4）每部每日须将办事日记、每周须将办事〈周报〉表送呈主管核阅。

（5）无论何人，一切事项交来必须立刻办理，不得搁置多时，多种事项交来，必须依先后缓急列为程序办理。在一职员办理完成后，必须立刻交与〈下一程序〉办理之人立刻办理。

（6）在办公室内除办公外，只参考与自己职务相关之图书文表。

（7）在办公室内不谈笑，即商量事务亦须低声，以免妨碍他人办公。

（8）办公室内须极整洁，不许吸烟唾痰，或抛纸屑等在地面。

Ⅱ. 严定办公时间

人的经济，事的经济，互相联络的利益，互相帮助的利益。

1. 时间问题：

（1）至少每人每日有 6 点钟以上之办公时间。

（2）至迟须午前 8 点钟起。

（3）每办事 2 小时须有 10 分钟的休息。

2. 划签到问题：

（1）一切人员须在开始办公时间以前到机关划到，开始办公时便全体入办公室。

（2）设置人员专司划到或兼施划到，设置划到处或兼置划到站。

（3）每部主任人员到办公室，其司本部人员划到者，应将已到人员、未到人员、请假人员、列报主任人员，并交全机关专司划到者。

（4）主管到办公室，其专司全机关划到者，应将全部已到、未到人数，请假人数、列报主管。

3. 退席问题：

（1）全体人员须到办公室时间满后退席。

（2）如办公时间已满，尚有紧要事项未办完毕，则须待办理完毕后始能退席。

（3）办公时间内有因事、因病必须退席者，须先向主任人员或转报主管经核准后乃能退席。

Ⅲ. 注重办公程序

旨在减少困难，节省经济，期有可靠的成绩，美满的成绩。

1. 根据：

（1）调查其状况、方法或数量；

（2）统计调查所得资料或数量。

2. 推进：

（1）计划：在调查统计后，开始举办前，须拟定切实之计划，横分为许多部分期有统系；纵分为许多步骤，期有程序。

（2）进行：计划实施中间，不断地排除障碍，不断地前进，一直到完成而后已。

（3）整理：事或可告一段落时，或且每日均须有精密的整理。

Ⅳ. 采行会议制

在思想上可互相影响，情况上互相明了，避免隔阂；办法上可以亲切领会，联络一致；可为全部计划及整理集思广益；可以保证进行。

1. 一部会议：

（1）会议时间，每日一次；

（2）会议事项；①讨论每日应办事项；②整理前日已办事项。

2. 联席会议（或全体会议）：

（1）会议时间，每月一次。

（2）会议事项；①人员训练事项，②政治设施事项，③各部互相联络事项。

Ⅴ. 实施整理法则

可避免错误滋长或堆积，可考查进步以提高兴趣，可为计划加根据。

1. 登记：

（1）办事必须立刻有登记。

（2）进出款项必须立刻有登记。

（3）交付物品必须立刻有登记。

2. 条据：凡一事、一钱、一物的交付均必须有条据。

3. 表式：

（1）钱必须有预算及决算。

（2）物必须有数量统计。

（3）事可统计者亦必须有统计。

（二）读书

可以提高办事的兴趣和能力；可以扩大事业的眼光和坚定志向；可以探讨和建立共同的社会理想；可以参考许多经验和办法。

Ⅰ. 图书室和所须设备：

1. 必须参考的图书：关于政治的、经济的、教育的，身心修养的和其他问题的。

2. 须有可容全体职员列席读书之席次。

Ⅱ. 读书会

每日须有一次，每次须有两小时。

1. 分组研究：军事、政治、经济、教育……各种学科之各种专书。

2. 每人须有读书报告，各组须列出大纲，报告研究之结果。

Ⅲ. 讲演会

每周一次

1. 讲演问题：

（1）本机关人员之生活。

（2）所辖各机关一切人员或所辖各军队之生活。

（3）本机关所属各机关或所辖各军队对一地方的建设事项。

（4）一省的建设问题。

（5）中国的建设问题。

（6）世界的建设问题。

2. 讲演人员：

（1）本机关人员。

（2）约请专门人才。

（三）游戏

可以强健人的身体，恢复人的精神；可以提高人的兴趣和勇气；可以增进人们优美的表现和优美的接触；可以替代人们不良的消遣、嗜好和行为。

Ⅰ．积极方面

1．运动：

（1）设备：①运动场，②运动器具。

（2）项目：①球类，②田赛，③径赛，④团体操，⑤国术。

（3）比赛：①相约与其他团体的比赛，②召集和参加运动会中的比赛。

2．音乐：

（1）设备：①音乐室，②音乐器具。

（2）种类：①中乐，②西乐。

（3）表演：①以暇余时间演习；②在集会时间演奏。

3．游艺：

（1）戏剧：①新剧：话剧、歌剧；②旧剧：京剧、川剧。

（2）电影。

（3）幻术。

（4）杂技。

4．此外：

（1）提倡游园。

（2）提倡郊游。

（3）提倡划船及游泳。

（4）提倡骑马。

（5）提倡选看电影。

Ⅱ．消极方面

1．禁止赌博。

2．禁止接近娼妓。

3．禁止吸食鸦片和麻醉毒品。

（四）饮食起居

Ⅰ．积极方面

1．晨起：

（1）提倡拂晓起床。

（2）提倡晨间运动。

（3）提倡晨间会集。

2. 饮食：

（1）提倡会食：①设备大食堂；②自主官以下均在大食堂会食。

（2）提倡分食：①每人分配菜一碟或一小碗；②如有公共的菜，须有公共的箸、调羹，不得用自己吃过的箸和调羹插进去。

3. 提倡俭德：

（1）每周有几天只用蔬菜。

（2）每月只有两顿或一顿可用特制菜。

（3）菜肴限制两样或三样。

4. 改良应酬：

（1）时间问题：①在用饭时间；②在确定时间。

（2）饮食问题：①提倡不用酒，不用纸烟；②提倡分食，素食；③提倡在大食堂会食，以便饭招待客人。

5. 服装：

（1）提倡短服。

（2）提倡布服。

（3）提倡妇女不用装饰。

6. 此外：

（1）提倡步行。

（2）提倡饮食起居自动。

Ⅱ. 消极方面

1. 取缔宴会。

2. 取缔饮酒。

3. 取缔吸烟。

4. 取缔弁兵及勤务兵。

（五）考查

Ⅰ. 作用

1. 考查者方面：

（1）可作办事的根据。

（2）可作办事的参考。

（3）可知应办的事业。

（4）可增办事的经验。

2. 被考查者方面：

(1) 可以成绩影响人。

(2) 可以提高办事人的兴趣。

(3) 可以得参考人的指导。

(4) 可以促成办事人的努力。

Ⅱ. 考查之事项

1. 就范围分：政治、经济、教育和其他社会方面。

2. 就性质分：

(1) 组织内容。

(2) 经营状况。

Ⅲ. 考查之区域

1. 方法之考查

(1) 省外。

(2) 国外。

2. 现状之考查

(1) 本省以内。

(2) 实施区域以内。

Ⅳ. 考查之人员

1. 就事业言：因举办一种事业，特先派专人考查该项事业。

2. 就人员言：现在报职人员每经几年须出外游历一次，并考查与其职务有关事项。

(六) 宣传

Ⅰ. 欢迎参观

1. 陈列

(1) 各种统计图表。

(2) 各种计划。

(3) 各种表簿式样。

(4) 各种办事方法及经过情况的报告。

(5) 各种照片。

2. 引导：

(1) 引导参观各种办事、读书、游戏及陈列图表的地方。

(2) 为说明读书办事的方法。

Ⅱ. 刊印报告

1. 各种统计图表。
2. 办事计划、经过及成绩。
3. 一切办事的方法。
4. 读书的统计及方法。
5. 游戏的成绩。
6. 一切饮食起居状况。
7. 翻印一切照片。

二、政治设施

(一) 经济方面

Ⅰ. 调查

设立调查部

1. 调查事项：

(1) 调查本地生产物品：①原料品：品质、生产方法、数量、价格、销场。②制造品：品质、制造方法、数量、价格、销场。

(2) 调查生产事业：①调查原料生产事业：(从本地起)，资本组织、生产方法、工作状况、营业、待遇。②调查须提倡之生产事业：(从各地调查) 资本、工具、原料、组织方法、经营方法，需要人才。

(3) 调查各种生产事业之需要品：①工具：制造地、种类、价格、使用方法、运费、关税。②原料：产地、品质、数量、价格、运费、关税。

(4) 调查人工：工种、技能、工资、其他待遇、姓名、住所等。

2. 调查方法：

(1) 区域以内：①委托各县驻防军队调查；②委托行政机关(如实业局) 调查；③委托本地团体 (如农、工、商会) 调查；④委托学校调查；⑤利用一切机会调查 (例如就税收机关调查进出口的物资及金额)；⑥组织调查队或派专员调查。

(2) 区域以外：①通信调查；②派员调查。

3. 报告方法：

(1) 陈列统计图表。

(2) 登报公布统计图表。

(3) 印成报告专册。

Ⅱ. 指导

设立指导部，关于生产事业方面：

1. 经营事项：

（1）设立气象台。

（2）设立农事试验场（试验各种种籽、肥料，及下种时间距离）。

（3）设立苗圃（如果园花园，为植物森林育苗）。

（4）设立工业试验所（化验一切矿质，化学原质，应用化学工业产品品质）。

（5）设立工商货品陈列馆。

（6）设立贸易介绍处（收集各处货样，代买代卖一切货品，只取最低佣金，不图取得盈利）。

（7）设立银行（在都市设立工商银行，在乡镇设立农业银行），提倡储蓄，便利汇兑，提供借贷。

（8）设立农、工、商、各种专门学校。

2. 辅助事项：

（1）助其调查。

（2）助其计划。

（3）助其寻求人才。

（4）助其代买、代运工具及原料。

（5）助其推销产品。

（6）助其排除一切障碍。

Ⅲ. 管理

设立管理部

1. 奖励：

（1）事项：①奖励生产；②奖励制造品之发明；③奖励产业之经营：a. 决定规模；b. 决定资本；c. 规定筹备程序；d. 拟定组织及经营方法；④奖励生产改良方法之发明；⑤奖励必需品之供给；⑥奖励各种（生产、信用、消费）合作社之组织。

（2）方法：①介绍发明之物品或方法于全社会，使人皆利用之；②介绍发明人于全社会，使人皆尊敬之；③为留纪念于将来；④给予研究或试验之支持及帮助。

2. 改进

积极方面：

（1）使工人对于工场务有建设之机会，进而有决议之机会；

（2）使工人亦得选择相当名额之董事及监察人，适当参预事业调节变化之决策；

（3）工资与盈利：①工资依年加俸，逐渐提高；②盈利须规定工人应分配之最低限度，并逐渐将此限度斟酌提高，比如最初为20%，逐渐提高至25%、30%……

消极方面：

（1）取缔：①取缔工作时间过长，额定为8点钟；②取缔不应工作之工作期间，如未成年之儿童，临产期之妇女及遵医嘱应休养之病人；③取缔无职业者促成人人皆有职业。

（2）限制：①限制操纵物资；②限制操纵物价；③改良广告、装潢，取缔糜费，限制提高成本。

（3）救济：①应救济的人：疾病者、衰志者、幼小者、意外失业者；②救济费来源：由供职的机关担任、由地方或国家担任。

（二）交通方面

Ⅰ．事业

A．铁路：

1．需要的条件：（1）就数量言：①有多数人往来需要的；②有大宗或贱价的货物运输需要的。

（2）就性质言：①一般需要，如成渝铁路；②特殊需要，如井富铁路。

2．建筑的规模：（1）路轨大小：①运输量大的筑标准铁路；②运输量小的则筑轻便铁路。

（2）路线长短：①短可至于十数里仅到水路而止；②长可至于数千里，与其他各国铁路相衔接而止。

3．经营的顺序：

（1）由必需的轻便铁路经营起，逐渐推广之；

（2）由极短的路线经营起，逐渐推广之。

B．马路：

第一期建筑省道：（1）需要：①运输往来的人和货；②联络现有的铁路，使构成全省完整系统的运输网。（2）顺序：①省的干路：与别省联络的路，或省会与别的商埠联络的路先筑；②省的支路：应视经济发展的需要建筑。

第二期建筑县道：尽力改成车路，各县有在第一期中即能兴建者，亦尽力扶助之。

（1）择较重要之路先建；（2）择较易建之路先建；（3）就一条路中择较易之段先建。

第三期建筑乡道：各乡有在第一、二期中即能兴建者，亦尽量扶助之；（1）可成车路者必须改成车路；（2）可以一段改成车路者必须使这一段改成之。

C. 航路：

1. 河流：

（1）凿滩：凡洪水枯水的险滩，须凿去之，使航轮上下安全。

（2）淘滩：凡枯水之险滩须淘深，以增上游之航线。

（3）安设标记：凡滩水退枯时，须就危险处安设标记，以指示航轮应趋应避之路线。

（4）建设码头：沿江各城镇须建设码头，须设置囤船，以利航船停泊。

2. 轮船：

（1）统一航业，第一步联合营业：①设公共营业处；②定相当价目，或依船的好坏另定价目，无论客票与运费，并减到最低限度。第二步划一管理方法，并须认真考查：①组织：公司和轮船办事须依一定组织；②整理：a. 事务和款项须有一定整理方法；b. 人员须有一定考核方法；③取缔：禁绝船上一切人舞弊，带私货，或私搭客人。第三步统一经营：①估定资本，合并为整个的公司，②估定每日航线，a. 需要之航路，b. 最适宜于行驶之航路。

（2）取缔航业：①应取缔之轮船：a. 机器已坏之轮船；b. 构造不良之轮船；c. 不适宜于某处某段航线行驶之轮船；d. 超过〈船龄〉之轮船。②取缔之办法：a. 令其停业行驶；b. 令其改装或改换机器；c. 令其变更航线。

（3）保护航业：①防止匪患劫船；②防止强打兵差；③防止无票搭船，维持客票秩序。

D. 邮电：

1. 改进邮递机具：

（1）尽量使用汽车轮船，（一面须使汽车轮船有一定班期，并使开启与到达有一定时间）；

（2）提倡使用飞机。

2. 促使邮递加快：

（1）增加邮递次数：①繁盛城市每日仅走一次者，改走两次以上；②乡场几天走一次者，改为每日走一次。

（2）缩短邮递时间：①缩短在途时间；②缩短收发时间。

3. 电报与电话：

（1）增加电报电线或无线电台，使普及于各县及重要场所；

（2）设置无线电收音机，并增加电话线，使普及于各乡；

（3）减轻电报费及电话租费。

Ⅱ. 事项

1. 调查：

（1）调查陆路货运与客运需要之数量，以便决定需要建铁路或马路。

（2）调查钢轨、车头、车箱、摩托车、压路机……一切机器材料之价格及采购方法。

（3）调查水路货运与客运需要之数量，以便决定需设轮船之大小、多少。

（4）调查造船及安装机器之价目。

（5）调查各轮船之长、宽、马力、吃水深浅、载重量、速率等。

（6）调查各城市、乡村之邮寄及需要邮寄之数量。

（7）调查交通事业上现有及需要之人才。

2. 勘测：

（1）测勘铁路或马路线，拟具建筑计划：①种类；②工程；③材料；④资本；⑤完成后之利益。

（2）测勘沿江应凿或应淘之险滩的曲折深浅，拟具凿淘工程计划：①工程；②工具；③经费；④完成后之利益。

3. 计划：

（1）提出全省省道、县道、乡道交通网之建设计划。

（2）提出全省浚河计划，并核定各河流需要航路之多少、大小。

（3）提出全省电报电话安设计划及邮递改进计划。

4. 筹资：所需资本或经费之来源：

（1）全省航路及省道，由省统筹和国家补助一部分。

（2）县道，按县摊派。

（3）乡道，提庙会产业或其款项。

5. 管理：

（1）辅助国有交通事业。

（2）管理省有交通事业。

（3）监察并辅导私人之交通事业。

(三) 教育方面

Ⅰ．学校教育

A．量

1．普及小学教育：

（1）调查学龄儿童：①就学者；②就私塾读书者；③失学者。

（2）筹措经费：①学校须有充足的设备费和杂费；②教师须有最低限度的月薪。

（3）培育师资：①须有丰富的常识，②须有教育的兴趣。

（4）设置学校：①须选适宜的地方；②须有适宜的校园、校舍、运动场；③须有丰富的图书、仪器、标本、模型。

2．扩充中等以上的教育：

（1）扩充中等学校使足应小学毕业生升学的需要；

（2）经营职业补习学校，使足应小学毕业生改业的需要；

（3）扩充专门学校，使足应各种专门事业实际之需要；

（4）扩充大学校，使足应中学毕业生更造学问之需要。

B．质

1．以训练儿童之行为为主：训练在家庭中，在政治中，在职业上、在交际上、在游戏上……的种种优良行为。

2．以实验及观察的教学方法为主：

（1）观察每一事物之原因及结果；

（2）观察两种以上事物相互间的关系，并排列出系统；

（3）自己造起正确之原因，以证验其应有之结果；

（4）以校外实际接触的教育为主，从校外觅得接触社会，接触自然的机会。

Ⅱ．社会教育

A．量

1．第一步普及城市：

（1）普及于各家庭；

（2）普及于各级社会：工厂、学校、群众团体。

2．第二步普及于乡村：

（1）普及于各乡之市场；

（2）普及于各乡居之人家。

B. 质

1. 目的：

（1）以辅导改善实际生活为主：①家庭生活；②职业生活；③政治生活；④游戏生活。

（2）以辅导解决社会当前的问题为主：①政治问题；②经济问题；③教育问题。

（3）以促起一般人的优良行为为主。

2. 方法：

（1）创造模范的事业引人参观；

（2）表演，利用新旧戏剧与电影；

（3）演说；

（4）利用书籍、图画、传单等使人阅览。

Ⅲ. 教育行政

1. 权限：

（1）管理省办教育事业；

（2）监察并辅导县乡教育事业；

（3）监察并辅导私人经营之教育事业。

2. 责任：

（1）筹措经费；

（2）设置学校；

（3）视察教育状况；

（4）调查并统计教育事业上各种应有之数量；

（5）研究教育设备、教材、教学及训育之方法；

（6）奖励良好的教育事业并取缔不良的教育事业。

（四）内务方面

Ⅰ. 内务

1. 调查：

（1）调查户口：姓名、性别、年龄、职业、婚姻、财产、生育与死亡等事项。

（2）调查壮丁与枪枝。

2. 编制：对壮丁施以军事、政治、职业、生活常识……的教育。

3. 集中：第一步谋各乡以时集中，第二步谋各县以时集中，第三步谋若干县以时集中。

4. 征名：实施征兵制度：

（1）定兵役期。

（2）定训练法。

（3）定征调法。

Ⅱ. 市政

1. 市治安：

（1）防盗匪。

（2）防火灾。

2. 市卫生：

（1）为公共卫生之设施。

（2）为个人卫生之宣传。

3. 市交通：

（1）经营市以内交通。

（2）联络市以外之交通。

4. 市公用设施：

（1）电灯。

（2）上水道：自来水。

（3）下水道：水沟。

5. 市民职业：

（1）设立职业补习学校。

（2）设立职业介绍所。

（3）救济失业者。

6. 市民教育：

（1）学校教育。

（2）社会教育。

7. 市民游乐：

（1）运动场。

（2）戏剧场。

（3）电影院。

（4）音乐厅。

（五）司法方面

Ⅰ. 审判

1. 须缩短时间。

2. 须根据事实。

3. 须根据犯罪心理。

4. 须根据法律。

5. 须革除房差一切积弊。

Ⅱ. 监狱

1. 须建设适宜之监所。

2. 须设法改善对罪犯的待遇。

3. 须设法感化罪犯。

(六) 财政方面

Ⅰ. 收入

1. 设联合收税处及验货房。

2. 造日报表。

3. 办通知书，甲地统捐通知乙地统捐，经乙地复验后通知甲地统捐，并由接收通知书之机关逐日呈缴。

4. 公布税收数目。

5. 严定调查方法。

6. 严惩舞弊人员。

Ⅱ. 支出

1. 须有极明晰之单据，可以经人核查。

2. 须有极明晰之簿记。

3. 须有日报表即日填好，连同前两项逐日交本机关领导核阅。

4. 每月须有计算比较表，于下月三日前办好，除呈报上级机关外，并在本机关公布于众。

三、人员训练

(一) 行政官吏

Ⅰ. 应训练之人才

1. 就政务需要言之：

(1) 县行政。

(2) 县教育行政。

(3) 县实业行政。

（4）县交通行政。

（5）团务。

（6）其他。

2. 就技术需要言之：

（1）医生。

（2）工程师。

（3）统计人材。

（4）会计人才……

Ⅱ. 组织训政委员会

1. 选任：委员就下列各种人才中选任之：

（1）有各种专门学问及经验之人才。

（2）地方办事有成绩并有志趣之人员。

（3）各师旅保荐之人员。

2. 训练：

（1）研究：政治上之原理及实施办法。

（2）考察：国内外政治状况。

（3）实习：在政治机关中实习办事。

3. 任用：按下列办法选用为行政官吏：

（1）须在委员会中有显著之成绩者。

（2）须经试验：①试验研究（或考察）所得之结果；②试验办事之能力。

（3）试验以后，须有下列各项之预备：①令其视察该行政区内之现状；②令其拟具该行政区域之计划。

4. 考核：

（1）责令按照计划及期限，努力政治之经营；

（2）按期考核其进行状况及所著成绩。

（二）民众团体

Ⅰ. 团体种类

1. 地方团体：一乡、一市、一县、一省和其他的团体。

2. 职业团体：

（1）依事业性质分：矿业、工业、商业、农业。

（2）依组织性质分：职业团体、产业团体。

Ⅱ. 训练事项

1. 选举：

（1）选举的注意；

（2）投票的方法。

2. 会议：提案、讨论及表决的方法。

3. 执行：计划、实施及整理的方法。

(三) 军队士兵

Ⅰ. 军事训练

1. 第一期：

（1）学术科只求训练到可供使用之最低限度：①术科以切于实际应用为主；②学科须与所授术科切取联络。

（2）身体锻炼：①须使强健耐劳苦；②须使强健不易染病疫；③须使体力超过他人。

2. 第二期：

（1）复习前期教育。

（2）进一步增加实际使用上必要之科目。

3. 第三期：照以上两期递加。

Ⅱ. 政治训练

1. 工程：

（1）建筑河道。

（2）浚河。

（3）建造房屋。

（4）制造用具。

2. 治安：

（1）缉查盗匪。

（2）救火。

（3）维持秩序，尤其是维持各种人民集会的秩序。

3. 卫生：

（1）检查。

（2）救济。

4. 宣传：

（1）讲演。

（2）举办展览。

（3）表演游艺新戏、旧剧、歌舞、杂技。

（4）印发传单或其他出版物。
5. 调查：帮助驻在地地方调查下列各项：
（1）户口。
（2）学龄儿童。
（3）本地经济状况。
（4）其他。
Ⅲ. 普通教育
1. 饮食起居：
（1）卫生。
（2）节省。
（3）敏速。
2. 时事：
（1）作时事报告。
（2）以时事作课文。
（3）教兵士看报。
3. 经济常识：
（1）生产。
（2）交换。
（3）分配。
（4）消费。
4. 政治常识：
（1）历史。
（2）政治经营。
（3）政治组织。
5. 教育常识：
（1）事业：学校教育、社会教育。
（2）要项：设备、资料、方法。
6. 自然常识：
（1）数学。
（2）生物。
（3）地质。
（4）进化常识。
7. 革命史：

（1）本国。

（2）外国。

8. 外交史。

（录自北碚图书馆前任馆长罗中典先生珍藏手抄本）

《成都市市立通俗教育馆周年报告》序
（1925年12月1日）

吾于吾馆周年报告稿成付梓，窃深有感焉。杨前军务督办子惠，于为政必重教育、实业、交通、市政四端，尤以社会教育为今日当务之急。曩〔曩〕在泸以九师师长兼永宁道尹，则倡办通俗教育会。去年到成都兼摄民政，于议成都市政建设时，复首提出通俗教育馆。思两度皆于役其间，扶植指导，固赖王前市政督办治易及热心社会教育事业诸君子之力，而拨款捐金，无所迟回，晨夕顾复，问其所欲施，告以所宜察，勤勤焉惟恐有未至者，则杨前督办尤可感已。盖既去犹系人思，在军事上反对之者，在建设上则固称许之。于是可知有力者非无坦途可循，最后成功，自有在也。彼徒相追逐于覆甲败乙，以求幸有成者，安见其终有成耶？终自覆败已耳！

抑又思事业贵在倡始，而草创之后尤当有以发扬光大之。曩〔曩〕在泸题图书馆之壁曰："但愿馆之前途，不悲凭吊，而侈崇闳。"今亦将持此以祝吾馆也。

（原载成都市立通俗教育馆编《成都市市立通俗教育馆周年报告》，1926年）

建修嘉陵江温泉峡温泉公园募捐启*

（1927年5月1日）

嘉陵山水，自昔称美。江入三峡，乃极变幻之奇。群山奔赴，各拥形势，中多古刹，若禅岩、若缙云、若温泉，风景均幽。而温泉前瞰大江，机负苍岩，左右旷宇天开，林木丛茂，尤备登临游钓之美。无如年久失修，殿宇倾圮，荆棘蔓生，坐令天然胜景，绝少游踪。闻者徒增向往之忱，过者弥切引领之憾。乡人久欲从事修葺，徒以费巨力不能举。湘等或游屐偶经，或谈念偶及，每以为宜有汤池供人沐浴，宜作公园供人憩息，胡君南先、卢君作孚，先后长峡局，倡议醵金兴工，窃深赞许，决为募助，期成盛举，爰将概要述列如下：

（一）风景

寺居温泉峡中，登岸拾级而上，数百步造寺门，寺侧有温泉涌出，气蓬勃如沸汤，隆冬尤温，寺与峡因以名。

寺后峻岩围抱，高可百仞，竹树杈丫，乱石崚增，禽鸟栖息，其中鸣声相应。峰头岩下，可矗高阁，可曲回廊，以供凭眺。有曲折崎岖之路迤逦而上，纵观禅岩拱其前，江流环其麓，殿宇林园，历历足下。船舶出没，小者如蝇，大者列桨如栉，咿哑人声若为歌，欸乃桨声若为节。时或有停桨踞坐者，扬帆呼风，呜呜应岩壑，益尤有悠扬之致，愉快之情。而岩泉激响，自成清韵，坐憩其间，直令人有遗世出尘之想，不复知身在人间。寺右宽可数亩，或铺浅草，或培平林，或造花坛，或建草亭，茅榭纵横错置，景物愈新，本为名胜之区，益以艺术之美，更

---

* 本文以刘湘、杨森等24名四川军政首脑联合署名。

使人流连不忍归去矣。

寺左有深邃之洞（俗名五花洞）颇可游，洞石多为岩泉所积，撑者如柱，卧者如桥，梁覆者如钟，悬者如乳，展者如翼，蓄势欲飞，拳者如莲，含苞欲吐。或空如宫，或合如隙，或高不可攀，或深不可测，或路已绝矣，及蛇行而入，则又豁然开旷。或暗不见人，摩索不可得，路偶一转折，则又复漏天光，可以恣行，愈入愈奇，乃愈使人必欲穷探其奇而后已。及临绝壑，闻流泉，往往有竦然而却步者，但缒而入，则仍可越而前也。

由寺后窬峻岩，约四里许，到绍隆寺，景亦清幽，有古松数株，大可两围，高十数丈，百年前物也。更六里许，登缙云，凡九峰，峰各异态。有寺，在狮子峰前，藏深密古树中，入示所在，终于茫然，惟见青葱一片，入林路愈曲，几经回转，闻木鱼声，乃瞥然呈露，则既达寺门矣。更由寺穿林，樧登狮子峰，有古寨门掩荆棘中，僻路而进，危立石颠，令人股栗。游目四瞩，可达数百里外，向之岗峦起俯者，皆成平原，远近市村数点，江流如带，显有更上一重，小视天下之概。

（二）古迹

温泉寺中，明清两代名人题刊之迹，未漫灭者尚多，时有游人拓玩。

（三）出产

山产甜茶，色青味甘，香沁心脾，较之峨茶尤美，前代曾作贡品。面则产于寺侧，用水力磨成，细润适口，远近多来采购，快游归去，携赠亲友，尤饶风味。

（四）交通

于江滨新辟码头，并与各汽船公司交涉，特在温泉寺停车，接客送客，凡由渝合往来及附近人士，均可过此游憩信宿而去，极感便利。渝埠南岸温泉，山深路远，游浴尚不乏人，此则兼有其胜，而无跋涉之苦，当更为各地人士所乐集也。

（五）设备

就寺内左侧已圮房廊，添构精舍若干间，住宿游客（可携眷属）。其下辟球场二所，以供运动。食品则寺内有甜茶、清泉以供饮，有精美之腌菜、香菌、嫩笋、细面以佐食。并筑温泉浴室，男女异处，以供沐浴。

（六）经费

寺内精舍，寺外浴室、浴池，岩间游息之所，及其他亭榭、房廊，培修建造，凡十余幢，更筑球场两所，约共需洋八千元。培平林数区，地景数幅，筑路六七百丈，及购备草木、花本，约需洋三千元。全数约需万元左右，乃能初具规模。

卢君作孚，已就建设当先，而需款较小者，先行开工。将来经营有绪，学生可到此旅行；病人可到此调摄；文学家可到此涵养性灵；美术家可到此即景写生；园艺家可到此讲求林圃；实业家可到此经营工厂，开拓矿产；生物学者可到此采集标本；地质学者可到此考查岩石；硕士宿儒，可到此勒石题名；军政绅商，都市生活之余，可到此消除烦虑。人但莅止，咸有裨益，事在必举，端赖众擎，敬乞。

各界人士慷慨捐输，玉成此役，谨当刊碑题纪，其有独修一亭一台者，即请其题名，并恳当代名流题赠翰墨，以资矜式，倘得集腋成裘，告厥成功，不仅足供公共游乐，而于一般人士培养优美情感，增加自然之认识，提高经营地方事业尽志愿，尤助莫大焉。临颖拳切，尚祈鉴诸。

（本文为卢作孚出任峡防局长后撰写的第一篇文告，1927 年 5 月 1 日印发）

介绍《嘉陵江》*
（1928 年 3 月 4 日）

嘉陵江是经过我们这一块地方的一条大河，我介绍的却是一个小朋友。两天出版一次的一个小报，我们盼望这个小报传播出去，同嘉陵江那条河流一样广大，至少流到太平洋。并且嘉陵江的命有好长，这个报的生命也有好长。所以竟叫这个小报也叫为《嘉陵江》。

这个小《嘉陵江》，身体虽小，肚皮却大，大到可以把五洲吞了。各位朋友，不要见笑，不信试看一看，简直可以从这个小《嘉陵江》里，看穿四川，中国乃至五大洲全世界。面积之大，诚然不能去和下面那条嘉陵大江比，内容之大却又不是下面那条嘉陵大江够得上同他一天说话的呵！（注：即“不可同日而语”）

三峡有许多地方，我们要在三峡做许多事业，各位不晓得，可以在《嘉陵江》上去看它。我们做些什么事业，做到什么程度，怎样做，各位朋友，都可以从《嘉陵江》上看出来呵！我们是专门帮助三峡的——不止三峡的——各位朋友的，我们很关心各位朋友：家庭好吗？职业好吗？居住的地方好吗？身体上健康？精神上快乐吗？却苦不能一个一个地来与各位朋友闲谈闲谈，谈些好的生活方法，只好请这位小《嘉陵江》当代表登门拜访。

（原载《嘉陵江》创刊号，1928 年 3 月 4 日）

---

* 本文为卢作孚出任峡防局长后在北碚创办《嘉陵江》报时所写的发刊词。署名为努力的同人。

《民国十七年峡区秋季运动会报告书》序（1928年11月）

吾国人民太瘠弱，识者深耻病夫国之讥。然终一任病之流衍，不求所以致病之由，不谋所以治病之方，悬问题而不解决有如是，可慨也！窃以为治病当及其根。吾民劳者几天〔无〕休息，逸者几无动作，既不知卫生，更不知有所谓体育，瘠弱之因在此，疾病之乘亦于此。作孚来峡治团务，与百余青年处，计年余，十常病二三，深惊叹，以为青年且如此，中年以上病之侵寻当复何如！又常见乡人无事则惟相聚赌博，无肯谋正当生活者。虽与诸青年提倡运动，求有以振拔之，究不足以动一般观听而开风气也。爰邀峡区团学人员，在北碚场举行秋季运动会，聘请渝合各学校体育教师相助，并约学生参加。事虽草创，然各项运动，规模初具，颇足以开乡人士之眼光，励后来之进取谈者皆望继此更扩大经营之。果能继此而不断地扩大经营，影响当不仅及于四乡已。因列始末为报告书，并定明年春季运动会之计划，以告各运动团体。亦以见吾辈办事之方法，事前有计划，事后尤应有整理，报告书乃整理之一端也。

（原载《民国十七年峡区秋季运动会报告书》，1928年11月）

一个团体的理想*
（1929 年 3 月 13 日）

理想是安慰人的。假若人没有理想，那就痛苦极了。但是理想有一个人的同团体的。一个人的理想，就如像一个没有结婚的青年，他理想将来要结婚那个女子，人才是怎么样的好，谈话是怎么样的漂亮，学问又是怎么样的高明，总是理想样样都是生得很完全的，样样都是如我的心意的。又如像一个人得了彩票，假如他中了头彩，得了一万块钱，这万块钱拿六千块来买田地，一千块来请客，两千块来建筑房屋，再拿一千块来买家具，这都是一个人的理想。假如我们个个都只徒〔图〕一个人的理想，那社会就不知道闹成个甚么样子了，因为个个都只徒〔图〕自己的福利，那公共的福利又拿来怎么办呢？所以我们现在要有团体的理想。如像峡局一二三中队，各队的教官都理想把这一队的士兵，身体要锻炼到怎样的强度，信心要锻炼到怎样的坚固，做事要锻炼到怎样的热心，心理要锻炼到怎样的娱〔愉〕快，这都是对于一个团体的理想。又如像邓少琴先生经理温泉公园，未去温泉公园之先，他就理想一个公园。房屋建筑得很美丽，花木培植得很好看，鱼鸟畜养得很多，游戏场又如何的宽阔，总是理想来成一个很完美的公园。大而言之，还要理想把峡区、四川、中国，以至世界变成怎么样的好，我们就照着这理想去做，一直到死就完了，假若还生存在一天，那我们还是要协同继续的努力，照着理想做下去。

（原载《嘉陵江》1929 年 3 月 13 日）

---

* 卢作孚在民众俱乐部召开的峡防局各机关全体职员及各队官长第一次晚会上的发言。

乡村建设
(1930年1月7日—2月8日)

第一章　建设的意义

建设的意义是说："今天以前没有举办的事情，把它举办起来"。这是好多乡村朋友不很明白的，因为他们骤然见着今天以前没有举办过的事情，他们不会明白这事情的意义，你就给他们说得十分明白了，他们也是不会感觉这事情的需要的。因此他们见着你来举办这些向不经见的事情，不是大惊小怪至少也是会怀疑莫解的。

我举两个例子。一个例是：我们要改良巴县北碚市场的街道，许多老百姓便大骂特骂起来。说是：自有北碚场，便是这个样的街道，至少也有几百千年，大家走得好好的，你偏偏一来就见不得，走不得了！又一个例是，我们不要一个钱帮助各乡场的小孩子点种牛痘，许多人都劝别的人切不要抱小孩子来点种。他说：哪有这样做好事的？他今天不问你要钱，等害得你的小孩子要死了，他才问你要！

由这两个例看起来，乡村的朋友不但不懂得建设事业，而且不愿有，深怕有建设的事业；不但是无知识的人们是这样，尤其是那在乡村的地位很高，名望很好，权力很大的人是这样。因为他们另有经营的事业，是他们向来把持着经营的。

第一便是赌博，赌博愈多愈大便愈有希望。第二便是庙子、唱戏、酬客，一年大闹一两个月，是他们的面子。你要在场上去办一桩什么建设事业，绝对找不出一文钱来。他们却是每天可以有千块钱以上的输赢，每年有万块钱以上的戏钱、席钱的开支。这些事业是他们要把持着经营的，因为他们可以摆面子出来，找钱进去，这便是他们建设的意义。

我们要提倡的事业意义却不同，在消极方面是要减轻人民的痛苦，在积极方面是要增进人民的幸福。怎么样减轻痛苦呢？是要他们少些骚扰，少些病痛，少些天灾，少些强力的压迫，少些不应该有的负担。怎么样增进幸福呢？是要他们多些收获，多些寿数，多些知识和能力，多些需要的供给，多些娱乐的机会。我们要做这样的事业，便要准备人、准备钱、准备地方、准备东西，尤其是准备办法。许多人分工合作，继续不断地去办。这便是我们要讲的建设的意义。

第二章　乡村地位的重要

向来县以上的政治机关，都在城市里边，所以政治上的种种经营，往往集中于城市。城市问题，因为在政治机关的眼前，最容易被政治机关发现。政治机关的种种设施，亦自然的首先从城市起，或竟不设施到乡村。所以城市地位十分重要，甚重要的乡村地位反因此降低。

因此，形成一种城市中心的政治。不但政治机关皆在城市，举凡高级学校，皆在城市，各种工厂商店银行皆在城市，铁路、马路、航路亦皆力谋城市与城市间的联络，一切自来水、自来火的供给，消防卫生的设备，皆集中于城市，城市建设极其完备，乡村建设，却不成为政治上的问题了。

然而乡村地位仍是十分重要，绝不因为政治上的轻视而遂降低其地位。第一是政治的关系。政治上最后的问题是全国的问题，他的基础却在乡村。无数乡村乃仅仅绕一城市，乡村人口的总和亦不知若干倍于城市，乡村地位之重要，就此已可证明。还不只此，每每盗匪问题是起于乡村，不起于城市，在历史上只听着说盗匪满山，不容易遇着盗匪满城。盗匪一起，发生了乡村的治安问题，也就是地方的治安问题，扩大起来，便成了国家的治安问题，乡村地位之重要，就此更可证明。乡村人民不能自治，不肯过问利害切身的乡村问题，便完全让土豪劣绅专横；自然，他们更不肯过问眼前以外的地方乃至国家的政治问题，便完全让军阀官僚专横。一个乡村问题放大起来，便是国家的问题，乡村地位之重要，就此愈可证明了。

第二是教育的关系。人每每说：“中国人受教育的太少”。要知道这些太少的数目，绝不是在城市，是在乡村。我们调查乡村的学龄儿童时，曾经问过他们的父母："何以不把子弟送去读书?"他们不是说读不起书，便是说没有地方读书。这一个回答中的第二个问题在城市是不会有的，第一个问题在城市里也比较少得许多。城市人民贫富的不同，其子弟读书年数多少常因而不同，因贫而绝不让子弟读书的，却并不占多数。所以就数量说，乡村教育的经营远在城市以下，乡村教育的需要却远在城市以上。就结果说：乡村中间的少壮年人是常常向城市迁移的，至少也常常在城市里求生活的。乡村是不断的供给城市人口的地方，如因教育缺乏，供给的都是无知识的人口，那不惟于城市文明没有帮助，反而妨碍不小。乡村教育如果不发达，不但是乡村问题，而且变为城市问题了，可见乡村地位十分重要。

第三是经济的关系。乡村的经济事业愈不发达，乡村的人民便愈往城市跑，乡村的农作和工作，便会乏人担负了。城市的商品，虽大多数是经过工业制造来的，虽大多数的工业都在城市里，原料却来自乡村。或须开发，或须培植，或须就乡村里制造完成，这些事业里作工的人都跑到城市去了，就会减少开发培植制造之量，就会引起城市原料的恐慌。再则城市工业进步甚快，交通事业发展亦快，原料需要增加之量因而愈大，乡村经济事业如没有同样的速度进展，即不衰退，亦必引起城市原料的恐慌。所以就经济方面说，乡村地位亦十分重要。

如果人们仍是继续不断的重视城市而不重视乡村，努力于城市的经营而不努力于乡村的经营，必更有一危险的问题，便是："促成人口集中城市"。因为政治机关都在城市，所以愿意作政治活动的人们，都愿意活动于城市。因为经济事业，城市特别发达，职业种类，城市特别繁多，所以选择职业和想过较优生活的人们，都愿意从乡村跑入城市。因为乡村不易求学，有了学问亦没有用的处所，所以要求学的和有学问要应用的人们，都不能留在乡村，而必须移入城市。因此，不但乡村人口逐渐减少，会成了乡村问题，城市人口无底止的逐渐加多，更会成了城市问题。人口集中于城市，在现今的欧洲、美洲已经成了问题，在未来的中国，亦自必成为问题的。要避免它，便应赶紧解决乡村问题。所以乡村地位十分重要，是一般人应该知道的，尤其是乡村里的人应该知道的。

第三章　乡村的教育建设

乡村第一重要的建设事业是教育。因为一切事业都需要人去建设，人是需要教育培〈育〉成的，所以努力建设事业的第一步是应努力教育事业。教育事业分为两类：一是学校教育，二是社会教育，且先说学校教育：

第一学校教育的量。一个镇乡不下几千个小孩子，却每每不过一两个小学校，私塾的数目不知若干倍于学校的数目，不读书的小孩子不知若干倍于读书的小孩子。大多数的小孩子在可以读书的年龄，没有读书的机会，他们也一样有聪明才力，但没有法子发展起来，帮助社会。在今天以前，读书是一种专业，读书人是农人、工人、商人和一切有职业的人以外的一种专业的人，所以只须有一小部分的人专读书。今天以后，农人、工人、商人和一切有职业的人，都需有知识，有能力，读书便须普及。学校便须扩充到市场以外，到四乡去，尽量容纳一切应该读书的小孩子。

这样办理，首先便应该调查学龄儿童——应该读书的小孩子，调查进了学校，进了私塾的和连私塾都没有进，完全失学的，各有数若干，才能决定应该办理若干学校，一个学校应该容纳若干学生。学校的大小和多少既已决定了，进一步应想法筹备的便是经费。

向来乡村小学所有的经费，只限于教师最低的月薪，而且低到连教师的生活都不能维持。因此，不能得着好的教师，或虽然得着好的教师，却没有教的东西。以后教师的月薪，最低须够维持他的一个小家庭当时的生活。除教师的大薪外，还须有充足的设备费和应教育需要的种种用费。

有了经费还须得培育教师，今天以后的教师不是仅仅认得之无便够了的，还须有丰富的常识，不仅仅是为了吃饭来当教师，还须有教育的兴趣，不仅仅是教几句书，还须要教学生种种的行为。这样的教师，不但今天不够，而且今天没有，是须急切联合各乡村乃至于一县设法培育的。

有了经费，有了教师，便要开始设置学校了。设置学校的第一要事在选择适宜的地方，求便利周围就学的小孩子。第二要事在建筑经济而适用的校舍，辟广大的运动场和校园。第三要事在购置丰富的图书、仪器、标本、模型……要使学校成极可爱的地方，里面有许多可爱的东西，让那些小孩子去努力经营。怎样经营，正是先生应该教的。不应像现在的学校，一座烂污而黑暗的庙子里安了几张破败的桌子、板凳，而且放了一块可怕的板子。

现在至少初级小学教育应该普及，高级小学应该适应初级小学毕业生升学的需要；初级中学，应该适应高级小学毕业生升学的需要。这些计划不应该完全等着县教育局决定，各镇乡的人们应该各就本镇、本乡，提倡或联络邻镇乡经营，做一个好样子，使别的地方学起来，这也是一种教育的精神。就是教育局要完成县的计划，也是应从一个镇乡着手先经营的。

以上说的是学校教育量的问题，但是质若不好，结果不但是教出许多无用的读书人，而且教出许多比较更能想方打条，扰害社会的。设如在这不好的教育的量上去谋普及，结果不但使人们全体无用，或且全都去想方打条，扰害社会，那如何得了呢？所以我们更要紧最后的工作，是怎样去改良学校教育的质。

现在学校实在办不好，办学校的人都有一样的错误，认为学生只应该读书，只应该认识书本，不知学生于认识书本以外，还要到学校以外去认识自然、认识社会。不但是多识鸟兽草木之名，还要去多识鸟兽草木；不但是专从书本上去看人的言语行动，还要从实际上去看人的言话行动，而且要亲去言语行动。要从自然界、从社会上，才能得着真切的知识，书本不过是记载那些知识的东西，并不是知识。要养成儿童获得知识的能力，他才能够一辈子随时随是〔事〕获得知识。

教育的主要目的，不在给与学生以知识，而在训练学生的行为。第一是训练学生在家庭中间的行为。使他知道怎样去管理家庭的银钱，整理家庭的东西，讲求家庭的卫生，改良家庭的习惯，注意家庭的教育。第二是训练学生在政治上的行为。使他知道怎样选择，怎样会议，怎样参与地方的事业，怎样完成国民的责任。第三是训练学生在经济上的行为。怎样成他在职业上的技能，怎样提高他在职业上的地位，怎样教他继续不断的努力于一种职业。第四是训练学生在交际上的行为。教他对人怎样恭敬，亲切，诚实，有信义，语言怎样明了，委婉而动听。第五是训练学生游戏的行为，教他怎样运用暇时，运用人群，作正当的游戏，消灭以前社会上有的赌钱、饮酒、吸鸦片烟，种种不良的行为。

训练学生最要紧的两点：第一是训练他们运用科学的方法。科学就是整理经验的方法，就是将我们所有的经验整理成系统的方法，就是将我们所有的经验，整理出一定因果关系的方法。我们今天以前遇事不知理出系统，找出因果必然的关系，所以容易迷信鬼事。认为赌了冤枉咒，菩萨是一定要降罚的，拿一个人脚跌断了偶然的事实，来证明赌咒的灵验，却把许多没有灵验的事实忘却了。你偷了人的东西，菩萨是不管你的，你错赌了咒，菩萨却要来管你，这很显然的是不通的事情。经验应该是不让你去迷信的，只因为你不去整理它，它也就不会来帮助你。

训练学生最要紧的第二点，是教他们随时随地有艺术的欣赏。艺术不是限于图画、雕塑、音乐和其他专门的作品或专门的活动。是要人们的一切言语行动为所获得或造成的结果都充分含有艺术的成分，围绕着、浸润着人们，使人们倾所有的感情去欣赏它。

如果乡村的小学校，能够实现以上的办法，培育出来的小孩子，一方面是能干的，一方面是快乐的，必能够创造无数崭新的可爱的乡村，为我们愿意在里边居住的。

再说社会教育，社会教育的量，第一步是应普及于市场；第二步是应普及于乡村的人家。社会教育的事业，不仅是需要一个讲演所或一个图书馆，是要创造许多模范事业，给予人学；其次亦要利用新剧、电影、幻灯、照片、图书，模型……给予人看。目的尤其是辅助人们，指导人们改良实际的生活——改良他们家庭的生活，职业的生活，游戏的生活，个人饮食起居的生活。尤其是在辅助人们，指导人们，解决社会当前的问题！解决政治问题，经济问题，教育问题，都从一个当前的乡村起，要紧在促起人们的行为，继续不断地改良他们的生活，解决社会的问题；要紧在指导他们许多方法，帮助他们许多力量。首先还须自己要有方法、有力量。最好各个镇乡先行培养这样的教师，联络各镇乡担任新剧、电影、幻灯、照片……种种的设备。然后办理一种场期学校，用简单的文字，表演的方法，授以各种常识。不必要固定的学生，凡赶场的人，无论男女老幼，都可来学，学一回算一回，至少可以学会一桩简单的事情。

第四章 乡村的经济建设

经济问题是人们物质生活的需要和供给的问题。包含着怎么样生产，怎么样交换，怎么样消费，怎么样分配几个问题。经济建设，就是用来解决这些问题。

无论要解决一个什么问题，都须先把那问题分析清楚，把那问题里边的事情调查清楚。所以我们在乡村事业建设之先，还须调查乡村经济状况。必须调查的有四类事项：第一须调查本地的出产、原料或成品是什么价格，宜于什么用途，每年产若干数量。第二须调查原有的或应提倡的生产事业。他的资本多少，人工多少，利益多少，经营的办法怎样。第三须调查生产事业，需要的原料和工具。社会上一般需要的成品，须由他地方运来的。第四须调查现有的不敷或过剩的人工，失业者的状况。区域以内的事项，派专员或组织调查队去调查，区域以外的事项，通信或派专员去调查。

同时应筹备关于经济的公共事业。第一是气象台。乡村农人最感痛苦的是天灾，或苦久晴，或苦久雨，或苦风雹，不但是他们无法宰制，亦并无法预料。气象台便是测量气象变化的机关，它可以把最近的将来气象如何变化告诉农人，农人便可对农作设法预备，对灾害设法预防。第二是农事试验场。可以将各种不同的种子不同的播种期，不同的土壤，不同的肥料，不同的距离，通通试验出来，比较成绩的好坏，告诉农人，并且指导他们怎样改良种子，改良土壤，改良肥料，改良一切种植的方法，改良农具，期于节省生产费，提高并加多生产品。第三是设立苗圃。培植各种关于园艺和森林的苗木，指导农人讲求园艺，培植森林。第四是开辟公用的堰塘或凿公用的井。蓄水以灌农田，或购公用的吸水机。第五是设立农村银行。在农人青苗不接的时候，贷与款子，并办理存储及汇兑。第六是提倡合作社，提倡消费合作社。供给农人廉价的消费品，并分与最后所获的红利；提倡生产合作社，以公共的保证，帮助需要借款的农人，取得随时可以借款的权利。

此外还须指导农人改良副业——改良养蚕的方法，置设公共缫丝厂，公共干茧室。改良养猪、养鸡的方法，并提倡堰塘和农田养鱼。指导农人暇时工作，改良工具和工作方法，制造农产原料，供给农人需要，并倡办工厂。指导商人运销农人产品。对于农工成绩很好的，为之介绍，为之宣传，呈请政府给予奖状，给予奖章，施以种种的奖励方法。

如果有特殊产业的地方，亦须对于他们特别指导改良生产的方法。产煤的区域，须指导产煤改良的方法；产纸的区域，须指导造纸改良的方法。一方面倡用机器，节省人力，减少销费；一方面仍使人力有致用的地方，不使有失业的恐慌，第一教以新职业的技能，第二为之介绍新职业，那便骤然失业的人都有办法了。地方上还有根本没办法的，应由地方为想救济的方法，病废的、老弱的、幼小的，都应特别由地方想法去救济他。

第五章　乡村的交通建设

交通事业，是现代人们生活上最需要的事业。货物，全世界的要相互交换。人们，全世界的要相互往还，一个人常与距离到万里的人们有关系，常常要知他们的消息，常常要和他们通讯。这断断不是人力或以畜力的交通事业办得到的。以人力担挑子，抬轿子，以人力拉船、划船，是四川以前的交通事业；以人力推车，以驴力、马力、驴驼力拉车，是中原以前的交通事业。到了今天以后都不适用了。第一是时间问题。人力、畜力，日行不过百里，火车、轮船日行却达千里，电报、电话，则更顷刻达数百里，数千里，数万里。缩短时间便等于延长寿命，坐在轮船、火车上过一天的生活，如果坐在轿子里或木船里，便要过十天；用人力带信件，如到万里以上至少要一年以上，才可以得回信，用电报一天两天，便可以得回话。这样缩短时间，帮助我们太大，不可不赶紧想法。第二是数量问题。如果生活必要的食物，燃烧料，大批运到几千里，几万里以外去，断断乎不是人力的挑子或车子办得到的，必须要用火车、轮船。第三是运费问题，如果真用依赖人力的挑子或车子把煤炭运到几千里以外，恐怕豆腐也要搬成肉价钱。

不过前面曾经说过，世界的交通建设，差不多都以城市为中心，铁路、马路、航路、航空，都是某城市与城市之间的联络，乡村如果不临近这些路，是不易享这样幸福的。今天以后的乡村建设，不易就达到这样的程度，乡村人民，亦自不易遽然享受这样的幸福。不过交通事业，总须由城市而逐渐及于乡村，于城市与城市的联络以外，亦须逐渐谋乡村与乡村的联络，尤其要谋乡村输出输入的便利，以辅助改良乡村人民的经济生活。

第一须建筑道路。如果人多货多，不问路线长短，只要可以节省时间和运费，便须建筑轻便铁路或马路。其次亦须改修人行的道路，减少大的弯曲，或陡的坡坎，把路线缩短，并使晴雨都便于行走。第二便须经营河流。许多小的溪流，只须筑起堤堰，常有几里、十几里、几十里可以行船。乡村出产大半是粗笨东西，譬如米粮、木材、煤炭，有了比较便利的交通帮助，便比较地容易运输出来。

传话的交通事业，可以节省无数的人的往返。如果能够改良，便可以节省甚多的时候，便利解决一切的事件，更须要赶紧办理起来，也比较建筑道路、河堰等容易办理起来。第一便是邮政。好多镇乡都已有了，但是很不便利，每每他们要三天、五天才走一次，仅仅距离几十里的地方，或须十几天才能得着回信。我们平常说话，都是希望说出来人就立刻听着，而且立刻回话，如何可以在最近的距离也等待好多天，或更因为传递迟滞而贻误事件？所以乡村的邮政，最好多辟路线，多加邮寄的次数，最少也要一天有一次的往来。

能够在远距离立刻听话而且立刻回话的设备，最好是电话机，在乡村里安设一里，不过花上几十块钱，安设百里，不过几千块钱，一部电话箱，不过花钱几十块，一部几十门的接线机不过花钱几百块。应以最短时间在各镇乡安设完备，而且须予一般人民用电话说话的权利。

第六章　乡村的治安建设

乡村的治安建设，在几年或十几年以前是没有的。大家受了无数的损失，吃了无数的痛苦，才知道起来谋治安的办法。办团，防匪，已经有了显著的成效。不过从我们看起来，仍觉得是一个没有解决的问题，还须怎样想法去解决它。

团防是被匪徒抢劫，逼迫得无地可偷安了，才办理起来的。所以匪徒消灭以后，便消灭了办理团防的需要，团防放松懈了。匪徒抢劫得最厉害的时候，大家都肯出钱、出人办理团防；而今，人是不肯出的。一个场只有几个无业游氓当团工。钱是不肯出的，大概团练经费，都是抽的买路金银，用此方法办团，自然是有名无实的。目前乡村苟得治安，不是仗恃有团，是仗恃没有匪，如有匪患发生，在现今情况之下的团练，是不会有多少办法的。而且团在打匪的时候，是由人民集合起来的，也是帮助人民的，到了匪患消灭以后，人民不再与团发生关系，团也由帮助人民而扰害人民了。一个场上有几枝公共的枪，在有匪的时候，是打匪的：在没有匪的时候，便是压迫人民的。所以乡村团练并未建设完善。

团练是要人民亲自担任，仅仅用冬防训练，晚聚早散停三歇五的方法，不能期必成功的。因为一切民丁各在家里，不能没有偶然的牵挂，天天都要集合，而且据离远近各异，天天都要同时间集合，断断难于办到。就办到了，亦断断难于持久。我们认为每个壮丁，至少要有三个月左右的集中训练，应用征兵的方法，按期轮流，各乡征调，直到训练普及而后及。凡经调练的壮丁，每月每镇乡集合一次或两次，既藉以检阅他们的军事动作，又藉以训练他们开农民大会，给予种种公民的、农业的常识，养成大规模集体的习惯，避免天天集合的困难，节省天天集体耗费的时间，才容易造成人民集中的力量，防御未来的匪患，而且不止匪患。

我们纵不能像上面说的，用征兵的方法，使民众武力化，亦应使武力民众化。使无业团丁，变成有业的人民，于严格的军事训练之外，更施以严格的职业训练。搜尽流氓，入此陶冶，陶冶成熟，便即遣散。一镇一乡人数太少，不便办理，可以联络各镇各乡，扼要驻扎，集中训练。这样办理，一方面可以消灭游氓，消灭未来的匪患，另一方面又可以增加民力，防范未来的匪患。

稽查奸宄，也是防范匪患的一种方法。调查并登记户口，更是稽查奸宄的唯一方法。这种工作，今天以前，各地方还没有认真做过，今天以后应该有一定的方法，一定的人员，一定的时间，专门去做。如果把户口调查清楚，结果不但是可以稽查奸宄，而且可以得着男女婚姻、财产、职业、迁徙、疾病、年龄……无数的参考材料，以供一切乡村建设的参考。

防止游氓的产生，也是防范匪患的一种方法。搜求游氓施以职业的训练，可以减少游氓。到处开设烟馆、赌场，却亦可以增加游氓。办团人员，有一种重大的责任，是自己从来不知道的，便是劝戒烟和严禁赌博。有的不但不禁，反转重抽烟捐，大招赌博，用以制造游氓，聚集游氓，解释起来，便是一方面造匪，一方面办团防匪，岂不是大相矛盾。

第七章　乡村的卫生建设

虽然团练还没有办好，乡村人民，大抵都知道必须办团，以造成财产的保障。却绝不知仅仅有了团练，生命还没有保障，疾病传染的危险，比匪徒抢劫的危险还厉害。我们有方法避免匪徒的抢劫，却还没有方法，可以避免疾病的传染，一般人都知道治安建设，是很紧要的事业，却还不知道卫生建设，是更紧要的事业。

卫生建设的第一桩紧要事业，便是设立乡村医院。使凡得病的人们，都有医病的地方，而且不取医费，使没有钱的人们，亦有医病的机会，这样施比较可靠的医，比较那施棺材、施阴地，总算更重要些。这样的医院，每镇、每乡至少应有一处，不但医病，还要防病，如像天花是可以点种牛痘预防的，便要为乡村人民，尤其是小孩子，普遍点种牛痘。

讲卫生，是防病最要紧的方法。在个人方面的要靠继续不断教育；在公众方面的，要靠种种卫生的检察和设施，只要有一个小小的市场，便须注意到公众的卫生。第一点是厕所必须清洁，尤其须密闭，乃不至发生蛆蝇。第二点是渣滓必须掩埋，经过相当时间以后，以与土壤混合，还可有加肥的功用。至于人家烧过的煤屑，不应让人混入渣滓以内，应利用起来铺填土路。第三点是蓄积的死水须消灭干净。市前市后，添辟阴沟，务使污水流到远处，第四点是检查售卖的食物，禁止摆在灰尘中，并禁止售卖凉水和陈腐的食物。第五点是全市街面和街沟都须常常洗扫，常常检查市民认真洗扫没有。这些都是乡村里的市场必须办又容易办的事项。公共卫生的事项还不只于这些，不过首先要从这些办起。尤其是窄狭而又黑暗的市场，必须改修它，使它宽大而又光明，可以使场上或乡间赶场的人们少染多少疾病。

个人卫生，家庭卫生，最好场期都有讲演，而且都有表演。医院里在为病人医病的时候，告诉病人，效力更大一些。发现了人们不讲卫生的事体，随时随地，予以引正，亦可慢慢变更人们的行为。务要全社会都养成卫生的习惯，卫生建设乃告完成。

第八章　乡村的自治建设

从第三章到第七章提出的各种建设问题，都是属于乡村自治的范围，是自治事业里边怎样经营的问题。现在要提出来讨论的，是自治事业里边怎样组织的问题。第一是机关怎样组织；第二是人员怎样产生。这两个问题首先解决了，各种建设的事业，乃能次第经营。

原来的场，现在已改为镇乡。每一镇乡有一个教育委员，负的是教育建设的责任；有一个建设委员，负的是经济建设，交通建设，卫生建设的责任；有一个团务委员，负的是治安建设的责任。每一个委员负一方面的全部责任，其下如有各种事业，还须各种专门人才去管理。另外，每一镇乡有一个财政委员，专管各种事业的经费收支；有一个镇长或乡长，便是委员长，主持一镇一乡全部的建设事宜。可是，一切问题之解决，不应出于委员长个人的意思，而应出于几个委员的会议。委员长便是这会议的主席。执行，则由各个委员各负一方面的责任，各谋一方面的改进，是不相混淆，不相侵越的。一方面分工，一方面合议，这便是委员制。

镇乡长以下，还有各闾的闾长，各邻的邻长，办理小范围的关于建设的事务。在今天以前办理的，大概是关于治安建设的事务。如果教育建设、经济建设、交通建设、卫生建设，种种事务，都有一样的经营，都有一样经营至乡村里边去，也应一样划相当的不一定相同的区域，或且另有一定的人员，隶于一镇乡的教育委员或建设委员之下，料理一定的建设事务。

我们认为凡与县有关的建设事宜，虽然在一镇乡里内，亦应听受县政府的指挥和监督的，但仅仅关系本镇、本乡中的事宜亦应另有监督的机关，更亲切的监督着主持建设的人员，才不易于误事或越轨。谁担任这样的监督责任呢？惟一的是人民的代表会议。第一是解决全镇乡本身的重大问题，与他镇乡无关系的。第二是选择镇乡长及各委员。开会和选举，是自治问题中间的两个中心问题。他的意义和他的方法，是应训练镇乡人民完全弄清楚的。怎样推选主席，怎样提出议案，怎样讨论，怎样表决，是开会应有的问题。怎样选择人，怎样投票，是选举应有的问题，必须随时、随地训练人民。彻底的，每邻或每闾应常有人民会议，亲切的商量邻或闾应办的事情；应常选举出为他们议某一件事或办某一件事的代表人，应常介绍本镇、本乡中的好人或能干的人，使他们认识，这都是训练他们选举和开会的机会。

一切建设的人员可以由选举或上层机关遴委产生出来的。但是，他的专门的知识和技能是需要特殊训练的。今天办这一个团务学校是简单的予大家一种自治方法的训练，还不算训练，只算一种讲演。我们盼望继续着办农业研究所、矿业研究所、建筑道路研究所、医药卫生研究所……训练出许多建设的专门人才，各种建设才会举办得起来。刚才说：现在办的团务学校，只是一个讲演，须要知道大家将来实地建设的时候，才会开始受自治的训练。我们建设事业以前，应先建设我们的行为，能力和习惯。可是这样的行动，要从建设事业中才训练得起来。此后大家努力于地方建设，即便是训练自己，亦便是建设自己的一种行为。今天的讲演未尝不是在做建设的功夫，尤其需要做在一切建设事业以前。因为人们在努力于一种事业的建设以前，应先有一种心理的建设，有一种美满的建设的理想，在心理上先建设起来。今天讲演的结果，正是盼望大家心理上都怀抱着一种美满的理想，讲完便求其实现。有理想便实现，亦应该养成一种习惯。

镇乡委员会的组织，上面曾经说过大概。每一个委员范围的职务，亦应划分成系统，有几个人负担，便须明白地分工，即在一个人职务范围以内，亦须有系统的分析出来，这尤其是组织中间的重要问题。组织便是建设人与人间一种秩序，亦是建设一种事业的秩序。

现在我们应该知道建设的根本问题在哪里？不在经济，也不在教育，也不在……却在秩序。无论何种事业，秩序建设不起来，绝对不会有良好结果的。我们对于任何事业，事前应有精密的计划，事后应有精密的整理，其性质都是建设秩序。秩序问题，是包含着自治事业的经营问题和组织问题，是乡村建设中不可避免亦不可疏忽的根本问题。

（原载《嘉陵江》1930 年 1 月 7 日—2 月 8 日）

四川人的大梦其醒
（1930年1月）

（一）时机

前一会中原忽发生了战局，最近中原的战局忽发生了一部分的变化，便急遽地促起了四川人，尤其是四川的军人，耳目心思的紧张。十分留意着中原如何变化，十分留意着自己如何应付中原的变化；或许要利用它，或许因它而发生恐慌。向来中原有了问题，都予四川以深刻的刺激，感觉非常敏锐的人们为中原揣想，亦复为四川揣想，有些或竟把揣想当做事实，或竟多方探取这些消息，根据这些消息打算些办法。于是乎弄得满城风雨，只图苟安的四川局面，又有许多酝酿，又有不可终日的现象。

无论什么人也应该知道这是四川危险的时机，不过从我们看来，也是四川良好的时机。根据十八年来的历史，每次战争都由若干时间酝酿起来的，四川人知道四川在酝酿战争了，却也让他们一直酝酿到战争的时期，所以酝酿最是危险的时机。不过由另一方面着眼，平日在可以苟安的局面中，什么人也不需要什么办法的，以为苟安便是办法了。现在大家都注意到中原的变化，同时又都注意到自己的办法，或且还没有确定何种办法是可以应付变化的，正在急切地寻求它。如果趁这时候贡献大家一种办法，虽然不见得最后采纳，可也许邀得大家几分注意。至此，也算我们贡献这种办法的望外的效力了。

（二）办法

不过大家要知道，我们提出来的办法，绝不是怎样去应付中原的变化，如果变化成这样，我们左手拿出这样办法；或变化成那样，我们右手拿出那样办法。变化是不可捉摸的，有如用炸药炸开一块石头一样。我们绝不能预料炸开以后有若干破片，何片飞向何方；亦并不能预料此块石头是否成为破片。我们如果用尽气力于这样预料，并且仓皇的引避那一破片或伸手接这一破片，不惟为事太苦，而且冤枉。

又因为变化太快，纵有巧妙的应付办法，每每刚才决定刚才准备，那种变化又已变化了，刚才变化过去，或又变化过来了。纵然感觉十分敏锐，办法十分丰富，可以期必面面周到，也苦追求不及。追求不及，则陷于错误，徒得痛苦。不但我们不应该贡献这样的办法，而且应该劝大家不要去搜求或使用这样的办法。

可靠的办法不是无定的，不是随时局的变化为转移的，还进一步可以转移时局的变化。他本来摆在大家面前，只要大家瞠眼开睛便可看见。只可惜都被现局蒙蔽着了，误以为惟一的世界是现局，惟一的道路是如何应付现局；却不知现局以外还有更平坦的道路，可由以到达另一个光明的、美丽的世界，大家在那一个世界里快乐地生活去。

因为人们不求可靠的办法，遂误以为没有办法，亦遂听便其没有办法；但求苟安，苟安于现局里面，或更于现局里面苟得利益，苟得进展，苟可以与人比赛，便足以苟自娱或且自豪，这是何等堪悲悯的现象。

又因为人们不求可靠的办法，遂误以为人事不可靠，大家不复信仰人事，而相率信仰佛，信仰道，信仰……如果都是没有知识的人们，也还不关紧要；却由有知识的人们领导起来研究，尊崇人事以外不可明了的现象，不可解决的问题，不可到达的境地，而自信其可解决，可到达。却没有人领导大家去研究尊崇人事上可靠的办法，有讲佛的团体，有讲道的团体，有讲……的团体，却没有讲政治问题的团体。本有政治团体，也有政治工作，却一向不集合起人来讲政治问题的。

（三）意见

一位朋友从各省跑了转来，曾经考察各省的情形，觉得中原的将领，不肯一致把中华民国弄好，你要这样，我偏要那样；专在准备相互间厮战，叹息着说："中国人太爱闹意见！"其实不然，从我们看来，这许多人都是没有意见的。另外一个朋友亦曾经游历中原，会过许多中原的将领转来。他便曾经问过许多将领对于中华民国的现在和将来，有什么妥当的办法没有，得的答案，大概都是默然。可见他们对于中华民国实在没有确定的或光明的意见。如果有了意见，为什么不堂堂正正发表出来，纵然有些不同的地方，大家同着讨论修改，以期把中华民国弄好起来！

回转来看四川，亦是一样。许多将领何尝一度提出四川现在和将来的问题，提出解决的办法，以求人们修正或求人们赞成？一个人的意见，应该是一个人提出的办法——一种具体的计划，大家何尝对四川有具体的计划？大家只在为自己或为自己一群人研究办法，只在争个人偶然认定的利害或一群人偶然结合起来认定的利害，何尝对四川有意见。

如果一定有人同他们论裁兵问题，他们一定是一致地认为应该裁；如果有人同他们讨论国家或缩小下来而说四川统一问题，他们也一定是一致地认为应该统一。岂惟意见是一致的？两个极端冲突的将领，行动也是极端一致的。整理财政时，都在整理财政；改编军队时，都在改编军队；办理军事政治学校时，都在办理军事政治学校；修公园时，都在修公园；修马路时，都在修马路……几乎各方面的行动，件件都可以证明相互一致。偶然有某种行动与其良心上或口头上的主张相反，也一致是相反的。

既然大家的意见极端一致，行动极端一致，便连聚集在一处讨论、修正的手续都不必要了。有这样彻底相同的精神，我们真不明白，又何至于极端相冲突呢？而且冲突得无已时呢？由民国元年冲突到十八年而且到十九年了，不知以后还要到若干年呢？这个理由，因为大家不断地要准备冲突，抑或许要应付时局，或许没有时间从容想想，且容我讲讲：

（四）冲突

我们很显然地看得明白，各方互相间的冲突，不是由于意见或行动不同，正是由于意见或行动相同。要在中间找一个意见或行动超出于寻常的，与寻常不同的，虽然中间也或许有，我们总还没有明白地找出，或正因为他们都一样在寻常状况之中，没有一个曾经超过他们，所以永远只有相冲突，而不能相制服。要解释大家冲突的内容，可以分从两方面看：

1. 从纵的方面看，军人都讲究系统，都讲究服从，其实上下常相冲突。上级的人以为下级是我提拔起来的，下级的人却以为上级是我拥护起来的。上级要支配下级的人，下级却亦要挟制上级的人。这还是同一时间的小小问题。每每最初抬上级的，便是后来倒上级的。一个军人在最下级的时候，候到第二阶级，其方法是把原第二阶级的人抬到第一阶级去，自己便到了第二阶级。但是，如果自己已到第二阶级了，想到第一阶级去，又把原第一阶级的人抬向何处去呢？则最后的方法，惟有对不住而倒了。这样的上下级军人的冲突，是到最后才显著的，却是从最初起便预备的。

2. 再从横的方面看，几乎每一个将领都派得有代表到各方面去，同时亦都有各方面的代表在他那里。极其联络之能事，以求其一致，而其实是冲突的。好比甲与乙两势力是常立于反对的地位，甲常联络丙丁求其一致，丙丁亦表示一致；乙常联络丙丁求其一致，丙丁亦表示一致。直到甲与乙火并起来的时候，丙丁仍自各算利害，各看形势。其初促成火并的原因，正是表面虚伪的一致，而骨子里绝找不出两种不冲突的势力来。

虽然有许多聪明人在陈旧的历史堆里找了许多合纵连横的方法，以求避免冲突，或是联姻，或是换谱，或是歃盟，或是以人为质；然而这些办法，从历史上、从新闻上都惟一地证明转瞬便靠不住。更聪明的人则都结合旧有关系的人，或是同学，或是同乡，或竟是至亲至戚，以求其内部无冲突，而能一致地以与他势力冲突；殊不知到最后来，仍一样是靠不住。

一势力内部无冲突，其真谛全在其与他势力冲突。一个系统下面之军队，所以成其为一个系统，正因为有协同对敌的作用。如果协同对敌的作用早晨消灭，则向来本是一个系统的军队便会夜晚分裂。如果四川有将领凭着一个系统去统一四川，姑且无论成功困难，即令幸而成功了，失败也就在成功之后。因为分裂也就在协同对敌的作用消灭以后。原有协同对敌的精神，一到此时，便移以相互敌对，只把射击的靶子掉了方位。

这种现象是毫无足怪的，因为大家脑筋中并没有一个社会公共的问题，立足点都在各个人的利益上面的，所以不会有两人以上的协同动作和协同精神。虽然各个人眼光中所发见的利益不一定都是房屋、田土、娇妻、美妾的增加，或亦竟是把四川放在他的手板心上；便总是以个人为中心，以如何取得的方法谋个人的利益或势力的进取。几军而共谋取得一个四川，当然发生冲突了；即令一军而最后得着，此军下面尚有几师，不过又变成此几师而共谋取得一个四川罢了，其结果也当然发生冲突的。基础建筑在各个人的利益上，绝没有两个人以上的协同动作只有冲突。惟其动作相同，攫取的动作相同，冲突乃愈厉害，何时能够避免？

（五）比赛

最堪悲悯的是人们明知现局之坏，而甘沉酣于现局之中为所左右，不能而且不肯摆脱于现局之外以将现局变过。自己并不知道亦不考察这是什么缘故。

乡下人都拼命地挣钱，虽然挣得许多钱了，自己却不享受，亦并不让子孙享受，吃饭穿衣，以至于住的房子，用的家具力求其节省，至与穷人相等。这样拼命地挣钱，究竟有什么意义？解释起来，这乃是一种社会兴趣促成的。社会上相与比赛的事情，便是一切人兴趣集中的事情。一般人都羡慕那与于比赛成功的人，那与于比赛的人亦都愿由成功而取得一般人的羡慕。乡下人津津有味地谈起："今年某老太爷又买了一大股田，租谷收到整整千石了！"旁边人亦津津有味地听着而且想着自己何得也到这个地步。一个有钱人嫁女，许多抬盒由一路经过，旁边村落中许多老幼男女都站在屋角，不能看得抬盒里的内容，也要数那抬盒的数目。数到四十架了，五十架子，非常羡慕而且叹息。邻里亲戚彼此会着后，亦要以这抬盒数目作为谈资，这都是人们兴趣集中的事情，因为是大家注意比赛的，应该争的一乡或一方的面子。

一些人都盛传某人在外面做官，又汇二十万回来了，都相互勉励，你快生个好娃娃，将来也这样做官去。于是乎做官人以找钱为能干、为体面，乃正贪官污吏之所由来了。烟盘子旁边，一个代表同另一个代表说："我们老板的家屋越是大了，已达几万枝枪了，比你们那位老板怎样！"他们竟认长官是老板，认枪枝是老板的家屋！虽然是扩充枪枝为着准备战争，却也是在比赛家屋。人都奖励比赛的胜利，所以人都努力从这些方面比赛，求得胜利。

修马路的时候都讲究修马路，办市政的时候都讲究办市政，修公馆的时候都讲究修公馆，造滥币的时候都讲究造滥币，都是在做比赛。因为大家比赛的程度都很低，所以也没有一个特别高的。马路都坏，不会有一处特别造好；办市政都只改街道或修公园，不会有一处特别注意设医院或办学校。

比赛是促起人们行动的原动力的一种，而且是重要的一种，跑路只跑一百米，这并无何等意义可以促起人们注意，可是一到了运动会场，几个人比赛，千万人赞赏，便成兴趣集中的问题了。与于比赛的人，都要大努其力而且大拼其命。今日的全四川，也可解释成一个大的运动会场，不过运动科目不是田赛、径赛，奖品不是金章、银章，另有许多花样。大家比赛最剧烈的科目是战争，最企图获得的奖品是地盘和捐税。于如何获得之外，则研究如何享受了。亦复在享受方面去互相比赛，如何吃大菜，穿大衣，屋内应有何种华丽的陈设，手上应有何种名贵的戒指，都是许多人们悬在心中、目中、口中的问题。既留意人所有的，又留意自己所有的。要能够以所有的表现在人群中才体面，要能够以如何取而有之的能力，表现在人群中才叫能干。

利用比赛所有以奖励人取得其所未有，于是逼成人们有四种普遍的行为：

第一是“要”，逢着人便苦苦要接济、要调剂。

第二是“偷”，钱到手便舞弊，官司到衙门便秘密磕取。

第三是“抢”，团总之于一乡，军队之于一方，苟有力量，都尽力抢。

第四是“争夺”，一物而两人或群人要取而有之，则当然拼命争夺了。如果大家不断地比赛其所有，又不断地比赛其行为，如何取得其所未有要，或偷或抢，所得惟一的结果，便是不断的争夺。失败便是最好的结局。

（六）觉悟

由第三节到第五节提出来的问题，都是人们，尤其是四川军人〈的〉一把镜子，可以把自己和自己的所为彻底地照照；亦是一把算盘，可以把自己的所得彻底算算。大家努力于争夺，所得的结果仍只有争夺，何以终不觉悟？由民国元年到民国十九年了，无数走一条道路的人们，由袁世凯、段祺瑞、曹锟、吴佩孚、张作霖……以来，都次第失败完了，绝不见有最后成功的。虽然目前还有许多人们在那里挣扎，没有到达最后失败的一天。我们可以断定，如果他们不改变道路，最后亦只有失败。是非利害如此彰明较著，何以终不觉悟？

一个军人专求战争上的成功，结果却显然失败了，有这亲切的证明，总该促成自己的觉悟。然而他只觉得战争方法的错误，绝不觉得战争的错误。只有再想方法预备战争，绝不因此企图废止战争。有如赌徒，一注输了，便又加注；再掷而输，宁掷孤注。只有因输而拼其所有以求赢，绝不因输而悔赌。所以凭战争作方法，永远不能促成军人的觉悟。

因为战争的关系，因为军人只知道攫取人民所有，以预备战争的关系；人民的担负一天比一天重；痛苦一天比一天深，忍受不了，应有起来反抗军人的时候，应有觉悟的时候，却也不然。一个蛙放在热水中间，立会跳跃起来；可是，放在冷水中间慢慢地生温，直到把它煮沸，也不会跳跃起来的。现在军人所加于人民负担和痛苦，亦正是用慢慢加温的方法，有把人民煮死的时候，却没有人民跳跃起来的时候。

到底如何才可以促起人们的觉悟？唯一的方法，便是拨开现局，使人们伸伸头来，看看现局以外，还有一重天地，不误以为现局便是天地。如果人们长埋在现局中间，纵然觉悟了现局之坏，然而不知道何处才好，永远不会从现局中间自拔出来，跳到另外一重天地里去。因为他们从没有见过另外一重天地。

（七）公共理想

今天以前，一切问题都是以人为中心，却没有以事为中心。我们注意着人的成败，亦注意着人做这样，做那样；却不注意着事的成败，需要若干人在一桩事中间，或做这样，或做那样。我们只知道四川有许多人在活动，在这里开会或在那里接头；却不知道四川有许多事要待人做，要待许多人共同去做。以四川之大，七千万人之多，中间又有无数预备治理四川的人才，却不知道四川有些什么大事是四川人应该共同努力做的，岂不令人十分诧异！

姑且不问整个的四川，即已经大家分裂了的若干个防区，每个防区里面有些什么大事，是与人民有关系的，亦或许未具体地想到，虽然亦零碎地想到了一些，再退一步说：即大家驻在的都市中间，有些什么大事，是与人民有关系的；亦或许未具体地想到。再退一步说：即大家驻在的衙门以内，有些什么大事，是与人民有关系的，亦或许未具体地想到，一个衙门里的陋规，一个城市里的渣滓堆堆，一个防区里的盗匪，也每每摆得好好地在那里，没有人管他。因此，我们非常地太叹息，四川人太没有问题，太没有公共的问题了。

虽然近几年来，颇有人着眼于地力的经营，市政，交通，教育，实业，都在逐渐提倡，不能不算是四川进步的现象。但究竟是个人为中心的事业，而没有以事业为中心。以个人为中心的事业，只能奖励人皆各为其个人，绝不能促成一群人的团结。

要一群人团结起来拥护着一个人，便在君臣之义甚严的时候，天下一乱，也不可靠；而今君臣已废，形势变化又甚快而不一定，还要一群人团结起来，始终拥护着一个人，更何尝办得到？虽然有些人在那里作一时的表面的敷衍，亦不过因以各其利自己。各其利自己则相互间只有冲突，何能团结？形势一转，便各离异。所以，以个人为中心的事业，终究是没有良好结果的。惟一的是团结人群的方法，便是提出公共问题，提出解决公共问题的方法，而且促起人群去解决它。换句话说：便是建设公共理想，而且促起人群去实现它。今天以前，大家满怀着个人的理想：如何发财，如何升官，如何扩充自己的地盘，如何装点自己的门面；今天以后，却要把大家的理想，从个人身上移到公众身上。要一心一意为公众打主意，不要再为个人打主意。要使公众的生活如何安定，便不要打仗；要使公众的交通如何便利，便不仅自己备两部摩托车；要使公众的生产事业如何发达，便不仅自己拿出钱来做一笔生意或办一个工厂。如果提倡一桩事业，而为了自己占有或自己享用，那还是个人理想，不是公共理想。公共理想的利益，是完全在公众身上的，个人只是在公众中间享受的一员，但绝不能由个人占有了。

公共理想是从全省的公共问题中，提出解决的具体计划，不是偶然的建筑一条道路，或创办一个学校，它含有最后要达到的境域，使人向往；亦含有如何去达到的方法，使人信仰。它可以取得人的同情，亦可促起人的决心。它是人间可以实现的天国，圆满无缺。人都愿意实现它，而且实现了它之后，又把它重新创造。

公共理想是公共生活中间的人们，全体都应该有的理想。一种公共生活中间的人们，亦或许没有公共理想——解决公共问题的具体计划，如像今天四川一样。然而人不能无理想，不过都是些个人理想；社会亦不能无问题，不过都是些无法解决的问题，而且满目都是无法解决的问题，亦正如今天四川一样。要替代个人理想，只有创造公共理想；要解决公共问题，亦只能创造公共理想。一种公共理想的建设程序，是每每由少数人到多数人，由创造它到实现它。

如果一社会里人，各发展其个人理想，则人与人间不觉其相需，但觉其相妨，不足以促成团结，但足以促成分裂。四川，而且不止四川，正是这样。惟有建设全四川人的公共理想，乃可以促成相互冲突的各军，以至于一盘散沙的人民，一致团结起来，共同努力，每一个人在大的组织中间作努力的一分子，综合全局，以解决一个整整的问题。必须如此，人与人间乃不觉其妨，却觉其相需。

孙中山先生提出三民主义，五权宪法，建国方略，建国大纲，是为全中国人建设一种公共理想，以促成全中国人的团结；一省一县一市一乡都应一样，各建设其一省一县一市一乡的公共理想，以促成其一省一县一市一乡的团结，确是必需的方法。虽然公共理想的内容，人或各有不同之点，然可以用讨论、修正的方法，促成其相同，促成其一致行动，不致为团结的障碍。而且愈专门的，愈具体的计划，不同之点愈小，愈成其为全体的，至少亦大多数的公共理想。

又就革命问题说：人都以为革命问题是先破坏后建设；亦就把它截成两个时期：一个是破坏期，一个是建设期。在破坏期中，只努力破坏，只训练人怎样去破坏。因为破坏有了若干回训练之后，这一段工程亦或许终于成功了，便绝不是革命成功了。革命还有一段重要的工程是建设，到这时才开始，而且每每没有法开始，因为向来只在破坏，没有经过建设的训练，于是失败紧跟于成功之后。革命人物循此错路，每不觉悟。

如果认为革命是一桩完整的事业，便不能把破坏与建设截成两段，必需且建设且破坏；而且必需以建设的力量作破坏的前锋，建设到何处，才破坏到何处。再进一步说：先要有好的建设，然后有快的破坏，河下有一只好的轮船，坏的木船便揽不着客货；乡下有一个好的学校，坏的私塾便招不起学生，这便是显然的例。大家应该知道：破坏的实力是建设，绝不是枪炮，亦不是军队。不要搪塞着说：预备枪炮，扩充军队，目的是为了破坏。就令目的为了破坏，手段亦当采自建设方面。建设应从心理起，从建设公共理想起。

（八）经营

经营的意义便是如何去建设。四川的经营便是四川人应如何协同地、团结地去建设四川中间需要建设的事业。如何计划，如何整理，如何排除障碍，如何解决困难，这都是经营中间的问题。

一个外省人会着我们问："贵省是哪省?"我们答以"四川"，他们必十分赞美着说："好地方!"我们却很惭愧想道："地方倒很好，只是人们太对不住它了!"这样一幅很好的地方，要是交与能干的白种人，早就把它经营得很好了；我们呢，却不但不经营，而又加以蹂躏!

（一）请先论四川的交通

1. 就铁路说：原来曾经准备建筑过的有川汉铁路——由汉口到成都；曾经拟定过路线的有同成铁路——由山西大同到成都，有兰成铁路——由甘肃兰州到成都，有云成铁路——由云南省城到成都，有钦渝铁路——由广西钦州到重庆。如果我们从急切需要的而且可能建筑的着手，则次第建筑起来，最后，四川便成一个四通八达的区域，成都、重庆尤其成为交通的中心了。

2. 就航路说：四川境内，扬子江流域业有二千多里，可以四季通行轮船。其分支有岷江、有沱江、有涪江、有嘉陵江、有渠江，如果能浚河凿险，施以工程，去其障碍，亦各有数百里或千里以上，可以四季通行轮船。

水陆交通，如此便利，只苦国家多事，四川尤其多事，无人顾及。并不是无钱，综计全省有兵不过二十余万，即不裁减，官兵平均，每人费用年二百元，当年不过支五六千万，而税捐收入，综计全省，烟税、盐税便已各数千万，粮税又一年辄数征，数倍于以前，尚有一切货捐，重重征收，一地方而名目多种，同名目者复多种。计其总额，何止万万？如将收支情形整理清楚，除却军费以及一切行政经费，而且裁掉甚不当的烟捐，每年亦当剩余数千万。如以建筑铁路，每年可以筑成数百里乃至千里之路线。如此伟大事业，不知联合经营，以为四川人创造无穷的幸福，贻留无穷的纪念；乃为一群无聊的亲戚、朋友，谋一时间的利益，各据一方，搜尽所有的钱财，以增长其相图相防力量，以求得最后的失败，使各四川人更总承其害，何苦呢?

虽然四川人也都知道提倡交通事业了，各建筑其防区中的马路，各安设其防区的电话，各买几部汽车，亦订几只小船，然而枝枝节节，无与于根本大计，无与于大多数人民的利益。要说今天以后的交通问题，便应就四川全省着眼，尤应就中国西方〔部〕着眼，觅得专门人才，根据运输状况，勘测路线，定一全四川的交通计划。分析起来，便是：

第一，定四川的铁路计划。

第二，定四川的马路计划。

确定：第一期建筑哪几条路线，第二期建筑哪几条路线。

交通如血脉，必须使全省有系统，相互贯通起来，乃能增加运输力量，乃能增加贱价物品大批运输之量。不应这里建筑一段或那里建筑一段。

第三，定四川的航路计划：第一期开凿何处航线，第二期开凿何处航线。

第四，定四川的电报及电话计划：第一期安设若干县，第二期安设若干县。

这些计划，便是四川人的一种公共理想——公共的交通理想，应该创造起来，而且去实现它。

（二）其次论四川的经济事业

生产由手工而进于机械，第一需要的是钢铁，第二需要的是煤炭。两种材料，四川都出产，不过此刻都是用土法开采。如果改良开采方法，其产量之增加，当可以供给四川机械事业发达以后的需要。尤其是富有天然的发动力。灌县和大渡河的水力，不知可发若干万马力。重庆周围一二百里，山间瀑布，亦数十处，综其全量，亦当不下万匹马力。有这伟大的不需燃料的自然的帮助，试想一想：可以发展若干的机械工业，安设若干地方的电灯，电炉，行驶若干路线的电车。

有自贡一带的盐，可以用机器开采，而且可以制成精盐，制成化学原料，遍销于国内外，不为引岸所限。

有资、内一带的蔗糖，可以制成精糖，抵制外来的车糖，兼大宗的输出省外。

遍山都是竹树，都是造纸材料。大规模的造纸厂，可设数十百家，供给国中的需要。

嘉定、潼川、顺庆、保宁一带的丝，如果由改良养蚕以至于铁机缫丝，彻底想法，则不但生产量可以增加，价亦可以提高。又可自行提倡织造，以成品运输出省，不以原料。

松潘养羊，可以改良，可以提倡纺毛，又可以提倡织毛。荣、隆、江津纺麻织布，均应特别改良，以提高其出产量之量。

桐油应改用机械榨取，并可造成油漆，运销到各国去。

综四川所有，今天以前，出口大宗，都是原料；今天以后，出口大宗，可以逐渐改为成品，加量加价，都无限量。可辟油田，以供燃烧；可制水泥，以供建筑需要。这一块大好的地方，原料无限，制造无限，农业、林业、矿业、工业、商业可以同时发达；只要大家不去蹂躏它，不从战争上去蹂躏它，改变方针，共同扶助人民去经营它，只要十年，便成天国了。

以上所提一切生产事业，亦应如交通事业，觅得专门人才，定一发展计划。设立指导机关，扶助人经营，并指导以经营的方法，为之介绍专门人才，为之调查一切情况，供其参考……如是，则人民经营任何事业，都不感一点困难。如问资本，四川人并不是没有资本，只是没有安全的地方和安全的事业，可以放心投资。即令本省资本不足，亦可欢迎外国人投资。只要四川不打仗，促成政治事业上轨道，不使一切生产事业有外来的妨碍，而又有指导监督的方法，不使同类事业盲目竞争，不使一桩事业内部发生弊窦或纠纷；则一切生产，必可如春笋怒发，蓬蓬勃勃地经营起来，每年出口货物当增加数万万。

（三）再次论教育事业

1. 就学校教育说：

（1）第一应如何筹划小学教育，使它普及；不仅仅教学生读几句死书，应如何训练他们认识自然，认识社会，并训练他们对人作事，各种生活的能力。

（2）第二应如何筹划中等教育，一方面应小学毕业生升学的需要，他方面准备学生升入专门学校或大学，尤其准备到社会上去应用。如在自贡两井，便须在盐业上去应用；如在资、内一带，便须在糖业上去应用；如在成都，重庆，便须在商业上去应用；如在乡间，便须在农业上去应用。

（3）第三应如何筹划四川办若干大学，在哪一地方办哪几科。期于这几个大学能够领导四川研究科学——社会科学和自然科学；尤其是要以四川所有的自然问题——地质和生物的问题；四川所有的社会问题——政治、教育、经济、宗教、种族、人口等等问题，作为研究的对象，以其所得贡献于国家，并贡献于世界上。亦领导人欣赏较高的艺术——文学、戏剧、音乐、图画和其他。期于以科学代替迷信，以艺术的生活代替一切下流无聊的娱乐。

2. 就社会教育说：

（1）应有如何完备的图书馆供人研究学问和解决问题时的参考。

（2）应有如何完备的博物院供人游览。

（3）应有如何广大的运动场供人运动。

（4）应有许多公开的集会，尤其是公开的讲演，以代替茶馆、酒馆，乃至于烟馆闲谈。

教育上需要举办的事业非常复杂，需要专门的人才，亦非常众多，四川缺乏，延揽至于省外，本国缺乏，延揽至于各国，亦当把它举办起来。虽然费用稍大，然绝不能与无限制的军费比较。如论其结果，则教育的力量，可以使糊涂的四川人聪明，可以使无办法的四川有办法，可以领导人把四川经营好，而且使全中国受好的影响。军费使用的所得，则惟一的是战争相寻，把一切事业毁坏无余，把四川的前途弄得黑暗沉沉，使人几不相信世界上还竟有光明，这两样事业摆在面前，请大家比较，把钱使用在哪一方面更妥当。

（四）再次论财政问题，军事问题……如果各有专门人才，考察现在状况，拟定具体计划，使全四川人，尤其是四川的军人知道这些问题都是全四川人的公共问题，急切需要全四川人共同努力去解决它，并且知道这些事业都是人事上有把握实现的事业，只要大家愿去实现它。把它作为四川人的公共理想，我们相信，可以消灭各方的纷争，可以慰安一切感觉无办法的人的灵魂，可以把天国移到人间，亦可以把凡人渡到天上。

（九）秩序

前节提出来的各种经营，是建设上重要的问题。我们向来亦都知道教育、交通、经济事业是建设上重要的问题。然而此外还有更重要的问题，是根本、是解决一切问题的前提，我们却忽略了，便是如何建设秩序的问题。要这一个问题有法解决，其余一切问题才可以迎刃解决。不管教育也罢，交通也罢，经济事业也罢，如果秩序建设不起来，任何事业也是建设不起来的。

要政治上轨道，正是要政治有秩序。有人误解，以为战争是一种有效的方法，可以平定国家的纷乱，而同复其政治的秩序。其实，战争是破坏秩序的利器，绝不是建设秩序的工具。不但政治上、社会上原有的秩序，一旦有了战争会破坏无余；即军队的编制，财政的整理，是战争者本身平时要把秩序建设起来的，亦往往因战争而被毁之。从另一方面说：川省各军，一年以来，能够逐渐编制其军队，整理其财政，正因为没有剧烈的战争、没有战争，便渐有秩序，所以要使政治上轨道，惟有消灭战争，建设秩序。

人们有了公共生活，便必须有秩序。它的含义并不像平常使用它的时候那样简单，不但是讲堂上不要说话，或戏场里不要打架。一桩事业，要细致的分工，亲切地合作，要从一个严整的系统上，甲做这样，乙做那样，各个不放弃责任，相互不失掉联络。这种秩序，尤其是公共生活中间不可少的，不但是公共生活如此，一间屋里，什么东西放在什么地方；一件事情，纵应该分若干步骤，横应该分若干部分，应如何次第进行，分别整理；此就个人生活中间，亦应建设一种秩序。公共秩序的建设，其繁复，其困难，比个人大大有加，其细致却一样，如果大家没有秩序的习惯，绝不易急遽地训练。所以这不但是建设一切事业的根本问题，尤其是第一个困难的问题，人说：中国之大，不易有三人以上的团体。我们觉得：中国之大，亦不易有两人以上继续办好的一桩事业，这便是困难的证明。

从此，我们便应知道政治问题不是可以大刀阔斧解决的。因为政治上主要的是建设问题，是建设秩序问题。国家虽大，其建设秩序的工作细致，乃与个人生活秩序是一样细致的。分析起来，都是一点一滴的问题，不是大刀阔斧的问题。合无数一点一滴以成一桩事业的系统，合无数事业以成一个地方的系统，最后乃成一个国家的系统。

因此，我们亦不要以为四川问题是可以大刀阔斧解决的。四川问题亦是如何建设和秩序问题。如果要明白这桩事情的困难，只须大家回头顾到本身的事业是否已经建设起秩序了。因为社会上一切事业，人们一切生活，都没有秩序，几乎大家不觉得秩序还是人生需要的。犹如居住在一个城市里，众人作事都没有一定时间，自己也不需要钟表一样。能干的脚色都超越乎秩序讲究活动去了，不能安顿他在办公室里，亦不能给予他一种固定的职司。一般人羡慕的都是能够活动的人，这在无秩序的社会里，相尚成一种风气。好在社会无秩序，这般人乃颇适宜于生存。不但他们不适宜生存于一种组织之内，他们几乎以反秩序，以不遵一切公共生活的规律为能事。进戏园不给钱，坐轮船不扯票，然后才有面子，他们何能创造社会的秩序？如果四川的军人各想念到自己的贵部有这样的情形，便会感觉得眼前创造秩序已经非常的困难，何能谈到四川重大的问题。此后惟一的使命便在如何亲亲切切，细细致致从自己起，创造秩序。由自己有秩序，促成全四川有系统，自己亦在那系统中间生活去。

（十）人

人人都知道目前遍中国都是问题，而且都是无法解决的问题，不管它是教育问题或经济问题，军事问题或政治问题，都是一样无法解决的。从我们看来，不是一切问题无法解决，是人无法解决一切问题。在解决一切问题之先，便要解决人的问题，便是训练人如何去解决问题。

有人问着我："四川到底还有办法没有?"我们答道："有办法，但递交何人手里办呢？这却没有办法了!"我们要为四川想一种妥当的办法，而那一大群一大群的人，是为了另外一种关系聚集起来的，不是为了这种办法选择起来的，他们何能担任这种办法呢？他们没有这样的志趣，更没有这样的训练。所以四川的问题不是没有办法？是没有人，我们所希望的亦不是天生圣人贤人，是要一切人有训练。是要有力量的人都为四川训练人，都为四川未来的办法训练人，不要训练人各为其自己，或更相互间准备战争。

今天以前，因为许多有力量的人们专门准备战争，使得社会没有秩序，便使得许多人生活不安定，到处找事，找不着事。调一方面看，无办法的社会，亦没有训练出有办法的人来，供给各种事业上的需要；一种事业，到处找人，找不着人。这是两方不能协调的现象。事业上需要的人才，还须建设事业时重新训练，重新训练，非常困难，所以建设事业，极易失败。

无办法的社会，岂特没有训练出有办法的人才，即令有了人才，亦要被它毁坏。

第一便是专门技能要被它毁坏，专门技能须用在专门事业上；社会上没有专门事业，专门技能便无所用之。所以学工业的，学农业的，半在军事机关当起秘书来。

第二是高尚志趣要被它毁坏。许多青年朋友，颇有热烈的感情要去改造社会，结果倒被社会把他改造了。社会的势力，一方面压迫，一方面引诱，谁也只好随波逐流，不能在中间独行其是，独抱其高尚志趣。

第三是良好习惯要被它毁坏。一般社会的习惯是在讲嫖、讲赌、讲奢侈、讲欺骗，逼得一切人只有跟追，不能反抗，纵有良好习惯，亦要丢掉。

毁坏人才，岂止以上三端，无办法的社会，使许多有志趣的人才，不肯同流合污，则消极、厌世、悲观，或竟自杀了。或竟激起其不良的感情，以与现社会，尤其是现社会中不良的势力对敌，认为现社会不可以改善，只可以摧毁。结果，摧毁现社会未得，却被现社会仇杀了。这般人如在有办法的社会里，亦是极有办法的。可竟因为社会上无办法，不给予他们以可走的大路；或竟急不暇择地走入与世相连的路，其被毁坏乃较以上三端为尤酷，岂不令人悲痛。

最可悲痛的，乃是不能训练人则罢了，又从而甚酷地毁坏之！

所以今天以后训练人是一切问题的中心问题，而且是建设秩序的前提。虽然一切事业都需要建设秩序；然而需要人去建设秩序。不但我们要训练得人们能够作事，能够从事业上之建设秩序；还要训练得人们能够影响社会，同时绝不受社会影响，绝不被社会毁坏下去。这样养成强健的风气，才能解决今天以前不能解决的问题，才能够建设一切事业，才能够把人民拔出苦海，才能够发现一个快乐的世界。

（十一）盼望

我们最后还有几点诚恳的盼望，是盼望四川人的，尤其是盼望四川军人的。

第一是大家应该认清楚力量。力量的大小绝不能从官兵数目上去计算，亦绝不能从枪枝子弹的数目上去计算。从另一方面看，也不是枪枝子弹比人好，或官兵比人更有军事训练，便算强的力量。如果两种军队的性质和要解决的问题都是一样，这些条件也可以作为两方力量的比较。

终须知道：真正的力量大小，还不在军队本身，而在政治影响。军队力量只能及于疆场，政治影响却可以弥漫及于全国。掉过来说：猛烈的枪炮可以抵御敌军，却不能抵御自己军队随着政治影响而起变化。所以袁世凯拥有几十万雄兵，不能对付那云南、贵州、广西几省的独立，退而依然求当一个总统，亦终没有办法。

什么是政治影响？就是在不良的政治状况下面做一个好榜样。给以人学，给予人享，譬如无希望的国家，闹得无宁日，那里要是有一幅干净土，而且把那一幅干净土经营得十分美好，便会引起全国人集中的希望，便会影响及于全国了，成绩愈好，影响愈大，范围愈小，成绩愈好。

今天以前，从川省里也就看得出许多好的影响是从一隅及于全局的。只要一桩事业有人发起，不久便会影响及于全川，成为风气。如修马路，从成灌一线起；改街道，从成都一市起；都是显明的例。不过，其影响不定都是好的，不一定能够彻底影响全川，使它变到好的方面去。

在桂系军队尚存在时，川省有代表到了中原回来，劝告各将领不要随着中原的乱子转移，说是：中原割据的趋势，还正在学川省，而且是学几年以前的川省，川省人又何必回转去学他们呢？这样见解，好多明白人都很以为是。我们且不必据此断定川省应否步武中原，而如据此以证明川省人历年经营的影响，不仅及于川省，乃更及于省外，及于中原了。大家便不应自夸而应自惭。今天以前如果曾经予中原以影响，乃是予以不好的影响。今天正应忏悔，彻底改变自己的生活方法，进而改变川省的政治状况，期予中原以极好的影响，使一切不好的势力亦都一样学好。这才是我们所期望的政治影响。

不过现在各方有力量的人所可经营的范围，已嫌其太大了。如要就那范围全部有所经营，已绝对的难有好的成绩，何必更进一步，图扩大其范围！图扩大其范围，徒惹起争夺，妨碍经营；纵然侥幸成功，所得结果亦只有经营不好而已，安有政治影响，安有伟大力量。所以今天以后，断断用不着争夺，只用得着经营，只用得着各方联合起来一点一滴经营，以求其成绩最好，影响最大。

第二是大家要认清楚幸福。人生的快慰不在享受幸福，而在创造幸福；不在创造个人的幸福，供给个人享受，而在创造公众幸福，与公众一同享受。最快慰的是且创造，且欣赏，且看公众欣赏。这种滋味，不去经验，不能尝到。平常人都以为替自己培植一个花园或建筑一间房子，自己享受，是快乐；不知道替公众培植一个公园或建筑一间房子，看看公众很快乐地去享受，或自己亦在其中，更快乐。一个朋友说："人们建筑一间美丽的房子在一个极大的公共猪圈里面，何如建筑一间小小的草房在一个极大的公共花园里面！"这便是一个顶好的盘算，最大的快乐，最大的幸福，都在公共的经营里面。

我们如果不汲汲于个人幸福的享受，便不求有所取得，便用不着互相争夺了。如果掉一方面而努力于公共幸福的创造，就四川人说，努力于四川人公共幸福的创造，那便全四川人应该联合起来了，联合起来创造极大的无穷的幸福，享受极大的无穷快乐，不再创造痛苦，不在从争夺方面创造痛苦了。

第三是大家要扩充爱的对象，变更爱的方法。今天以前，爱的对象只能及于自己的妻子，自己的家庭，自己的亲戚朋友，不管他们好坏，都要为他装饰，为他安排。尤其是当首领的对于部属要替他们找事，替他们找钱。一生辛苦为人忙，试想一个究竟有什么意义？那许多人半是无聊，半是原来有用，也被诸公爱得他们无聊了。

我们爱一个人，便须得望一个人好，便须得把一个人训练好。现在社会上需要的好人，不但是消极地不妨害社会而已，还须积极地为社会作事，为社会作一桩有益的事体。我们便要训练我们所爱的人，由妻子兄弟以至于亲戚朋友，以至于一切部属，个个都成好人，都能够为社会作一桩有益的事体的。

大家应该觉得，无论对人、对物施其爱的感情，都是精神上非常感觉快乐的。我们爱自己的儿子或是爱一幅古画，可以用尽我们的力量去替他或它想办法。如果我们真要寻得这样的快乐，却遍地皆是。只要我们扩充爱的范围到社会上去，到处都需得我们用尽力量去想办法。我们可以爱一个公共的图书馆，把它装饰得非常美丽，安排得非常完善，使一切社会上的人都羡慕它，都要来亲近它，都感激它的亲切的帮助。我们如果拿十万、二十万来加在这一桩爱的事业上，我们无穷的快乐，至少也应该超过我们抢十万、二十万的财产，来交在一个不成器的儿子手上。

第四是大家应该认清楚目前大好的时机，人都知道如果政治上、社会上的状况非常良好，我们在中间做起事来，可以得许多帮助，无一点障碍。可是，不幸而生在这时的中国，尤其是这时的四川，环境上只有障碍满眼，何能帮助一点？因此，万事经营起来都非常困难、非常危险。其实，有力量的人如果彻底地明了除自身外，别无所谓障碍。如果肯改，便可马上改到帮助方面。正惟其环境不好，是予我们以弄好的时机，要是大家很聪明，便不要放过这时机，赶快努力，把现在不好的政治环境，这正是今天以前大家创造起来的，乃至于不好的社会环境设法改好。绝不可误认为环境太坏是予我们以坏的时机，我们违背一切法律，无人可以干涉，攫取一切款项，无人可以清理，高兴可以施仁，发怒可以宣战，平时有无数人可以供奔走，战时有无数人可以供牺牲。这样误用时机，而且把这时机继续创造起来，交与后来人。须知后来人弄好的一天，便是诸公最后难看的一天。即令自己苟延到生命终了，亦永远留一个历史上的污痕，千万世人都叹息着，这一个篇页是被诸公染污了的。

我们盼望四川人，尤其是四川的军人把这四点认识清楚。认识清楚了便下手，下手以后便一直做到最后成功！千万不要继续错误，一直以最后失败为结局！

（十二）怎样下手

我们经营四川，怎样下手。却要分出步骤，各个地方的专门人才宜联合起来组织团体，研究政治问题，同时亦考察四川的情形。为各军将领介绍世界的趋势，同时亦考察四川的情形，为各军将领介绍解决四川问题的方法。此种研究团体亦可由各军将领联合专门人才发起，往来讨论，求得一个大体相同的办法，以促四川人实行。这是第一步。

全省专门人才向来没有一次集会讨论其专门的问题。许多工程师在建筑零零碎碎的马路，何不集合起来讨论一个四川马路的建造方法及其系统！在讨论以前，调查现在马路的建筑状况；在讨论以后，便应定一具体的计划。教育专家、工业专家、农业专家、医师……各应有同样性质的专门会议。此种会议，可由专门人才发起，亦可由将领发起，其费用各由所任职务的机关担任之，这是第二步。

四川的军师旅长，常常这一部分在这里开会，那一部分在那里开会，从没有见全体集合起来开一次会。会议的内容都是秘密的，我们不敢妄猜不是四川人的利益；但如其是四川人的利益，便可以不守秘密了。最好有一次全四川的将领，自师长以上或自旅长以上的会议，各种专门人才都有代表列席，共同商量四川人的问题。商量哪些事错误了，哪些事应该做，又应该怎样做。商量停止军事的发展，采行各种专门人才的计划，分配各种事业的经营于各种专门人才，分配各种监督的责任于各将领。此种会议可由将领发起，亦可由社会方面的有心人发起。这是第三步。

依省政府的组织或斟酌变通之，组织一个委员会，各军将领之外，加入几个专门人才为委员，指导考核各种事业的进行，逐渐促成其统一。这是第四步。

这四步办法有两个要点：

第一是促成四川人研究政治问题，由原理以至于实施的方法，具体的计划。使我们知道政治上完全是关于国家或地方的问题，其立足点绝不在自己一个人、一家人或一群人的利益上；是有正当方法解决的，相互争夺绝不是解决的方法。其形式是以四川人解决四川的公共问题，绝不是以这一军解决那一军，或那一军解决这一军，换句话说：这是一种事业，纵分若干步骤，横分若干部分，是依赖大家共同经营成功的，而非可以相互争夺成功的。相互争夺，正是今天第一个待解决的政治问题，横梗了一切政治事业的经营，是需要大家首先想法共同解决的。

第二是促成四川人以公开的会议替代秘密的会议，以全体的会议替代局部的会议，以性质为着全四川想办法的会议替代性质为着与会的一群人想办法的会议。向来局部之秘密集合，是为图人或防人图己，是为预备战争，或足以引起各方疑惧，因而引起各方作战争的预备。如果全体集合在一处，商量公共的问题，而且常有这样会面的机会，则可以促成相互了解，相互接近，可以消灭相互的芥蒂和疑惧，可以消灭战争及其预备。今天以前，大家的团结也便是偶然结合起来的，并非有何种血统的关系；大家的敌人也便是偶然隔阂起来的，并非有何代世仇的关系。时而为友，时而为敌，全随形势为转移。我们盼望大家创造一个新形势，这新形势是全体集合起来开会议，为四川人谋福利。由这会议消灭了相互间的隔阂，由隔阂消灭，消灭了相互间的敌对关系，由敌对关系消灭，消灭了相互间的战争。

我们提倡这样的办法，第一是无悖乎三民主义的，是可以在三民主义之下具体实施的。许多人把一个三民主义加上许多不同的注解，使人莫衷一是；拉起党徒来，更使人左右做人难。我们认为只有提出具体的办法，实施具体的办法，以建设中华民国，以建设中华民国里的四川，乃能为三民主义下一个极正确的注解。

我们提倡这样的办法，第二是无悖乎国家统一的，或且是可以促成国家统一的。我们在国民政府法令之下经营四川，实足以发生法令的效力，而促成其推行。不幸而中原不宁，亦无碍于四川的经营。以今日四川过剩的力量，只要没有人去援引外力，是不虑着任何外力来侵扰的。中原十年不宁，我们便有十年经营，那时大有成绩，亦许可以进而促成中原澄清了。

光明就在眼前，只有盼望四川人，尤其是四川的军人大梦其醒！

（原载《建设月刊》1930 年 1 月）

东北游记*
(1930年9月1日)

序

我们一度游历东北，见日本人在东北之所作为，才憬然于日本人之处心积虑，才于处心积虑一句话有了深刻的解释。才知所谓东北问题者十分紧迫，国人还懵懵然未知，未谋所以应付之。一旦东北各地，没于日军，然后举国震惊，起谋救济，已太迟矣；而又况狂呼之外，仍无如何应付之计。这岂止是东北问题？实是国家根本问题。而且东北问题正由于这根本问题而起的。

有人说：日军突占东北，诚然是国家不幸的事情；然亦或许是一个好机会，足以刺激起中国人。不错，足以刺激起中国人！然而感情上的刺激，旋起旋灭，历史上因已有了不少的证明，何尝有〈益〉于国家的根本！根本有为是需要办法的，是需要整个国家的办法的，是需要深谋远虑，长时间不断的办法的。中国人的行动则往往由周围的情况所偶然刺激而起，故亦往往随情况而变迁。一切缺乏意识，更无论国家的意识，更无论深谋远虑。此则值得看一看日本人之所作为，看一看日本人在东北之所作为。

游东北时，曾从船车旅店中匆匆记其见闻所及，尤着眼于日本人，于其所谓东部内蒙古南满之经营，报告三峡中共同努力的青年，盼望由此而更加努力。第一次邮寄一部分，峡局乃印成册子，以赠友人。后理

---

* 1930年夏，卢作孚率领由民生公司、北碚峡防局和北川铁路公司有关人员组成的考察团，于6月21日从上海出发至7月25日，游历东北期间所写的日记。限于篇幅，收录本书时有删节。

其余，再印一册，亦作赠品。各地友人先后索取，或仅得前一册，或仅得后一册，每以不全为憾。然而公私交困，无钱再印，终于置之。

日军占据东北之消息传来，人皆欲知东北情形，从游记中亦或可偶得其一二；人皆欲奋起而有所作为，从游记中亦或可偶将办法之所宜择取。故同至友何北衡君再交印刷，半作赠品。所介绍者外人在中国之所经营，尤在其如何经营。此则盼望有心人浏览之余，绕室从容，反省及于自身的。

卢作孚

二〇，一〇，二〇

目　　录

一　由上海到青岛

自到上海，事便麻烦，比在重庆在峡里都厉害了。问题不是自己能够解决的，要同许多洋行，许多不可信的商人去解决。不是一天可以解决的，要经过许多天的调查，才能够决定我们要买的东西；又要经过许多天的接洽，才能够决定我们要买的东西谁家好些，谁家坏些，何种样式最为适宜；又经过许多天的接洽，才能确实比较出各家价值的多少，才能决定买谁家的；又经过许多天的接洽，才能将一类东西整件零件全部买定。你看，一桩事体是何等的麻烦呵！谁也不想在上海整整过两个月有半的日子！而这两个月有半的日子都付与洋行商店中间。惟一的唐瑞五是一个共同工作的朋友，胡绶若在事务上是特别有帮助。此外则各有所长，各视问题为何如了。

我于此番到上海办事，愈有两个深切的感想：第一是中华民国急切需要一个辅导各种事业经营的团体，至少可作各种事业的一个顾问。如果今天有了这样的团体，我们到上海来办事，何至于这样费力！第二是一切人都需要养成公共事业和公共生活的兴趣，认为自己是为公众服役的，尤其是峡局青年，须着眼于这一点！因为几年来的事业，差不多都是在为青年谋，没有要青年马上去为社会谋，所以大家还不知道在社会上的责任，还不很对社会问题发生兴趣。虽然没有染得社会上许多恶习，然而习惯了各了其自己，只须加上社会上的恶习，便完整的成为现社会中间的人了。青年们没有超于现社会的志趣，要求其不为现社会所染，恐怕不可得罢！

闲话少讲，好容易到了六月二十夜一点钟，才把上海已经着手办理的事务告了一个段落。还有一二件办理未完的，交与刘华孱、卢魁杰两个青年试办去。睡觉三个多钟头，便起来准备行事。

这回游历是准备由青岛到大连，再到奉天，游历东三省各地后，到北平。如便利，或到绥远一行。最后仍转到上海准备回川。同行有李佐臣，唐瑞五，王鳌溪，李公辅，胡绶若，袁伯坚，连我七个人。

六月二十一　星期六①　天雨

…………

船开了，我们仅仅得着的剩余地位，也发生了问题。两次俄国人来移开我们的行李，一次职员茶房来要我们他移。他说：中间是外国人住的，外国人多，中国人便须让到两边去。然而两边早已没有地位了，茶房便把我们移到货舱口上去。我们为尊重他们定的秩序，亦只好听他们的安排。只感想到一切自由行动的四川军人们也应出来游历游历，才知道本国轮船之当爱惜呵！

等到安排已定，走上甲板望望，船已离岸甚远，到海洋中间了。但见一片汪洋，中有几点风帆，倒是一幅好画。

船中无聊，取出关于山东和东三省的各种记载看看，觉得青岛、大

① 原文误为星期日。

连、奉天等处之外，安东[1]是中韩交界的地方，又在鸭绿江边；满洲里是中俄交界的地方，又在兴安岭外，铁路在岭上穿了两个洞子，绕了一个圈子；都各值得去游一游。但一算旅费，相差到现有的一倍。瑞五说：到奉天发电与天津喻元恢，请其电汇来，岂不快哉！但又计算时间，须超过预定计划一周以上，这又找谁汇来呢？还是以事业为中心，看看抚顺的煤，本溪湖的铁和煤，并到哈尔滨一看中东铁路和松花江流后，即转向关内，不要纵所欲游罢！虽然如此打算，究竟感情上还是十分歉然呵！

二十二日　星期日　偶雨仍晴

…………

船在完全靠岸之后，才准一种穿制服，戴红帽的力夫上船来搬运行李。此等力夫持铜牌子一交客人，一系在行李上，以便取对。我们曾从青岛记载上看明了他们的规矩，很放心地将行李交给他们。上岸正不知往谁家旅社去，突来一位穿黄制服的，是中国旅行社的职员，问我们从哪里来。我们亦便问他谁家旅社好些。他说：第一旅社。你们坐汽车去，我自替你们将行李运起来。请给我几张名片，我好应付检查行李的人员，免得麻烦。我们感觉得到了长江一个码头便感痛苦，到了这里，倒反得着帮助，为什么这些办法不影响到长江去？

…………

午饭后，游览德国人经营的几个炮台，还有遗迹在。先到汇泉岬，许多中外游人在那里抚摩大炮，讲说故事。有人燃烛给我们，入地道。中有铁轨，有房屋，有厨具，其布置不但坚固而又完备。其用意，固在以此为远东根据地，立军事上不拔之基，谁料成败无常，图人尤其是不可靠的事业，而今一个青岛竟两办移交，仍归故主了。

此可以为今之帝国主义者殷鉴，而不可以为中国人之光荣。还有许多这样的地方在外人手中，何时收得回来？一身都是耻辱，何时洗清？曾否记忆？

…………

他又告诉我们：德军守青岛的时候，水有鱼雷，陆有地雷，而又有山上的大炮，山下的机关枪，若干重的障碍。日军如何进攻，又如何失败，如何占了崂山、浮山，又如何掘战壕而前进，口讲指画，非常明

① 今丹东。

了。我们且听且想，德人苦心经营的成绩，便是这样！

转到第一公园，深喜其为景深邃，满布林木。从这条路穿过去，又从那条路穿过来。或植梅花，或植樱花，或植海棠，令人百游不厌，只可惜留不住的时间要迫着我们出来。

过农林事务所，访其职员，问以青岛经营的经过，他说：德人经营的时代成绩最好。山上的汽车路，平整与市面无异；市内市外皆满植林木。自从日本人来，便以赚钱为事，不肯像德人那样经营了。自从我国接收，则并日本的精神亦失掉；其可称的成绩是砍伐了许多木料，卖去了许多地皮，建筑了许多房屋，如斯而已矣！

问青岛的人口多少？他说：接收的时候不过二十几万。到而今不过七八年，有三十几万了。为什么人口增加得这样快呢？第一是内地连年灾荒，无钱的人都跑到青岛来求吃；第二是内地连年战争，有钱的人都跑到青岛来避难。我们想想：这倒不是青岛的问题，而是中华民国的问题呵！

出公园，横断跑马厅，到海水浴场。场在沙滩上，备有更衣的小房间和游艇。我们欲浴而未得，离开浴场了，终于不能忘情，找一个地方，踞石而坐，脱鞋脱袜，下水洗脚，忽有人发现石缝中有螃蟹，于是大举搜索，螃蟹之外，又得许多螺蛳、蚌壳，一律收拾起来携带它们到中国西部科学院去。

二十三日　晴

晨起，雇汽车一辆，游崂山。经过街道很长，风景都佳，心很惊异，三十年前一个荒岛，而今竟经营得这样好，发展到这样大，何尝不是出于人力呢？中国人一向做什么去了？过市场最后一段，房屋矮小，大有北方城市的风味，才觉得这里还是中国的地方，真令我们有无穷的感想！

出了市场，经过几处密林，几处农村，但见许多男女在屋外广场，曝晒粮食，工作得很亲切很快活似的。前面发现一座高烟囱的洋式房子，问汽车夫，说是自来水厂。去看，技师告诉我们：这水是取自井中，供给青岛的。青岛每天需水一万五千吨，有三处供给，都在一二十里以外。一部份的机器是德人安设的，一部份是日本增加的。

再乘车前进，过一市集，你们再也不会想到，这市集是在河中间的。不过北方的河在没有水的时候，便是一个长的坝子，此刻正没有水，所以竟成市集。

我们觉得太有风味，亦就下车混在乡下人中间赶市集去。许多摊子，卖食物的，卖杂货的，卖铁器竹器的，乃至卖烂布破鞋的，无虑数百起。比起那上海大马路所供献于社会的，生活程度是何等低！抑或许让他不齐，将这里提高？将那里降低？倒是一个问题。

…………

我们在这市集里细细地参观了一周，绶若介绍我们买了一个柳藤的篮子，准备带回博物馆陈列去。佐臣、瑞五又买了些食品，拿在手里。鳌溪说：许多研究社会问题的人，总要想把中国社会下一个笼统的断语，是封建制度，是半封建制度，是商业资本制度，很剧烈地在那里争执。其实中国社会万有不齐，以这一个乡村，比上海一个都市，不知隔了若干世纪，何能把他扯做一起？我们感觉得中国人不研究实际问题，向来喜欢在空的理论上扯，实在是一个大病，是急切需要治疗的。

离了市集，心犹系念着他。经过许多浅岗低原河流乡村而入山谷了，车在谷间不断的回转好像发现了无穷的新世界。最后达到一个地方，见着有无数的轿子，有几家店子，有两个警察，知道开始登山了。

…………

应从此登崂山了……

…………

走了半里许，又发现两个老人，亦是捕山鸡的。他们已经捕得几个，每个要八角钱，鳌溪劝我们买送科学院。于是商量他们买四个，连笼子四块钱。一位老人站起来高呼刚才碰着那一位捕山鸡的提笼子来伙卖，佐臣、伯坚凑了四块钱，瑞五替他们摄了一个影，四个山鸡由此竟有了万里游历之后远入四川的机会，倒是许多人们应该羡慕的。我们却羡慕这三个老人，只知道山上有雀子，不知道世间还有许多问题，中国还有许多乱子。

…………

二十四日　星期二　午前雨午后晴

午前因为下雨，各作事务上的整理，未出去。

午后，乘公共汽车往沧口参观日本人办的洋灰厂，约半点钟，到沧口，竟是一个热闹的市镇，有几条大街。问一家商店中人：洋灰厂在什么地方？他说：已停几年了，还剩有房屋几所，就在那边。我们依着他指的方向，沿河边去，寻得两位在旁边坐家的人，请他们领导。他们很高兴地替我们解说：炉子是怎样用法，碎石的机器是藏在那间屋子。炉子，砖砌的。将石灰岩石碎成粉与黄泥调好，做成砖后，才堆在炉子里边，加火于下。这是旧式的烧法。据说：烧的洋灰还好，（拣了几块用力抛在地面，很坚。）但销场不好，折本很多，所以停闭了。已卖与山左银行一位姓赵的，但不知何年何月。时局安定，才能经营。我们感觉得在这资本事业剧烈竞争的情况之下，规模太小，方法稍差，都是会失败的，还不仅时局成为问题咧！

转到一个日本人经营的窑业工厂参观，烧砖，烧瓦，红的，灰的，各种样式都有，全部规模不小，也是日本人经营的。又有人告诉我们，这里有几家日本人的纱厂，一家中国的纱厂，才知道这里闹热的原因。问日本人经营工厂的年月，都在他们占领着青岛之后，几年之间，便新有了几个纱厂，更惊日本人经营能力之敏锐，中国人怎样呢？

回来过四方井，停车，亦是因为有了胶济路的机械厂，日本人的纱厂，而成为一个市镇。热闹同沧口一样。机厂曾经营有一个公园，规模很大，林木花草山水之外，还有运动场一处，动物多种。其附近还有职工住宿的房屋，这都是德国人之所遗留。

二十五日　星期三　晴

晨起，全队开往新新池洗澡。洗澡后往市政府访葛市长。一位姓陈的秘书出来接洽，说是葛市长病了，正在辞职中，不能同诸君谈。病了，正是中国官场中的一种精神，不能不引起我们无限的感想。问以青岛情况，大半不知道。他说：同葛市长来，不过三月，又在机关内办事，所以外间情况，都不明了。他又告诉我们：市政府成立期，是去年五月，而今已三换市长了。我们联想到汉口一市，成立市政机关，亦不过两年，已经三变制度了，政治上的措置如此，如何把事办得好呢？我们问他：青岛有什么记载可供参考的没有？他说：有《胶奥志》一部，只市政府有，可以送诸君一部。跟着就去取来，翻开看看，记载很详，可惜外间不能售卖，止于市政府有。

到社会局晤得第一科董科长，问他青岛的各种事情，仍不知道，同陈君一样。他又介绍一位李君，是接收青岛时就到这里来的。才告诉我们几个问题。第一是人口。接收青岛的时候，只有二十八万几，去年调查便有三十六万几了。接收青岛的时候，日本人有三万几，去年只有一万二千几了。第二是教育。接收青岛的时候，小学校只有四十三所，而今有八十二所了，但发达程度又远不及日本。第三是交通。接收的时候，只有柏油路几条，而今柏油路差不多到一半了。又告诉我们：屠兽场很可参观，现在已改为宰畜公司，是中日合办。每日宰牛一千几百头，猪几百头，不过几点钟可完。牛肉是青岛的大宗出口。大半来自河南、山东。我们问他：青岛增加的人口来自何处？他说：人口来自江苏、浙江、安徽的很多，浙江人多半在机关，宁波人很多在这里开商店。他又说：这里热天热闹，冬天冷淡。热天各处有钱的人都来乘凉，一时房屋，旅店，为之挤满，商店亦有生意了。一到秋天以后，许多旅店，生意都关了门，街上亦不易看见人影。所以这里的物价非常昂贵，因为卖物的人，卖半年，吃半年，我们也于此才知道这时找旅馆困难的原因了。

午饭后，叫了两部马车，连人带物，运到轮船码头，又见码头边站了许多中外人士在那里欢迎来客，我们想道：接送客人大概在这里久成风气了，轮船开到，仍无力夫拥挤，客人都从容下船，很有秩序。又令我们连想到长江码头了，乱得来客人害怕，那些力能定国家之乱的当局们，为什么对于这一点码头之乱不想想办法。

我们离开青岛了，都留恋着它，由码头以至于旅馆，由市场以至于山上。很惊异德国人之经营这个地方，不过十几年，便由荒岛而变为美丽的市场。很惊异日本人之发展工商业，占据不过几年，便有几万人，几个大工厂，许多大商店。而又回想到中国人呢，如何不奋发起来？

上船没有地位了，要等着装货之后，安顿在货舱口。等看货装完了，正有许多客人围着，为丢被盖上去，发生口角。日本人就在旁边，真不好看。毕竟我们让步，睡在舱口之旁，楼梯之下。为什么负国家重大责任的许多人们，一点不肯忍耐，专因争执而打战火给各国人看？

二　由青岛到大连

二十六日　星期四　天晴

晨起，上甲板一望，尚沿着山东海岸的山脉前进。满山荒凉，不见村落树木。回想到三十余年前的青岛，岂不是一样荒凉，国家的当局们亦应想到国家有待于经营，不要误以为问题只有内争！

…………

船抵岸，比青岛来得更清静。有可以升降进退的铁桥渡客人登岸，却没有力夫跑上船来。等一会，来了一位南方旅社接客的先生，帮助我们运输行李。

坐马车到旅社，将一切安顿停妥了，便去访周孝怀先生。沿途所经大连街市，比青岛宽阔，但不及青岛曲折有致。马车夫亦不甚熟悉街道，每一个十字街头，都有一个区域的详图画在木板上，连号数也注明在上面的。我们同着车夫在图上去找，经三数回才走到。孝怀先生不在家，其弟竺君先生出来接谈。问以大连事业，他说：大连是一个东三省的运输口子，只看看一条南满铁路，一年比一年发展。没有其他大的事业。如尽一般的说，可以分为三类：第一是油坊。专榨豆油。近年大豆贵，油饼贱，尤其是日本人折本的很多。第二是钱庄。近来为赌金票，亦多倒塌。其中用力于兑换生意的，还稳当。因为这里日本人用金票，中国人用上海小洋，外来的人携带大洋必需掉换，离开这里，又须掉换，所以掉换生意比较发达。第三是代理店。许多买卖大豆的人不是买现货，是买空卖空，同上海交易所一班。代理店招待这些商人非常周到，并替他们垫款，却赚他们的大钱。这本是一种赌博性质的生意，商人赚了，倒还代理店的垫款；输了，便还不出钱来，牵累了代理店。我们问：大连近来人口增加的多么？他说：不错，许多阔老都到这里避难来了。房屋只见增加，前江西督军陈光远，福建督军周荫人，都在这里开代理店，损失到八十万。王占元现正大修其公馆，田中玉则修许多房屋出租，图收租钱。鳌溪叹息着说：军阀官僚之末路竟至于此！我说道：我们由他现在之所为回想到他们当年做官的时候在做些什么，更值得我们叹息了！

鳌溪问：日本人在大连经营的教育事业如何？他说：有一个工业专门学校，有一个商业学校，有两个中学校，有一个高等女学校，有几个小学校。这都是教育日本人的，办得很好，很注重军事操。另外有几个公立学堂，是教中国子弟的，那就办得不好了，七年毕业，无论中文、日文都弄不清楚，教科书很守秘密，除了学生不能购买。但是中国人呢，除此而外，自己也没有学堂读书。

接着周孝怀先生回来了，细细地问四川近来的状况。我们告诉他：这几年来，四川比较少战争了，少土匪了，军队逐渐讲究训练了，财政逐渐讲究整理了，地方经营逐渐成为风气了，尤其是修马路，办市政，全川都在进行，一个地方别离两三年，再去便会认识不得了。周先生很安慰，又很叹息。说道：这种现象已经比中原好。又细细地问我们经营的事业，我们告诉了几样，他说：我早就听着说了，以那样混乱的政局下面，还有许多朋友在那里努力创造事业，倒是难得的。我们又告诉他：事业上也感受内外无数的困难。他说：现在大家遭遇的困难，已远不如我们在四川的时候，杨子惠可以撤人的房子，我们当时要去街心的肉架子，也很不容易。他又说：四川是太好的地方，有无数的富藏。四川人亦肯做，而且有坚持的毅力，只嫌其规模太小。我们想到四川人作事规模太小，实在是由于眼光太短，一方面只看到自己，一方面只看到今天。所以虽肯做，究不能把公共事业做好。

又谈到统一问题。周先生说：民国以来，袁世凯有了第一个好的机会，蒋介石有了第二个好的机会，都把中国弄不好，真可惜了。进步不一定要统一，能够像四川那样不统一而在经营地方上比赛着努力，比统一还要来得活跃些。我们说：统一有两种方式：一种是用武力一部分一部分地打下去。这个方式已经有十九年的证明不成功了。还有一个方式，就是各经营各的地方，一桩事一桩事地逐渐联合起来，最后便一切统一。这正是今后须得采用的方式，周先生亦极以为是。

周先生是在四川建设上惟一有办法且有成绩的人。他办警察，警察有起色，办实业，实业有起色。他每办一桩事业，必先训练一批学生。凡他的学生或曾经从他办过事的人都很佩服他而且很思念他。我们倾慕很久，想像他必有可敬可爱之点在，在这一次会面中间，我们发现有两点，是我们青年朋友特别值得留意的：第一是关心事业，第二是爱重人才。

二十七日　星期五　晴

晨起继续写峡局的信未完，孝怀先生、竺君先生同着一位日本人来商参观大连各地方的办法和程序。接着公辅、绥若约同国际观光局李君秀山来，遂将领导的任务，改由李君担负。

先到埠头事务所，登屋顶，一眼望尽了全埠。李君找一位日本职员来说明埠头情形。他说：现在有四个码头，同时能容三十九只五千吨的轮船，还不够，还在扩充。进出这个港口的，日本有七路航线，到安东的，到青岛、上海的，到天津的，到香港的，到汉口的，到南洋的，到欧洲的，到南北美洲的，都有。去年进口有五千多只轮船，日本占了二千多只。港深三十九呎，可容三万吨以下的大轮。另有危险码头一处，距离较远。凡危险物品如炸药洋油之类，都在那里起运。又有民船码头一处，每天有千只以上的民船进出。全年民船进出的货五十五万吨。轮船进出的货，九百二十万吨。每年约可增加一百万吨。轮船进口一百五十万吨，出口七百七十万吨。中有煤三百六十万吨，大豆一百五十万吨，豆饼九十五万吨，杂粮六十九万吨，豆油九万吨。码头上有铁路七十英里，马路八英里，仓库七十四处，每处有五十万吨的容量。有待船室，可容五千余人。这种完整的布置，就是日本的本国也没有的。码头全部的资产约一万万元。甘井子在港湾的对岸，新辟一个出煤码头，费约一千万元，苦力最忙时是冬天，每天一万多人；平常每天七八千人。北方港口，冬天大半结冰，所以这里运输更忙些。事务所的职员三千余名，中有华员六百余名。这都是满铁会社经营的。

我们听了他这一段谈话，不禁有三个深切的感想。第一是日本人的经营，以满铁会社为中心，取得东三省的无限利益，其规模是何等伟大，前进是何等锋锐！第二是满洲的出产，矿与粮食是最大的富源，而且一年比一年进展！第三是中国机关的职员，只知道自己的职务，或连职务亦不知道，绝不知道事业上当前的问题，问题中各种的情况；而这一位日本人能够把码头上的一切事项，详举无遗，是何等留心问题留心事实！中国人何以一切都不留心？

由埠头雇汽车到满蒙资源馆，更使我们动魄惊心。凡满蒙所产之动植矿物，通通被他们搜集来陈列起了；凡满蒙各种出产之数量，通通被他们调查清楚，列表统计，画图说明，陈列起了；凡满蒙之交通，矿产区域，形势，都被他们测勘清楚，做成模型，陈列起了。我们要细细地看，李君却迫切地催。我们边走，边看，边想：东三省的宝藏，竟已被日本人尽量搜括到这几间屋子里，视为他之所有了。〈假〉使日本人都知道，都起经营之念，中国人怎样办？

转到工业博物馆，先参观里面的工业馆，凡属机械工业的机器零件，模型，说明，都有陈列。必须使人看清楚机器之转动和使用的，更用电力发动。日本之大工厂，大学，或专门学校，都送得有陈列品来。次参观交通馆。凡属轮船，火车，电车，汽车，飞机，电报，电话，都有，很完备，可发动或可使用的模型，发动或使用以供人参观。于此，我们见着日本是如何以实际的事务刺激日本的人民！其学校，其实业团体，又是如何联络，帮助此等社会教育的机关！中国情形又怎样呢？我们愈看愈惭愧了！

再乘汽车到星浦，由花园中，穿树阴，到海边，看海水浴场，坐憩于一个亭中，李君告诉我们：刚才花园中有隐约的房屋，那都是有钱人的别墅。我们不禁叹息起来。许多布置都是为有钱人享受！

转到中央试验所，由日本一位化验师领导我们参观。有许多化学分析室。看了几种化验的东西。有一种是豆饼，以前只用以喂猪，而今用作顶好的食品，可作面包，可作面条，可作点心了。凡属满洲之所产，都要交到这里来化验。中国人何尝知道这是国家的重要事业呢？偶有一二机关，都是穷得可怜；偶然化验了出产品几件，何尝大规模搜求，大规模举办，以指导人们着手或改良经营呢？

午后六钟到孝怀先生家晚餐。谈到满铁的规模和大连的经营，孝怀先生说：王正廷认为旅大可以收回来，我们很虑着他还没有这样的手腕，日本人以战争取得，投许多的资，用许多的力，以经营到今天，又视这一个进出口为他的生命之源，除非是流血，不容易取回来。其实在这区域里的人也得了日本人相当的保障，如果以今日的中国收回来，连这一点保障都会失掉了。不过日本人对于一般工商人尤其是苦力太压迫，只用强权，不说理由，所以一般人都怨恨。如果中国要收回来，这一般人都会赞成。上流人还得日本人重视。他说到这里很叹息：上流人到底是少数，还是工人苦力太多。几乎除掉避难的少数上流人，便是求吃的工人和苦力，绝少中层阶级，谈到十钟后乃回寓。

二十八日　星期六　晴

八钟半乘汽车往旅顺。过星浦后，都是山地。经历了许多陵谷变迁；亦间或转到海边，望望茫茫一片。路都铺以柏油，两旁都栽有洋槐。车中谈天，谈到日本把旅大、金州一带早已划为他的关东州了，行政用人，同他本部一般，地图的颜色，亦已改变。鳌溪非常叹息。我说：中国人有一种精神，大气则受，小气则争。团阀同团阀争得不得了，遇着军阀则一切忍受；军阀同军阀争得不得了，遇着列强则一切忍受。瑞五笑着说：中国人画地图，还是把这一幅地方画作中国有的，各行其是，并无冲突发生。

…………

再到水源地参观，工程很大，筑一长千余尺，高百余尺的堰，将一条山间的河流塞断，将水蓄积起来。有四十几里可通小的汽船，费了日金一百九十余万元。可以供给旅顺、大连两地的水，四时不断。

我们联想到中国的物质享用，在个人方面进步很快；在公众方面，却没人去管。所以好多大的城市，至今没有自来水的经营，这一种私而忘公的习惯，应该赶快矫正过来！

再乘车到旅顺，过日本的兵营，过俄国人以前经营的市街，过火车站，过日本桥，到日本新经营的市场。访罗叔蕴先生：……最有味的是光绪皇帝赐了他四个大字："文泉言律"，上款题的是光绪二十年，下款题的是赐顾问大臣紫禁城骑马南书房行走臣罗振玉。罗先生固犹是前清的遗臣呵！

我们访罗先生，第一是很敬佩罗先生的学问，他藏书很富，读书很深，考证很精。第二是张石亲先生死于北平以前曾在他家里住过，想问问当时的情形。

罗先生亦很关心四川的事，问四川的战事，匪患，和地方的经营，又谈了些中原的战争，北方的荒旱，种种问题。我们又觉得他不只是一个读书先生，亦很留心国事。这回出来会着许多朋友了，谈起国事，还少有这样殷勤细致的。

饭后到博物馆参观，中有风俗，历史，动物，植物，地质，各陈列室，搜求的陈列品很富，至少为中国内地所没有，而又以搜求自中国内地来者为最多。从历史说：远到三代以上；从地理说：远到新疆以外。这个工作，我们觉得是不应该让外国人做的，国人应该起来，而且各地联络起来，作伟大的搜求和经营。

馆外有动物园。离馆到海边有很完整的公共运动场，有许多大的小的学生在场中运动。瑞五说：无怪乎日本的体育进步比中国快，你看他们在体育上是何等努力呵！关东军司令部和关东州民政署都在这附近。

乘车登白玉山，非常陡峻而曲折，我们愈相信四川的汽车路有办法了。登山顶，问车夫以周围炮台和兵营之所在，车夫一一指点。俯看俄国经营的市场在左边，日本经营的市场在右边，如张图画，一目了然。山上有日俄战争的纪念塔，许多战利品，大小的炮和炮弹。塔顶有东乡大将、乃木大将纪述战争经过之文，纯是中国古文体。俄国人当时以旅顺为军事的中心，结果赢得今日的遗迹；日本人方以战胜而骄人，继俄之后为同样的经营，后来的结果当如何呢？实值得深长思之，尤其是日本人！

下山，回大连，过星浦，参观水族馆，回寓后，又往电气游园，从电灯明灭中看园中的设备，有动物园，有儿童游戏运动的设置，有广大的园景，几处休憩室。这种布置，都是都市中极感需要的。

我们准备明天起身了，换日金，买车票，都商由绥若办好而后就寝。

日本人之经营东三省以满铁会社为经济事业的中心，以大连为经济市场的中心，以旅顺为军事政治的中心，用尽全力，继续前进，实在是全中国人应该注意的问题。最要紧的办法是自己起来经营，才能灭杀日本人的野心。

请看一看满蒙资源馆日本人调查的统计表一种，便知道他们是怎样留心中国人的家务，中国人留心到哪里去了？

满蒙物产统计表

大豆	三七，二四三，〇〇〇石	牛	二，〇〇〇，〇〇〇头
高粱	三六，五六二，〇〇〇石	马	二，五〇〇，〇〇〇头
粟	二八，七二六，〇〇〇石	羊	二，六〇〇，〇〇〇头
包谷	一二，二九三，〇〇〇石	豚	六，五〇〇，〇〇〇头
木材	四，七〇〇，〇〇〇头①	鱼介	九，六五七，〇〇〇贯
石炭	九，二一八，〇〇〇瓱②	铁	六七，〇〇〇瓱③

上表权与量，都是日本的单位，特由绥若录下来的。

三　由大连到沈阳

六月二十九日　星期日　晴

…………

开车以后，当有役人在车中洒扫地板，拂拭座位，很洁净。因此，搭车的人亦似各爱洁净，没有乱吐痰乱抛东西在车内的。车之两端都有洗面漱口的装置，都有厕所，厕所中间亦有洗手的装置，都很洁净，无臭味。

铁路都是双轨，往来的车常常在急行进中掠过，不在站上相等。所停各站，除站上的职员警察外，只有几个客人，没有呼喊跑跳卖食物的。站上的职员大概都是日本人，常有日本的武装警察持着枪在那里站起。车站附近常有日本人家，城市常有日本经营的街市，可以从两行房屋中间的树影，两行树影中间的道路望穿过去，以见出其整齐。如有高烟囱矗立在中间，则大抵是日本人经营的工厂了，烟囱上常标名其是什

① 相当于“立方”之义。

②③ 疑为“瓲”的误写，即老写之“吨”。

么会社或株式会社。这些景物一一从我们眼中经过，都是日本人的势力，深惊其侵略之锐，几乎尽驱其原有之我国人而去之！而尤疑自己一身不知到底到了什么地方了！回头一看中国人呢，各有自己的问题放在自己的面前，永远不会觉到这里！

乡间的村落很稀，房屋高仅及人，屋顶是一个覆瓦的形式，用泥糊成的。一个村落常有一片泥色的细小房屋若干列，衬在广漠的绿野中间，倒也觉得有它的美丽。

土壤，渐往沈阳渐较肥美，铁路以东，有不断的山脉，蜿蜒而北，此外则都是平地。

午后四钟，车到沈阳才离开了日本人的范围，而在沈阳商埠之马路湾，觅得大陆旅馆。在旅馆下之饭店中吃早饭，时间则已傍晚了。口味很好，又半是菜蔬，客人寥落，清静有似日本车站，又当腹中饥饿的时代，倒很吃得痛快。

…………

六月三十日　星期一　晴

…………

到教育厅，晤得第一科韩科长。据说：东三省和热河的政权，现在完全统于四省政务委员会。政委会以东北边防司令长官张学良任主席。交通完全统于东北交通委员会。日本准备改安奉线为双轨，以增加其铁路运输；中国人无法与之竞争，只好多筑路线分他的利益。现在最显著的是打通铁路，已可以通到齐齐哈尔，沈海铁路亦已延长到吉林，就是这种意义。建筑葫芦岛以分大连海口的势力，现正举行开工典礼，然而日本人受影响甚微，中国人吃亏却大了。铁路所经都是山地，出产甚少，运输量小，收入或不敷开支，无根本之计，何能长久支持？

…………

我们告以还打算往抚顺、本溪湖两地参观煤铁厂，问可以介绍不，他说：抚顺煤矿是日本人经营的，最好自往满铁公所接洽，他们可以作函介绍。本溪湖则直往建设厅商量，这是中日合办的事业，与建设厅有关系的。

于是到满铁公所，出来一位穿中国服的日本人，问明团体人数和代表人姓名，便去写了介绍信一封。

午餐后出城到建设厅，经过几条偏僻街市，然后知道沈阳市政之不修。比较看得的只有商埠几条马路，和城内几条大街。有无数的市民固仍在地狱之中。道路积满灰尘，任风飞扬；秽水秽物，点缀左右，任他奇臭。人则偪促于破烂的房屋里，衣服面目亦自同周围环境一样不肯讲究。中国人真有守旧的精神，连野心侵略者紧迫着在旁的影响，都不容易接受。

到建设厅访彭厅长，因他忙着到别处去，便派一位姓吕的接谈。问他辽宁的建设事业，他不知道。但说：建设厅的范围很狭，现在只有汽车路和电报电话是隶于建设厅的。问汽车路有若干里了。他说：这要技术方面的人才知道。我们在总务科，是办事务的，所以不知外间的事情。我们告以往本溪湖参观，盼望介绍的意思。他说：等彭厅长回来写信去，这是由农矿厅管理的，要商量农矿厅，由农矿厅写介绍信。

…………

到东北文化社问东三省的两个同题，移民与铁路，他们都不清楚，但允写信介绍到本溪湖。

七月一日① 星期二 晴

晨五钟起床，六钟半搭火车，行经一小时半到抚顺。出站，见市场甚整齐，道路甚宽敞，两行树阴，掩映行人；有电车，有汽车，有公共汽车，有马车，往来络绎，直像一个大都市了。瑞五在四年前曾到这里来参观，那时还没有这个市场，几年之间，便建设起来了！

瑞五领着我们去寻得抚顺煤矿事务所。当由事务所派一姓佟的中国职员领我们到各处去参观。在客堂等候佟先生的时候，我们从案上一个炭坑模型，便把抚顺的市场，住宅，机关，工厂，铁路，马路，炭坑等等通通看完了。从壁上一张岩层的断面图里，将煤层，油岩，亦看得清清楚楚了。从他们送给我们每人一本的炭矿概要，更将这一桩事业的过去、现在、未来的出产和规模看得没有剩余了。很惊日本人之摆出一桩事业的内容有如此之明了。

抚顺煤之丰富，实可令四川人惊异。据他们的说明书上说：煤层平均厚一百三十尺，最厚到四百二十尺，埋藏量约十万万吨。现在每天产二万吨左右，每年产七百余万吨。十几年来，逐渐扩大，总共不过才采几千万吨，还可以采一百二三十年。这都是中国人的财产！

佟先生同我们坐电车到制油工厂，觅得一位日本职员领导我们，仍然各送说明书一本，参观从碎石起。据说：现在每天要碎石六千吨，要

① 原文误为六月三十一日。

废去两千吨太碎的。其余四千吨约方寸大的送到炉内。大约有四五百度的热力。系用瓦斯燃烧。其所得新瓦斯引入冷却器中冷至八十度。经过水洗以后，变成液体，再将水分蒸发，以成原油。每天可得原泄两百吨。再将原油分析，可得重油一百五十吨，蜡三十五吨，焦炭十五吨。重油现供日本海军使用，年约出五万吨。日本海军年约需用三十余万吨，将来都由这里供给。另有一部分亚摩尼与硫酸化合而成硫化铔，作肥田粉，每天可得五十吨。每一个炉子熔岩石五十吨，共八十个炉子，每天可熔岩石四千吨。

他最后又告诉我们：这油岩有五百万万吨。开采规模扩充到每年出油三十余万吨后，至少亦可以采三百余年。

我们听完这位日本人的介绍，第一是惊异日本人竟准备三百余年的海军用油在这里取携；第二是惊异日本职员对于事业的内容、数目能够详细告人有如此之清楚。大连埠头事务所一位职员，其清楚亦是一样的。

转到炭坑参观。这炭坑是从平地开采的。日本人叫做露天掘。煤层之上便是油岩。是倾斜的，高的方面采煤，低的方面采油。都是用钻眼机钻眼放炮爆炸，用起重机装载，用电车拖一列车箱运输。上下已经绕着好几层的电车道了。

最后参观发电所，由一位中国职员领导。他说：发电所有四处：第一处规模太小，没有用了。第二处便是这里，发电一万二千启罗（千）瓦特。第三处发三万启罗（千）瓦特，第四处尚在设置中，准备五万启罗（千）瓦特。总共要达九万二千启罗（千）瓦特。大家要知道这个规模之大，差不多与上海租界的发电厂相等了。

他又说：这桩事业是抚顺煤矿办理的，抚顺煤矿资本一万万元。这桩事业的资本一千万元。蒸发瓦斯用了三十三个炉子，每个炉子每天加煤二十四吨。除用瓦斯烧锅炉外，并出产防腐油，臭油，臭油干，硫酸，硫酸铔，各若干吨。

到市场中觅一个馆子午餐，餐后到日本店子买炭精制成之用品及抚顺之风景照片后，搭车回沈阳，已经是夜晚了。

七月二日① 星期三 晴

午前九钟搭车到本溪湖，车渐行渐入山中，最后穿一洞而发现市

① 原文误为七月一日。

场，发现空中有运输线路，知道本溪湖到了，行约两点半钟。

到这里是参观煤铁矿，熔铁厂和炼焦厂。往厂的事务所接洽，问知铁矿在庙儿沟距本溪湖还有几十里，不能去看。时间又快到十二钟了，职工都要停止职务，约午后一点半再来。于是我们利用此时间游本溪县城，经过日本人的居留地，经过公馆式的一个小小县政府，两条市街，觅得一个中国饭馆吃饭。

午后一钟半再到厂，厂中职员赠送我们每人一本说明书，介绍一位刘先生领导我们。据刘说：这里煤矿有六个坑，第一坑产煤太少没有采了。参观第二坑。门外立有一块木牌，是表列坑里的几种事项的。特摘录重要的在下面：

井长 3 595 尺

井深 134 869 尺

倾斜 17°38′

每日出煤量 295 吨

现在二、三、四、五和柳塘五个煤井，每日出煤一千余吨，运煤出井，皆系挂线铁道，下用铁轨，上用铁链。以发动机转动铁链，车随链转，空车入井，载煤出来。参观第二坑之发动马达，有马力二百五十匹，井外运输，与井内同。只道路甚平。另有火车行于较大之铁路，但装蒸气，不用锅炉。

至挂线于空中，以铁架为支柱者，车箱悬于线上，随线旋转，所载系山间石子，用以帮助熔铁的。

参观第三井，与第二井略同。

参观炼焦厂。新式炼焦炉有六十座，每日装入煤五百八十七吨，炼焦煤四百六十吨。另有副产物，臭油，硫化铔，硫酸三种。此炉一部分损坏，正修理中，仍兼采旧式炼焦法，掘地为炉，以资补救。

参观熔铁厂，有一百五十吨熔铁炉两座，每日各出铁一百五十吨。由卷扬机陆续将铁矿运入熔炉中，而于其下准备砂模，栉比于铁汁经过的砂道的两旁，每开炉门一次，则铸成铁若干条。不断的预备，不断的出铁，一炉点火以后，往往出铁到三四年而后熄火。

参观发动厂，系供给电力的地方。其锅炉的燃料可用煤，亦可用熔铁炉里来的瓦斯。用煤的方法有两种，一种是人力加煤，一种是打风机送入煤粉。

参观修理厂，各部机器损坏，都送到这里修理，其规模比上海一般的铁工厂还大些。

离厂后，口渴万分，找了几条曲折纡回的街市，才找着一口清凉，几杯冰淇淋和几瓶汽水。

到车站，搭车到沈阳，又是夜晚了。

七月三日[①] 星期四 雨

整天在旅馆写日记，从上海起，到大连止，写了四十张纸，报告峡局。正写得手背腰疼的时候，鳌溪来说：大家主张到大陆春吃饭去。……

这里一家四川馆子，茶房说是成都人姓李开的。我们笑道：四川向外发展的事业，只有成都的馆子，上海，南京，北平，天津，到处都是，而今竟到东北来了。得葫豆瓣和咸菜。经过了很长的时间，距离，而在这里得亲近它，是何等珍贵呵！……席间谈到戏剧问题，深觉表演深刻，须利用心理上感觉的对比。中国旧剧每能曲折婉转，用此方式，亦自有其价值。可惜上流人，有文学研究者，不措意于此。回想到清末光宣之交的成都。周孝怀先生任劝业道时，提倡戏剧而又着眼于改良剧本，曾稍稍以上流人加思想上去，亦颇引起一时社会的兴趣，而提高其欣赏的能力。可惜后来绝少人继续用力，直到而今，不见几种新的剧本。又谈到峡局前年编新剧一本，写武昌起义一件大事，仅仅在一个党人家庭，总督办公室及其燕居，几个士兵的街头私谈看出全部的变化来，亦是编剧最重要的方法。不然，一件国家的偌大变局，何能在一个小小的剧台上面表演。

七月四日[②] 星期五 夜雨

晨起写信完毕，团体七人，同到东北交通委员会去调查东北铁道建筑的情形。伯坚持名片向传达说明来意，传达问我们的来历十分详细而后递名片进去。等了好久，才得着好音，只要一个代表进去。于是我便去当代表了。走到一个最后的院落，引导人掀开门帘，发现一个大办公室，坐得有许多办公的人员在那里。会着一位韩先生，不知他是科长吗？或是主任？他劈头便问我们来东三省调查什么事情？我说：是来游历的，值得注意的事项都须得注意。他问：调查铁路是什么意义？我说：全国人都关心东三省，东三省有两个问题：一个是建筑铁路，一个

① 原文误为七月二日。

② 原文误为七月三日。

是移民。所以人都愿意知道铁路建筑和移民的情形。移民无专管的机关，亦不容易从旁的机关访问；只有铁路事业归贵会主持，故特来访贵会的执事，问问铁路的现状和未来的经营，他说：我们总务科是办事务的，不知道铁路上的事情，最好等我通知路政处，改天再约你们谈谈，请将通信处开给我，好通信约你们。……我说：我们中国人参观日本人经营的事业，他们无所用其秘密，有说明书，有领导人，介绍事业的内容，详悉无遗；今以关心东三省的状况的本国人，来问东三省对外国人亦无须秘密的铁路概况，却秘密起来。无长官的命令，便不能告人，这好像不合于道理。……我听听萧先生的声音，很疑他是四川人。问他，果然夔府籍，自从读书到北方，便没有回去过了。谈起四川的现状，他认为无办法，只有兵有匪而已，做不成事，远不如东三省。所以在这里的朋友，都不想回四川去。我用力替他解释，说：这回出来，好多朋友都问我们以四川的状况，我们都简单明了的答复他们，这两年来，四川总一切比中原好。匪绝少了，不像湖北、江西那样；战争绝少了，不像中原几巨头样；各将领都讲究作事，办市政，修马路，安设乡村电话，都各成了风气，都是显然进步的现象。一个地方，几年不去，便叫你认识不得了。你有多少年不回去，所以不知道四川的状况，你若回去一看，便会有同样的感想。

四　由沈阳到哈尔滨

回寓，午饭后准备出发，三点半钟上了火车，离开沈阳，途中所见，与沈阳以南仿佛，只多了一些水田。秧针之线，纵横成行，我们目送着它，心却想到四川了。途中除看看风景外，交换着读东北问题的各种书籍，并读侯鸿鉴的《环球旅行记》。他每到一处必调查华侨的状况，在南洋，在美洲，人数皆极众多。东三省的移民记载，亦极称中国人的移殖能力非日本所能及。并推求其原因，实在中国人勤俭过人。广东、福建人之移殖南洋、美洲者，能工能商，山东、直隶、河南人之移殖东三省者能农，各能用其所长，以图生存。只可惜优于个人奋斗，缺乏组织能力，所以一到集团的事业，便陷于无办法，在南洋、美洲之商业亦有日衰之象。此为根本之危，不仅华侨而已。

东三省现有人口达二千六七百万，满洲人不过剩余二百万，由山东、直隶、河南等省移去的，乃达二千四五百万。近几年来，每年移去四五十万，五六十万，并无政府之奖励，踊跃如此，可以看出中国人的移殖能力了。日本政府竭力奖励其人民之移殖，至今在东三省者，朝鲜人不过八十万，日本人不过二十万而已。（此见于东三省移民问题中各种记载）

到长春九钟半，此是南满铁路的时间，走几十步，一到中东车站则是十点钟了。很令我们诧异，问是什么原因，有人告诉我们，一以沈阳时间为准，一以哈尔滨时间为准，故有此显然之差异。至于四川，至于重庆，则并无标准时间，任人差异到一钟、两钟，亦并不显然，并不使我们诧异了。

…………

七月五日① 星期六 晴

……偶见短墙一线，中有草房几列，寥落点缀，便是村落了。林木绝少，绿野远近，偶有人影一二，工作其间。铁道两旁，间或发现牛马猪羊，各自成群，少或三五，多累数十，在那荒草蒙茸中间，很自由而且安详地吃草。我们从烦嚣的都市来到这静寂的野景中间，岂特如赏图画？直如另到一个世界了！

将到哈尔滨了，许多俄国人家，往〔住〕在铁路近旁。短篱平房，绿树成行，掩映着黄墙红瓦；偶有俄国女子，携筐挟物，出入其间；恰像一幅西洋油画。前几天经过大连，奉天，长春一带，见着的都是日本的经营，自有其特殊的方式，或竟如到日本国里了，这时突又感觉得如到了俄国一样。因回念到中国人有地方，如何不自经营呵！

…………

原来道里是俄国的租界，道外是中国的商场，大的中国商店多半是在道外。哈尔滨在松花江南，所谓江北，即是在哈尔滨的河对岸。

我们步行往游江边，街上之两旁半是俄国商店，商店名称译音成中国字，都怪而且长。店前常有一种特殊职业的人，为道路绅士刷皮鞋。见着松花江了，其宽在重庆大小两河之间，北岸亦多人家，大大小小的西式房屋，半隐半露在林阴中间，下游横着大的铁桥，过此便往满洲里，再前进到西伯利亚了。江里轮船不少，大的长约十余丈，都是明轮在后边或在两旁。问起来，采用明轮系因为吃水太浅。无数荡桨的小船，人持双桨，可乘客四五人，或以一人两人划船，在江浪中间，随波

---

① 原文误为七月四日。

起落，倒也好看。我们沿江而下，经过铁路帝〔旁〕边，有两种货物山积，第一是大豆，第二是木材。可以想见东北的森林和农产是何等大的富源。

…………

到公园，树阴之外，则景物在花坛。有几种矮小整齐而颜色显然不同的草组成图案，格外好看。图之左旁有一市政筹备处，很想去问问哈尔滨的现状，并请其介绍参观。……我们在传事房中等了好久，便同一位青年职员谈起话来。中间最要的一点，是俄国人在哈尔滨求生的，不能与中国人竞争，他们每天有一块钱用一块钱，如果剩两角钱，便积到星期一天用完。中国人每天只有五角钱，却只用二角半，总想储积一半。所以许多空起两手到哈谋生的，不几年或十几年便成团团富家翁了。我们感觉着东北，尤其是哈尔滨的人，就社会方面看确比别地人兴奋，大半原因，是在他们由内地来，开辟这一块新大陆，都是兴家的。四川有形容人家兴败的三个比譬，说：第一代人是牛，第二代人是猪，第三代人是鸡。东北的人，便正是牛的时代。此就社会方面说，政治则同中原一样腐败。

我们向传事说了许多恳切的话，他才又进去跑了一趟，传命准进去了。会着刘课长，问市政处的经营。他说：市政才开始筹备，除特区外，将来都是市政处经营的范围，问特区行政长官的权限和管辖的区域。他说：特区行政长官驻在哈尔滨，凡中东铁路沿线及其附属地的军队、警察、行政、司法，都归其管辖。道里原来是俄国人经营的，亦属铁路的附属地，所以亦归特区行政长官的范围。问人口的总数，他说：道里近二十万，道外亦近廿万。以前比较少，中国接收以后，增加更快。秦家岗一带的人家都是中国接收以后增加起来的。问吉黑两地未开垦的荒地还有多少？他说：交通不便的地方还有荒起的，铁道附近的地方都已经开垦了。问：我们由长春来何以见着铁路两旁的荒草坪中有牧牛马猪羊的？他说：那是铁路附属地。问：东三省移民来自什么地方的最多？他说：山东最多，直隶次之，河南又次之。问：俄国人近年来的移殖情况，他说：自从中国接收以后，为数锐减。我们联想到青岛自从我国接收以后，日本人亦锐减。可见帝国主义之侵略人，纯凭其政治上的势力。〈倘〉使政治的势力一旦崩溃，则未见得还能保持其对外移殖及其他侵略之经营。哈尔滨尤其是显然的例。我们打倒列强，还不一定需要国际的战争，彼自有其国内的问题，很容易促成其政治势力崩溃的。问：中东路经过大的森林不？他说：大的森林，中东路没有，吉敦路或有之。问：哈尔滨有些什么大的工业？他说：哈埠工业只有磨面榨油而已，规模都小，只有裕庆德毛织厂比较最大。我们请他介绍我们去参观，他便介绍一位王先生领我们同往。

进毛织厂，接洽厂中职员。问厂成立好多年了，一位职员说：成立五年了。问有若干资本，他说：一百万。工程师系波兰人。以前人都叫这种羊毛毯为俄国毯，其实是波兰产，并不是俄国产。王先生说：俄国人在哈尔滨生活的，大半是以铁路为中心，任铁路上的职员，在俄国革命以前，还有一部份人是在这里营商的；革命以后都推翻了。大概是因为他们国内不准私人买卖，私人生产，所以很久没有货物来。至今货物仍少。日本商店势力最大，商货十之八九都是销日本人的。尤其是金票，在市面上最活动了。第一，买日货必须用金票，第二，坐南满车必须用金票，第三，存款贷款于日本银行必须用金票，所以金票的侵略比商货还利害了。

参观全厂，由清毛，弹毛，染毛起。以至于织毯，洗毯，压缩，括光，烘干，剪毛，而后割断成为毯子，再经检查，即便售卖了。以前曾经织呢，因为无利，现已停止。织毯工作，共有二百余人。

转到一道街，参观大乐兴商店，其规模比同记大，整饬则一样。分门别类之标识特别明了。

回寓稍憩后，又乘车往跑马场附近通道街看新经营的“蛛网式市场”。……

人行道在两行树阴中间，散步极为舒畅，信步尽走，终不得所谓“蛛网市场”。执警察而问之，乃知只有计画，尚未经营起来。于是转过电厂，乘电车回寓。望秦家岗一带，只见林木葱郁，不知其间尚有房屋了。

下车往游道里公园，则游人甚多，络绎在途，几如市场。茶社，游戏场所，亦复不少。花坛布置，尤精美有变化。几种颜色形式各有不同的浅草，加以几种浅花，图案由简单而复杂，各显露其巧妙。花坛，大概是哈尔滨公园的特长了，精美在上海几个花园之上。

六日　星期日　晴　傍晚暴雨旋止

…………

转到博物馆，进馆问职员：可容许参观否？他说：如有公文而且经特区教育厅批准才可以参观。我们很诧异，为什么参观一个博物馆都要有公文，而且要郑重地经教育厅核准。遂为之说明：我们到了哈尔滨才知道这里有一个博物馆，所以没有准备公文，我们远从万里以外的四川来参观，请你特别通融罢。他说：也只好请你们到教育厅去交涉，请得教育厅特许参观的命令来。我们说：为参观一个博物馆，何必费这样大的周转！他说：如果不然，每一个人便要花三角钱，买一张票，才能进去参观。转了这样大一个圈子，才说出了他的本题，才叫我们明白了他是要钱。于是我便问他博物馆本是经营起来供人观览的，为什么要取这样多的费以限制人观览呢？他说：我们只知道服从命令，不明白这许多道理。当然我们既要参观亦只好服从命令，拿钱买票了。他却又只收钱，不给票，岂不奇怪？

馆中搜集很富，略可与大连、旅顺的陈列馆比；惟陈列秩序不如。关于矿业，工业，农业，牧畜，各地风俗之照片特多，陈列亦各有方式，折叠壁间，不占地位。尤以表明风俗，塑人而着衣装，作种种姿势，最饶〈有〉风味。可惜许多标本，许多统计图表之说明都是俄文，中国人接收过来，好几年了，并没有变更，只利用来收费。出馆时以译说明为汉文建议于馆中职员，他答覆我们，正在进行。进行？恐怕还是问题！

再转到商品陈列馆，门是紧紧关着的。按电铃，有人出来问什么事，我们告以是来参观的，他便招待我们进去。所见都是日本人的广告和货品，偶有中国或俄国货，都是注明供参考的，才知这仍然是日本人的经营。以棉织物和化装品为最多。日本有几种工业总算有长足的进步，即于这陈列馆中，也可以看得出来。哈尔滨都摆得有日本人的陈列馆，中国却绝少这样的陈列馆摆在自己的各地面！

到阜合昶商场参观，亦是先施、永安一类的百货商店，上有屋顶花园。职员皆着白色汗衣，佩徽章，很有精神。……

…………

岛近江北，中隔水流浅甚，游泳的人甚多。起来都卧沙上，无论男女，都仅着浴衣一袭，一成风俗，便无所谓羞耻了。瑞五欲为卧着的两女子留影，刚预备镜子，被一女子察觉，翻身而起，说不可以。瑞五亦即停止。穿着浴衣，去来闲游的男男女女，尤其众多，几如市集。皆俄国人。中国男子已少，女子偶有一二，不过散步旁观而已。浴场人更拥挤，有汽船在场头接送客人，场后咖啡店子鳞次栉比，大半搭草棚为之。其间亦或有篮球设备，游戏的活动的设备，音乐的设备。一家矮小的咖啡店里，一个男子奏着手琴，一个中年肥胖大着肚皮的妇人在绿草如茵的地面应着节奏跳舞。而那绿草是割来铺在地面的，令我们笑起来，他们却不自觉其滑稽。

卧着的男女相倚，走着的男女相携，一个高的男子，携着一个短而肥的妇人，更如一幅滑稽电影。日本男女则常有在江边垂竿钓鱼的。

我们再渡江到北岸，向下游行，经过许多人家门前，常有一家男女并小孩子在篱落外，望着江中小艇，岛上游人去来欢喜。这些人家的房屋都小而美丽，各成一种形式。亦有咖啡店子，有人在那里且眺望且喝咖啡，我们觉得俄国人似很喜欢野外的和水中的游戏。鳌溪说：中国人或忙着做事去了，不像他们从容暇豫。我说：还要看他们有没有别的游戏，如像吸鸦片，搓麻雀一类的。

渡江回南岸，仍乘小艇。风太大，岸上已有警告的标识，船夫忙摇回岸来，嘱改乘帆船去。我们于是改登帆船，这算我们第一次在大江中乘帆船了。船之大约可容五六十人。因为风不顺船行方向，所以风帆斜挂；风甚紧，吹得船要翻了。前进亦甚迅疾。此时已不见江心再有小船之影。只见满江波浪翻腾，远远黑云蔽天，雨脚注地，显然大雨将至。船中人都着急，而船夫却收帆改用篙撑，以待雨至。好在雨变方向，终未照顾我们，安抵南岸，跑回寓去。

准备行李，雇马车到火车站，买票上车，而后下雨，可谓幸事。一会雨止，新晴，景物愈明。车开之后，细赏野景。前日晨间所见今皆于晚霞中映照出来，格外美丽。旷野漠漠，不但不易发现乡村，亦不易见一个人影，愈显其格外静寂。

…………

五　由哈尔滨回长春转敦化

七日　星期一　晴

…………

将行李运到福顺栈，开了一间房间，检放在里边。洗脸以后，到车站外之北广场查街道图，找可游观的地方，决定往西公园。觉得日本人经营的市场在大连，在沈阳，在抚顺，在长春，都采蛛网式。蛛网的中心各有一广场。我们经过西广场，见着日本的兵营正有一队兵在那里演习劈刺，非常努力。所谓文明国家，处心积虑，朝夕准备的，才是同人断杀的事，岂不太可叹息！而且在这里准备断杀的是谁人，我们岂可熟视？

进公园，规模很大，林木亦很多，我们仅仅绕越一周，亦走了许久。中间有一个简单的动物园，完整的运动场，日本人之到处有体育设备，愈可见其注意于体育了；中国人怎样？

…………

到吉林时，正十二钟，下车步行，沿马路进城。马路很宽，但究竟是中国人经营的，仍自保存有几分特殊的风味。两边有阳沟，沟内自然有可见的污水，铺面仍是北方式，偶有高大洋房相形于许多矮小房屋之间，亦正等于鹤立鸡群了。常有日本商店，深怪日本人之势力，在东三省中，几乎无所不见。比较他处最多而最是引起人注意的事业，便是木材公司，相信吉敦路上的森林一定不小了。……

于是到岭南饭店吃饭。这饭店是广东人开的。我们笑道：四川人的势力到了沈阳；广东人的势力，却更到了吉林了。电话上问吉敦路车开的时间，得消息是午后二钟。吃饭后便赶着到车站，恰好车快开了。飞跑到站外换得哈票，才买得车票。

…………

初进大森林时，铁道两旁树木，砍伐很多，但余根干，呈露土中，好像古代屠过的城，还剩得供人凭吊的骷髅，人头可数。如此可恐怖的砍伐，继续下去，再经若干年后，这大的森林，富的宝藏，好的风景，终会为之一洗而空。人力开发，亦应该顾到家屋！

…………

自从入山以后，所见车站，都是纯用木料建筑。墙壁不用砖头，而用圆木，排比重叠，留窗留门，整齐古雅，耐人观赏。车站周围，常积有大批木料；路遇一车，相掠而过，见其所运，木料而外，别无货物。可见此条铁路唯一用途了。

…………

车行不久，又入山中。密林紧接铁路两旁，引领望不见前途；但觉车从林樾中穿去，不知如何深邃。数站之后，又达平原，荒草弥漫。愈少垦辟。渐看景渐模糊，检察时表，已过八点，始知入夜晚了。便又俯首读书。读完一部《东北问题》，车始到达敦化。

下车，出了车站，乃黑暗不见人影，但见灯笼一串，人声庞杂，在路旁大呼客人，自唱其旅馆名字，知道是旅馆接客的。车中人曾为我们介绍菊生旅馆，人声中有唱菊生旅馆的，我们便请其为叫马车到旅馆去。在黑暗中稍经时间，始觉微有月光，可以仿佛望见近景，都是平原。路影亦不明了，但觉宽得没有界限，车行跳荡得我们头昏骨痛，乃想像这路不知是如何陂陁起伏。好容易到旅馆了，马夫驱车直入一短垣之门，停在一个广场中间，右是一个黑暗世界，左有一列平房，一列纸窗露出灯光。走进去问房间，茶房引视，里面都是炕床，炕上置几，另有一凳而已。四围都是粉壁，还清洁，有窗，亦通空气。房间既定，便忙洗脸；毛巾一揩全黑，然后知道大家为看风景伸头窗外，面目为煤灰所涂，直与铁厂中或煤窑中人无异了！

开饭来，两菜两汤，味都很好。尤其是汤，兼应渴的需要，喝而干之，都称快畅。

饭后与鳌溪畅谈回川后要作的事，大家自由分配住屋两间，一间四人，一间三人，共炕而睡，直到天明。

六　由敦化回沈阳到山海关

八日　星期二　晴

正睡得有味的时候，佐成大呼隔壁房间的朋友，不断而且加急地说：快要到六点钟了，火车要开了，还要进城游呵！起来！起来！这时大家睡眠都浓，应声很少，倒惹得另外房间的客人干涉起来了。

自佐成呼喊后，又苟安了半点钟才起床。将很安静的店主人和茶房亦都闹了起来。喝茶洗脸，并在屋外站站，很觉凉爽。穿着单衣，还嫌薄了，结算店账，共七个人，人各一餐一寝，花钱到一千七百钏，这恐怕是世界物价最高的地方了！不过原因还在钱贱，每银一元便可换得钱一百六十八钏。亦无须虑其不易运输，所谓一百六十八钏者，并非旧制小钱，亦非新制铜元，不过纸票几张而已；所以其价甚贱。

接着进城，马路两旁，有一段人行道是用木板铺的，过吉林时，亦曾见此，可见木料之价，应比石头还低。所谓马路者，不过就中国旧路稍加改良，车辙马迹，还很明了，天阴如此，可想见其天雨之泥泞，天晴之灰尘了。

街道很宽，居民亦起来很早，这时不过午前五钟，铺面都打开了……

我们由东门转到南门，觉得所经街市还有相当的热闹。城门矮小，城墙是土筑成的，高不过六尺而已。转出东门之外，路走错了，离开市场，然后发见，问人，指示我们须由小路折回。小路中经过许多院落，都以木条为篱，恶犬三五，时来迎吠，而又听着远近鸡鸣。微有薄雾，雾渐散开，始觉得平原广大，青山很远，朝暾映出美丽的色彩，枝头听着鸟音，这哪里是在都市之中，船车之上，可曾领略得的味道呢？

到车站，买吉林车票，六点半钟车开，又细细欣赏昨天经过的荒郊，密林，青山，曲水。偶见人在屋外，田间，或土路往来，都有亲切难得之感。于车停中补记两日来日记直到吉林乃完。

…………

出试验场，洗澡于松花江上，水浅流急，鹅卵石特多，下脚甚苦。洗约半点钟后，佐成上岸大呼：钟点到了，火车开了，衣服被人抱起跑了，都狂笑。穿好衣服看表，距车开还有两点钟，往试验场喝两杯冰淇淋而后渡江。

渡江后，乘马车回到车站，搭车回长春，在车上看完《东三省旅行指南》，深以未能到满洲里一行为憾。

到长春时九钟。……

九日　星期三　雨

晨起，车快到沈阳了，收拾零碎物品。停一站上，来了一群日本小孩，背着书包去读书的，小五六岁，大或十一二岁，活泼泼地在车中谈笑，有时亦唱起歌来，每站都有增加，交通便利，小孩读书竟可到几十里外，他们亦似有训练，到几十里外读书，上车下车和在车上都不要人照管。这次在青岛，在大连，在抚顺，街市上，电车中，或火车中，常常见着日本读书的小孩子，很令我们回想到中国不读书的小孩子。

…………

……过锦州后，常常可望见海边，或望见帆船二三。常有远山，亦或蜿蜒到铁路附近，都青秀，却少树木。偶过一河，闻蛙声，都相惊告，这是乡味，可见乡味之难尝了。夕阳西下未尽，晚霞方浓，月圆如镜，悬在天上。乃知如有阴历，应是十五了。昼色渐黯，月色渐明，两者交代于无形。这都是我们从车窗中寻得的风味。

过连山站时，见有纪念坊，大书葫芦岛开工纪念，又见有铁甲车一列，想张学良于举行开工典礼后，尚滞留在葫芦岛的。南方人都很于国内战争重视张学良的态度，其实东三省重受日本人的压迫，感觉得的问题，正在本身，不在中原，于铁路和港湾之建筑足以见之，恐不见得他自卷入于中原问题之内致贻东三省以根本的危机。

夜九钟半，到山海关，住日升旅馆，议定明日游程后，往街中略用面食，归来就寝。

十日　星期四　晴

晨五钟起，乘马，游角山，看长城，涉溪，踏泥泞而驰，衣服为之污湿。上山乃缓辔徐行。……

…………

午饭后，雇车到海边沐浴。路八里，有轻便铁路，用驴马拖车。近海边，乃更有宽大马路，路旁树木大已合围，高已数丈了。丘陵起伏，都已培成森林，林中常有西式房屋。固疑不是中国人享受的。问车夫，他说是英、法、意三国人经营起〈避〉暑沐浴的。有帐篷数列，车夫说是住的英国的军人。到海边，洗澡的，西人居多，男女都有。我们没有浴衣，未便赤裸裸地跳将下去，或着短裤，或围毛巾。浪扑海岸，打得人立足不稳，初不敢深入尝试。后来瑞五几度泅水到数丈外，立于水中，甚觉安全，于是都趣浪头而前，不敢泅水的，亦痛洗积垢。起来着衣以后，沿岸拾取介壳，拾取到长城之尾，而后折回。

七　由山海关到唐山

回寓整理行李，晚餐后，往搭九点半西行的火车。瑞五、鳌溪和我到开滦，其余四人到天津。……

…………

十一日　星期五　晴

……糊里糊涂到达林西，天已大明了。

为什么我们疲倦得这样非常？是因为从到哈尔滨起，七天之间，有四个整夜都在车上，其余有两夜，亦九钟以后，到达车站，十钟以后到达旅馆，一钟以后才得睡觉，不到五钟，又要起床，所以疲倦得不能支持了。

瑞五找着他的一个同学的姓王的朋友，叫喊起来，向我们一一介绍了，便商量办法。第一是洗澡，第二是睡觉。这些问题都得圆满的解决，因为姓王的是窑下工程师，自窑下工程师起，每人得有房屋一间，冷热自来水和电灯的供给都全。于是我们便轮流洗澡。洗澡后，王君又约有几位朋友来同瑞五谈，人各吃面一碗，然后他们去办公，我们到寝室睡觉。

直到十二钟才起床，午饭后，商量参观程序，准备在林西看洗煤机，发电厂。三点半钟乘车到马家沟，夜下窑子，明晨看马家沟地面的布置和砖瓦厂，九钟到唐山，看启新洋灰厂和瓷器厂。

先到他们的办公处觅一职员领导我们看洗煤机，洗煤机的作用，是将煤的好坏分为三等，第三等的便是夹子了，都抛去。其洗法系用水从下喷起来，将煤鼓起，轻的在上层，流到第二段去，最轻的仍在上层流到第三段去。最轻的是头等煤，次轻的是二等煤。机有两种，旧式的系粗细煤同洗。新式的系先将粗细煤分开，然后分洗，洗过后的头等煤，二等煤，又各自将粗细的混合起来。这样分洗，是免得大的沉淀下去，误为夹子抛去。我记到这里，却感想到四川卖煤炭的商人了，煤无夹子，还要掺和进去，同这里煤厂的工作，恰恰是相反的。

领导的人向我们解释：开滦煤窑共有五处，日产煤约一万五千吨。资本原为两千万元，因为获利，改为两千万两，又因为获利，改为两千万磅〔镑〕。中外股各半。外股又英、比各半，事务由英人主持，工程由比人主持。

领导人又说：林西煤头等炼焦煤，二等售卖，每吨约五六元。炼焦仍系旧式。煤窑内运输用马车，出窑用起重机，窑外则用火车了，林西一处日出煤三千吨。

参观发电厂，都是透平机，有三千匹马力的两部，六千匹马力的两部。电力是供给全厂五个窑子用的。

三钟半，坐有轨电车到古冶，再坐煤车到开平，转有轨汽车到马家沟，到时已经是午后七钟了。住招待所。

瑞五的同学黄君来商定参观程序后，谈开滦公司的内容。他说：每一个煤厂都有俱乐部，有中外人联合的，有分开的。俱乐部中有运动设备，娱乐设备，图书报纸的设备。马家沟还有戏园，演电影，亦演京戏。京戏的演员便是许多同事。另有中学，小学，幼稚园。是为职工的子弟谋教育的。职员都须储蓄，自己储百分之五，分司补助百分之五，离职时取用。公司房屋租与职工，三间的每月两元，五间的每月五元，窑下工程师以上则不纳租金。公司事业，售煤炼焦以外，有玻璃厂，有砖瓦厂，秦皇岛有码头，航海有轮船，附近各地有地皮，每年获利的总和不小。

饭后，黄君领我们到更衣室，介绍一位窑下的技师，在浴室改穿了下窑的青色的衣裤，笨重肥大而不浸水的皮靴，戴了一顶恰像天主堂教士戴的一顶平坦的博士帽子，是硬壳的。大家穿好出来相见，都把样子变了，都笑起来。可惜这时不能留影，如果能留一影下来，倒也叫人好看。

于是由技师领我们到窑口，一步踏上水淋淋的升降机，很野蛮地，绝不像上海那样很斯文地，便把我们降了下去。中间速度骤然减慢了的时候，引起我们一个错觉，好像它又在上升了。这一回降了两百米，到二道行。离开升降机一望，简直是很宽阔的地道，铁轨是双的，马车同时可以去来。电灯点得通明，空气亦与外间无异。参观吸水机，是用马达发动，房间之大差不多与地上的相等。

再乘倾斜之升降机到三道行，沿石级转到四道行。中间经过马棚，有骡马好几十，骈立棚中。它们工作于洞中，休息于洞中，饮食于洞中，如果不因疾病到医院治疗，永远没有重见天日的时候。

再乘升降机到五道行，路比较湿，泥污比较深了，人和骡马运输很忙。转到升降机口，再降到六道行，问领导我们的技师，据说二道行以下，每两道行间，相距约两百呎。总计，我们此时已在距地面一千四百呎以下了。

为想看一个掘煤的地方，走尽马路以后，仍继续前行。马路顶上都是用砖起卷。马路以外，则用衬料了。架木支撑，同嘉陵江三峡的煤窑一样。高或六七呎，可愈走愈矮，有时矮到三呎以下，曲着脚，弯着腰，俯着头，都常常有冲突发生。这样吃力地疾走，走得汗流浃背的。空气渐渐不好了，大概是经过了一个工人解便的地方，臭得沁人心脾，不能呼吸。走了好几百丈，才到了掘煤的地方。煤好几层，都是一样倾斜的。在每一道行中间，都可采取几层的煤。掘煤用人力，系向每一道行之上掘取，让他由倾斜之孔，泻到那一道行之上。我们看的地方，煤层之厚有五六呎。一带都没有电灯了，全靠我们手上各有灯一盏，只能看得清眼前。

回转来乘升降机到五道行，到四道行，再乘升降机便直到窑口。略看看升降机的绞车如何动作，转回浴室洗浴。浴后同技师一路回俱乐部。他在路上告诉我们：窑里每天的工作分三班，每班约作七点钟，最低每人可得工银四角，合五个厂，有工人四万多。

十二日　星期六　晴

晨起，同黄君一路，看窑上设施。先到灯房，昨晚我们手提的灯，就是这里取出来的。灯用蓄电瓶点照，蓄电，修灯，搽灯，都在这里。每蓄电一次，可点用十钟，是专作窑下用的。瑞五在上海曾订买了若干个。

看绞车，到二道行的是用蒸气发动。到四道行和一道行的是用电力发动。电由林西供给，自己亦有预备。

到砖瓦厂。炉有两种：一种是若干炉连接的，火力可以流通，坯子系用电力压成，无须烘干，即可入炉。一种是各个炉分开的，火力由下而上，再回下去，才出烟道。坯子是用人力压成，须先烘干，才可进炉。其程序，系先将耐火泥，黄泥等各磨成粉，然后加水调和起来，输入压坯机。砖分三种：一种是耐火用的，一种是道路用的，一种是房屋用的。有一种房屋用的很美观，只须用刀切破，便成一种虫蚀似的平面。

回俱乐部，乘人力车到唐山启新洋灰厂，访张厂长，据说：每天出洋灰约四千几百桶，湖北约六百桶。资本总额六百余万。销场以上海和东三省为最大。由他指定职员一人领导我们参观全厂。有大窑两部，每天共出洋灰二千八百桶；有中窑两部，每天共出一千桶；有小窑两部，每天共出六百桶。用黄泥约二三成，石灰岩石约七八成，先碎成细块，然后和起来磨成粉，用旋转输送的管子，输送到炉内。烧成的洋灰落到炉下，用风机扇凉，运入储蓄池内。约一月，加石膏千分之二十，再磨成粉，即以运入栈房，准备装桶或装口袋出售。

我们问领导的人：这里是用干的原料磨好入炉；南京龙潭、上海龙华两厂，则于和原料时加水而后磨成细粉：究竟两种烧法，比较哪种好些？领导我们的人说：干烧比较地节省燃烧料。我们问：出品的优劣呢？他说：一个样。可就我们参观中央大学的工程实验室时，一位教师告诉我们：龙潭、龙华的水泥比较启新好些。其原因是否由于干湿烧法之不同，倒是一个疑问。

再参观瓷厂。其工作程序，系先将原料磨成细粉，调和起来，用模子车好，烘干，然后入炉烧第一次。炉与砖瓦厂的形式略同，烧好要费三天。出炉后加上釉子，再烧三天或一天半。如上釉以前画花，则经此一度再烧即成功了。如上釉而再烧后画花，则须烧第三次，费一天。瓷器入炉，都是装在耐火的瓦烧盆子以内，有三个支点的磁架子支撑之。出品除普通瓷器外，有大小便具和沐浴用具，都很精良，陈列在一间屋子里的。

出厂已过十二钟半了，忙乘车到火车站，中间经过唐山的市场，极为繁盛，都是两个大的事业，制造洋灰和开采煤炭创造起来的。

八　由唐山到北平

…………

过塘沽，看见很小的北河，有大的海船在中间移动，午后四钟，便到天津东站了。

下车，先到聚兴诚访喻元恢，问知先到天津的四位游侣住在泰安栈的，便往泰安栈。全体集合商量到北平的办法后，读上海转来北衡的信，说考察实业的学者团体入川，刘甫公愿助银四千元，合川陈师长亦或可助银一两千元，遂致中央研究院蔡孑民先生一函，请其留心人才。

接着往应聚兴诚银行的晚宴，九钟罢席，同元恢往访大公报胡政之先生。谈到时局问题，他非常叹息，认为袁世凯统一中国时，是第一个弄好的机会，不幸而错过，乱十余年以至于今日；国民政府统一中国是第二个好机会，何可以再错过去！他非常反对国内战争，认为要国内战争消灭，有两个方法，一个方法是不让战争起来，一个方法是战争到底，不堪再有第二次牺牲。

谈话未完，时钟已过十点半了，于是同往参观报社的印刷厂。有滚筒机一部，每钟可印报八千余份，每日发行三万余份。

再到劝业场顶楼一游，与元恢谈公共事业的困难，最困难的是人才；虽有人才，其兴趣乃在公共事业以外。

十三日　星期日　晴

九钟搭车到北平，有元恢同行。车拥挤比往天更甚，前后月台都站满了人。我们亦在月台上站了许久，才得一点隙地。元恢说：这不希奇。以前平汉车人多的时候，连车的顶上和车的脚下都是人，这大抵是由于中国火车营业太好了的关系，抑或不是？

…………

于是同游中央公园，弘伯指着皇城角上很鲜艳的故宫房屋说：这房屋快坍塌了，美国人见着深以为可惜，才由罗氏基金会捐钱来重修的。罗氏基金会是因为美国煤油大王捐六千万美金作为中国文化基金，保管这基金而组织起来的。

中央公园里最宝贵的是参天的古柏，前后成林，大有到四人合围的。参观社稷坛，见着坛前还立有一座可耻的参战纪念坊，是段祺瑞于参加欧战后建立的。而今又于其上涂以不伦不类的标语，可以看出中国人无所不用其胡乱的施为。

公园里边游人很多，茶馆亦如之。许多男女安详地坐在矮的椅子上，围着小的桌子，固活像国家没有事的光景。我们在奔忙之余，亦陪他们小坐两小时，商量在北平几天的游程，而后出来吃晚饭。

饭后到汽车公司，讲好包用整天的公共汽车，银三十元，而后回寓。

十四日 星期一 阴

晨起，约七钟，汽车已至，乘往约弘伯，出西直门，到燕京大学。这时学校都已放暑假了，只好大约参观其设备。校中建筑采中国的皇宫式，而变圆柱为墙壁，很美丽。有一发电厂，其规模之大乃胜过平常一个城市。有一自来水塔，从外面看去直是一座若干层的白塔，很艺术的。转到清华大学，参观一个大的礼堂，可容千人，坐次依阶段而上。演说台，可作演剧用，亦可作演电影用。弘伯说：因为会场很大，又坐次都编有号数，所以学生开会极有秩序。比别的许多学校好些，所以人的行为的改善，有时亦须靠物质的设备。参观图书馆，是工字形的建筑，前面是阅书室，后面是藏书室。藏书室上下三层，架子都是铁铸的。阅书室可容几百人，然而还苦不够，还要扩充。可见清华学生之喜欢读书。参观体育馆，楼下有游泳池，楼上有篮球场，径赛练习和各种健身的设备。校地很宽，树林阴翳，我们走了好久，才走完一周。校中有银行，有邮局，有消费合作社，有衣庄，有鞋铺，一切生活的需要，都有供给的地方，不须常入城市。尤其是图书体育的设备完好，所以是最好的一个读书而无他种牵绕的学校。

…………

十五日 星期二 雨

乘汽车同弘伯到香山，参观熊秉三先生所创办的香山慈幼院。一位湖南邓君，是由慈幼院出来，曾经在大学预科毕业，现在院中办事的青年。领导我们参观。对我们说明：慈幼院分七院；第一院为幼稚园，第二院为小学校，第三院为中学，师范，第四院为职业学校，第五院为附属的工厂，第六院为大学，最后为总院，是各院的办事机关。工厂前此规模很大，种类很多，专以作为训练学生的机关，学生学成便都他去。常常来的都是作工不熟练的人，所以折本很利害，逐渐将范围缩小了。

大学亦并未办。六院学生都往各大学申送，每年寒暑假中归来，颇与大的家庭一样。我们曾在院中见着几个归来的学生，其态度皆极亲切。衣服亦都朴素。邓君说：女校平时是不许男生进去的，都叫女校为紫禁城。洗浆，缝纫，都由女生自行担任。我们从幼稚园、小学参观起，转到中学师范，最后到女校，都各有很多假中留校的学生。小学生最可爱，都喜欢亲近人。活泼泼地在校里作事或游戏。

最后到熊秉三先生的别墅，地名双青。……

…………

转回城中，到地质调查所，访丁在君先生，与约时间长谈，并参观其陈列馆，关于矿石，化石，岩石的搜集很富，在国内是仅有的了。我们觉得南北走了一周，难得看出显有成绩的事业，地质调查所总算显有成绩了。几位学者领导一些青年到各地搜集，在里边研究，试问国内这样做正经事的，共有几处？

…………

同游的人都觉得到了北平，不听京戏与不看皇宫，应一样是憾事。遂于晚饭后往戏园。一出主要的戏是《赚文绢》，是一段秦少游和苏小妹的故事。程艳秋扮苏小妹。于表情到动作、言辞、声调，都轻描淡写而又含蓄，令人觉得深刻之处，固自有其艺术。一部分人专唱打倒旧剧的，却忘了无训练的新剧，直率、肤浅，其艺术或竟旧剧之不如。

十六日　星期三　晴

访邓木鲁先生，问张石亲先生病中和殁后的情形，并商移柩回里的问题。木鲁先生说：石亲先生到平，我即迎其住在我的家中，照料其饮食起居，惟恐不周。我所以这样事石亲先生实有两点意义：第一因先生是一个艰苦卓绝的学者，在史学上曾用很博大的工夫。如在江南，早已为群流所推重，不幸而生在四川，四川人向来是不推重人的，所以亦没有人推重先生。我则尽此一点推重先生的诚意。第二因先父在时，我们在外边读书，没有得侍奉；先父死了，只有石亲先生是先父的一个朋友，侍奉石亲先生正所以追念先父。

我觉得旧来的读书人讲究知大义，于木鲁先生的一段话也就可以看出来。新的读书人根本不要这些东西了，更不知眼前有人值得推重，忽略了一切人的好处。而专寻求其坏处，或更以坏的心理解释人的好的行为，如何肯推重人呢？

同弘伯游古物陈列所，古物陈列所是就故宫中间文华、武英、太和、中和、保和五殿设立的。文华在东，武英在西，太和在中，中和在太和之后，保和则又在中和之后。故宫建筑之艺术，在能表现其伟大庄严，而又以这几殿为最伟大庄严了。我们瞻仰这种遗迹，回想到以前皇帝时代庄严的设备和朝见群臣时庄严的仪式，便知道帝王制度之能够保持，正全靠这些人为的东西在下面作支柱呵！人不比一切人伟大崇高，是另以一些伟大崇高的设备和仪式把他装点陪衬起来的。

…………

十七日　星期四　晴

午前游南海瀛台，戊戌政变以后，慈禧太后曾将光绪幽囚在这里，不令亲政。所谓瀛台者一簇房屋在南海之北，假山之南，与世隔绝，可以想见当时皇帝的苦况了。……

…………

游怀仁堂，是以前中海作总统府时总统接见外宾的地方，建筑很精雅，而今作为国民党扩大会议的议场了。

出中海，往文化基金董事会访任叔永先生，谈川局，近年逐渐减少战争，建设秩序，如再有人肯作和平运动，则战争或竟可弭，或竟成为中原之好的模范区亦未可知。叔永先生主张相同，并说曾努力作此运动而未有成，仍当继续作此运动。与谈中国西部科学院之标本采集交换问题，彼极愿帮助。最后商量觅专门学者到川省考查几大生产事业，彼极愿约人，并愿亲自回川一行。

…………

夜晚赴弘伯之宴会。弘伯特约十余位川中良友和平教社的发起人，以便交换事业上的经验，并各报告其情形。得晤陈祝三、汤懋如两君，问定县的平教经营很详。据说：定县教育计画分为四类：第一是文艺的，第二是生计的，第三是公民的，第四是卫生的。第一期侧重在文艺，现正在第一期。第二期侧重在生计，现正在准备第二期。文艺以民间文学为主，生计以农业为主，公民以乡村自治为主。试验区域有三四十村，拟更以一村为中心。定县城内有百余职员，其组织分三部：第一部行政，第二部教育，第三部学术。各职员轮流到四乡担任实施教育或调查任务。

弘伯要我报告川中情形和川中事业，我报告了三事：第一是有希望的川局。并说明其今天以前之种种进步。第二是我们有关系的事业，峡局方面，科学院方面，经济事业方面。第三是此番考查之所得，基于学术之研究而发生影响于社会的事业。

十八日　星期五　晴

午前参观协合大学，其建筑亦是仿照皇宫，可见皇宫建筑之值得欣赏及其对西人发生之影响。校中陈列有周口店掘出的原人时代的头盖骨，爬虫时代的恐龙模型，研究得的效用很好的中药。有一位博士是专门研究中药的。我们很感想到中国人研究中药的却没有几个人，尤其是中医！……

领导我们的人为我们指点孙中山解剖处，梁任公病殁处和制石膏模型处。为我们说明每年经费是一百五十余万，医院收入有三十余万，其余是由美国煤油大王所捐的文化基金六千万美金的子金中拨付。

张石亲先生之公子胜伯约午餐于邓木鲁先生家商处理石亲先生著作问题。我们由协合出来，便往木鲁先生处。有邵伯钧、曾叔度先生在座。邵深叹息石亲先生著作尚未完成，不能印行。曾主张存稿本于清华学校以俟机会。后来谈到时局问题，曾说：阎之局度太小，只知道用山西人。又太吝。两千块钱一个月的财政部经费，一千七百块钱一个月的外交部经费，天下岂有此理？又说：最无办法的是他们不用人才，而且不知道有人才。到底项城高出于他们，其诱用一个人才，无微不至；如终不为用的或竟杀之。如像对付宋教仁。国民党还不知宋教仁是一个人才，只有袁项城还可算宋教仁一个知己。我笑道：袁世凯用其奸雄的手腕，蹂尽中国的人才罢了，少认识几个，或许还可多留下几个。邵说：现在用人的只知用私人，同乡，同学或亲戚，倒不如满清，一个机关的主官，不能乱用或乱去一个机关的属吏，亦不能乱支钱一文。曾又举了几个例，并说：那时主官对于最小的属吏亦有礼貌的，何尝像现在的武人可以随便仰卧着接阅秘书科长送来的文件，而不须起来呢？

午后参观静生生物研究所，搜集的动植物标本很富；于木材，于果树，于虾，于蟹，更有专人研究。一组人先到故宫博物院，得参观西路，宣统几年前住居的房屋种种陈设和用具。我们则去时太晚，院门已关，回到前门外找浴室洗澡，准备行李，等人回来齐了，便运往车站，搭车回天津。

这回北平的参观本来准备一周，因为接到上海转来的信：有许多问题要回到上海解决，遂缩短成五天，居庸关和张家口未去，弘伯约往定县一观平教设施亦未去，是大憾事。

…………

晚十二钟到天津，住交通旅馆。

九　由天津回上海

十九日　星期六　晴

午前九钟往南开中学，由施先生领导参观。据说：全校学生约一千六百人，每年招新生八级。三分之二住在学校内。伙食分三等，每月由七元余到五元余，每年学费六十元。校中特注重体育之设备。新修一科学馆，是由校友会募款来修的。

参观女中。施先生说：女中成立不过七年，是由女生十数人要求设立的，为此问题还摄有一影，陈列在大会堂里。现有学生三百余人。

另有小学一所，成立不过三年，有学生一百多人，在女中对面，因张伯苓先生在大学相待，未去参观。

到大学晤得张伯苓先生，问我们游程所经，我们告以东北的情形。他说：我们现正组织东北研究会，搜求东北的材料，研究东北的种种问题。每年暑假都有人到东北去考查；今年更有教师四人专去作地理材料的搜集。准备从今年秋季起，中校特加授东北地理。至于大学毕业生，则力劝他们到东北去任职。他又说：刚才有一位学生李春晖送来一本关于东北著作的稿子。说着，便取出来给我们阅览。其对于东北的交通、生产、人口、移殖及日俄在华之种种势力，东北在中国和在世界上的位置，画图列表，加以说明，极能引起人们对于东北种种问题的注意。

适来一位青年会张先生，张先生便介绍给我们，说：这便是一位到东北去工作的，是蒙古籍，又叫人去请李春晖来介绍给我们，并问李君原是何处人，李君说：满洲籍。接着便很诚恳地同我们谈满蒙的问题。我们觉得这两位满蒙的青年，显然同汉人中间的优秀者一样优秀的。我们问张先生：各级学生是否各省籍都有？他说：都有，自然直隶特多，东三省亦增加很速。我们问比较各省学生学行的优劣如何？他说：极南极北的学生最振奋，中部不如。所谓极南是以广东为代表，极北是以东三省为代表，其余则又较之稍差。接着他又说：这里还有华侨的子弟，最怪的是他们生长欧美所造的环境当中，却不爱洁净，倒不如本国的学生还爱洁净些。

张先生留着午饭，并留着李君春晖同我们谈谈。饭后参观图书馆。这间房屋是卢木斋先生捐银十万元，校里又自己加上几万元修成的。规模差不多同中央大学和清华大学一样大。里面有西文书一万余册，卢木斋先生捐有中文书二万余册，另有一位姓李的，捐有书七万余册，中间还有一部手写的图书集成。阅览室还剩余一端陈列学校模型。所有房舍，地景，运动场，道路，河流等等，一目了然。另一区段陈列学校照片，从严氏私塾到私立中学，逐渐扩充，成立大学，成立女中，成立小学，顺次陈列，加以说明，令人把一个生长中的南开学校看得清清楚楚，同时并想到其生长之延续，未来的无限的前途。前面的陈列是南开的地理，后面的陈列是南开的历史，用这种方法讲地理，历史，岂不更明白而有意义？

参观丽生园，园里有金鱼好几十种，是唐丽生捐助的。最大的金鱼长约七八寸，其寿数有已到了三十几岁的。现有人专门作金鱼的研究。

参观思源堂，楼下为物理实验室，中为生物实验室。上为化学实验室，是袁述之母捐银十万元建筑的。问张先生：大学分几院？有多少学生？每年经费若干万？他说：大学分文学，理学，商学三院。学生三百多人。全年经费几校共几十万，除基金、学费和各种固定收入外，还差十万左右，全靠募捐。

离南开后到聚兴诚访喻元恢，才知已承他代买船票，而且明天晨早船就开了，没有得着我们的消息，他非常着急。遇袁君从宜昌来，谈长江情形，因中央军全部开到前线，后方空虚……

晚饭后再访胡政之先生，不遇。半夜，喻元恢来谈聚兴诚杨灿三总理有毅力，有见地。此后将用全力提倡抵押借款，改对人信用的习惯为对物信用的习惯，决以川、滇、黔为经营的中心。

二十日　以后

晨起，上顺天轮船。船舱甚少，而客特多，行李比人更拥挤，堆得来路都没有了，要侧起身子才能过去。房舱里边甚褊狭，郁热而没有空气。舱外污水所积的甲板，已经站满坐满搭船的人，大抵都是穷苦的人们，没有我们容足的隙地。楼上却只有几个外国人，一个中国人也不准上去。天堂地狱，还在哪里去寻求，只在一个船中，隔一层舱板而已。无办法的中国人，只知打战火是事业，将陆路良好的交通，津浦、平汉两线无端梗断，又将本国的海运商船，尽量扣作军用；让本国人通通送钱到外国船上去进地狱。这些问题，本来便非他们所愿，说来痛心而已，有什么益处？

…………

走了两天有多，二十二日午后五钟才到青岛。我们上岸到海水浴场，痛洗一次澡；又到前回过青岛时曾经吃过的馆子去痛吃一顿饭，半夜才回到船上。

船上人说：二十四日的傍晚可到上海了。殊不知开到吴淞口时，已是八点钟了，不能进口，便停宿于吴淞口外。这晚更苦了，船进江面，温度骤加，彻夜酷热，不能睡眠。我同鳌溪、绶若、伯坚、魁杰等都瞠起眼睛，直到天明。船由拂晓，经过两钟开抵上海，才把罪罚受满。

匆匆游历中之所偶得

我们从去年起，即准备联合几桩事业中间努力的朋友，作中原的游历，或竟想及于南洋和日本；因为事务是继续的，太不容易结束，一直闹到今年三月才匆匆起程，有以下三个机关和其他的朋友连我十五人：

1. 峡防局五人；
2. 北川铁路公司二人；
3. 民生实业公司四人；
4. 其他的朋友三人。

亦或有临时加入的，临时因事减少的，就全部行程说，员额并没有一定。

计自三月八日离开重庆，八月廿日回到重庆，费了五个月又十三天，中间仅有五天游浙江，十六天游江苏各地，一个月差三天游东北几省，两个星期以内是在上海吴淞一带考察而已：合计起来，用力于考察的时间，不过七十天。除上海外，每一个地方住留最久的不过五天，短或至于一天；所得的不但有限，而且连这有限的也未看明，应该是何等怀惭！出去的主要意义，本在考察，附带办几桩事；结果，却发生了变化，办事倒居主要的地位；考察乃用剩余的时间了。

偶然看得的几个问题，亦或有值得各方面朋友注意的，分别报告于下：

一、从江浙一行看得的几个问题

（一）一般的概况

个人曾同郑璧成君于八年前游过江浙两省；此番重游，除却新添了标语无数，纪念碑多处之外，觉得交通和都市情况变化很少。八年前教育改进，一时成了风气，并成了全国的中心；而今倒反消沉了。八年前四乡很宁；而今江南江北都有匪患了。有钱的大抵都往上海逃跑，弄得人向都市集中；钱也向都市集中：上海地价与房租，因此愈益提高；没有房屋的隙地，都修起房屋；房屋矮小的都改为高大的了。

（二）几椿事业在社会上发生的影响

1. 除昆虫害　在江浙两省，除昆虫害已成民间运动了。两省的昆虫局，成绩很好；一方面研究，一方面宣传，而今乡下农夫，大抵知道虫害应该除，而且大家起来着手除了。我们曾经细细看过浙江昆虫局；他们搜集饲养害虫，制成标本模型，摄影画图，加以说明，并画出捕虫的方法，编成捕虫的歌语，派人分赴各县劝人共除害虫，很有影响。

2. 制秋蚕种　养秋蚕是三四年来才有的运动；而今逐渐普及了。据合众蚕业改良社蚕种制造场的职员说，去年调查全省需要秋蚕种五十万张；今年调查需要到一百万张。这个数目未见其正确；然可见其进展之迅速。合众社的蚕种制造场在镇江。其邻近今年又新成立两个公司，一个资本十万，一个资本五万：是专门制造蚕种的，南京中央金陵两大学，我们去参观的时候，亦正忙着制造蚕种；苏州附近亦有专门制造蚕种的事业；都是注重秋蚕种，于此可见其需要之急切了。

3. 农田灌溉机　用小的柴油引擎，带动离心力帮〔泵〕浦，为农田吸水，在江苏尤其是江南特别普遍。我们过无锡、苏、常一带，随时见着一只木船，撑着一根高的水管弯向旁边，都是装的水帮〔泵〕引擎在里边；而且上海、无锡有好多厂专造水帮〔泵〕引擎；江苏省政府更为专造此新农具，在苏州设一农具制造厂：可见其需要数量之大了。

4. 改良棉种　改良棉种，有很显著的效果；由南通大学试验出来，最适宜于南通种植的鸡脚棉，现在已普及于南通；由中央大学试验出来，成绩优良的江阴白子棉，亦大发展于江南一带了。

5. 提挈生产事业的银行　南通上海银行的经理李申甫君说：南通几个纱厂和油厂，经营失败到不能支持了；而今交与几个银行代管。油厂和海州纱厂，是由上海银行放款；其会计和仓库保管由银行派；凡买原料进仓库后，都在银行支款，自仓库提成品时，则交还，是一种可靠的抵押放款法，赚折仍自属于厂家。

无锡机械工厂的厂长陈子宽君说：无锡的工业，不是无锡人的钱经营起来的，是苏州、常熟人的钱经营起来的。苏州、常熟人有钱，不做事，只拿去放利，于是各银行都到那里去吸收存款，而移来放与无锡；无锡人得此帮助，一切生产事业，更如春笋怒发，容易生长起来了。

我们觉得上面五桩事业之前四桩，是由学术的研究而及于社会的影响；是中华民国中间一点最有希望的新进化：一切事业，都由学术的研究出发，一切学术都应着眼或竟归宿于社会的用途上，在今天的中国尤其感着急切的需要。

至于银行吸收存款，贷与生产，尤其是提倡生产事业之始，急切需要的办法。以资本贫乏的中国，新经营的生产事业，一般都有资本未能充裕的现象：或仅仅买机器，修房屋，而资本就完了；或房屋未修好，机器未运到，而资本就完了；不赖银行救济，则失败每每相随；提倡生产事业的信用愈益降低，再提倡愈益困难了。四川几个银行家的眼光，亦应看到这里才好。

二、从东北一行看得的几个问题

（一）德国人的经营

德国人对于山东过去的经营，是以胶济铁路为中心，于全局为经济的。于其出发点之青岛港湾，则为军事的；将以为东方海军根据地，故筑有极坚固的堡垒以保护此港湾，而今还留有遗迹，供我们凭吊叹息。可是其于市乡之经营，则自有其艺术的价值，值得人欣赏的。青岛是一个荒岛，竟造成了一个大的市场；而且竟造成了一个森林围绕着的美丽的市场，则更值得人惊异了。据《青岛志》载：德国人为经营青岛的森林，曾搜求世界的树种而一一试验，耗马克到一百一十余万。仅仅一个第一公园种树便到二十万，可见其森林规模之宏大了。一切建筑，依山起伏，房屋都配置得宜，各具形式；尤其是绿林红瓦，青山碧水，相衬之美，在十数里外，便可望见。来时令人响往，去时令人留恋。好友张君弘伯说：一位朋友曾于暑假中往游青岛归来后，问他：人说青岛像一个公园，究竟怎样？他说：我还没有看见过这样好的公园咧！于这一句回答，可以看出青岛之绝好了。

（二）日本人的经营

日本人之经营满蒙，以南满铁道为中心，以经营南满铁路的满铁会社，经营矿业、航业、码头、旅社，乃至于学校、医院，及其他一切公共事业，差不多权力之大，等于一个政府了。其铁路所到的地方，即其国家军警所到的地方；即其工厂、商场所到的地方；即其金票银行所到的地方；即其学校教育所到的地方；可见其各方面侵略的武器，都随铁路以深入了。

他们侵略满蒙，有两个更利害的武器，为平常人所忽视：

一个是满蒙资源馆；一个是中央试验所。

凡满蒙的矿产、农产、畜牧，都被日人将标本搜集起来，将数量统计起来，将地形测量起来，绘图列表，并制模型，加以说明，一一陈列在满蒙资源馆里。我们不须到满蒙，只须到满蒙资源馆，便可以把满蒙的家屋看得清清楚楚了。别人已把我们的家屋囊括到几间屋子里去，我们自己还在梦中。

规模很大的中央试验所，则更把满蒙的山产一一化验出来，考求其原质，用途，及其制造方法。有两个显著的成绩：一个是抚顺的油岩，由化验而至于试采，现在已经正式经营起来，年约出重油五万吨了；一个是榨过豆油的豆饼，以前只用来作肥料或喂猪，而今才知道更可作面包、饼干，人的优良食品了。

日本人不仅有其事业，实自有其精神，值得我们特别注意的：

第一是秩序；从大连码头，沿着南满铁路的日本市场，车站，车上，都可以看出其秩序的经营。到处无力夫小贩客人的拥挤喧嚣斗争，与长江各码头比较，这种现象尤其是显然不同的。

第二是指引与介绍的方法，极其明了。

一到大连，便可以把满蒙各地的地图和风景照片买得出来。

每一个日本市场的码头、车站、广场，都有极明显的街道图画，在竖立路旁的大木碑上。大连更有分区的详图，门牌号数，都列明于图上。我们到周考〔孝〕怀先生家，马车夫便不知街道，几次下车在图上去找寻而后到。

日俄战争的纪念物，到外都是：何处有一道濠沟？何处有一个堡垒？亦必大书在铁路之旁，而指示其地位与方向。

每一桩大的事业，都有说明书赠与参观人。关于那一桩事业的组织，经营的概况，尤其是数目列举很详：如像抚顺煤厂，本溪铁厂，都各有其说明书，说明厂的概况。

一桩事业的概况，又常列表镌碑，或竖立木牌，以告参观的人，如大连、旅顺间的水源地，塞河筑堰，以蓄用水，完成之后，有碑纪载如下：

堰堤	粗石和泥土造成。
贮水地容量	一千六百零三万二千二百吨。
满水面积	四十七万一千八百坪。
水深最大	七十五尺。

堰堤本体长	五百二十八尺。
堰堤本体高	一百二十五尺。
幅顶部	十四尺。
幅底部	九十八尺四寸。
溢水部长	三百五十二尺。
溢水部高	八十一尺。
溢水部底幅	七十二尺八寸。
工资	日金一百九十万零五百余元。
着手建筑期	大正九年八月十一日。
竣工	大正十三年三月三十一日。

又本溪湖煤井，每个井口都竖立木牌，说明井长井深的尺数，煤屋的名称，及其倾斜的度数，每日每年所出的吨数，及其可采的年数，使人一见明了其内容。

参观每一事业，都可得领导的人；他们都清楚地告诉全部事业的内容。告诉得最清楚的，是大连埠头的职员，为我们介绍大连埠头。他说：

全埠同时可以容纳五千吨的海船三十九只；三万吨以下的大轮可以进口。

去年大连进出口轮船五千几百只；日本有二千几百只。

去年大连的进出口货九百二十万吨。出口货七百七十万吨中，有煤三百六十万吨；大豆一百五十万吨；油九万吨；豆饼九十五万吨；杂粮六十九万吨。进口货为一百五十万吨。进出口货每年增加一百万吨。

大连有四个埠头；新加一个埠头，原有资本一万万元，新加一千万元。

大连埠头有七十四个仓库；有七十英里铁路。

大连埠头有可以容纳五千人的待船室。

大连往来的船，日本有七条航线，中国天津、青岛、上海、汉口、香港都有航线；欧洲、美洲、南洋都有航线。

于这一段话中，可见日人事业中的职员是怎样明了其事业的全局！我们一到中国机关访问事件，则接洽或领导的人员，一切茫然，每每有托词于自己有专职，职务以外的事件都不知道的，有时对于无须秘密的事件亦严守秘密，不让人明了；这是我们在考察中所得的显然的比较。

（三）俄国人的经营

俄国人对满蒙的经营，是以中东铁路为中心；沿铁路的森林矿产，都会被他攫取。哈尔滨是现在东北一个顶繁盛的市场，便是俄国人于建筑铁路之后经营起来的。俄国在光绪二十二年取得中东路建筑权；二十六年便建筑完成。路长有一千多英里。中间经过大兴安岭，铁路在岭上盘了一周，并穿两英里长的洞子，可见其用力雄伟。

综三国的经营，都是以铁路为中心；同时攫取铁路附近的地利，如矿产，森林，工商业亦随以前进。市场每每是由无而有，由小而大，都是人力经营出来的。他们之错误在侵略他人，地方总是应该经营的；奈何中国人自己地方不知道经营，而天天相互斗争，各要解决中国的问题，不知道眼前许多问题都是发生于自己身上的。国家的问题乃在如何协力经营，深望一切相互斗争的人们觉悟到这里。

德国已成过去，俄国尚有所未知，日本则方进取未已，为东北最可顾虑的问题，十分紧迫，尤其是我们应得觉悟的。

三、从上海知道的德国人

（一）中国市场之恢复

德国在欧战期中完全失去了中国的市场；而今竟完全恢复了。颜料已经塞满全中国；机器和电料又几乎取英美国人的地位而代之。到上海买机器或电料的人们，差不多都只知道找德国的洋行，甚至于美国行家如慎昌等亦经理德国的货品了。

（二）经济事业之联合

德国经济事业，逐渐趋向于全国的联合；而今颜料厂统一了，化学药品厂统一了，钢铁厂统一了，乃至于灯泡厂亦统一了，所以他们对外贸易的力量愈加伟大。中国人则方趋向于分化，最低限度的政治问题，亦还无统一的办法。大家无公共的企图，只知道相互的争夺，所以利害是永远冲突的。

（三）机器进步之迅速

德国机器进步之迅速，于柴油引擎之逐年改变样子，即可以证明。每厂每年都必发明几个新样子，我们三年前订一只小汽船，买了两部奔驰厂新出的引擎，而今这引擎已经三变样子；第三次变了样子的引擎，最近一个月内又到上海了。回顾中国仿造柴油引擎的厂，最初一部是什么样子，最后一部仍是什么样子，在这金价奇涨进口货疲滞的机会当中，亦不知道改良，岂不太可叹息吗！

介绍一些有关东北问题的书籍

中国人向来有两个精神：第一是遇着问题不研究，第二是遇着问题不解决。这一次东北问题予我们以很深刻的刺激，应该激起我们稍稍加以研究了。或许因加以研究而促起我们开始对着问题设法解决。这是我们非常希望的。所以这一本册子付印之后，更想对于东北问题的研究有小小的帮助，依郑君璧成的提议，袁君伯坚的搜求，将有关东北问题的书目录列在后边，供研究者的参考。研究东北问题而仅仅读书，已觉得太可怜了；最好于读书的时候，看看日本人的研究方法，然后明白东北问题之所以成为东北问题了。

记者识

书名	编著者	出版书局及发行地址	定价	备注
蒙古与中国	高博彦	天津华泰印书馆	六角	
国际竞争中之满洲	张明炜译	上海华通书局	一元	
满洲现状	野泽原之亟著徐焕奎译	商务印书馆	二角	
国际纷争与国际联盟	萨孟武	商务印书馆	一元六角	
东路中俄决裂之真象	董显光	上海美善书店	七角	
东北亚洲搜访记	乌居龙藏著汤尔和译	商务印书馆	一元	
中俄关系略史	左舜生校阅者	上海中华书局	八分	
日本侵略满蒙史	支恒贵	上海世界书局	三角五分	
外国在华之经济侵略		上海中华书局	八分	
吉林省之林业	汤尔和译	商务印书馆	三元	
中俄问题全部之研究	文公直	上海益新书社	一元	
帝国主义侵略中国之财团	萧百新译	上海太平洋书店	五角	

续前表

书名	编著者	出版书局及发行地址	定价	备注
外蒙古近世史	陈崇祖	商务印书馆	一元	
日本的农业金融机关	牧野辉智著 黄枯桐译	商务印书馆	三角	
蒙古调查记	东方杂志社	商务印书馆	一角	
蒙古问题	王勤堉	商务印书馆		
东三省之实况	王慕宁	上海中华书司〔局〕	四角	
蒙古问题	谢彬	商务印书馆		
近代弱小民族被压迫史及独立运动史	胡石明	上海大东书局	五角	
日本势力下二十年来之满蒙	陈轻	上海华通书局	八角	
日本生活	李宗武	上海世界书局	五角	
近时国际问题与中国	杨幼炯	上海泰东图书局	一元	
美国与满州问题	王光祈	上海中华书局	四角五分	
日本蹂躏山东痛史	唐巨川	上海大东书局	三角五分	
帝国主义与中华民族	董霖	上海光明书局	七角	
东方问题与世界问题	戴季陶	上海爱智学社	一角	
日本殖民与人口问题	包怀白	上海黎明书局	三角	
卡奔德世界游记	卡奔德著 罗隐柔译	商务印书馆	一元四角	
中国近时外交史	刘彦	太平洋印刷公司	一元八角	
国民外交常识	陈辉东	上海新月书店	六角五分	
战后世界资本主义研究	巴克	上海明日书店	八角五分	
中国资本主义之发展	朱新繁	上海联合书店	一元三角	
列强在中国之势力	李长傅	上海大东书局	三角五分	
帝国主义与世界政治	汤麦斯蒙著 朱延丰等译	新生命	二元六角	
近百年外交失败史	徐国桢	上海世界书局	八角	
日帝国主义与东三省	许兴凯	商务印书馆	一元	
国民外交常识	陈耀东	上海新月书店	六角五分	

续前表

书名	编著者	出版书局及发行地址	定价	备注
日本帝国主义侵略中国史	蒋坚忍	上海联合书店	一元八角	
中东铁路问题之研究	傅角今	上海世界书局	四角	
帝国主义压迫中国史	高守一	上海北新书局	四角	
大战后欧陆军务之一瞥	余乃仁	上海大东书局	八角五分	
战后世界各国之军备	刘荫棠	上海大东书局	六角	
世界战术与战史	藤伊欧之助著 王成斋译	上海华通书局	一元	
国防与物质	厉尔康	上海大东书局	一元五角	
国民军事学	石铎	大东	一元二角	
中国民族的留痕	曹松叶	商务印书馆	六角	
中国社会的经济结构	朱其华	上海新生命书局	一元八角	
日本研究丛书提要	陈德征	上海世界书局	七角	
日本研究丛书	陈德征	世界	二元	
分类编辑不平等条约		商务印书馆		
中国世界主权力	倪林著 吴寿彭译	上海北新书局	一角五分	
近代中日关系略史	国民外交藏书社	上海中华书局	八分	
各国对中国的不平等条约	程中行	上海世界书局	五角五分	
中日交通史	木宫泰彦著 陈捷译	商务印书馆		
三国干涉还辽秘闻	王光祈	上海中华书局		
世界之纷乱	玻温著 冯承均译	商务印书馆	六角	
国际现势与中国革命	丁立三	上海大东书局	七角	
帝国主义国家对华政策的内幕和冲突	陈孺平译	上海北新书局	三角五分	

续前表

书名	编著者	出版书局及发行地址	定价	备注
中国领土内帝国主义者资本战	长野朗著 丁振一译	上海联合书店	九角	
帝国主义侵略中国的趋势和变迁概论	汪精卫	上海大东书局	三角	
国际帝国主义史论	马哲民	上海昆仑书店	一元三角	
揭破日本的阴谋	龚德柏	上海太平洋书店	八角	
日本并吞满蒙论	王慕宁	大〔太〕平洋	一元	
帝国主义论	刘楚平	重庆书店	五角	
国民外交常识		劝工局马路 西南书局		
日本民族性研究		商务印书馆	八角	
日帝国主义与中国	唐文蒨		二角	
到大连去	孙广珍	上海现代书局	四角五分	
中俄关系略述	陈登元	商务印书馆	五角	
蒙古志	姚明辉	商务	八角	
东蒙辽代旧城探考记	冯承钧译	商务	四角	
台湾	袁先吾	商务	一元一角	
最近之日本	陈懋烈	上海中华书局	三角五分	
日本论	胡汉民	上海民智书店	七角	
帝国主义史	吴敬恒等著	商务印书馆	五角	
被侵害之中国	刘彦	上海太平洋书店	三角	
帝国主义与中国	梅生	上海新文化书社	七角	
满洲问题与日本殖民	顾诗灵	新文化	一角八分	
满蒙经济大观	吴自强译	上海民智书局	七角	
帝国主义对华之三大侵略	吴君如	上海民智书局		
日本对华最近野心之暴露新满蒙政策	周佩岚	上海民智书局	三角	
蒙古旅行记	王无为	重庆朋友书店	一元二角	
蒙古鸣筑记	叶小凤	朋友	一角五分	
日本对华野心之暴露	周佩岚	朋友	三角	

续前表

书名	编著者	出版书局及发行地址	定价	备注
东北之金融	张梦九	上海启智书局		现于印刷中
帝国主义论	刘楚平	启智		
帝国主义侵略下之中国外交史		上海三民书局		
中国对俄外交史		三民		
日本并吞满蒙论		三民	七角	
反帝国主义概要		同	一角五分	
不平等条约十讲		同	三角五分	
国民革命中之外蒙问题		同	一角八分	
帝国主义侵略中国史		同	三角六分	
帝国主义经济侵略下之中国		同	二角一分	
列强在中国之经济侵略		同	一角四分	
日人谋杀张作霖案		同	四角九分	
日本政府纲要	胡庆育	上海太平洋书店	八角	
日本的国际地位	邓明亮	上海三民书店	一角	
日本之国势与现状	王继善	上海大东书局		
日本社会主义运动史	冯叔中译			
日本工业发达之研究	于化龙	上海世界书局	四角	
日本经济史沦	金夜光	上海光华书局	九角	
日本小史	滕柱	商务印书馆	三角	
日本全史	陈恭禄	上海中华书局		
日本一瞥	余松笠	商务印书馆	三角	
日本史 A，B，C	李宗武	上海世界书局	五角	
日本政府	梁大鹏	上海民智书局	四角	
日本民权发达史	黄文中	商务印书馆	一元八角	
东洋史（上中）	王桐龄	商务印书馆	各八角	
日本视察记	王桐龄	上海新月书店	八角	

续前表

书名	编著者	出版书局及发行地址	定价	备注
日本文学史	谢六逸	上海北新书局	一元二角	
日本社会运动史	周曙山	上海民智书店	一元	
日本社会运动史	冯叔中	上海联合书店	七角	
日本资本主义研究	巴克	上海现代书局	六角	
日本之文明	健者	北平华严书店	四角	
日本论	戴季陶	上海民智书局	七角	
日本无产政党研究	施伏量	上海新生命书局	五角	
日本经济史论	金奎光	上海华通书局	九角	
近代日本文艺论集	侍桁	上海北新书局	六角五分	
日本德意志民族性之比较的研究	潘光旦	上海新月书店	四角	
日本地理	周光倬	新月代售	一元二角	
日本外交史	陈博文	商务印书馆	五角	
帝国主义压迫中国史	刘彦	上海太平洋书店	三元六角	
被侵害之中国	刘彦	上海太平洋书店	一元三角	
最近三十年中俄外交史	刘彦	太平洋	一元	
不平等条约十讲	周鲠生	太平洋	五角	
西原借款真相	龚德柏	太平洋	三角五分	
揭破日本的阴谋	刘士木	暨南大学	一元	
帝国主义者在太平洋上之争霸	陈宗熙	上海华通书局	五角	
日本帝国主义与东三省	许凯兴	上海昆仑书店	一元八角	
满蒙铁路网	太平洋国际学会	商务代售	五角	
日本新满蒙政策	周佩岚	上海民智书局	三角	
日本并吞满蒙论	王慕宁	上海太平洋书店	一元	
中东铁路与远东问题	高良佐	太平洋	五角	
东铁问题	祁仍奚	商务代售	六角	
东北铁道要览	祁仍奚	同	三角	

续前表

书名	编著者	出版书局及发行地址	定价	备注
葫芦岛	祁仍奚	同	六角	
难民的东北流亡	陈翰笙等	同	五角	
黑龙江流域的农民与地主	陈翰笙 王寅生	同	六角五分	
国防与外交	谢彬	上海中华书局	一元	
外蒙始末纪要	白眉初	北平建设图书馆	五角	
库仑条约之始末	王光祈	上海中华书局	五角	
韩国痛史	朴殷植		一元	
台湾近世史	彭子明	福州鸣社	三角五分	
山东问题汇刊	张一志	北大出版部	二元	
华盛顿会议小史	周守一	上海中华书局	一元二角	
济南惨案史	李宗武	上海开明书局	一角	
日本人谋杀张作霖案	龚德柏	沈阳长城书局	七角	
万宝山事件及朝鲜掺〔惨〕案	徐钓溪 刘家壎	日本研究会		非卖品
亡国鉴	殷汝骊	上海泰东书局	三角	
革命的外交	周鲠生	上海太平洋书局	四角五分	
国际贸易导报		商务代售	三角	
现代殖民地解放运动概观	陈崖夫	上海群众图书公司	六角五分	
日本印象记	严露清	同	一角	
俄国第三革命	卢剑波	同	六角五分	
帝国主义殖民政策概要	故石明	上海大东书局	五角	
帝国主义侵略中国痛史	唐守常	同	四角	
列强在中国之势力	李长傅	同	三角五分	
不平等条约讨论集	张廷灏	同	八角	
中国土地丧失史	唐守常	上海大东书局	三角五分	
帝国主义的真面目	李世刚	同	三角五分	
殖民政策	吴应图	上海中华书局	三角五分	

续前表

书名	编著者	出版书局及发行地址	定价	备注
帝国主义侵略中国史	黄孝先	商务	一元	
世界大战史	陈叔谅	同	六角	
帝国主义与国际经济	吴其祥	新生命	八角	
苏俄十年来之外交	胡庆育	同	五角	
苏俄的东方政策	布斯胜治著 半粟译	太平洋	一元二角	
帝国主义战争与制铁业	温盛光译	上海放智书局	二角五分	
现代五大强国	许世毅			
帝国主义浅说	列宁			

（以下是峡区图书馆书袋上的说明文字。——编者注）

书的说话

1. 请勿用龌龊的手拿我。

2. 勿使我被日光晒着，雨点淋着，我同小孩子一样，那些都是容易使我受病的。

3. 请勿用笔在我身上批字，或作各种符号。

4. 勿将我的身体来垫你的手臂。

5. 你读我未完而停止的时候，可用书签夹在我的身上（就是停止的篇页上），以为标记切不可将我折角。

6. 勿把我放在不洁净的地方，望你时刻保持我的清洁。

7. 你不读我的时候，应立刻把我还给图书馆，因为我等着还要去会许多朋友，切不可把我幽囚在你的屋子里。

峡区图书馆书袋

（原载峡区图书馆藏《东北游记》1931年11月26日再版单行本，1930年9月1日初版。
印赠者：川江航务管理处
代印者：肇明印刷公司）

华东、东北考察归来在民生公司欢迎会上的讲话*（1930年9月4日）

这几天话说得太多，把声音都说嘶了，此次我们四个团体，十几位人，一同出去鬼混了五个月十三天，有两种意义：一是考察；二是顺便办几桩事；结果两种目的都没达到。在浙江混了四天，南通，镇江，扬州，南京，无锡，苏州一带混了十几天；青岛，大连，沈阳，哈尔滨，吉林，敦化，开滦，北平，天津，混了一个月又五天：统计考察的日子，不到七十天，所以考察这一层，完全说不上。说到办事，更没有一桩办好。办些什么呢？不外乎当买办，并不是洋行底买办，是买一切零星物件的买办。关于机器方面的，便是我去，其他的便是胡董事去，所以此次带回来的东西只有一样，惭愧。那么，只是惭愧又说什么呢，只好把惭愧暂且来收摺起，不说我们的事，而介绍我们所看见的，德日两国人办的几桩事情，与各位听罢。

说到德国，各位一定以为是欧战以前的德国，以陆军称雄于世界的，其实世界上的民族，不单是德国人最强，中国人也是最强的；中国人的特长，我们在书上去找着有两种：就是“勤”与“俭”。有几个明显的例子。

中国人侨居在海外最多的地方，要数南洋与美国。南洋在最初是一些荒岛，后来漂流到岛上的中国人，许多都成了大富翁，人数总有好几百万。美国凡是一个繁华都市，总有好几万人，或者几十条街，是华人区域，现在南洋荷属、英属都禁止华人入境，美国也一样，尚且不断的前去，可见华人向外发展的力量，是何等底伟大！他们能够空拳赤掌，

---

* 原标题为：《卢作孚之演说词》。

造出自己的前途来，是靠的什么呢？就是“耐劳”和“节俭”，华人向来就有勤劳的特性，如以前的读书人，“三更灯火，十载寒窗”，做农人的“日出而作，日入而息”，以及工人夜半纺织和行人每日步行百余里等，都是很好的例子。

反转来调查外国人在中国的数目就很少。以上海最繁华的中国第一商埠来说：侨居的外人，不过几万；天津也不过几万；东三省侨居的日俄人，共计不过三十万；重庆更少了。我曾问驻渝日本领事，有多少日人居留在重庆？据他答复说：只有九家，合计不到三十人。可见外国人侨居在中国的，的确很少。我国东三省，原是满洲地，现在的人数共二千万，满人不到十分之一，华人占大多数，日人最占经济势力的时候，以为俄人在奉天的，一定是大找其钱了；殊知不然，俄国人一天能找两元钱，便要用去两元，一天能积一元钱，到了星期日亦要完全消耗去。譬如我们要请一个外国技师，不特钱要得很多，并且要座洋房子，要用很精美的器具，要吃很好的饮食，如何请得起？上海有个美国花旗轮船公司，〈经〉营的沪美航线的航业，其中办事的，大多数是华人。因为华人消耗不大，要钱不多，随便都干。后来美国政府下令禁止任何经济事业雇用华人，该公司用算盘一算，假使一律改用美国人，只好关门，不如早点关了为妙，就因此歇业：可见“勤”与“俭”，是华人两种特长，外人是不能同我们竞争的。

刚才我不是说要介绍德日两国人吗？并不是德日两国人，不及中国人，只是欧战后的德国，打得破碎无余，如青岛用了大力量来经营，都抛弃了。可是到现在，不满十年，德国的情形是怎样呢？拿商业来说，从前在上海的德国颜料厂，有几十家，到现在呢？只一家了。并不是其他的都停歇，是把其他的都联合成一家独营了。其次如钢铁、化学药品、乃至于电灯泡子，全国都联合成一家了。他们在中国的市场，已完全恢复。就是本公司除民望船外，民生、民用两轮船，及电灯厂全部修理厂一部分的机械，完全用的德国的。至于德国的科学，进步也快得很，在前我们买民用船的机器，是新发明的样式，这回我们到上海的时候，比较民用新式的机器出来了。我们深悔民用的机器买早了。殊不知不到许久，又有比较适用便利的新式机器出来了。还有更奇的，汽船的机器舱里不用司机人，一切开关，都在领江台上，进退快慢，机器自会动作起来。德国受了那样大创之后，进步这样之速，中华民国有了十九年，还是一塌糊涂，两相比较，真有天渊之别哩！中国的机器厂，却是不想改造的；因为改造一次，要花一项资本，所以现在还用民国七年至十一年的样式，怎样说得上进展呢？

我们再说日本人吧，日本谁也知道是东亚一个小而强的国家，别的用不着我们来介绍，单说大连工厂的烟囱，到处皆是，并且尽是某某会社的字样，还有日人经营的大连汽船会社，其初只有一支奉天丸，大约五千吨，专走沪奉航线，轮费比其他的船要贵一倍以上，顾客却非常拥挤，什么原因呢？因为他的招待特别周到，就是统舱也比别的房舱还漂亮，并装设冷热自来水管，班期准，行驶快，所以营业很为发达。在我们中国人做了这样好生意，就不会图改进。但日人并不自满，不久便添了一支木神丸，比奉天丸更好，生意也一天一天更发达了。不久又添一支大连丸，比前两支更大、更快、更漂亮，生意不消说也更好。可见外人是何等向上！大连有个日人经营的埠头事务所，有码头五个，华日职员三千余人，我们去参观之时，该所职员领导我们，说得很详尽。去年一年，进出口的轮船有五千余支，日商占二千余支；南满铁路一年赚的钱到两万万。重庆一家轮船公司，至多不过两三支船，一家公司一支轮船的最普遍，至大的船，载重不到五百吨，资本自然也就有限。至于营业方面，只图赚得到钱，毫未替顾客着想。譬如以空拳与枪炮搏战，决无胜利之可言，要想营业发达，自然很难。

我们在东三省时，问了几个东三省人，东三省出产些什么？可以作什么用途？一句也答不出来。但是我们在日人几间屋子里，却把满蒙的家财，看出来了，这是个什么地方呢？就是日人所设的满蒙资源馆，蒙古与满洲所产的动物，植物，矿物，都采集有标本，依次陈列，加以说明，叫什么名字，出在什么地方，作什么用途，可以制造什么东西，一年可产若干，什么时候播种，什么时候收获，都注明得很详细。这还不算，还有一个中央化验所，把东三省所产的矿植物，都一一分析化验，看它可以作什么用途。最可惊人的，就是把一种岩石来提取柴油，大豆榨油，余剩的豆饼来作饼干与面包，以备他日军食。日本人的野心，是何等可畏。

中国人不能做二人以上的合资生意，即或能做，就要扯皮下场；说到扩大，更不容易；虽则原因极为复杂，总之没有组织能力，是最大的毛病。

随时有人说中国要亡，怎么又未见亡呢？是亡起来不觉得。中国原料，一天天输出，外货一天天输入，既把原料括去，又把金钱括去，将来一旦亡国，不但不得做官，连工也不能做，衣食也难解决，这是多么的危险！中国人还没觉得，可悲孰甚呢？

我们要是不想当亡国奴，或是要为个人前途谋光明，那么就要有组织的能力，与进展的精神和勤俭两种美德，最好是从在会诸君身上想办法起，是我惟一的希望！

（原载《嘉陵江》1930年9月4日）

四川的问题*
(1931年6月2日)

一、政治问题

(一) 世界的政治意义

我们提出政治问题，而必及于世界的意义，是有很深切的原因的。现代世界上许多事是有意义的，却到了中国便失去了意义。别的国家的人在自己的一间房子里，也往往做有意义于世界上的事。例如：一个机器工程师，发明一部新式的机器，不久便推销到世界上去。而我们中国的人，在公共事业中间，亦往往只做于个人有作用的事。例如许多服务于政治上的人，是到政治上去解决个人生活问题的，不是去解决政治问题的，这是我们一个很大的毛病，应得赶紧医治。

再则，我们任解决目前一个什么小的问题，都须得知道世界上已经有了一个什么好的方法。例如热天的汗衣，用罗纹的格子布或条子布，冬天则得用毛绒，这点调济冷热的意义，也是从世界上带来的。如果只顾眼前的问题，不顾世界的方法，必定做出许多错误的事体。知道世界上已经有了一个什么好的方法，可幸而避免危险，亦是避免损失。例如合川县城修马路的工程师，没有看见过世界上今天的马路，便修得来一边只有四五尺，也没有用。

小事如此，何况政治的问题，何况破碎之后新造基础的四川政治问题。所以，我们每提一个问题之时，必先提及世界的意义。不是我们明

* 本文为卢作孚1930年在四川各军首脑会议前夕，向当局的条陈和讲演。编辑时略有删节。

白了世界的意义，是希望比我们更明白世界意义的军政长官，更着眼于世界意义，更着眼于现代的世界意义。

就政治问题说，其意义很明了，就是国家及地方公共的事务。故第一个意义即在公共有办法的国家，其人民亦普遍有公共的训练。中国则供职于公务的人员，亦没有公共的训练。一切问题的中心在个人，纵然扩充，但到家庭而止。再事扩充，便已模糊不清。好人自爱，解释起来，就是只爱自己。坏人则不惜利用公共以为个人，法纪紊乱，此例愈明。在极端的个人主义之下，如何会产生公共成绩。所以，以全中国之大，自清朝变法以至今天，举不出几桩确有成绩的事业，其沉积是显然在众人身上的。

第一，在向来政治是倾向于消极的。公共事务，办到一切没有了，办到垂拱无为，才算是天下大治。当然没有公共的事务，亦可认没有公共的训练。但是社会的组织，一天比一天扩大，人们的关系一天比一天密切，公共的事务，即亦一天比一天众多。如果人们没有公共的训练，连公民的资格也还没有，而况执行公共事务，岂不坏尽公共事务。要想四川的政治清明，似乎首先要解决这一个问题。要供一般以个人为中心的行动，变为以公共为中心。丢掉解决个人生活的人们，而寻求可与共同解决政治问题的人们。

第二，现代世界上有办法的国家，其政治上的人物都是有办法的，都是为着公共、为着国家，或缩小下来，为着地方，有具体办法的。有人说，中国人肯闹意见，其实中国人最缺乏意见，最缺乏公共的意见，只会闹个人的利害，在政治上争攘不已的，有几个人曾经提出政治上的具体办法来。再则，别的国家政治上的办法，不是人自为主张的，而是一群人共同决定共同信仰的。虽然那一群人亦有一个领导者，而那领导者的意义，正是由于能领导人群，而有一致的具体办法，所以成其为领导者。我们盼望四川的领导者，领导万人而有一致的具体办法，而且使这办法经过共同决定，以成共同信仰。同时又使四川纳入全中国的整个的领导之下，促成全中国有一致的具体办法。

公共决定，亦是现代政治的一种特征。公共事务由公共决定，实属天经地义。再则优良的办法，应是许多人的思想相互影响，相互组织而成的。会议是公共决定办法最好的机会，亦是思想上相互影响、相互组织最好的方法。所以，不但是立法机关全采会议制，即行政事务亦往往取决于会议。会议是现代世界上尤其显著的特征，一切公共问题都由会议而解决，不但是政治。所以，解决四川政治的问题最好的方法，是用会议不用战争。

第三，现代世界上的各个国家，虽仍各个独立，然其作为都有世界性，尤其是在国家独立的政权管理下的事业，尤其有世界性。他们管理下的文化事业，是要求于世界上有地位、有贡献的。他们管理下的经济事业，是要求立足于世界的经济市场，适应世界的供给与需要的。他们管理下的交通事业，是要求与世界交通一切人或物都藉以与世界往来的。他们是那样大的器宇，万事都看着世界在干，在世界上去比赛。我们却关起门来，虽然我们的生活常常在世界的震撼当中，甚至因金价的变动，而我们的家屋都已打了折扣，然而还在闭起眼睛做我们的酣梦。偏僻的四川，不但不受世界的影响，而且不受中原的影响。大家的问题只在混乱生活之中，只在如何适应混乱生活，绝不过问到今天的世界上，这是军政长官应该感觉成问题的。

第四，现代世界上最显著的特征是组织科学的方法。应用在物质上的成绩，是轮船、是火车、是飞机，我们已经知道享用了，只还不知道创造科学的方法。在社会上的成绩，便是组织，我们连享用亦还不知道。组织最要紧的精神，是分工与合作，是从个别的活动，完成整个的事业，而且时时刻刻尊重公共的规律。一个严整的组织下面，无论其为首长，或为从属每个人，都有权，而权都有限，不容人在权限以外做坏事，亦不容人在权限以外做好事，全局乃不致紊乱。即在各个权限内的，亦并不是让人自由活动，而是处处要顾到全局的，要遵守公共规律的，这是组织的精神，亦即是法治的精神。

今天以后的中国，应靠法治不能靠人治。所需于人的，亦重在造法的训练和守法的训练。如果四川政治上的领导者，能领导人们上此轨道来，我们相信很容易地打破防区制度，而为分工制度；很容易变冲突为合作，很容易统一四川，并助中国统一。只需要勇气与毅力，从自己训练起，没有旁的困难的问题。

（二）四川的政治问题

本来我们提出世界的意义，便是要讨论四川的问题，四川的政治问题。四川政治上有些什么问题，便要先问清楚政治上有些什么事业。就我们今天所提出来的是几端荦荦大者，是军事、是财政、是交通、是经济、是教育、是边务、是地方自治。一个谈话机会当中，提出各方面需要解决的问题，似嫌庞杂，然而义在具体，每桩事业都曾提出现代的意义，是盼望领导四川的军政者打破四川的现局，另辟新的天地。是证明四川的问题，不仅仅是哪一部分解决，或哪一部分放手，是有许多事业的，是要领导一切人向那许多事业上去，乃能替代现局，消灭现局的。

就军事言，除了四川军人用以相持这一个意义之外，在现代的世界上是毫无用处的，用了四川最多的人力财力，集中于军事，才全是经营了世界上毫无用处的东西。而只为了相持，则又何必相持。就财政言，任何方面都是朝不保夕，而且都是卯粮寅食，而且顾不了出钱的人民之生活降低，出钱减少，世界上是找不出这样财政局面的，为什么我们终能苟安于这样逐渐穷迫的天地。就交通言，虽然几乎同军事一样，集中了许多人力财力，建筑了许多道路，何尝促进了四川与中原，乃至与世界的交通，何尝影响于运输，而增加了运输之量，且方见运输之量之减少。就经济言，粮食恐慌，出口货失掉了销路，市场萧条。什么人生活都感穷蹙恐慌，什么事业都无办法。这是几千万人吃饭，而且不止吃饭的问题；不仅是几千万兵吃饭的问题，尤其有关于几千万兵吃饭的问题，我们没有想办法去解决的。就教育言，各级学校，尤其是中等学校，都缺乏了教育的环境，输送了许多不可应用的青年到社会上来害死，可谁把他当做吓人的问题。每一个学校都有公民的课程，而没有课程教城里、乡里、偏地现有的公民。就边务言，荒地几千里，出产无限极，而至今荒起。虽然有军政长官在提倡经营，究竟内地的问题紧急于边地。就地方自治言，在一般土豪劣绅把持的局面之下，什么都不可实施，而且什么人也没有经过实施的学习。

这哪一样不是根本的问题，哪一样不是今天亟待解决的，而且哪一样不是今天临席的军政长官和一切来宾注意企图解决的，所以尽量提了出来贡献，偶然得到的几个意思，不暇顾及堪不堪采取。

我们知道四川有许多问题，都是要急切解决的，便须急切寻求解决每一个问题的具体办法。这许多具体的办法，不是我们能够提出来的，是盼望军政长官集中专门人才，一方根据于事实的调查及统计，一方参考于世界的趋势，分门别类提出来的。解决政治问题需要的是手腕，尤其需要的是办法，只有办法才可以引起人信仰，才可以制驭一切的变化。许多问题长久存在而且逐渐积累，都是因为没有具体的办法。政治上没有具体的办法宣布，舆论上亦没有具体的办法发表，这是要盼望四川的政治局面首先从这一点更张的。

有了具体的办法，便要试验，便要实施，便要定出程序。譬如政治上首先要使人安定，次则要使人有饭吃，再次则使人聪明，最后乃使人享乐。如果这是应有的程序，不幸而颠倒转来，首先使人享乐，人是不会有资格享乐的。事有缓急，什么时间应做什么亦有步骤，什么时间应做到什么程序，都须事前有一种决定，事后还有一种整理。

不过一切实施，还有一个先决问题，是要政治上的人们，在整个的秩序上活动的。就时间说固是在整个的秩序上活动的，就空间说更是在整个上的组织活动的。今天以前政治上的人们的活动，虽然训练了几年或十几年，而这样秩序的活动，或竟待重新训练，万事都自本身起，全四川的事，即须自全四川的最高机关起，必须以最高机关为训练人才的中心机关，一切人从最高训练机关产生出来，一切办事用钱，都从最严格的秩序下而整理出来。尊重秩序，从领导者本身起，才实现了领导的意义。中国许多问题不能解决，问题都不是在问题身上的，而是在人身上的。所以四川的政治问题，应从训练人解决起。

训练人不仅需要在秩序上活动而已矣，尤其需要活动得有意义，这意义是需要由研究产生的。政治上的人物，每天至少要有一个时间研究政治，研究四川、中国，乃至于世界上各国的政治。研究的方法：第一是读书，第二是讨论，第三是考察，考察直需要考察到世界上去。每一个做事的人，在相当时间之后，都需要出外考察。他有许多问题，他可以考察得许多解决的方法。边做事、边读书，现又外出考察去，这是人生最亲切、最快乐的事情，尤其盼望军政长官领导人们这样前进的。

二、军事

（一）世界的军事预备

世界的军事预备，久已成为专门的问题，不是我们可以讨论的。不但如何预备我们不能讨论，应否预备亦不是我们需要讨论的。在我们不能促成全世界的军备撤废以前，虽然酷爱和平，亦自不能从自己起撤废军备。因为这是国际间对待的问题，不是一个国家单独的问题，然而我们究应设法促成他们撤废军备，不可以促成他们提高军备。

中国的军事问题，却还没有到国际，虽然貌若有伟大的军备，然而在国际上是毫无用处的。国际的战斗武器，天天在用科学的方法发明，我们却只有能力购买人家不用的。国际的战斗人员，在现役以外，还有若干倍以上可以到前线，而且除前线的战斗员外，举国都动员，我们却只有不可靠的若干群现役兵而已。有什么用处呢？

这用处自然只在国内了。国内有若干对峙的势力，便把国内变成了国际，我们一时不能运动世界的国际撤废军备，却应运动国内的国际撤废军备。因为国内的对峙形势是一时有力者造起的，亦即是有力者可以消灭的，这种军备，牺牲了全国的人力、财力，仅仅能用于国内，用于一时实属无谓的牺牲，实应该立刻撤废。

再则，军备的本身是没有意义的东西，各国为掩护其国家文化的、经济的、交通的事业不断地进展，其意义乃在文化的、经济的、交通的事业上面的，然而我们以其侵略弱小尚应反对，我们中国的军备，却每每障碍着国家的文化、经济、交通等事业，随时把他们的经费剥夺了，苟可以移作军事用的东西，亦都移作军用去。

这哪里还有意义，各国的军备，是为了国家文化、经济、交通等事业的经营，中国的军备，是害了国家文化、经济、交通等事业的经营，弄得竭国家的人力、财力来办到几个势力的对峙，四川今天以前的局面亦正是这样的。今天却是根本想办法的时机，纵然这样的军备不能一时撤废，亦须得赶紧裁编，赶紧减少造成撤废的趋势。

(二) 无法解决的军事问题

目前却还没有如我们的希望，川省军队的总量，事实上还不断地增加。……然而军队愈多，这愈成为无法解决的问题，结果便是军队尽管几十万，却没有可以决定的士兵。第二饷糈问题是随军队的增加愈增加，其严重的，任何方面的将领都叫穷，都是东筹西借穷于应付，都为了军队太多的关系，收入不敷支出，而且永远不敷支出，形势岌岌，各方都安之若素，军队愈增加则愈不可挽救。第三是随时都在战争的预备状态中，人都感觉不安定，尤其是服务在军事中间的人，感觉生活不安定，份内的收入，不足以供目前的享用，而况时时刻刻虑着将来，于是收入都企图得诸分外，地位都企图迁变。此更是大乱的根源，影响在全社会上的，比筹军饷还要厉害。

这是四川的问题，尤其是军队本身的问题，何以不谋解决而反逐渐提高无法解决的程度，这应是军事领袖十分明了的，因为迫于各方对峙的形势。

(三) 如何消灭战争

要消灭战争，便要先消灭对峙的形势。要消灭对峙的形势，以一部分武力消灭除一部分武力是一种办法，然而不是根本的办法。根本在以政治上具体的方案，人们分工的组织代替目前对峙的形势。或许以为这是办不到的问题，其实从来没有人试办过，何以证明办不到？只怕提出来的不诚恳，不能有实施的证明。如果有人诚恳的提出，并诚恳的实施，我们相信任何方面都愿意实施的，而况提出者是有力量的领袖，而且是两个以上的领袖的合作，问题不应在人不接受。

只要对峙的形势一经消灭，则战争的准备无所用之，无须甚多的军队，痛痛裁编不复成为问题，只须留重要少数的部队，担任地方的警备，国防预备乃另为一问题，今日在全部武器，以至官兵，都无法应用在国防上去的。

至于以后国内的政治问题，即经统一以后，是全靠政治上的办法解决的，无须军事。军事只有妨碍政治问题的解决，如果政治本身没有办法，军事是不能帮助解决政治问题的，万不得已，军事只能作政治办法实施的保障，附属于政治办法的实施而存在，而不能作主干。这样一来，军事预备自当全部的减少，而不当侵占一切的人才，一切的经费。

这样具体的办法，是盼望这次重庆的会，集军政长官有一种决定。

三、教育

（一）教育之世界意义

教育为世界文化之根源，提高民族之热力。就纵而言之，其作用在求学理之精深。就横而言之，则在谋民众知识之普及。至学理之浅深，固视其学府程度之高下而不断，而知识之是否普及，视其国民识字之多寡为衡教育之良窳，关系一国之兴衰，中外古今，理无二致，谋国者诚不可不注意及之也。近代号称强国，无一而非教育发达所致。文化衰落者，虽大国不免于灭亡，文化精进者，即最小民族犹得保其存在。世界各国立国之要素不一，有称军国主义，而致力于海陆空军之设备者；亦有偏重经济，致其全力于农工商业而不重视军备者。至于教育一端，则各国无不重视，经营策划不遗余力。让其文化之突飞进步，诚岂偶然，当国者之知所重轻也。我国之从事新兴教育已数十年，而其结果乃日形退化，识者病焉。至于吾川则以连年内战之不息，交通之不便，文化衰落，更有江河日下之势。循是以往，恐文化亡而国亦随之耳！迩者，教育救国之呼声甚嚣尘上，爱国之士奋起直追者亦大有其人。其范围广大，讨论实施宁或有待。兹惟就吾川目前之实况，取其可以易决而易行者，略条列如下，备采择焉。

（二）经费之增加及其保障

吾川学校开办于前清末年，向无固定专款。综其来源，不外粮契税附加、肉税附加，以及提取少数庙产，而或各地方就地抽收，丰裕不等，破碎支离，无详确之统计。但就事实上观之，小学离普及之程度尚远，中学之设备不良，大学更无成绩，则知经费相差过巨，硬益以军区形成捐税繁杂，挪移变卖急济军需，学款虚悬，演成教育破产之势，更何发展之可言。有心人士高呼学款独立，实际未尽通行。现值物价日涨，税收较前为丰，则教育经费又应增加，并宜严禁军政之挪移侵蚀，则教育方有希望。

（三）教育之检定及其位置之保障

查世界各国教师，皆系经考试及格者，即无异于国家之职官，苟无过失，即可为终身位置，薪金按年循例增加，逐渐优厚，年衰退职，犹得例给年金。资格极严，待遇优厚，腐朽者不得滥竽，而不正当之竞争亦止。努力者食厚报，而生活之保障极坚。我国夙重师资，办学之初，人选亦尚慎重，革命而后，战争不已，政纲解钲，学界乃等于仕途，奔竞钻营，党同伐异，甚至驻军换防，教职员亦同为进退，驯至贤者，不免于排挤；不肖者，或得幸进。教育之壤，以此为端。故欲图教育之发展，首宜检定师资，并予以相当之保障，次即严禁军人操纵，俾有独立之精神。否则教育之根本未清，欲求文化之发展其亦难矣。

（四）学风之改善

学生皆属青年，学力未富，知识未充，诚宜一心求学，受严格之训练，涵养身心，储为大用。不宜荣心外事，荒废学业，此理至明，无待论述。不幸国家多事，纷争日起，学生迫于爱国之至诚，参加运动，偶一为之，自无不可。然而学风之坏，乃即以此为滥觞。常有少数不良分子，平时荒废学业，或者不满任何私人，于是煽动同学遇事生风，或称爱国，或谓择师，掀起学潮，游行罢课。爱国择师不过虚名，而要挟免考，逞露头角乃其实意。甚至教职员附党营私，引为工具，待积重难返，太阿例持，而操纵者亦无所施其伎俩矣。今欲改善学风，首宜慎择师资，次则厉行考试，荒惰者无能幸进，力学者自可出身，是非明现，学潮自息，学风乃可归于整肃，教育振兴之机在于是矣。

（五）小学教育之应普及

小学教育普及已成为各国通例。国家有施行之义务，人民有入学之义务，我国江浙各省，均已注重义务教育之实施。吾川各县，虽亦间有呼声，而经费不充，奉行不力，学龄儿童之未能入学者仍属多数。现值训政期间，宜速令各县调查学龄儿童确数，计划设立相当之义务小学，实行强迫入校，尤其注重多设乡村小学，以收普及之效。至其经费之超出，虽至增加赋税以补充，人民亦不能辞其责任。若谓筹军费，则可以任意加收；筹学费，则恐负担过重，有识者当自知其谬误也。

（六）限制普通中学之增加

普通中学之设，原为入大学及专门学校之预备。而教育计划与国民经济有密切之关系，年来我国生活日高，而国民经济状况未能改善，甚至日就穷促。以吾川近况论，中产之家，其经济能力大多不能供其子弟一人住中学之学费。以此推论，则吾川一班人之能力，足以供其子弟毕业于大学或专门学校者，为数盖鲜，则普通中学之设亦无需若是之多也。故吾川中等学校暂时可以不必增加，言其旨趣，则不期在量之多，而期在质之美。其有各县或有经费不足者，宜合数县而办一校。盖目下各县均有中学，往往以经费不足而办理腐败不堪，实属贻误学子，今宜力矫此弊也。

（七）大学程度之提高与整顿

大学为一国最高之学府，办理条件较中学尤为严格，盖与其滥不如缺也。以川省现在情形而论，成都各大学经费皆不充足，因之程度难于提高，学生人数不多，宜合并而为一，重庆大学及川东师范、工专、农专亦宜提高程度，合并办理。而成渝两大学设立之科目内容，并宜互相联络，各设不同之科目，如此则多数志趣不同之学子，不患无可学之科学，而学校设立之费用，亦可比较经济，且可使其经费充足更为推广也。

（八）职业教育

小学、中学所习，皆普通科学而非职业教育；大学虽属专门，又苦不能普及民众。故于普通中学之外，宜注重职业中级学校。前闻中央政府有改善普通中学为职业学校之命令，吾川宜酌留足用之普通中学外，余即改设职业中学。但职业教育办理甚难，经费亦较巨，宜集合数县财力合办一校，并斟酌各地环境与需要而设科目。如成渝，为吾川工商业之中心，则举办工商等科；叙泸农田森林较多，则举办农林；富荣产煤，资内产糖，潼州、嘉定产丝，则皆各立专科，就地取材，既便实习，又便推广。如此则学校所造之人才，即供地方之实用，不至如毕业普通中学者之彷徨中道，时虞失业也。

（九）成年补习学校

义务小学举办以后，所有学龄儿童自当受普及教育之厚赐，但成年失学之人，则以年龄生活关系，已无循例入学之可能。今为弥补此种缺憾起见，似宜多设成年补习学校，俾成年失学之人，亦得于工作之暇，或于夜间，或于农隙，可以随意入校，略识字义，完成公民之应有之常识，则社会自当日趋于健全也。

（十）经费之合理化

教育之不振，经费不足固其重要之一因，而使用方法之不经济，亦未可忽视。查学校之设立多寡，诚宜适应环境之需要。小学校就学龄儿童甚多，设备亦易，自以力求普遍为宜。至如中等以上之学校，则设备较难，多寡之间宜有斟酌损益之余地。川省各地办学人员，往往以地域或经费之关系，每于同一城市或距离甚近之处，所设立性质相同、等级相同之学校。外表近似教育发达，而一究其内容，则以地域有限，经费不充之故，设备异常简陋，每校学生不过一二班，每班至多不过二三十人，其成绩虽少，而用费则多。如从经济方面着想，则归并二三所小规模学校，而成为一较大、较为完备之校，则用费可以节省，而成绩必更优良，其事显而易见。办学者亦非见不及此，不过各不相下，而不主合并。而主持教育之当局，又积以增设学校为可博发达教育之虚名，所以工作因循，虚糜学款，弊害则在所不计。常见教育发达之国家，皆重各校之推广，每校学生多或二三万，少亦数千，其数百者已属少有，岂惟设备易完，经费亦极经济。吾川各地若能仿而行之，则事半功倍，其效可立睹也。

（十一）取消贷费添设留学外国经费

吾川各县留学贷费，其初本为补助寒酸子弟而设。俟其学成而后逐渐偿还，又复转贷他人，其用意未尝不善。无如实施之际，管理分配甚属困难，竟至与初意完全相反。盖于请领贷费不必尽属寒酸，拒绝则滋为怨府。及于现在，各地留学者均已不分贫富，按名一律均分，人数既多，则每人所得者每年不过二三十元，至多七八十元。似此区区，仅供富家子弟之一醉，而寒酸者则仍不能恃以济用，其不能求学自若也。至于归还之说，从未实行。故吾川贷费成立已近十年，合计全省所入每年不下三十余万，十年合计已三四百万。为数不为不多，而对于教育上之实益则丝毫未有，其为不合经济夫复何言。今宜收集此项贷款，专备选派留学外国研究高深学问之用。至于派遣方法，务将各县全年贷费总收，合计可供遣派学生若干而分配学额，再由各县保送已经毕业国内各大学之学生，并由教厅严加考试，录其最优者，资送外国研究高深科学，储为国用，俟其学成归国以后，遗缺再予补充。如此则十数年间可以造成专门有用之人才二三百人。吾川人才之盛，可以甲于全国。而贷费一项亦不至等诸虚糜矣。

（十二）初级师范之停止

教员资格，学问固其一端，而年龄过幼则万不可任教职。吾川初端师范盛行，考其学级则与初中同等，以年龄计之，十四五岁即可毕业，其最大者亦不过十六七岁，遑论其知识不充，即其身体发育亦尚未健全也。即以学问之浅涂而论，亦惟高中阶段毕业，始可充小学教职；故此时之初级师范宜一律停止，改为高级师范也。

以上所陈，系就吾川目前教育情形，暂作补偏救弊之计，至于全局规划，则责在主持教育之人，殊难一纸所能详尽，疏漏之处，在所不免。唯鉴察焉！

四、经济

社会各种事业，无一不关经济。其范围至广，罄竹难当。兹将吾川目前急需讨论举办者，约略条陈如次：

（一）世界的意义

自闭关主义破，吾人乃知“世界”在经济上实一整个的有机组织。其各地带、各分子间之相须为命，凡初具世界知识者，靡不识知惟其然也。故就生产言，国家遂有农业、工业之分；产地遂有原料、机制之别。同时各以供求相关而交相利用，语其利则有无相易，诚足以增加人类之享乐；语其害则不独工业国侵略农业国，形成吾人所嫉恶之帝国主义。即工业国与工业国间，农业国与农业国间，因各谋推广销场，致起血战之危机，史乘中更不乏其例矣。故一国在国际间之重要性，要视其经济地位以为断，而国之经济地位，要必视乎国民之经济状况以为衡，此不易之理也。

抑尤有进者，西哲马克思以经济解释历史，早成不磨之论证，以历来国际间之纠纷，与夫各国内政盛衰治乱之迩迹而益可征信。循以推断，可知在文明进步之国家，国民之经济状况足以支配政府之生命。而在后进国家，则政治势力实大可改进国民之经济状况，夫然则政府欲增进国家在国际间之地位，除改善国民之经济状况而外，抑岂有他途。

苏俄之列宁，现代伟人也。因力图改善农民之经济状况而创为惊人之政绩，继遭列强之痛恶而无敢轻侮之者。土耳其青年党因欲致国家于独立，不惜竭全力以施行新经济政策，至今为人称道。甘地亿兆印人之领袖也，苦英人之经济压迫，乃鼓动国民厉行苦行策略，彼知英人之输入棉织品，足以致印人于经济破产也，乃提倡手织机以为抵制。兹数人者，被侵略民族之救星，历史上所谓之大英雄也。或凭政治力量，或凭修养工夫，卒各使其国家逐渐企于不可悔视之地位，而其着力处则全在国民经济状况之一点。

我中华民国，伏处列强经济铁蹄之下亦既久矣。川省同胞苦于经济状况之不振，亦既深矣。今我主席督办军长，均膺中央重命，受川民仰托，其必憬然兴觉，涂喻乎"藏富于民，取用不匮"，"百姓足，君孰与不足"之旨，对于同人拟具之经济方略，倘能猥予倾听，同人等曷胜钦佩，曷胜祷切。

（二）调查

世界一切事物情态，动而不静，变化靡常。欲求因应之宜，举指之正，非诹咨博访难期有济；若或盲然轻举，结果多归失败。甚而应兴不兴，应革不革，形成死气充满之社会。徒见日趋退化，精神湮灭，遇迟落成，为识者笑而贻先进者之讥。吾蜀经济上之建设及组合之幼稚而乏实力，亦由在上者倡导之未得其道耳。各种事业既难逃经济范围，则善于经济之调查，实为当务之急。私人调查，力弱难精，约而不博。是以东西诸邦政府，设立专门调查机关及旅行调查团，种种组织，调查所得公开发表，以备各业之参择。事有专攻，其效乃宏，故应请政府罗致专门人才，设置经济调查机关，以供各业之创兴及改进，而立吾蜀富庶之基，此根本之图也。

（三）研究与试验

调查所得，常进而求其作用，不然亦何贵乎调查之有。举如世界趋势之所在，与乎本国国情，地方习惯，人民程度，必求其适合无悖。能力克胜，或因调查而有所发明，或摹拟而行之，或变通而行之，或得其时，或得其地。缓急轻重，利弊取舍之间，研究尚矣。学理如斯，犹非实验不足以资证明。实验既效，推而广之，则成功可操左券矣。此种研究试验之设施，吾川固非缺，如中国西部科学院，各县农事试验场是已。但研究之设施，嫌其过少，试验之成效，亦觉尚未显著。此应请政府划分区域，因地制宜。如产棉之区，专力于棉之试验；产丝之区，专力于蚕桑之试验。山地宜造林，草地宜牧畜，不务庞杂，乃可收得事半功倍之效。至于矿产之开发，工业之振兴，亦当有赖于研究与试验也。

（四）大宗出口货

四川号称天府，农产丰饶，富源之辟，专赖出口货物之畅销。乃以商人道德沦胥，骛于目前区区之利，每每操合虚伪，以希蒙混一时，不知近世人工奇昂，欺骗之术，乌可再三。苟非精纯之品，必致大赊无价，结果双方无利，而信用丧失，销行以阻，不啻自杀也。国府有鉴于此，已有商品检验之设立。吾川大宗出口货物，据海关报告（十八年）计丝值一千余万，桐油值八九百万，山货值百余万，绸及夏布值四百余万，药材值三百余万，植物类约值洋五百余万，并其他货物总计价值四千余万（盐、土未计）。

十九年尚有逊色，是吾川经济已陷于危险之境。此应请政府特别注意晓谕各商外，并设法提倡改良，防止作弊之行为，则出口货物应有日增月盛之希望也。

（五）农业问题

四川为农业省，常年出口贸易农产占百分之九十以上。就农业省而言，改进农业固为根本之图，况农业问题直接关系人民之衣食，间接影响工商业之发展。故今后吾川不谋长治久安之计则已，如欲谋长治久安之计，则首在改良农业。但农业建设经纬万端，今仅就其所亟报择五事①而谈：

1. 振兴水利　农田水利息息相关，四川为产稻区域，尤以水利为至急。振兴水利之上策，莫如运用天然河渠，堤闸分疏，使能收止水、蓄水之利。距今二千四百年前，川人李冰导岷江之水灌溉成都平原，使三千五百方里不毛之地尽为沃土。古德幽光，至今犹垂不朽。查吾川各江，子母河错交如织，加以溪流纵横，人工稍事修筑，在在可收灌溉导利之效，再加依山作堰，凿地引泉，或用机械灌溉，因地制宜，而为之倡于农事，亦不无小补。

2. 禁烟种棉　鸦片为毒杀人民之具，棉为人民衣被之源，凡种烟之地皆宜种棉，且棉利可敌烟利，群能厉行禁烟种棉，则使四川人民转

① 原文如此，虽然下面只提到了四事。

强为福，不但可塞每年棉品输入五千万元之漏卮，更可促进纺纱事业之创兴，一举而兼数善，望亟图之。

3. 改良蚕桑　日本平均每三百斤茧即能制丝一担。吾川之茧，制丝一担消耗至七八百斤，其品质及产量皆不及日本。其原因固由于蚕种不良，然制种机关需款浩大，应由政府举办。再就吾川气候而论，颇适于饲养夏蚕，亦可增加茧量收入，再则吾川所有之桑大都退化，影响蚕业不小，尤应举办大规模桑苗圃，以为推进蚕业之助。

4. 改善农政　农业机关试验、研究及推广三项并重，尤应因地制宜。如当地出产棉花，则其农事试验场应以改良棉业为主要，其余仿此。再则各县建设局每因建设事业范围太广，经费不足，行政开支即已消耗殆尽。兹为事业计，各县建设局如常年经费不足万元者，可改为农业局，使专注农业；如不足五千元者，只设农业指导员，俾减少行政之消耗，而谋农业积极之发展。

以上五项①之外，如改良稻麦，增进白蜡、桐油、糖、茶各业，在吾川均为切要，亟愿实施，川民有厚望焉。

（六）基本工业

民生所需，衣、食、住、行四大要素而已。蜀人之食，幸足自给，住行亦无不足，惟衣所需，强半仰给于外来。据十八年海关华洋贸易总册，输入吾川之舶来疋头一项，约值八百万两，而本国外省疋头之输入，尚未计及。吾川非不产丝也，非不产棉也，工业不振，成品遂不足以供我七千万众之用。其故皆由政府未注意及此，而提挈倡导于上也。输出多为原料，输入多为成品，上下货物早成入超之象，此又经济上之一大危机也。就吾川所产之原料，以谋基本之发展，得免运输关税等费，价必较廉，不特可以减轻人民生活上之负担，而亦抵制外货，防止漏卮，开拓生产之良法也。吾川丝产居出口货之首位，年产亦不过万余担；日本长野一县，年可产丝六万余担，实缘彼政府之善于提倡耳。川中制丝工厂虽有数家，惟制法尚应改善，税率尤当减轻，始克与日本丝争胜而达畅销之目的，否则已成之工厂，皆将难以为继，欲其发展尚可得乎。棉为普通衣著之需，亦宜就种植、纺织两宗同时倡导，以促其发展。他如特产之桐油，炼制成漆，成本低廉，为用至广。水泥为城市交通建设所需，原料既多，急需设厂自制。大竹、江安、梁、垫等县产竹

① 原文如此，虽然上面只提到了四项。

名区，而乏机制之厂，以至洋纸充斥，利权外溢。煤铁甚富，钢厂可兴，凡此富国利民之图，非不能举，是不举也，专恳政府之提倡、维持与奖励耳。

（七）筹集资本

吾川过去和现在，对此立国必应注视之经济问题，未始无人从事提倡。如丝、盐、糖、煤、铁、布疋、化妆等等各种工厂之设立，及两川实业之开发，在吾人目睹耳闻均非一日，乃大都归于失败，鲜有成效。其因时局不靖，苛捐太多者固属不少，而其实则资本不充，以致垦殖者徒拥虚名。工业者出品既微，而又无力改善，亦为其一大原因也。盖今之所谓资本者，要皆由少数人之结合，其力量实属有限，处此商战剧烈之时，小工业被大工业侵吞之际，生活自不易谋。故吾人所望于政府诸公者，即应竭力与民共同设法筹集大宗资本也。果政府能确实保障，人民无不乐从，募集资本亦非太难，省内不足，募诸省外，乃至侨民异族，均无不可，要必实事求是，尽力提倡维护耳。

（八）整顿金融

工商业之兴替，与金融市场之呆活息息相关。而金融市场之安定与否，又当视其金融机关之组织良窳以为断。故吾蜀不振兴工商业则已，如欲振兴工商业，必先有良好及健全之金融机关，使市场活泼安定，而后乃能各尽其调剂之能力也。乃察吾川钱业组织颇多种类，经营率乏远谋，或则竟发执照，或则投机申票，或则以厚利诱吸社会资金，而仍以大利盘剥工商事业。凡此种种近利是图，行为虚伪，何以维久。以故今兴明仆，比比皆是，不特无补于社会，反足使社会受其损害。以经济落后之吾蜀，正有赖于集中游资，以图开发有用之工商业，若于此负有调剂市场机能之金融机关，听其自生自灭，不加监督或取缔，将必致民众失其信赖，而仍趋于窖藏之一途，使货币减其功用，市场资金缺乏，其影响于社会生产事业之发展又如何。故不能不仰望政府，对于组织健全、宗旨正大之金融机关，予以特别之维护，充分之补助，以培其运用之机能。其组织不善，进行不合，足为社会之隐忧者，应严加监督或取缔。金融根本纳入正轨，则有如人身血脉流畅，各种企业皆蒙便利，而易于发展也。他若筹设信用征信机关，使民得信托之所。创立票据交换所，以严金融之组织；取缔倒闭者，实施破产法，皆可以促市场稳定，奠金融之基础也。亦惟赖政府之督促而提倡之，诚如是，则市场安定，金融活泼，工商业之发展庶有豸乎。

（九）救济失业

觇国之强弱，于其失业人数之多寡，可以判之。故治匡之道，首重民生。民生既足，秩序安定，政治上一切设施计划之推行，如庖丁之解牛也。吾川失业者〈遍〉于里闾，以故盗匪横行，商旅裹足，发展之碍，修明之羞。试溯盗匪之源，实皆为衣食所迫，无业可作，铤而走险，以冀幸存，岂生性然哉？亦不得已也。故失业者之救济，乃刻不容缓之图。救济之道，莫大于振兴基本工业，加意保护劳工，举办社会保险与职业介绍之类，非此不能得所救济也。

（十）财政

欧战以还，世界经济日趋衰落，失业问题遍于各国。1927 年国际联盟会，发起举行国际经济会议于日内瓦，其时决议财政、经济等对策甚多，而各国皆以自利之财政政策所限，不但未能躬行实践，且益变本加厉，增加关税之壁垒，妨害国际贸易之发展，加以印度改行金本位制，安南继之。1929 年，日本实行财政紧缩政策及现金解禁，国内产业日趋不振。法国与意大利之国际关系，既有恶化之势，且与素睦之英国，亦有龃龉之形迹，故自 1930 年以来，遂以全力集中金货。美国以生产过剩，而工人失业者达数百万，亦亟欲充实金货之准备。于是世界金货之分配，失其调剂之效用，金银比价日形悬殊（本年 5 月 27 日上海标金市价八百十二两五钱）。世界购买力互趋微弱，而国际间经济之恐慌不可终日矣。有识之士，莫不奔走号呼，希望各国政府，一方改善财政政策，一方召集国际经济会议，共同维持世界破产之危机。

财政与经济之关系既已略如上述，而与国民经济之关系，尤不可须臾离也。何则？财政与国民经济之基础，均以私人经济为本位，故国家之财政政策，须以人民富力为标准，务使生产交换适得其宜，否则国民经济日见衰落，而国家赖以征税之源泉，不能不终于枯竭，此自然之理也。愿今之理财者，稍致意焉。

我国目下最重要之问题，莫如财政整理。财政之提案，盈篇累牍，而多未能实施者其故安在？当事者之畏难苟安，因循敷衍，有以致之也。溯自民国十二年，曹锟贿选总统以来，北京政府之财政日趋竭蹶，关余、盐余抵借已尽。十三年段祺瑞执政，国际联盟之经费累月不能支拨一文，遗羞国际，穷况可知。财政者以盐余担保，欲发数百万元之库券，尚须仰承汇丰银行买办之颜色。迨至张作霖践位大元帅时，莞度支者之眼光，仅注意于北京之九门售卖官产，兴办苛捐（北京房捐之类），而不属于税务司保管之内国公债，竟停止还本，或延期付息，政府威信扫地以尽而自毙矣。国民政府统一告成，财政当局遂以上海为根据地，三年之中发行公债库券达七万三千余万元。上海者仍昔之上海，上海之市场与曹锟、段祺瑞、张作霖时代之上海市场自若也，而相去若此者，理财者之运用与信用而已矣。吕览有云：使乌获疾引牛尾，尾绝力恸，而牛不可行，逆也；使五尺竖子，引其棬而牛恣，所以之顺也，其是之谓乎。

吾川兴革之问题，固亦夥矣，而根本问题亦莫若财政。财政运用得法，百事具举，否则徒托空言。所谓实业计划也，整理交通也，改良教育也，不过纸上空谈、供凭吊而已。

今日四川财政之紊乱，可谓达于极点。斯亦无可讳言，试执途人而问之，莫不皆曰：应整理之。而整理之最大障碍物，厥为防区制，防区一日不废止，财政一日不能整理，其他政治问题更无进行之可能。今幸吾川之军政领袖，萃集一堂，畸形政治之防区制，或可废止，实行统一，吾人欣幸之余，不揣谫陋，始以久茹之痛苦，切身之厉害，谨举数端，用渎清听，既不敢立异鸣高，复不敢空言要誉，兹事就实，略陈如下，幸垂詧焉。

1. 租税　蜀为山国，沃野千里，租税问题急待整理。查现行粮税，制定于清康熙年间，距今二百余年，当时生活与今日比较，奚啻霄壤。民国四年，虽有一度经界局之设（蔡锷为局长），然实施计划阒然无闻。吾川以军事关系相率预征，一年之中，竟有征至两年、三年，以至十年者，既无一定办法，驯以喜怒为准。业农者不知今年之中，须纳几年之粮，生活极感不安。故望政府在中央未能彻底改革租税之前，以公平合理之原则，划一各县之粮税，安定业农者之生活。

2. 厘金　清咸丰初年，曾涤生创办湘军，饷糈无着，奏请设立厘金局，设卡征税，相沿迄今，民困久矣。我国产业落后，不能与列强相竞，固以最惠国条约所拘束，而内国厘金实有以致之也。故辛亥以还，裁厘之声遍于国中，而北方之中央政府，亦深知厘金之弊害，足以阻碍内国产业之新生命，故有裁厘之议，卒以裁厘后之损失，无法抵补，逡巡审顾不敢实行。华盛顿和会中，顾维钧等以改订关税问题，不能得列强之同情，中山先生力诋外交之失策，倡言关税自主，自动废厘，世界为之耸听。北政府折衡樽俎者累年，卒无结果。国民政府本中山先生大无畏之精神，应世界之潮流，毅然废止全国厘金，另订关税税则。据财政部长宋子文十九年十二月二十三日之裁厘通电报告，厘金撤裁后，每年损失数目厥为八十万万元，益以常关进口税、子口税、铁路货捐、邮包税等，综计九千九百余万元。本年新进口税则实施后，据可靠之估计，较之民国十八年可征收关平银二万四千二百余万两，以之抵补裁厘损失，已倍蓰而有余，是则数十年阻碍产业发达之障碍物，一扫而去之，政府收入则倍焉，良法美政孰逾此者。而回顾吾川之厘金，则仍如故也。抵补未定，不能遽撤，亦犹北政府昔日之所持论也。甚愿我政府亦师中央之故智，慨然裁撤，另筹抵补之法，岁收增加，而民不困，斯在理财者之善谋而已。

3. 盐税　清光绪初年，丁宝桢总督四川改革盐税，屡经挫折，卒底于成。民国以来，鄂岸遽弛，川商据理力争，终无结果。川盐销鄂，因之大减，而近年以来，战事频仍附加无已，盐价日增，民生益蹙。川中财政，盐为大宗，既云理财，必先盐政。中央亦有改革全国盐政之议，立法院制定之新盐法三十九条，已于本年三月二十一日议决通过，其用意在扫除积弊，溥利民生，其办法在废除引岸，减轻税率，盐专家估计每年有增加四千七百零五万元之望，而人民负担可由每人每年之纳税款七角五分四厘之数，降至四角一分余，并主张设置盐政改革委员会，此次国民会议复又通过新盐法，咨请政府刻日施行，公布之期当已不远，而吾川统一既有希望，应先设置四川盐政改革委员会，以新盐法为基础，斟酌损益改革现制，务期商民交受其赐，而税收不减于昔。

4. 烟税　四川烟税，亦为财政收入之大宗。据可靠之估计，十九年度二十一军范围内所征烟税约达九百五十万，全省综计其数可观。烟税为恶税，固已尽人知之。而川中军政费多恃此为挹注，一朝废止，何从抵补，然事在人为，岂无良法。溯忆前清末叶，粤省有所谓赌税者，年入二百余万两，张鸣岐督粤时，奏请废之，声震天下。民十一年间，莫荣新执粤政，复开赌禁，岁入达千万。国民政府成立废除之，军事未尝不若莫督也，政务未尝废弛也，在人之挹注而已。尤有进者，川省虽为农产之区，而人口稠繁，生产供给已若不足，去年偶有歉收，民食已困，若秦陇赤地千里，三年不收者，川民恐无噍类矣。

5. 币制　川省币制之紊乱，实较他省为尤甚。客有搜集四川之各种货币，竟达七十余种之多，二十一军防区内虽已恢复大洋为本位，而川南、川北省币尚复充斥，商民交困，而政府税收亦将蒙其影响，凡国民经济之巩固与政府财政之充裕，必须货币统一，金融团结。故英、法、德、日俱有中央银行之设，握全国财政金融之枢纽。美国以联邦共和，虽无中央银行之设立，而有联邦准备银行之组织。各州复有州银行之设，组织虽异，而运用则一也。吾国虽有中国银行之设，始终未尽国家银行之职务。国民政府成立中央银行，代之而起，运用固较中国银行为优，然势力仅及江浙一隅。而我川省岁入逾万万，人口七千万，面积一百三十万方里，有过欧洲之一小邦，而无一健全省银行之组织，无一正当发行权之枢纽，致演成今日货币混乱之局面，甚可哀也。为今之计，中央既不能顾及四川之币制，而川人不能不求自决之道，应速组织健全之省银行，或用其他方法统一全省发行权。联合金融界之先进者，组织公库，公开发行，十足准备，受政府之监督，不受政府之支配。除可以留充本位货币之大洋外，所有一切恶货币，一律收回销毁，另铸合法之辅币，以十进位，而各银行粗制滥造之无息存单，亦可限期收回，币制统一完成矣。

6. 整理旧债　国家财政之原则，既已如上所述，必须视国民经济之富力而后定，尤应以合理及公平之方法行之。政府或以紧急之需要，暂向一地方之商民借垫者，固属一时权宜之计，既日借垫必应归还。来而卒未能如约者，比比皆是。政府有无厌之求，商民有力穷之际。良者指名，黠者侥幸，政府可得之数甚微，而所失则甚大矣。国民政府三年之中，发行公债及库券竟达七万三千万元之巨。其故安在？国府能维持其信用，按期付息还本，金融界竭全力为之募集，互相维繫，利害共同，故中央财政得以充裕，斯皆理财者之能保全信用而善谋之也。凡我政府向各地商民借垫之各种款项，自应逐一清理之，或发公债偿还，或筹专款付之，是在莞度支者之审夺情形，要以信用为指归也。

以上所举，荦荦大端，至应兴革者尚多，不复缕述。世称财政者，量出为入，制成预算，提交人民代表之议论，公开审核，此法治国家之常轨也。英日虽为君主立宪政治，而议会对于政府提出之预算案，有精严之审查，严重之质问。而吾蜀政治，既已渐趋光明之途，自应统筹全局，制成预算，宣示人民。但望量入为出，稍恤民力。何则？民生凋敝，百业萧索，不堪恣其所欲也。一方召集人民代表，共同讨论，斟酌损益，以定兴废。务使政府之收入日裕，而民生亦得渐苏，此吾人之所以馨香祷祝者也。书曰：惟善人惟能进言。或有目为书生之论，而嗤其愚者，则亦听之而已。借使十年以前，客有自南者而告人曰：重庆城中崎岖殊甚，何以不筑马路？饮料为市民生活要素，何以不置自来水？闻者莫不掩口匿笑，目为妄人谬论，岂仅视以书生而已哉！今能以书生而目吾人，则吾人已不胜荣且幸矣。

五、交通

现代的交通问题

现代的交通事业，是许多国家竭全力经营的事业。虽然还由许多国家各个经营，然已成为世界的组织。万国邮政协会便是第一个例，水陆联运亦已连成世界的了。每一个国家都把自己国内的交通，布置成繁密之网，同时亦把它纳入世界的繁密之网中。每一个地方的交通，都有一个共通的意义，就是如何使他那个地方与世界上来往，如何使他那个地方的人或货或一切信息到世界上去，同时又使世界上的人或货或一切信息到他那个地方来。他们的第一个作用在运输，要求交通事业办到运输量最大，运输费最廉，时间最快，联络最远。

他们的第二个作用在通信，要求时间最快，联络最远而取费最廉。他们的交通事业，或许是国家经营，或许是奖励扶助人民经营，要之是供给人民使用的。正因为人民普遍使用交通机关，交通机关乃成为繁密之网。

我们明白交通机关在世界上的意义是这样，我们便应明白四川的交通事业应如何经营了。

第一是铁路　铁路是同世界上往来最重要的利器，虽然四川已经有航运，然而航运在川江行驶之不经济，几乎与铁路等。河面很窄而水流很浅，船速很大而载量则小，兼之陆地运输尚未发达，仅靠水路亦少希望。虽然已有若干汽车路，究竟汽车不适宜于货物运输，尤不适宜于长途运输。所以应赶紧经营铁路，求与世界交通，不一定是修成渝，或修川汉，有最紧的两个意义：第一是一端要到出产区域，他端近则要到河口，远则要到海口。例如井邓铁路，或钦渝铁路。第二是有若干钱修若干路，只要有运输需要，可以先完成一段，再逐渐延长，亦可以先修轻便路，后改宽大铁路，不过先要定全局的计划，然后逐步经营，免吃亏于错误。

第二是汽车路　不幸而修有若干条了，不能再事扩充。因为现代陆上主要的运输，还是靠铁路。汽车路只能作为铁路的辅助，以四川甚贵的汽车，使用甚贵的汽油，断断不能运输货物，然而不幸已有了的东一段、西一段，时而通时而阻，究应连成一个全局，使它成一个人身的血脉，能够相互流通，这于已经完成的路程，实有很大的帮助，可以增加他的运输。即建筑方法亦应考察，应研究这些事业，应责各地马路工程师联合起来经营，而断断不可以各自为政。

第三是航业　是川省已经失败的事业，一半的责任应由经理人负，一半的责任应由政局〈负〉。别的许多国家，海洋才是他们自由竞争的航线，我们中国内河，竟成自由竞争的航线。中国轮船走到哪里，外国轮船亦走到哪里，是川省航业失败的第一个原因。别的国家奖励其本国航业在海洋上去竞争，予以补助费，中国航业则因政局之乱，常常无偿的扣作军用，或强令运输，其直接的损失，还可算出数目，而信用的损失，则无法恢复。近年来因为军政长官认定交通的重要，竭力减去航业的病害，可还没有减尽，更说不上奖励与补助，这不是今后交通行政上重要的问题，须得急切解决的吗？

第四是电报电话　虽然各县已逐渐提倡乡村电话了，究竟县与县间乃至于全省范围，还须得敷设长途电话，虽然许多地方已设有电报局，然因线上常有问题，时间可靠或竟不如邮信。虽然少数地方已设有无线电台，然因容量有限，发电太多便成问题，而且取费太贵，实非平民可以胜任。整理增加电报线路，大大减低电费，亦是目前的要政。

第五是民用航空　民用航空的利益：第一在邮件运输，以四川交通之不便利，不要说世界上的消息，即如中原在政治上、或经济上有了变化，由邮信传到四川的时候，他又已有新的变化了。每每免不掉应付错误，或处理错误，其损害何有限量。如果民用航空到了，四川便可救济了。上海的消息，两天可到重庆，重庆的处理，两天可到上海。这并不是很困难的问题，亦不需要很多的资本，不久或可到重庆，再进一步或可到成都。如果肯接头，将来中德航空，抑或可以运动他们经过川省。那时不但到上海便利，只须得两天，到欧洲亦便利，只须得四五天，许多人都可以飞到欧洲去游历了。

六、边务

（一）殖边意义

1. 巩固国防

（1）使边地为我所有，不至为外人侵占。西藏自达赖亲英，名为自主，实入英人势力范围。英人便利用之以争吾疆宇，卒兵内向至西康，全境失陷三分之二，沦陷县份，均恢复旧名。如硕督改称硕般多，昌都改称察木多，宁静改称江卡之类，并置政务官治理其地，派兵戍守。近复进陷甘孜、瞻化，有进取泸〈定〉城之势，吾人或尚有认西康自今为金瓦无缺。又英人所指之西藏，包含甚广，自昆仑山安定塔以南，新疆一部，青海全部，甘肃西部，川边打箭炉及云南阿墩子以西之地，皆为西藏之地，直欲深入我之内地。北京当局且将昆仑山以南，当拉岭、三十九族、察木多、德格土司以北及青海南部之地，划为外藏。旋以宁海镇宁使等据理直争，始成悬案。犹幸民十华府会议，承认西藏为中国之领土，但英人经营未已。此次藏兵内犯，有英人在内为之操纵。万一西康有失，则四川首当其冲，危殆情形，不难想见。

（2）使边民为我所用，不至为外人愚弄。番藏人民，崇信佛教，为酷好和平之民族。风土淳朴，待人笃厚，旅行者入其境，于无处觅食宿进，可进入人家，要求食宿。主食亦食，主卧亦卧，俨如家人。汉人之有礼貌者，尤为到处受人欢迎。西康三百数十万之同胞，除极少数土司贵族喇嘛外，无不倾诚内向，与汉族谋合作。吾人应视之如兄弟，如朋友，休戚相关，以期于共存共荣。

2. 移殖人口　四川边荒之地有三：一为松理茂汶；一为雷马屏峨；一为西康。前二者人口、面积均不见于记载，然要当与西康无异，西康面积，东西约二千二百里，南北约九百三十里，总面积为二百四十五万方里，人口仅三百八十余万，每方里平均居民不过二人。以视吾川之每方里平均约为四十五人，江苏之为八十七人，浙江之为七十七人，稀密之度，相去悬殊。正宜以我稠密之人口，使荒寒之区有所充实，荒土有人，然后不为外人所混争。又内地人口过多，粮食常感缺乏，酿成内乱。若将此过多之人口，移肥美之边地，则生活有所调剂，内乱因之消弭。

3. 开发利源　西康矿产，著称于世。上年英人嗾使藏兵内犯，尽占所有矿区，边务不振，可为浩叹。西康金矿、铜矿，蕴藏甚富。煤铁为一国命脉所系，西康煤矿约占一百二十万方里，铁矿约占一百七十万方里。查美国人每年用铁平均为六百磅，而吾国人仅为半磅，工业之落后可知。设于西康开发一二处铁矿，年产能达每人消费百磅之数，西康石油占中国第一位，可供世界二百年之用。化〈学〉制品原料多于德国九十二倍，惜货弃于地，土人不知开发，吾国又坐而叹穷，正可以之植生产事业之基础，以改进土人之经济，增加吾国之富力。

4. 安插军队　吾川苦于捐税之繁苛，兵多实尸其咎。今日人民所期望者，多在裁兵以屯垦之一途。盖非裁兵无以裕民，非屯垦无以固边。四川亦有多种边防军队之建置，惜以陷于环境，不能实施其计划。现人民困穷已极，亟应打破防区，共谋建设四川。所有军队，挑其精壮，缩编若干师，统以之屯垦与戍边。其余被裁汰者，则以之分段筑路。再举办大规模之工厂，由工兵以教成工人，使人有职业，不至流离失所，铤而走险。至屯垦之兵，深入边地，即可于边地成立家庭，繁衍子孙，族类自然强大。又移兵效力，比移民为大。盖兵士曾受军事之训练，有合群御侮之能力。平时各自开垦，有事一呼即至，比人民为团结有力，不但可以自卫，且可以保护边民。

（二）倡导事项

1. 奖励边地调查　吾人无论对于何种新兴事业，均须有精密之调查。了解全部组织，然后设计始有标准。故边事调查工作，为眼前急切之要务。西康风土、人情、政治、经济、宗教、教育、交通、物产均有待于调查。然徒作粗浅之调查，仍不能据之以立适当之方案。是调查更有赖于边疆之深入，彼英美日法人之为本国调查而赴边地者，恒有十数年之过程。生活行动与之同化，人我无猜，窥其堂奥。故调查所得，无微不至，以之献于本国政府。故英美日法，虽远隔重洋，对于康藏情形，洞若观火，侵略之方，卓著成效。边地险苦，人民难堪，调查人才尤难物色。故凡遇入边之学术团体，或为采集而努力，或为调查而冒险，应力予奖励，庶考察能得其详，以供治边之参考。

2. 搜集边地图书　一事之成，须有多数人为之研究，多数人知其利益，多数人为之鼓吹，始能造成一种倾向，然后走趋有人。现留心边务之士，不患无人。惟缺乏图书以供研究，既不熟悉其情形，无由强解其利益，是以兴趣无由生起。宜搜集中外边事之书籍，成立边地图书馆，供人参考；搜集边地各种风物名产，成立边地博物馆，供人浏览。耳闻并得眼见，自能引起一般人士之注意，而见之于实行。

3. 编制边事教材　吾国人均安土重迁，而缺乏冒险精神，以是社会之进化甚慢，而边事更如风马牛之不相及。此种畏缩习性，极宜加以矫正，然后中国之民族乃有可为。转移民情当注重小学教育，宜将边地情形，边事要件，列为课程，一一讲授。俾幼小学生，童而习之，自然养成好奇探险之风尚。如是倡言殖边，乃应募有人。可于农业学校增加垦殖科目，以造成专门人才。

4. 设立移民机关　国人如发生垦边志愿或兴趣，设无人鼓励之，使其实现指导之，使有归往。如是或兴尽而返，或遇困难而止，仍属无益于事。应设立垦殖事务所，专谋垦民便利，为之接洽舟车，为之补助费用，为之具备农具，为之相定耕地，俾垦民入边毫无困苦，自然人争愿往而安其业。

（三）初步建设

1. 修筑路道　敷设铁路，为帝国主义侵略之工具。铁路所到之地，即势力所到之地。日俄之于东三省，英人之于西藏，法人之于云南及广西，皆有铁路可通，以求其势力之伸张。我国至朝鲜、安南、缅甸、印度之沦为英日属国，更无论矣。交通事业，乃建设事业之先决事件。便利货物之运输，促成政教之统一，节省时间之消磨，减轻金钱之费用。平时以之便民，一旦边陲有警，以之运兵，尤为神速。战情之报告，军队之联络，粮饷接济，息息相通，可收呼应敏捷之功。年来二十八军经营松理茂汶，渐知修筑道路。惜由雅州以至巴安，由雅安以出会理，尚无路道之修筑。军情政务，常有迟钝之虞。近日炉霍有警，康定米价飞涨至值藏洋一百一十元，折合汉字大洋五十元。接济困难，是为交通不便使之然也。

2. 开办学校　西康乃一极顽固、极凌乱之社会。欲使其同化，除振兴教育，增进智慧之外，别无途径。各县宜设立学校，招收番汉子弟，合炉而熔铸之。俾相聚一堂，声息相通，汉藏文字，等齐教授，无使偏拈。则番汉子弟，自无彼此歧视之嫌。并挑选番藏子弟，入内留学，资以费用，使浸濡我之文明，改变其土风，自然同流而合俗。更有畏者，西康、青海之地，法人积极传教，成立之教堂、学校亦多，边民渐受其化，民间发生争执，不讼之于土司，竟诉之于法国教士，一听法人之裁判以为曲直。是法人已取得政教之权威，吾人当急起直追，制其文化之侵略。

（四）绥抚方法

1. 破除种族偏见　种族之见不除，边民之隔膜益深。往往因睚眦之怨，酿成战祸，而日益离异吾人。从前鄙弃外族，自尊自大之恶习，应引为厉戒。更于异族联婚，不加禁绝，抑破除种族偏见之一法也。

2. 改进边民生活　边地除喇嘛、贵族、土司之生活较为优美外，余皆劳苦终身，简陋异常。以物易物，不用货币，不治生产，无所积蓄，崇信鬼神，不知医药。以生以死，纯任自然。吾人应为之开辟利源，予以经济之援助，俾生活改进，天才得以发展，而现处地位亦有所提高。

3. 解除边民痛苦　西康道上，匪盗如毛。豪暴之徒，专事劫夺。以是边民常存得过且过之心，无所用其储蓄，生活因之日窘。吾人若能为之解除痛苦，使得安生业，自然痛养相关，可以同心同力以抵御外侮。

（五）工作人员

1. 须检派节制师旅　民元藏人苦于驻藏军队之苛虐，其时钟颖统成之兵，竟以色拉寺之富裕，图其财货围而攻之，以是激成民变。推谢国栋为统带，以驱逐钟颖。并用达赖名义，通告全藏营官喇嘛，攻击各地汉军。其后钟颖被迫缴械出境，西藏逐以自立。是军队须加选择，有救人于水火之心，然后边民始得安贴。

2. 须慎选贤能官吏　官逼民反，四川于王三槐之乱，见之在昔。边地汉官，累以威势取其财宝，土司则从而勾结边民，以抗汉宫。民国以来，汉官多在康定遥领，但按月责土司以财货。民七藏兵内犯，土司乘机崛起，收复旧地。雅砻江以西县治，相继沦陷，竟不为我所有。此次大金寺与白利雅拉寺之纠纷，亦原于甘孜县长不谙边情，延岩〔宕〕过久之故。以致酿成藏兵内犯，攻陷甘孜、瞻化，进迫炉城。是亲民之官，更宜有所检定。

3. 须聘用专门人才　办理边政，包含外交、军事、交通、建设、教育、经济诸大端。非用专门人才，决不能运用时机。统筹全局，拟具精确计划，以收事半功倍之效。是则延请专门人才，尤为开边之急务。

（六）地方自治

地方自治，在欧美先进诸国中，早成过去之名词。而在吾国光复以来，虽不乏人提倡，然实际施行的则至少。以故地方一切事务，不由官厅之支配，则必受土豪劣绅之把持。此固国人向来不问公共事务之过，而无人为之先倡，亦一主要原因。

自治一语，乃对官治而言。即由官厅行政范围内，分出一部事务，授予地方团体办理之意。现今欧美先进诸国，自治权力日益扩张。都认为此乃地方事务自然之进步，不认其为中央或官厅所授予。在将来大有消泯自治与官治的界限之趋势。

民主国家欲实现其主权在民之原则，尤不可不从地方自治做起。此层如不能办到，则所谓民治仍无异于官治。欧美诸先进国的政府和官厅权限以内的政务，多是与全国人民有切身利害的重要问题。如外交、军事、交通、经济之类，以求其国家在国际上有突飞猛进之发展，而增高其国际的地位和荣誉。至于地方事务，则多由地方人民决定之。地方与中央权限的划分，纵有所出入，其趋于民治则一。我们要实现民治的精神，自治便是训练我们的最好机会，几乎一致而很少例外的。故孙中山先生所订国民革命程序，于军事时期之后，继以训政时期。在训政时期内，便以地方自治为重要工作之一。

兹将吴拯环著地方自治概要所列自治实施程序，列下以供参考。

第一时期

1. 举行考试。

2. 设立短期学校或养成所。甲、警务学校；乙、合作人员养成所；丙、测丈人员养成所；丁、区长、乡镇长训练所。

3. 召集会议。甲、行政会议；乙、教育会议；丙、实业会议。

4. 组织各种调查会。调查各县政治、警政及教育、交通、农业、工业、商业、人民生计、财政积弊、人民痛苦、贫民状况等。

第二时期

1. 划定县以下自治区域。

2. 确定自治经费。甲、详查各县自治经费实况；乙、确定各县自治经费标准；丙、就整顿土地及公共事业之收入，确定地方自治经费。

3. 举行地方自治运动。

4. 开始清查户口，造册报省；办理人事登记；实行户籍法。

5. 开始测量土地，整理田赋。

6. 改良及扩充警务。

7. 测量干路、支路路线，并开始修筑。

8. 整顿教育。甲、考试并评定教员资格；乙、推广农村教育；丙、举行识字运动；丁、中等学生实施军事训练；戊、以劳动学院为基地，推广劳动教育；己、设立残废贫儿低能等学校；庚、审查书报戏剧。

9. 设立公共卫生局。甲、考试医生；乙、实行饮食物品药品检查；丙、设立检疫机关；丁、推广卫生行政及设备。

10. 革除陋习。甲、禁赌博、鸦片、吗啡；乙、禁溺女弃婴及贩卖人口；丙、禁蓄妾纳婢；丁、禁男女蓄辫，女子穿耳、束胸、缠足；戊、限制庆吊酬酢；己、破除风水神权；庚、取缔卜巫星相。

11. 设立粮食机关，调节粮食。

12. 开办工厂，收容犯罪游民。

13. 签订各种税制，铲除财政积弊。

14. 施行所得税及遗产费。

15. 调查各河流、水道、堤岸，有无淤塞障碍，断决水患，并计划浚治。

16. 宣传并指导农村组织，改善农民生活。

17. 宣传并指导农民以生产合作及消费合作。

18. 宣传并指导耕地改良及种子肥料改良。

19. 实行劳动法及农民保障法。

第三时期

1. 乡区户口调查完竣。

2. 试办乡镇自治，试用四权及乡镇普遍选举。

3. 继续测量土地，设立土地登记局，规定地价，依价征税，并促进开垦荒地。

4. 计划开发地方富源及筹办大规模之工商事业。

5. 实行造林。

6. 治理水道河流。

7. 乡区警察整理完成。

8. 乡区道路修筑完成。

第四时期

1. 试办区自治，试用四权及区普遍选举。

2. 全县干路修筑完成。

3. 全县户口调查完竣。

4. 全县土地测量完竣。

5. 全县警察整理完成。

6. 实行乡镇自治及普通选举。

7. 自治乡镇自定乡镇自治法。

第五时期

1. 试办县自治，试用四权及普遍选举。

2. 普及教育实行普及。

3. 实行区自治及区普遍选举。

4. 自治区自定区自治法。

第六时期

1. 实行县自治行使四权及县普遍选举。

2. 自治县自定县自治法，人民直接选举县长。

第七时期

1. 全省各县自治完成。

2. 组织国民代表会，选举省长及省高级官吏。

3. 实行四权。

4. 宪政时期开始。

以上所列实施自治的程序，自然有当斟酌地方情形变通的。就四川实施地方自治言，下列事项尤为当务之急。

第一，训练人才　不仅予以课堂上讲习的机会，尤须予以实施上学习的机会。

第二，调查户口　不是发一通令于乡镇公所可以得到的，必须训练专门的人员，专任调查的任务。

第三，禁烟禁赌　四川各县乡镇，每每烟馆多于饭馆，赌场盛于商场，实为盗匪之源，应当厉行禁止。

第四，指定试验区域

1. 每一县至少有一镇乡为指定试验自治的区域。成绩好者，由县政府予以补助，其余各镇乡派人前往学习。

2. 每一旧有道属，至少有一县为指定试验自治区域。成绩好者，由省政府予以补助，其余各县派人前往实习。

（原载重庆都邮街德新铅石印刷公司代印同名单行本）

为什么发行这小小的半月刊*
（1932年7月12日）

我们请张从吾先生编辑小小的《新世界》——半月刊，张先生问我们："请你先说，为什么要〈发〉行这小小的半月刊？"我写了这篇意见答复张先生，亦以供读这半月刊的许多朋友。

我们盼望中国人，尤其是我们事业中的朋友，认清楚我们今天所处的世界。不是向来的世界，是变化得非常之厉害的世界。向来我们是以华夏为天下，我们所感觉的世界之大，不过是我们中国加上四国多少有关系的蛮荒。这世界里的人们非常幸福，只须要天下无事，便可以各自安居乐业。要在市集中才找得着热闹的人群，要在年节庆吊中才找得着亲戚和朋友的关系。大家最希望的是相安，最恐怕的是相扰。集中希望于消极，消极到只有家庭，只有个人，消极到大事化小事，小事化无事，此种倾向，尤其是涉及公众，更为明了。除了为个人要求，偶感忙碌，便可以从容幽闲，咀嚼人生。有识的朋友的胸襟，常怀着诗情；无识的朋友的脑里，常堆着故事？常常赏着了花好月明、骑竹马、放风筝。如果不发生意外的变化，这样的世界倒也是安详的、清静的，最足以使人留恋的，我们亦愿永远居留在这世界当中，不愿离去。

不幸世界发明了一种方法，一种科学方法，是专门用来整理人们的经验的。任何事物，一经接触了它，横的方面，便被它理出一个系统，纵的方面，便被它找出一个因果必然的变化。人们使用这个方法在物质上，便产生了两种伟大的事业，机械的和化学的。在社会上便产生了一种伟大的组织。从经济方面说：这伟大的组织，几已成为整个的世界，而这世界是同地球一样大的。

---

* 本文是卢作孚为民生公司发行机关刊物《新世界》所写的发刊词。

自从人间有了这个方法，便把整个的世界改变了。向来我们的世界，各管各是最经济的事情；而今这一世界，要集中最大的人群于最大的工厂，最大的农场，最大的矿坑和最长的交通机关才最经济。向来的世界，只须人各为其自己；而今必须要整个社会的人相为，而且是要在整个的组织、整个的系统之下活动的，必须每一位朋友努力于社会，亦依赖于社会，不能再仅仅努力于个人或依赖着家庭。而这样的社会，在今天的世界上，许多人正在努力创造。我们中国却正待创造。我们正从小小的几桩事业中间努力作这样的创造。

更就经济的状况说明罢。向来中国人的经济生活以家庭为中心。没有两打夥的农业，亦没有长期几打夥的工业、或商业。一般朋友颇能尽心竭力于其家庭的经济生活，因为只有家庭是他们的经济集团，是他们的生活所依赖着的；向来是没有社会经济集团的，所以无从尽心竭力于社会。而今经济组织随着科学发明扩大了，经济集团已经变成了社会的，须合社会的人力和财力乃能够经营起一桩经济事业来，这社会之大是一个国家或一个地方或一个公司，而一个公司之大往往是铺设到了许多国家或许多地方的。如果我们仍只信赖家庭，不肯信赖社会，仍只尽心竭力于家庭的经济生活，于家庭财富之如何造成，不肯造成社会公共的；乃至尽取社会公共利益，以造成自己家庭的财富，则所有公共事业都会失败到底的。永远不会创造成功国家，创造成功地方，或创造成功一个公司。我们牺牲了社会公共的事业，苟得了个人一时的便宜，这在社会身上是得是失，很容易打算清楚。直截是损失了这一桩事业，间接更损失了一切事业的信用，这是何等令人惊异的，究在个人身上是得是失，亦需打算清楚吧。我们自己在人群中直截损失了一度成功，间接更损失一切信用，这又不足以令我们自己惊异吗？

我们牺牲了群的生活的一个新的世界，以苟得了个人一点便宜，绝不是一个得计。须知这新的世界是一种趋势，正向着整个的社会乃至整个地球推进。它不能停顿，你也不能抵御，你可以打倒帝国主义，但是你不能抵御这新的世界。这新的世界不久便会临到你的面前。岂止你不能抵御，也没有地方逃避，虽然你拿着了苟得的便宜。

这新的世界已经在地球上有各种花样的实现，已经在我们周围有各种的方式压迫，我们已抵御不得，逃避不得，然而也须知道这并不是痛苦的世界，乃是快乐的世界，痛苦是抵御它或逃避它产生出来的。只有下大决心，挟大勇气，从我们手上去创造它，创造出一种社会的关系，创造出一种有组织的社会的关系，创造出一种互相信赖的社会关系，创造出一种社会帮助我们，我们帮助社会，社会离不了我们，我们离不了社会的关系。无穷的快乐便会从这世界产生出来。这是我们今天以前不相信社会有，却在眼前，就是我们今天正拼命努力经营的许多事业。或许更说直截了当些，就是许多事业中间的一桩事业，就是民生公司。

民生公司是一个世界，是许多世界创造出来的一个世界，是有社会的相互信赖的关系的一个世界。这不是个人所有的事业，不是各人只求自利或只求自了的事业，所以不是向来我们所处的无情的世界。这是社会的事业，一方面是集合了社会许多财力，一方面是集合了社会许多人力，其最要紧的意义乃在所共同努力的不仅仅在共同的利益，而更在帮助一般的社会。这范围是超乎事业的本身的，不过事业也在这范围中间的。我们努力于交通事业，是要以交通事业帮助一般社会的；……我们努力什么，便是要以什么帮助一般社会的。纵然我们事业的本身有了利益，利益的大部分亦是处理在事业上的，事业上的终极意义仍是归宿在社会上的，纵然我们为了工作的朋友谋利益，亦是共同利益，而非个人的利益，而是共同的范围，亦往往不仅及于工作的朋友，而及于一般社会的。我们希望这世界中有美满的住宅，有美满的学校，有娱乐设备，而为努力的朋友所共同享有的。而这所有一切帮助都不仅及于事业中间的朋友，都要及于事业周围，及于社会，帮助社会，你个人的问题让这事业去帮助你解决，你则去解决这事业的问题。你时时耽虑着你的事业，不要时时刻刻耽虑着你自己。如此贯彻下去，事业便会成功的，换句话说：新的世界便会成功的，你便会在新世界当中成功的。

只要我们希望这新的世界到来，新的世界便会到来；只要从我们手上创造这新世界，便会完成这新的世界。我们亟应决定事业的一个理想，作为我们理想的一个世界。不要以为社会不可信赖，正要我们造成社会的信赖。不要怀疑事业会失败，只要我们要它实现，它便会实现。

（原载《新世界》第 1 期，1932 年 7 月 12 日）

青年修养身心之道*
(1933年3月16日)

应武兄：

离沪之前一星期日，兄莅青年会问所以修养身心之道。因事忙，未及答谢。怀怅至今，窃欲有言：此日中国，好友所需，不在个人修养，而在社会生活之修养，在工作方面，为社会的；在学问方面，为社会的；在暇余娱乐方面，为社会的。此盖社会生活之三方面而非离异的三个社会也。譬如吾兄，今所与工作者，民生公司之良友；所与学问者，民生公司之良友；所与暇余娱乐者，最好亦为民生公司之良友。又使此三种生活相互有关，相互有助，乃系身心修养之极。则其所成就，不仅个人，乃一整个的社会也。兄谓如何？示及，当更推论之。敬祝健康。

作　孚

三月八日

（原载《新世界》第18期，1933年3月16日）

---

* 此为卢作孚的一封书信，作于1933年3月8日，但发表于1933年4月1日，发表时题名为《关于身心修养的两封信》中的一封，现标题为编者所加。

为己？为人！*
（1933年3月16日）

提出一个含有几分哲理的问题来同大家讨论。

在中国，有许多朋友都说人是为己的动物。自己研究了很久，得到的结论是：人不是为己，人是为社会的。要说明这个结论，须得引很多很多的例子来证实才成功。

“己”的范围很狭隘。下一个解释：所谓己者，就是“我”“一”个人；所谓为己，只限于为我一个生活上所必须的东西。例如饿了，必须要吃饭，所以吃饭可说是为己的。冷了，必须要穿衣服。所以穿衣服可说是为己的。风雨来了，必须要住房子，所以住房子可说是为己的。但是，这三桩事情如果严格地说起来，也是为人的成分多，为己的成分少；因为，饿了只须吃得饱就是了，冷了只须穿得热烘就是了，风雨来了只须有遮风雨的东西就是了。如超出这个范围，要吃海参、鱼翅西餐，要穿西装洋服，要住四合头房子、洋房，那就不是为己的，而是为人的了……

又如挣家务，我们知道一个人要想储蓄财产，必须拼命的节省开支，增加生产。自己一个人这样做还不够，还要告诫他的儿子……孙子……但是，挣家务是不是为自己或自己的儿子、孙子呢？都不是的。不过，因为社会上兴挣家务，社会上尊重有钱的人罢了。

又如，自己的父亲、母亲死了，我们常常拼命的办丧事。请问办丧事是不是为自己或自己的父母呢？不是的；还是因为社会上兴办丧事。

再如，嫁女娶妻。为什么一般人常要的嫁奁、喜酒办得很阔绰呢？那还不是因为社会上兴，社会上对于嫁奁、喜酒办得阔绰的人，有时甚

---

* 1933年3月10日卢作孚在民生公司朝会上的讲演。

至羡慕得口角流油的关系。

最后，让我们再举一个极简单的例子：一个人，除了有特别了不得的事情而外，无论生活如何困苦，总都想继续地活下去。他为什么不早点死了还干脆呢？就是因为他舍不得这社会，舍不得他周围的许多人。

根据以上各个例证，我们可以下一个结论：一个人的思想行动是依着社会的趋势而转变。虽然也有例外。

所以，我们说人是为己的动物；不如说人是社会的动物好。

甚么是社会呢？有一派社会学家说：社会是一个有共同生活关系的群体。

另一派社会学家说：社会是一个存在于相互压迫上的东西。例如社会上兴男女各有一种装饰，如果你要故意去破坏它，你就马上要受社会的压迫；不一定是直接的、严厉的惩罚，单是讥笑你就受不了。

这个解释，虽说得相当中肯，但是，是偏于消极的。我以为，不如把它解释得积极一点。说社会是一个存在于相互影响上的东西。举个例吧，好比许多人在演说的时候，常常肯说“今天这个”……于是我在演说的时候亦不知不觉的说起“今天这个”……来。但是，你在演说的时候，如果不说“今天这个”不会有人要压迫你或讥笑你呀。可见得，这不是受了别人的压迫，乃是受了别人的影响。

一个社会兴哪一种人最有地位，那么，那种人在那个社会里，就影响最大。例如，哪个社会兴有钱的人最有地位，那么，那个社会中少数的有钱人，就最能影响那个社会。

反转来，社会上虽兴某一种制度，例如以储蓄财产为自己及儿孙的生活保障的制度；但是有一部分人如果要起来反对而且另兴一种制度。假如他甘愿把产业捐赠了而另以自己工作所得为自己及儿孙的生活保障的制度可不可能呢？有些是可能的，那个社会上最有地位的人，要这样做更容易。

中国人今天的生活，为什么很困难呢？就是因为没有把一种合理的、好的生活所得以保障的制度创造起来。

归纳起来，我今天同大家讨论的总结论是：“人不是为己的，人是为社会的。如果社会要求的是对的，我们就要遵从它；如果社会要求的是不对的，我们就要努力把它改造过来。”

今天以前，人是以“我”所有的（例如讲究的食品、漂亮的衣服、高大的洋房）来为社会。今天以后，我们要拿做出来的、说出来的为众人做出来，为众人说出来。这样一来，才能创造一种新的生活的依赖，新的生活的保障。只有这种新的生活依赖，新的生活保障，才能创造出新的中华民国来。

（原载《新世界》第18期，1933年3月16日）

认识社会，帮助社会*
（1933 年 3 月 30 日）

今天听了许多有趣味的报告。当中给了我们不少的经验，尤其是罗正远的报告，最有趣味。我们知道，同样的话，有说得好的，有说得不中听的，这就在看各人所用的方法怎样，例如罗正远的报告，他是文学作生活上的描写，描写得极其灵动，所以使人听了，觉得有趣。直如身临其境一样。第二，报告最有条理的高孟先，他是用科学的方法，把一桩事情，整理成有系统、有条理的报告出来，所以使人听了，十分明了。从这两点上，我们可以得到两种说话的方法：一是用文学的描写，一是用科学的整理。但是最重要的，还是要有内容。因为，这种关系，所以连想到特务学生队和兼善学校的学生，尤其是要留意实际生活，如果只在几本教科书上去寻求知识，那是有限得很，我想除星期一、二、三、四、五、六在教室活动外，星期日尽可以到社会去寻求实际的问题。因为每一个人，都要有经验，每一个人都需要将他的经验用文学的方法描写出来，用科学的方法整理出来。如果你们都能常常接触社会、亲近社会，那么，你们都能一定得着许多有意义的经验和切实的学问。

我们知道，一般做文章的，都差不多只是一种照例的方法。一种平凡的语句，当中难得寻出亲切的、深切的文章来。但是，我们从今天的各个报告中，已经得着许多精粹的话句了：

第一，如宋春浓所说的：一个人有好的行动，在社会上可以相互影响。

第二，是罗正远反过来说，人有不好的行动，也可以在社会上相互影响的。从这两点上我们可以得着一个结论，就是：如果我们为社会打

* 卢作孚在欢迎峡防局特务学生队种痘归来会上的讲评，标题为编者所加，略有删节。

主意，就容易找着方向了。坏的方向我们应当消灭，好的方向我们应当前进。可是要想把一桩事情做好，就需要范围极小，因为小的关系，所以才把它做得极细致，最细致的地方，最能造起广大的影响。今天我们要晓得我们的范围愈小，就是愈给与我们造的大的影响的机会。

第三，刚才报告中有人说，不入社会，便不知道社会，这便是到过社会的人才能说出来的话。但我更还要把它的意思加深刻一些，就是说，如果入社会带起眼镜，仍不能看清社会。这有个例证，以前在办泸县教育的时候，川南共派了二十五县的视学，去考察教育，考察之后，便得两个结果：一个结果是说泸县教育太旧了，还有许多新的应该办的未办起来。一个结果是说泸县的教育太新了，有许多地方都没有这些新的办法。这便是证明带起眼镜到社会的一个证明。

我们对社会要认识清楚，北碚这个社会是偶然的，不要以为它便是顶好的，还须要看到连北碚都还没有的社会。要怎样的社会，才是我们理想的社会，这个理想的社会，我们还有〈待〉把它创造出来，还要待我们努力的去创造。假定我们看清了离我们理想的社会的距离，那么，我们就不应该责备他人，形容他人，痛骂他人，我们应该像爱护无人照顾的小孩子一般的爱惜他们、同情他们、帮助他们，今天特务学生队对不好的社会的态度，加以极端厌恶的态度，是应得修改的。这个种痘活动当中，他们应该得着几点意义。

第一，进社会才知道社会。

第二，用了力量帮助社会。

第三，在集团当中练习了一个生活。更要知道，我们认识了社会，才能为社会打主意，其次才能帮助社会。今天同伍玉璋先生谈及救济农村问题，我就问农村怎样救急法，他说第一须得调查，才知道我们应帮助的是什么，第二才是想办法，第三才怎样用集团的力量去帮助。所以更觉得此次特务学生队的集团活动，是我们十分值得宝贵的。

今后兼善学校亟应设法认识社会、帮助社会，过集团的生活。所谓集团，并不止于共同吃饭、睡觉、游戏而已，最需要的是在共同发现问题、解决问题。

（原载北碚《工作周刊》第2期，1933年3月30日）

民生公司三个运动
(1933 年 4 月 1 日)

民生实业公司的意义在没有充分实现以前，不但是公司以外的朋友不十分明了，即在公司中间工作的朋友亦没有十分明了，所以今天特别提出来同各位讲讲。

民生公司的意义是在三个运动上：

第一是整个的生产运动。

生产是适应需要的，但是在自由竞争的商业状况之下，其结果是非常惨〔残〕酷。如果生产不足，则竭力压迫需要者；如果生产过剩，则又为需要者所竭力压迫，永远没有供求相应的时候。如果要办到供求相应，必须作整个的生产运动。其一是将同类的生产事业统一为一个，或为全部的联合。其意义在消极方面避免同类事业的惨〔残〕酷竞争，积极方面，促成社会的供求适应。譬如重庆三个面粉厂一经联合营业以后，便不复竞买麦子。竞卖麦面，社会需要若干麦面时，即制造若干，所以节省人力、节省物力、节省财力，促成经济上生产与消费两方面的安定，实是社会总体的利益，而非为事业本身谋利益。自然事业本身的利益亦在当中，然而绝非如一般人之所误会认为垄断、操纵、其利益只在本身的。其二连带的生产事业统一为一个或谋全部的联络，例如公司有许多轮船，即须有适应修理需要的修理厂，燃烧需要的煤厂。此亦所以谋供求适应之直接联络，自己供给自己需求，使双方都不至感有恐慌，尤其为调整社会经济最重要的方法。其由航业而联络修理厂或联络煤厂，其利益不仅在航业，亦同样的在修理厂或煤厂。其联络愈广，其帮助亦愈广。这是我们的事业所含意义之一，不但要十分明了它，而且要努力实现它。

第二是集团的生活运动。

现代文明因为有了科学方法，适用在社会上，便有了科学的组织方法。社会愈进化，便是组织愈扩大。一个组织形成一个集团。凡在现代文明当中成功的人群，都是有了组织的训练的，亦都是有了集团生活的习惯的。中国人亦未尝不习惯于集团的生活，但只限于一个家庭当中，一出家庭便只有个人的活动。从修养身心到学问事业都以个人为中心。在若干年以前中国自成一个天下的时候，这未尝不是一种生活的方法。可是在现代文明的前进当中则不容许这种生活的存在。谁无集团的训练谁就失败。成功绝非个人只有集团。民生公司便是一个集团。我们在这个集团当中应该抛弃个人的理想，造成集团的理想，应该抛弃个人的希望，集中希望于集团。不但我们的工作是集团的，天天进我们的办公室或工场去；我们的学问亦是集团的，天天进我们的图书室或讲演会场去；我们的游戏亦是集团的，加入我们的音乐会和球队去。但是我们的生产是集团的，有事务所、有工厂、有轮船；我们的消费亦是集团的，最短期间将要有我们的住宅、我们的医院、我们子女的学校、我们乃至于家属的娱乐场或运动场。个人都去解决集团的问题，个人的问题都让集团去解决。这是一个集团运动不是两个，不是两个冲突的，如像一般流行话，一是资方，一是劳方，是由两方相互帮助以成一个集团。最后都不至于失败的集团。不但一桩事业成一个集团，若干事业又是联成集团的，他们都相互帮助、共同工作、共同讲学、共同娱乐或运动，有如聚兴诚与民生近来提倡的生活。这亦是我们的事业所含意义之一，不但要十分明了它，而且要努力实现它。

第三是帮助社会的运动。

民生公司最后的意义决不是帮助本身，而是帮助社会。我们不要忘却我们的航业是帮助客人的旅行和货物的运输的，不要忘却我们的机械业是要进一步帮助一般机械的修理乃至于制造的。不要忘却我们的电灯和自来水厂是帮助合川城市的光明安全和卫生的，不要忘却我们要对外投资是帮助其他生产事业的。我们现在的事业帮助的范围是太狭小，然而就我们的力量而论，现在帮助的范围亦就太嫌伟大。我们有什么方法可以增加我们的力量去帮助社会，尽我们现在所幸得的机会，帮助社会寻求现代文明的方法，走入现代文明生活当中去或竟超越它们前面去。我们决心帮助社会，决不是等待机会的，而是要寻求机会。不是要人请求我们帮助，是要运动人接受我们帮助。我们决不像一般旧习，帮助亲戚邻里朋友，为他们找碗饭吃，谋个差使。我们只帮助社会，帮助个人亦只是因为他要帮助社会。这是我们的事业最后所含的意义，不但要十分明了它，而更要努力实现它。

（原载《新世界》第 19 期，1933 年 4 月 1 日）

读书与经验 *
（1933 年 4 月 1 日）

作孚亦穷光蛋，读书之兴趣尤浓。顾为事业所迫，晨起工作，直至深夜；于是学问不能在读书中，而只在做事中。当此全部事业万分紧张以求前进之日，吾辈何忍以最少半日以上读书？最好办法，工作时间仍自工作，需要参考图书则尽量参考图书；工作以外，苟有时间，不拘多少，皆以读书；静极则稍杂以运动。相信吾兄读书虽少，以工作紧张故，所得必多。工作系经验，读书所以整理经验。即就个人立场说，亦不可重视整理，轻视经验，而况社会问题比个人问题更为迫切；事业要求比家庭要求更为迫切；吾辈更不可重视个人与家庭之成功，而忽略社会与事业之成功。惟兄更深察之。

（原载《新世界》第 19 期，1933 年 4 月 1 日）

---

* 此为卢作孚答复民生公司刘姓同仁关于半日读书问题的一封信，发表时题名为《几封值得注意的信：答刘同仁半日读》中的一封，现标题为编者所加。

向民众身上做民众运动*
（1933 年 4 月 2 日）

今天要提出的是盼望我们一群事业，在目前以两个工作为中心。一个是训练特务队执行警察的任务，一个是各机关联合总动员实施民众教育。这两个工作是一个问题，总是向民众身上做民众运动。

警察亦是民众的教师，是帮助民众的。不问他们是偶从外边来或常在北碚住。他们是要帮助民众防范匪徒，防范小偷，防范火灾，防范疾病。这都是显然的事情。他们从调查户口中发现了没有职业的，而促其有职业，发现了不能识字的而促其受教育。他们天天巡逻天天搜求，凡民众有须他们帮助的事情，他们便立刻帮助。这便是我们理〈想〉中的警察，是盼望训练一个特务学生队，三个特务队去实现他。

民众教育不仅仅是民众学校，是可以从多方面举行的。如像医院天天有病人，博物馆动物园天天有游人，图书馆天天有读书、看报的人。再则，如像上下木船的船夫子，当场天的赶场人，都是我们应施教育的民众。各街茶房、酒馆都是我们值得布置教育环境的地方。各机关的职员都是担任教育的朋友。平时的夜晚，有时的白天，都是我们担任教育的时间。凡教育所需要的事项都有了，只等我们举行。我们应得马上举行。

（原载北碚《工作周刊》第 3 期，1933 年 4 月 2 日）

---

* 卢作孚在北碚峡防局“周会”上的演讲，标题为编者所加。

公司的灵魂*
（1933 年 4 月 16 日）

我这一位小小的股东不是自谦，是事实，因为我的股本小至于全公司的二千分之一。股东会快开了！我呢，是有言要发，然而又恐怕有股太微，言亦不足动听，听亦无关重轻。于是我想行使我的发言权，不应在股东会，而应辟新世界了。可也无须啦！公司工作的朋友早已为了公司事业辟出一个《新世界》，是备他们为了公司问题发言的，是屡次供给我们进去“目游”的。于是我就乐得借花献佛，借地发言，而且乐得先一般股东而发言。以股东资格进《新世界》发言，我乃开宗明义第一回，是应对许多股东道歉：“我太不客气了！”

我们有几个相同的经验：
中国人是自私自利的，
　　是不会有三人以上的团体的，
好的建设是会被内乱摧毁的，
近年做生意赚钱是偶然的，
　　折本却是常有的，
公司组织是不会长久的，
　　是人不会相信的，
　　是人不愿投资的。

可是，我们由这些经验却发现了民生公司一连串的问题：

何以民生公司的，
　　资本会由五万至于一百万？

* 原题为《一个小小的股东》。

股东会由几十至于六百几十？

职工会由几十至于一千五百几十？

合川的电灯会由五百盏至于五千盏？

投资于北川会由五千至于超过了七万？

全部资产会由几万至于二百八十几万？

何以民生公司，

会有这七年的历史？

会有这七年的盈余？

会有这七年的前途？

好像解决这一连串的问题，是有几个法宝或几个灵魂：

第一是努力，

工作的朋友努力工作，

投资的朋友努力投资。

第二是和气，

从公司各部中看出职工的和气，

从股东大会中看出股东的和气。

第三是以公司利益为前提，

职工绝不舞弊营私，

股东绝不多分盈余。

第四是联合同业，

公司愿多利于同业，

同业愿并入于公司。

第五是无数朋友的帮助。

何北衡先生说：

非民生实业公司，

是民生朋友公司。

民生公司是终不安全的，只要灵魂发生变化，公司便会发生变化。可是，民生公司是最有希望的，因为她竟有这几个灵魂是别的公司没有的，不常有的或不全有的，而且竟有这七年的历史，尤其是七年的前进，可以证明这灵魂不但不会变化，还在长养，就请一位八字先生来，也可推定她的未来的。不过她的命运是操在她的手里的，不是决于八字的。

要使民生公司有：
无尽长的历史，
无尽长的盈余，
无尽长的前进，
必须继续长养她的灵魂。

如何长养呢？且看下表：

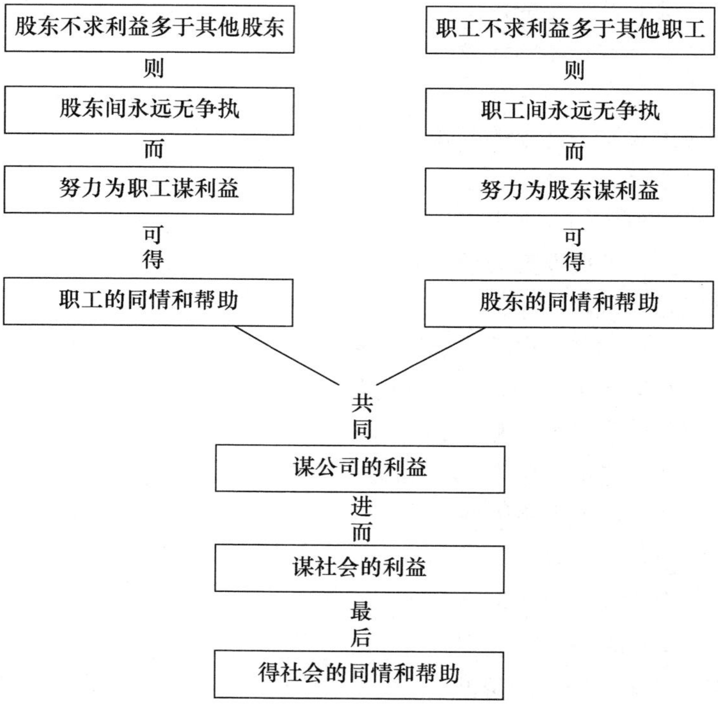

（原载《新世界》第 20 期，1933 年 4 月 16 日）

我们要与他们步伐一致
(1933 年 5 月 16 日)

谈到民生公司之不能与峡防局的步伐一致，就是峡局方面的人员能忍苦耐劳，以自身为众人干事，为社会干事。卢子英这人是值得介绍的。他最近将他的财产：一千几百册书，捐与图书馆。同时他给了我一封信说：今后不管理自己的事，〈专〉为众人干事。还有一个人，也是值得介绍的，就是峡局的赵主任。他从前一月得薪一百余元，尚且不敷，但是现在却够用了。这是什么原因？还不是能够吃苦呵！举个例来说：有次，他的夫人看见有人担一担青菜皮去倾〈倒〉，他便要了来做成一种咸菜。这咸菜的味真美，并不是咸菜味真美，是她的意义真美！于是此事在北碚便传为美谈。我们且看看，北碚峡局的人，上自官长，下至兵士，无不皆作布服。从这两点看来，我们民生公司的人员，能不能如此呢？所以民生公司的人员，不能同他们峡局步伐一致。若是我们要想与他们步伐一致，也不难，便是照着他们所持的意义干去，就行了。

（原载《新世界》第 22 期，1933 年 5 月 16 日）

数字要准确*
（1933年9月16日）

在朝会，每人报告中，理由的叙述要极求减少，或竟至不要。所要求的是方法的交换，是每人在办事经验中所得的方法的交换！

报告的办法，要能条分清楚，切忌拉杂，使人能于最短时间里可得一详确观念。

报告数目字，尤须力求准确，不可马虎。并且这个数目是怎样得来的，报告出来有什么用，要说明它的原因，才能提起大家的兴趣，不至枯燥无味。往往这个数目报告出来与另一问题有关，于是引起别部的探索了：例如去年全年修理费十六万几，我们嫌他多了，今年半年就达二十余万，似这样推算下去，全年至少要增加到三十余万！今天公司所有的船，如保护得好，“民贵”等六只大船，每年十二万块钱修理费够了；“民意”等七只二级船，每年七万块钱够了；“民殷”等几只三级船，每年不过三万块钱可解决；“民用”等几只小船，每年不上一万块钱可解决；总共不过廿三万块钱。现在才半年工夫就达到这个程度了！并且它不似省煤运动那样，减省十万，仅止十万而已，它的节省是两头打算盘，拿出去的修理费损失是很小的一部分，延误营业时间的损失大得多，所以去年的修理费，我们计算如果节省六万几，就要多赚廿八万几。

今天民生公司的问题，要绝对看到大处，不要在小地方抠鼻屎吃。我们要集中精神来一件一件的办，如夹夹杂杂一把挽着，结果一样都没办好，毋宁不办！

还有，个个办事，都要使他有兴味，要少做，不望多做，最忌天天

---

* 卢作孚在民生公司朝会上的讲话，标题为编者所加。

都在扰民而不得结果。如果一桩事情预料办起来感困难，要搁浅，我们就要注意到底，如船员缝制服，仅仅在缝时、扣钱时注了意，过后穿不穿就不问了。如果注意他到底，使他养成习惯便好了。

公司每天下办公室后，有任务的应该首先是经、襄理及主任人员。当公司还是“小家屋”时，大家很亲切，船一抵岸，船上经理们必到公司接谈。现在呢，“侯门深似海”，即使船上人来了，而公司各人因为事忙，往往不照他们的闲。今天以后，盼望公司的人们多与船员亲切的接触！

（原载《新世界》第 30 期，1933 年 9 月 16 日）

中国科学社来四川开年会以后
（1933年10月10—16日）

今天有几桩事情，是要介绍给大家知道的：

中国科学社，今年到四川来开年会，这算是整个中华民国当中的学术团体到四川来的第一次，在这中间产有几个新的意义：

变更省外人对于四川的观念

在外间的人，因为少有到川来的关系，所以向来就不明了四川的内部情形，常常是把四川当作野蛮的社会看待，而且是传说得来非常之神秘，于是乎惹来一般想到四川来的人，都不敢到四川来了，认为现在的四川当中，找不出一个好人，找不出一块好的地方，尤其是在驻有军队的地方，更是糟糕得厉害，总认为四川是一个莫有办法的四川了。

这一次中国科学社到四川来开年会，把四川各个地方如像嘉定，峨眉，成都……等地看了一遍之后，所得的观感和印象，才觉得竟有出人意料的事情，如像建设方面的成绩，各军都在提倡修建马路，而修马路的人都由士兵担任，现在许多城池市镇和名胜地方都有马路可以到达了，譬如由重庆到成都，现在只需一天的工夫，由成都去峨眉还需不到一天了。总计现在的四川已有四千多公里的马路，这是一桩事情。第二在各军戍区里的城市，都把旧的街道改修过了，比较从前来得宽大整齐，而且清洁，不单是大的城市如此，乃至于一个小的乡场也莫不然，除了改修街道以外，都修公园、辟运动场和设立图书馆，这是就建设的方面说。又如教育方面的发达，各军都在提倡兴办学校，一方面扶持和奖励地方上原有的学校，同时也办军事学校或其他的专门学校，以及一切平民教育，义务教育，无不努力提倡进行。

以上两点，都是这一次中国科学社到四川来开年会，把四川的各个地方看了一遍之后，所得的观感和对于四川的认识。足证明他们是很同情于我们的，而且极愿意帮助我们宣传。今天以后，我们有了这样大的一群，中国学术上，教育上，有地位、有声誉的人来替我们把四川近年的真象介绍出去，使外间的人了解我们四川内部的真情实况，不像今天以前外间的人都怀疑四川，提起四川的问题都漠不相关。今天以后，不单是要使外间的人都明了四川的真象，而且是要使外间的人都以技术的力量或经济的力量来帮助四川，以促成四川各种实业的经营，今天以后要把外间的人向来对于四川的观念根本转变过来。

促起四川人对于科学事业的兴趣

这一次中国科学社到四川来开年会，很得着四川各方面的同情。因为向来还没有这样的科学团体到过四川来，尤其是中国科学社。这有一桩事实可以来证明，中国科学社生物研究社需要基金，打算借这一次到四川来开年会的机会，募得一点捐款，在期望当中，至少可以募得五百元或一千元。但是这个念头都是后来才产生的，在最初还不敢有这个希望。后来中国科学社的社员到了四川，再后来有一部分人到了成都，与各军首长，几度接洽，几度谈话之后，刘甫澄军长及杨子惠军长，各慨然允捐中国科学社生物研究所一万元。其他各军将领，均已决定捐款，不过数目尚未有十分确定，但是至少也是几千，廿一军甘典夔处长私人亦捐了两千块钱。已由重庆川康，中国，美丰，聚兴诚四银行各免费汇去五百元到申分行，由上海民生分公司代为汇齐，于九月半交与中国科学社。同时杨军长捐款一万元亦已拨由民生总公司汇往申分公司，于九月底转付与中国科学社。从以上几点看来，足以证明四川人对于科学事业的兴趣和对于学术团体的同情了。只要是他们能够帮助的事情，他们都乐于尽量地帮助。何以今天四川人对于科学团体有这样热忱，这又不可不归功于这一次中国科学社到四川来开年会以后所发生的影响和意义了。

组织委员会以帮助中华民国

中国科学社的社员觉得这一次到四川来开年会，得到各方面很周到的招待和很热烈的欢迎。如果要是仅仅止于开年会而已，便不单是觉得对四川人有点抱歉，而且是长此下去的开年会，恐怕于整个的中华民国，实际上毫无一点帮助，因此各路回到重庆来，召开一度会议，大家一致主张回到上海以后，组织一个委员会，决定对中华民国做几桩帮助的事情，并盼望我于九月底到上海去一趟，设法把这桩事情共同帮助促成。他们计划要做的帮助事情，有下列几项：

（一）帮助调查，帮助派人调查地上及地下的各种物产。

（二）帮助计划，经过调查之后，如果是要去经营他，他们可以帮助计划一切。

（三）帮助介绍人才，事业上需要何种专门人才，他们可以帮助介绍何种专门人才。

（四）帮助对外接头，如果有须得要向外接头的事情，他们可以帮助接头。他们这个委员会是要要求给予中华民国各方面以帮助，如像政治的、经济的、教育的各方面，都予以深切的帮助。这是我们同科学社的朋友在渝一度谈话后所产生的新计划。我们深感觉到于一般不明了意义的人，常常在闲说这一次科学社来重庆招待费用了一万多元，民生公司又用了数千，峡防局及中国西部科学院又用去了几千，总在说钱，然而并没有一个人看到因这一次科学社来而予四川以各方面的帮助和很好的影响，即如上面所说的几点来估价，相信决不是以钱计算得了的，这是大家要明了的一桩事情。

工程学会组织考察团来四川

工程学会原来决定明年年会在四川来举行，后来他们因为感觉得只是到川来开一次年会而已还不够，因为鉴于已往开年会的经验，都在应酬去了，没有做到实际的工作。所以今年八月底工程学会在汉口开年会的时候，恽荫棠先生力争明年年会如果拿在四川去举行决不妥当，第一应酬太多，不能做实际工作；第二全体会员当中能力不齐，设若全体都去，未必个个都能工作，所以才另外决定了一个办法，就是改组为四川考察团，来川作实际的考察工作，期于各方面有实际的裨赐，约集三十个以上的头等专家和第一流工程师参加。

帮助四川研究十四个问题

决定研究煤、桐油、煤油、铁、盐、糖、纸等，水泥、水利各种重要的矿业和工业，还有许多交通方面的事业，如像铁路、汽车路等，都列为研究问题，昨天接恽荫棠先生的来信，谓到南京后决定进行办理这桩事情，并望四川供给研究各项问题之材料，把供给材料之机关及人员早日确定通知，以便从容着手准备。

来川考察至快明年春天至迟秋天

到明年春三四月间即可来川，如万一来不及，至迟秋季九十月间，绝对可以到四川来。关于川西灌县水利的问题，他们尤为重视，恽荫棠先生曾经函托一位成都华西大学的教授李明良去把一位西人那里所有关于灌县水利的记载，设法抄寄给他，这一次来信说是应该是有回信时候了，为什么至今尚还没有消息，请我代他催问，足证明恽先生他们之直接对于这桩事情，间接对于四川的热忱了。更足以证明这一次这个团体到四川来的影响，定会比中国科学社更来得大而且深，前一会我还在对科学社的一些朋友说笑话，今年欢迎科学家来四川探查地上和地下的出产，明年就欢迎工程师来四川帮助确定开发的计划，在这一桩事情因为他们是已经确定了的，同时我们也在准备着供给他们的材料，所以说颇有希望，只要于事前把研究的材料收齐，加以相当研究和讨论之后，明年就可来川开始计划

欢迎经济学会后年来川开会

后年就可以欢迎经济学会到四川来开年会，帮助我们解决“钱”的问题。这个团体是许多金融机关当中的朋友或学者组织起来的，其中也有是大学的教授，不过他们的背景都是银行，只要他们一来，就可以把钱带到四川来，促成四川各种生产事业的开发。在这当中，有一个步骤，第一步调查，第二步依据调查所得拟定开发计划，第三步拿钱，开始经营。明年这个计划：工程学会来川考察，可以确定其实现；后年那个计划：经济学会来川开会，可以希望其实现，或许后年那个计划也许可提前一年实现。最近重庆美丰银行经理康心如，乘永丰轮出川，就是为这桩事情。因为在他未起程以前，听说上海中国银行的总经理张公权，于今年九月底要到四川来一次，不知究能成行否。所以得到这个消息之后，才决定了不如跑去请上海银行界的朋友联合组织一个考察团，

不约而同的与工程会明年一道入川来，这岂不是一桩很有意义的事情吗？这个计划假使不能于今年里实现，到明年上半年一定可以实现，至低也要提前一年，那么，后年经济学会再到不到四川来开年会，那可不必去管了。

用力运动外省人都到四川来

现在我们正在用力做这几个运动就是用力运动省外的人以及国外的人都到四川来。把科学家运动到四川来帮助我们探查地上和地下的出产，把工程师运动到四川来，利用四川所有的出产帮助我们确定生产的计划，把金融界有力量的人运动到四川来，帮助我们的钱去经营或开发各种事业。如像这种种的运动，有没有成功的希望？都有！只要我们肯去做，努力去做，不放松手地彻底去做，那么，不管你是做的哪一种运动，绝对都有成功的希望。我认为北碚的地方医院、民众学校和特务队，这时正好共同努力去作一个很有意义的运动，就是用力运动周围的民众都来接受我们的帮助。这个运动是可以有把握使它成功的。因为我们今天把中华民国都可以造得动，何况一个小小北碚的民众造不动呢？例如中国科学社之到四川开年会，仅仅几度谈话后，采用双管齐下的方法，一方面通知北平，一方面通知南京，就把中国科学社运动到四川来了。这次运动工程学会也是一样，一方面通知上海，一方面通知南京，以至于运动上海金融界的朋友组织考察团来川考察，亦莫不是采用一样的方法。我们要人帮助我们，都可以运动起来，我们要人接受我们的帮助，岂不可以运动起来吗？所以希望北碚，今天以后，凡与民众身上有关系的事业，都要把民众运动起来接受我们的帮助。

以成群的集团力量帮助四川

上面所说的各个运动，都是以成群的集团力量来帮助四川的各方面。要知道以集团的力量来帮助的意义和所发生的影响，是格外来得伟大而深切。如像已经过去了的中国科学社，和已经确定了明年来川的工程学会，以及尚在希望中的经济学会等等。凡这些运动都是永无止境和广无边际的，须得我们继续努力去做，和联络各方面继续努力去做的。现在中国银行和马寿征先生在外面找了一些研究蚕桑的专家，约共有六位，帮助到四川来考察，其中有一位还是意国人，是被国联派到中国来专门考察丝业的改良问题的。要是我们像这样继续不断地努力做下去，恐怕四川今天以后，年年都会有成群的学术团体，或个人到川来考察，而且使四川的各方面都得他们深切的帮助。进一步更要办到每一个月都有，每一个星期都有，甚至每一天都有省外的学术团体或个人继续不断地到四川来作考察工作。但是这还不够，我们除运动外省人到四川来以后，更还要促起世界上的人都到四川来，或来考察，或来游历。使世界上的科学家都到四川来，世界上的工程师都到四川来，世界上的金融界或实业界有力量的人都一齐欢迎到四川来。什么时候可以来呢？这就看我们去做这个运动的力量如何，如果是我们下大决心去做，那么，我们要想他们哪一年来，就可以使他们哪一年来，这纯以我们用力的程度为转移了。

拼命运动　白日不够继之以夜

前一次八月九号由汉口坐飞机回重庆，在飞机上几次欲呕，下了飞机，愈觉得厉害。进城经过自家里的门口，很想趁此回去休养一会，再到公司，但是忽然一下想起了，走了一个多月之后，公司还有很多堆起待解决的问题，于是乎并不停留地一直跑到公司。走进了办公室，求神问卦的就开始继续不断地来了，一直坐到晚上十二点多钟以后才回到家里去。第二天又包车跑上成都，白日赶不拢，继之以通夜，中间发呕数次。呕时叫车稍停，呕毕仍叫开车，并不因此而稍有所停留，为什么要这样拼命的忙，为的是向成都各军当局作了一个运动，第一是盼望四川今天以后永不打仗，多用新的方法整理四川，第二是盼望……彻底肃清匪患，把四川整个的、永远的安定下来，从事于生产的开发，政治的建设和教育的普及与提高以把四川变成一个“租界”。

四川造成“租界”吸收世界上的人和钱

只要把四川一经变为“租界”之后，世界上的钱和世界上的人，都可以吸收到四川来。上海租界里面有一个见方不过十里的地方，曾经集中过三百万以上的人，和十万万以上的现金，所以只要四川一经安定之后，就会马上有办法的。要知道现在世界上有许多的钱都找不到安稳的地方存放，世界上有许多人尤其是中国人都找不到一块乐土来住家。假使四川永远安定后，各方面都集中精力来创造、来建设，把四川的各个地方布满铁路之网，布满电线之网，一切大规模的工业都次第举办起来，集中生产大批出口，使原来贫穷的人都会变为有钱的富家翁了。这样一来，不单是可以把“魔窟”转变为“桃源”，而且是也要把“天府”造成“天国”。

各方彻底觉悟　川局前途乐观

现在岷江军事结束……在这个情形之下，可以说是最有希望的时候，也可以说是有最大危机的时候。因为往往在每次战争结束之后，随着又在着第二次战争的酝酿了。假使我们这时再不用旁的方法去促起他们的觉悟，那么，第二次战争，又将没法避免了，所以说这时也是危机最大的时候。又假使说，我们在这时从各方面去包围努力吹嘘，促醒他们今天以后不要再用战争去解决一切，而另以新的方法来整理四川，那么，又可以说这时候算是最有希望的时候了。在成都以两天半的工夫与各方面接洽下来所得的感想，觉得是川局的前途很有希望。因为各军的将领都已彻底觉悟了，愿意互相开诚布公，一致联合起来，为四川确定一个整理的办法。如果是都存在于这个整个办法之下，都去作一桩事情，则自然可以消灭敌对的形式，用不着各拥重兵以际卫戍图人，刘甫公曾经说过，今天以后决不再用武力来经营，而决用力量去帮助各方面整理内部的问题，以帮助二十八军整理财政的精神去帮助于各方面。

不带兵来做事改分区为分工

并且今天以后，各军将领，都要去担任一种专门事业的经营，或一种专门事业的经营监督责任，或是修铁路，或是修汽车路，或是经营灌县的水利，或是到边地去垦荒，分工进行，让他们把兵带起去工作，恐怕他们也不愿再带兵了。前次促何北衡处长到省，也就是为的去设法促成这个运动，近来接到何处长的回电谓各方已经告起奋勇……即行紧缩军队，缩减到军队开支在现有人民负担总额以内，从上面的种种情况看起来，川局的情况也一天比一天好起来了，我们利用这个最有希望的时期，用全力去帮助他们，相信绝对可以使四川永远安定下去，并且在这安定之基础上，可以逐渐产生出许多的事业来，这一次由上海跑到南京，又跑到汉口，又跑到庐山，都为的是这一个运动。

埋头努力工作同时顾到周围

我们一方面埋头努力工作，同时亦须顾到周围，换言之，即是也要把周围的环境变好起来，除了努力我们的事业本身以外，更盼望我们的周围，川省局面今天以后有一个比较好的情况。这几天，我们又要邀约几个朋友跑到成都去一趟，希望把这个运动，在短期内促其实现。我们都晓得大的运动即是范围比较广大的运动，做起来不易收效，但是我们决不因此为难而遂灰心，反为加力去做，至今不特证明并未绝望，而且已收到相当的成效了。足证明只要我们肯努力去做，肯想方法去做，是终久有成功希望的。尤其是北碚要是作起一个运动来，更有把握的成功。第一，北碚有这样大的一群人，可以担任这个运动；第二，范围并不广，仅仅止于峡区，而且目前止于北碚。但是中国人向来都没有公共的要求，尤其没有强烈的公共要求。即是有一点要求，都止于个人，更缺乏一种强烈的行动，跟随着每个公共要求之后，所以是常常不会做成功一桩事情。我们之所以能够把中国科学社运动到四川来，把工程学会确定明年到四川来和尚在希望中的经济学会欢迎到四川来，完全是凭自己的力量用方法去促成的。所以我是盼望今天北碚的朋友，万不要入于安眠的状态中，反之是要常常不安于现状，随时想出新的标准，以强烈的行动随其后，一致要求达到而后已。这样一来，北碚未来成功的希望，绝对是很伟大的，而且是很有把握的。

（原载《嘉陵江》1933 年 10 月 10—16 日）

我们的要求和训练
(1933 年 11 月)

第一个要求是活动：中国人的生活习惯是静的，是被问题逼着了而后动的。我们要变更这个习惯，要求动，要求在一个理想上活动，在一个使命上活动，在继续不断的前进当中活动。例如我们的理想是建设成功一个美满的三峡，是从经济上、从文化上、从风景上、从治安上建设成功一个美满的三峡，我们便要从各方面包围着这整个的三峡活动。假如我们在这整个的理想中间负责的使命是治安，治安的使命一方面是防匪，防匪的一个准备是军事训练；我们便要在军事训练上要求活动，要求继续不断前进的活动。便要从各方面包围着军事的训练的活动，从睡觉、起床、吃饭、走路、运动、读书、上课、下操以至于休息、游戏，都包围着军事训练而活动。任何时间、任何活动，都在军事训练的意义上，绝无一个时间无聊，绝无一种活动在自己的使命以外。

又假如我们负着的使命是警察，我们便要在警察上活动，我们便要从维持公共卫生、公共秩序、公共的好习惯各方面去包围着警察的意义活动；我们为维持公共卫生而防疾疫传染，便不得不驱逐苍蝇，便不得不从肃清一切污秽的地方消灭苍蝇的卵，从江边及饮食摊子上消灭苍蝇。我们自己要求这种活动，同时还要促起人民要求这种活动。

又假如我们的使命是布置花园，我们便要在风景的调和上活动，便要从我们游各处的公私花园，游自然的野景，看图画、看照片、看电影，乃至于朝夕看我们自己的公园，去作风景调和的活动；我们便要求有地方都有布置，有花园都有方式。我们自己要求这种活动，同时又促起人们要求这种活动。

总之，我们随时随地在活动，而我们的活动都在我们所负的使命上。不但专一于所负的使命，而且包围着所负的使命；不但有恒，且有不断的前进；不但有时间都活动，而有活动都紧张；不但使人惊服我们活动的成绩，尤其是我们活动的精神，因而有深刻的感应，使这静的社会变成动的社会。

从我们的活动上，不但要看出一手一足之劳，尤其要看出一点一滴的思想以使人欣赏。所以我们不但要求活动，尤其要求活动产生于思想：第一是运用思想去寻找我们的问题。例如警察在北碚市场当中要寻出清洁的问题，码头上要寻出秩序的问题；第二是运用思想去寻求解决问题的方法，例如我们为了菜蔬除虫而用除虫菊粉，而用漂白粉水；第三是不怕失败去运用思想解决问题，例如我们为种牛痘而宣传，第一天是讲演，失败了，第二天便改为鸣锣，还是不很成功，第三天便与乡人各个接谈；从各方面去进行一个问题，不解决不已，我们的活动是需要这样彻底。

第二个要求是正确：我们任何活动都必须正确，有如我们在操场上每一个动作乃至于每一个举动当中的身体各部分都必须要求正确一样。立正姿势要求两脚跟靠拢，并齐在一线上，两脚尖离开约六十度，两膝并拢，两腿打伸，小腹后收，胸部外张，两臂自然下垂，两手贴于裤缝，颈宜直，头宜正，两眼平视前方，这是何等正确！不但操场上的动作需要这样正确，野外演习、内务整理，以至于饮食起居、说话做事一切活动，都是要求正确的。

不但军事活动要求正确，任何事体都有同样的要求。例如平民公园要建筑一条上山“之”字路，我们要求每一转弯之处，石级长宽步数，以至于转变的角度，都必须正确。要求公园路的梧桐树，必须种在一根直线上，及相同距离上，分枝在相同高度上。要求北碚任何机关的时间必须正确，我们必须依据正确的时间参与一切公共集会。要求新闻记者载新闻必须正确，录士缮写必须正确，审计人员审计收入支出必须正确。

总之，我们看一样东西必须正确，听一句话必须正确，思想必须正确，说话必须正确，任何行动都必须正确。正确的第一个要求是形式：正方必须是正方，必须每一边等长，每一角都是九十度；正圆必须是正圆，从圆心上到圆周上的任何点都是等距离。第二个要求是数目字：是三百五十二个人，不能说大约是三百余人；是一万四千八百六十三元，不能说大约是万余元。第三是系统：我们必须将整个三峡的事业分为经济方面、文化方面、治安方面、游览方面，又必须进一步将经济事业分为矿业方面、农业方面、工业方面、商业方面、金融方面，将文化事业分为研究方面、教育方面，将治安事业分为军事方面、警察方面；这就是使我们当前的问题有个明白的系统，有个明白的分析。第四是因果关系：我们必须训练成功一群有创造能力的青年，才能创造成功一个良好的社会环境；必须有了好的社会环境，才能培育成功更多的好人。我们帮助人必可得人的帮助，嫉恨人必可得人的嫉恨；地湿不一定是天雨，谷贱不一定是年丰，这些必然的和或然的因果关系，必须认识正确的。

第三个要求是亲切：对事要求正确，对人必须要求亲切。我对峡里各主任人员非常亲切，同时盼望各主任人员对于所训练之服务人员非常亲切，各中队长于分队长非常亲切，分队长对于班长，班长对于兵，特务队的兵对于人民，都必须非常亲切；一个机关中间的服务人员相互须要亲切，各机关的人员各主任人员相互须要亲切，我们对人的活动，须要亲切乃能发生影响，对人的要求，须要亲切乃能达到目的。我们对人亲切，知人乃能深切；同人做事，乃能避免误会和隔阂。

对人亲切的方法：第一是多与人接触，尤其要领导一个大群必须在一个人群前面或在一个人群中间，乃能认识清楚这一群人的问题，乃能促起他们共同去谋问题的解决；第二是共同活动，譬如训练兵做工必须共同做工，训练学生运动必须去参加运动；第三是相互帮助，互相供给方法，指正错误，帮助力量，促其前进或为排除困难；第四是亲切的态度，对于人的好处有深厚的同情，对于人的成功有热烈的庆祝，对于人有不好处始终希望其改好，人有失败处予以安慰并鼓起其勇气。这都是不可或少的态度。

任何时间都需要：（一）检查自己是不是在活动？是不是在围绕着我们的整个理想，围绕着整个理想中自己所负的使命，围绕着自己所负使命中的问题而活动？（二）检查自己的活动对事业是不是正确？是不是辨认问题十分正确，寻求方法十分正确，依据方法做得十分正确？（三）检查自己的活动对人是不是亲切？是不是在人群当中，关心人群的问题；帮助人群，促成人群去共同解决问题？

我们有这三种训练，第一是活动、第二是正确、第三是亲切之后，必须进一步训练士兵，训练士兵到这样的程度：他都能够在他的使命上活动，做事都能正确，对人都能亲切，才算尽了我们训练人的能事。

我们这样训练人，不是要求他们仅有一种自找饭吃的能力。自找饭吃还算是中国人优为的，还不算是中国当前的问题，普遍的缺乏（缺乏要求、缺乏习惯、缺乏能力）乃为如何帮助社会。因此乃要求他们都有能力帮助社会，在消极方面都能帮助社会排除灾害，在积极方面都能帮助社会创造福利。

水、火、疾疫、盗匪、战争，都是社会的灾害！我们在事前必须如何防范，在当时必须如何应付，在事后必须如何救济。生产事业、交通事业、文化事业……都是福利社会的事业，我们必须如何集中人力、集中财力，如何创造、如何推进、如何扩大、提高和普及其所及于社会之福利。这些活动，都不是个人的，而是社会的，我们便应负起责任从这些活动上去帮助社会。可〈见〉凡活动而是社会的，必须要一群人乃至一大群人，在整个的有系统的组织下面共同去担当，而每个人只能担当其中的某一项。有如今〈天〉我们所努力的事业：有在治安方面的，有在文化方面的，有在经济方面的，有在游览方面的，即在治安方面亦有在军事方面、警察方面的；即在警察方面亦有在市场上的，在铁路上的，在矿山上的；即在铁路上亦有在车上的，在站上的，在路上的。我们每一个人都在活动，然而都不是个人的活动，而是一大群人当中的活动，都不是独立的活动，而是一整个计划当中的活动。

我们是从个人的活动，变到社会的活动，一方面我们不是为了个人而活动，而是为了社会而活动；他方面不是个人独立的活动，而是为了社会而活动；他方面不是个人独立的活动而是社会组织中间的活动；例如医院的医生是为了社会的病人而活动，而又各活动于医院一个社会组织当中。其意义有两重：在小的社会——医院——当中的活动，是含有训练的意义；在大的社会——一个市场或一个乡村——当中的活动，是含有帮助的意义。我们要求这样积极的活动，而且要求这样活动有大的效率，其训练有骨髓，在对事正确、对人亲切，在小的社会当中，有严格的组织，在大的社会当中，有极大的帮助。

（原载 1933 年 11 月同名小册子，此录自《中国的建设与人的训练》，上海生活书店版，1935 年 3 月）

训练要方式与精神并进*
（1933 年 12 月 16 日）

本公司训练方式变更，已有两周。两周以来，住在重庆的日子不过两三天。在电话上知道变更后情形很好，但，有了方式，还须有活跃的精神。

办公是办公的时间，娱乐是娱乐的时间。现在每天晚膳以后，办公一律停止，专去娱乐。那么，在办公时间以内，应如何紧张，应如何严密整理！两周以前，曾嘱各处、股的各个人，填一职务调查表。因很多人不明了这种意义，填来的表，太不一律。我们需要的，是各个人做些什么事，用什么方法去做这些事。因就缴来的表中选出合于此种意义的两篇，嘱各个人照样去填，结果，大家都未如期办妥，可见精神上未能一致合作。

现在不仅仅是职务形势上要整理，第二步还要希望各个人把他的职务中的重要部分抓着。试举一个例子来看：最近三峡中，不几天，匪徒一连劫了两个场，八塘及草街子。这个问题发生了之后，我们就要很多很多的方法去办理，用各种不同样的方式派人出去侦查，而且是昼夜不息的侦查，又派人到邻近县署去抄写供词，因此得到一点线索，而捕获一匪。又用许许多多的方法去问捕获的匪人，由他的口供又得着其他的匪的消息。因此，在几天之内，将劫八塘的匪类，差不多通通捕获了。峡防局遇着这种问题，都可想出种种方式去解决，想种种方式抓着最重要的所在去解决，那么，我们呢，我们根本的问题当然也要尽心尽力去解决的。一部分的人，不明了什么问题应该重要，什么问题应该不重要，往往做了一大堆、一大堆的废事，莫有抓着重要所在，而反把重要

---

* 卢作孚在民生公司朝会上的讲话。

问题忽略了。

公司职工，谁努力，谁不努力，我们应该用种种方法去考查他，核定他。此事，各处股主干人同人事股都要负责，到了年终始有加薪的标准。整理工作标准明了确定之后，就可由此考核成绩了。

社会上并无“难”事，只有遇事不去做，就“难”。做，而怕得罪人，也“难”。我们如果决心努力去做，努力合作去做，那么什么都不“难”了。昨晚视察京剧组时，一部分的人，已到民主〔生〕轮去了，但结果，一个催一个，还是召集了不少的人。由此可以看出，凡遇一个很大的问题，或很困难的问题，只要一个催一个的努力去做，努力抓着重要点所在去做，便无所谓“难”，亦无所谓“不成功”了。

（原载《新世界》第36期，1933年12月16日）

从四个运动做到中国统一
（1934年1月29日）

读丁文江先生的《公共信仰与统一》一篇论文后，很有深刻的感触。第一是讨论到中国当前的问题，第二是讨论到中国问题的根本。只是，那篇文章提到了我们需要一个最低限度的信仰，而未提到最低限度的信仰是什么；提到了政治首领需要使个人的信仰变为多数人的信仰，而未提到使个人信仰变为多数人信仰的方法是什么。

我们觉得中国急切需要的是根本问题的讨论和解决方法的追寻，而不是枝节的批评。徒有这桩事与那桩事的批评，这个人与那个人的批评，无裨于中国问题的解决。只是为了现状想办法，而不是为了变更现状想办法，绝无解决一切问题的希望。

我们觉得最可悲恸的中国人每每忽略了当前问题的酝酿，而徒震惊于事变的爆发。在很长的时期中，忽略了东北问题的酝酿，而徒震惊于九一八事变的爆发；忽略了若干反抗势力的酝酿，而徒震惊于某军事变的爆发。由前之例，每每陷于问题之无法应付；由后之例，每每陷于应付问题之无已时。以至于一个中华民国全为内忧外患所包围，且一天比一天包围愈紧，不能发现一条生路或一线光明。

东北之成为问题远在数十年以前，到九一八事变以后，则问题已扩大到东北以外了，奈何我们才觉得东北是问题，而且此一点觉得，亦止于发生事变之顷，而今已模糊不明，且已明知问题方在继续酝酿，而不复视为当前必须解决的问题。即今后来事变继东北而爆发或且成为强弩之末之刺激，认为是意料中应该有的，乃并求如东北问题之足以刺激起我们一顷间的感情亦不可得，此为何等可怕的事情！可怕何尝在日本，乃正在中国人！

中国如果不断的内乱，日本，或且不止日本，即可不断地前进。但是，内乱之成为问题，已不知经了若干次，诚能解决此已发生之问题，如何能消灭问题之不断地酝酿，以至于不断地发生？在中华民国已整整有二十二年的证明，在国民革命后，亦已整整有几次的证明。且无论目前的形势，即一切反抗的力量完全消灭以后，亦未能消灭反抗的酝酿，如果仅凭力量，因为一方面有进攻的企图，他一方面必有防御的企图，反抗正是被力量压迫或排除促起的。

所以我们最盼望国人能提出当前的问题，而且能提出问题的根本；不仅注意问题之已经发生，尤须注意问题之正在酝酿。东北诚然是尚未解决的问题，而不是仅对东北可以解决的；过去的内乱诚然是已经解决的问题，而不是仅对反抗者可以解决的。义勇军抗日不是收复东北可靠的力量，武力对内不是消灭反抗可靠的方法。

内忧外患是两个问题，却只须一个方法去解决它。这一个方法就是将整个中国现代化。换句话说：就是促使中国完成现代的物质建设和现代的社会组织。此在中国应成一种极其鲜明的运动。分析起来，第一是产业运动，第二是交通运动，第三是文化运动，第四是国防运动，皆各有其物质建设方面和社会组织方面。凡感觉到中国根本问题的人们，都应负起责任做这四个运动。中央政府，尤其是最高领袖，应以这四个运动为活动的中心。集中全国乃至于延揽国外的专门人才，担任下列的几个工作：

无论英美自由主义的国家、德意法西斯蒂的国家、苏联社会主义的国家，所有的产业运动、交通运动、文化运动、国防运动，其方法、其历程、其所到达的最高纪录，通通搜集起来、整理起来，摆在全国人面前，摆在关心全国问题的人的面前，使明白什么样是现代的国家，如何才能够立国于现代。这是第一个工作。

以中外的专门人才总动员将全国的产业状况、交通状况、文化事业状况、国防状况和所感觉的需要，通通调查起来、统计起来，摆在全国人民面前，摆在关心全国问题的人的面前，使明白自己国家是如何空虚，如何贫乏，如何恐慌。这是第二个工作。

根据世界的最高纪录作为目标，根据国内的目前状况作为出发点，适应整个国家的需要，定出整个国家的生产计划、交通计划、文化设施的计划、国防布置的计划，定出最后的要求，而又依进行的便利定出若干步骤。如此，既有明了的可以到达的境域，又有明了的可以率循的路径，使全国人尤其关心全国问题的人于明白了现代的英美、现代的德意、现代的苏联、现代的日本之外，更彻底明白了一个现代的中华民国，非常之爱好她、希望她、急切的要求实现她。这样确定一个具体的理想，必定可以促成实际的行动，必定可以吸收忠实的信徒，而成功为全国人的真切的公共信仰。这是第三个工作。

一部分专门人才，集中在中央，以中央政府为全国政治机关组织的模范，为政治人才训练的中心，为四个运动的发动机；另一部分的专门人才，则帮助各省。无论其在今日之东南或西南或华北，无论其在中央直辖之省份、或非直辖之省份，都一样予以帮助。不断地赴各省视察，赴各省宣传，赴各省指导，促起各省政治方面或社会方面的人做四个运动，在国家整个计划之下做四个运动。但有动机即予帮助，无论其规模之大小，要为整个计划中所需要。对于事业：需要调查即为调查，需要人才即为介绍人才，需要办法即为提供办法，需要对外接洽即代为对外接洽。对于人才：需要赴各省或各国考察，需要赴某地或某国研究，即予人事上种种的帮助；需要在中央或某事业上练习，即调派或介绍其前往练习，如此帮助扩大到什么地方，即是中央的权威扩大到什么地方；深入到何种程度，即是中央的权威深入到何种程度。今天中央的兵力还有不可到达的地方，中央的帮助却在任何地方都可以到达。谁受中央的帮助，谁就变为中央的信徒。这时，不但建设成功了全国人的公共信仰，而且建设成功了整个国家；不但成功了整个统一的国家，而且成功了整个现代的国家。这是第四个工作。

集中了国内外的专门人才总动员而且十分紧张地以第一、第二两个工作为预备工作，并以促起全国人的觉悟，以第三个工作建设成功一个理想，而以第四个工作促使这理想成为全国人的公共信仰，促使全国统一于一个公共信仰四个现代化的运动之下，这是最可靠的统一全国的方法。由这种方法不但有了对内的力量，亦且有了对外的力量。因为以一千万方公里、四万万人口的一个大的国家，完成了现代的物质建设和社会组织，至少也可以比拟现代的任何一个强的国家，并要求有超过了他们的完整和良好，不但不至再遭人欺，而且还可以找人算账了。

今天以前用军事的方法求得全国统一，直到今天没有统一，则这种方法已可证明无效了，至少应作一度新的试验，求一种新的方法。这新的方法是从四个运动使中国现代化，建设成功一个公共理想，使全国人去要求实现它，政治领袖要如此乃可以言政治领袖，党要如此乃可以言党。更须知道：用军事方法解决军事问题，只能得一个适得其反的结果，因为适足以促起天下聪明才智之士集中聪明才智于军事，于是军事问题乃弥漫天下不可解决了，如果迁移天下聪明才智之士的聪明才智于军事以外，则军事问题自然消灭不待解决。徒欲排除反对的势力，适足引起一切势力的反对；纵能排除反对者，然不能取得信仰者。必须用鲜明的政治理想作鲜明的政治运动，号召全国人、领导全国人、帮助全国人，从此促使全国人信仰中央，乃至于促使全国人依赖中央，然后可以统一中国，而且必定统一中国。因为今天以前的统一，只是中央的要求；今天以后却变成全国的要求，而且是全国对中央的要求。合全国的力量要求统一，统一自不成为问题了。

（原载《大公报》1934年1月29日，此录自《中国的建设问题与人的训练》，上海生活书店版，1935年3月）

比武力还厉害的占据
(1934年2月10日)

日本用武力占据了东北四省，使全国人惊心动魄，倒还不是可怕的事情，最可怕的是她的棉纱，已经占据了华北，而且已经占据了扬子江的下游直到湖北为止，棉织物则已占据到长江上游，进了四川，驱逐了一切本国的棉织物了。当着重庆抗日会因内部组织不良，停止工作的时候，日本棉织物便趁机袭取了重庆，一切匹头商店都举行大拍卖，六折、七折拍卖国货。他们并不是用此以抵御日货，乃用此欢迎日货用拍卖的方法将国货驱逐完了，好整个的畅销日货。毕竟商人爱国不如爱利益，消费的人则又爱国不如爱便宜，两者相乘，可以断送一个国家的生命了。何至于等到日本的兵力，日本也正不必用兵力，听说他们的商业舰队，不久又将直抵重庆占据着长江的内部，棉纱进而占据着全川了。全国每年需铁四万吨，本国只有一个六合沟厂可以供给三万吨，然而日本的生铁来了，比什么驱逐舰或驱逐机还要厉害，六合沟铁会被驱逐于一切的市场以外，日本的生铁，会将全国占据。这比武力还有权威，征服了中国，而且制着了中国人的死命。这是何等可怕的事情，应如何促起全国人的注意，促起全国人一致起来作积极的抵抗!

(原载《新生周刊》第1卷第1期，1934年2月10日)

整个四川的五个要求*
（1934年2月16日）

我们每次到了中原，与人接触，人问贵省？听道是四川的时候，必大大地赞美着说："好地方呀！"我们听了非常惭愧。四川好地方呀！只可惜人太辜负了她。

我们遇着关切四川的好友，无论是旧好新知，一握着手，必问："四川近来怎样？土匪少了吗？战火没打了吗？"有时我们很诧异中国人不很知道中国的事情，替他们解释："四川已经久没有土匪了！也好久没有战争了！"有时战火正打得厉害，乃令我们不好意思答出来。然仍亦替他们解释："大家只晓得四川有战争，不晓得四川还有建设呢！他们停了战争便开始建设，一直建设到第二次战争开始的时候。虽然那些建设不全有社会的意义，不全与民生有关系；但究竟在建设了，尤其有竭全力去建设变更了一个城市的状态，或变更了一个社会的风气的。"

这一次出了四川，凡关切的好友必又问："……四川可以统一了吗？"……解答是："统一已经形成一种趋势，如果没有意外的变化，总应得统一了。"我们从中原的好友这般勤致问的话，可以看出他们是如何希望着四川啊！……恐怕许多中原的人盼望四川好，比四川人盼望四川好还恳切罢！

四川真的是好地方，没有到过的人都仰慕她，到过的人都想念她。她有很好的风景，有雄峻的、极曲折变化之致的夔巫三峡，有秀拔的峨眉，有幽深的青城，有无数可以游览的名胜，可以招致世界的游人，不仅是中国人。她有很好的出产：有丰富的燃料，有铁、有铜，有化学工业的原料；她有出口的丝、桐油、牛羊皮、猪羊毛、药材；她有丰欠都

* 收录本书时有删节。

足以自给的粮食，有大宗输出省外的盐、糖；她有众多的人力，上至山巅，下至水涯，完全加上了人力的经营，是任何人来见着都要惊异的。同是一平方里的地面，与中原比，它的面积却要大些，因为它的表面是凸凹的，不是平的。她有原料，还待制造，她有富藏，还待探察，可以招致中原的乃至世界的人力和财力来研究她，经营她，装饰她，更使中原乃至世界的人来欣赏她，享用她。尤其是她有绝大的力量，可以帮助中华民国这一个国家。四川是这样可爱的地方，四川人应怎样？

太可惜四川人"见惯不惊"，"人在福中不知福"，忘却了这"天府"，忘却了自己生活在这"天府"中。不加爱惜，连年战争，积累了三十万以上的军队，七千万以上的军费，如许军费都从这"天府"中自由取携，一直到民穷财尽。安宁是没有保障的，大家只建设强力，不建设秩序。于是乎这可爱的地方，变成了可怕的地方，要到四川的人都怀疑，到过四川的人都头痛；如前年国联两交通专家奥京斯基·蒲得利定了到四川的日期，而被阻止于四川战争的爆发；去年某银行经理某君，刚赴峨眉而被爆发的战争逼得逃去。于是乎凡可以帮助我们的力量，都因了我破坏的力量拒绝于数千里外。虽然我们也在请求建设，然而不能建设成功一种人们的信赖，尤其是不能战胜破坏。

我们且不问外人而问自身，今日以前的川局，是否还可以延长下去？则须知只要战争的准备是继续的，战争便是继续的，军队的增加便是继续的、军费的增加便是继续的。回头一看人民，粮税的负担不断的加重，加重到他们收入的大半了，更重的乃至于收入不够完纳粮税。他们因为负担加重，不得已将生活降低，然而是有最低限度的，不能降到他们不能生活的时候。同时百货税捐亦重加到百物昂贵，人民因为生活费降低，购买力亦降低，而又物价加贵，于是商业萧条，穷困不但布满了乡村，亦布满了都市。我们为逃出来的难民募捐，那被募的人们蹙着双眉，叹息说道："我们还是难民咧！不过没有逃出去啊！"听说两年以前，中原洪水为灾，重庆募捐汇往救济达十余万；而今本省遇了大患，难民达数十万，重庆募捐经月，得款乃不过三万。由人民捐款能力的降低，也可证明他们富力的降低，而且降低得太快。再往下降，人民求生无路，纵不发生变化，军队亦无所为养了。而况竭人民的负担，已经不能养现有的军队，现在军饷皆不足，听说皆望刘督办补助，而不知刘督办所统率之二十一军更不足。不过二十一军于加粮、收税之外，还可以借款，甚至于可以借款为经常的收入，然而借款总额，亦不断地增加，增加到银行钱庄所能担负之最高限度以上了。

情势如此严重，不但军队不容继续增加，即以现有军队继续下去，军费亦继续不够；不够之积累，已为可恐怖的问题，而况凭恃武力，还须继续增加军队，故不容许不为改弦更张之计。

改弦更张之前提是裁兵。而兵也者各个集团所赖以生成之具，裁兵实裁其生命，故在各个集团相持之日，绝无可以裁兵之机会。今则不然，二十一军已在四川占了绝对多数的地位，军事已有了重心，已失了对抗的形势，至少统一已成了趋势。解放今天以后四川的问题，只需要办法，不需要战争，只需要信赖办法，不需要凭恃武力。任何人都不应该怀疑人，都不应天天在那里研究人的态度，考虑人的要求，都应光明磊落地提出四川的办法来，而亦绝不是为了自己的要求。人各自为其集团的生活，乃形成了集团相互的冲突。此种生活方式如不变更，冲突永远没有消灭的时候。如果各个集团自为的意义扩大而为了四川，为了整个四川提出要求，乃至于提出办法，则见解绝不会有大的出入，纵有出入亦绝不至有大的争执或冲突。不问用公开会议或私人接洽，任何方式皆可将办法决定。……一个集团可以反对他一个集团的要求，但绝不会反对整个四川的要求，故最好是以整个四川的要求统一川局。

四川目前〈的要求〉

第一个要求是在最短期内肃清匪患……

第二个要求是裁兵。

我们知道裁兵，不但是人民负担不了增加无已的军费而为人民所要求，各军亦自支持不了增加无已的军费为各军所要求。……军费困难，各军尤应自知利害。其所以必拥有多兵以为累赘，实以其集团生存只能凭恃武力，不能凭恃秩序。故目前最要紧的企图，在建设秩序替代武力。促使各军在一定秩序下裁兵。第一步裁到人民力能负担的军费范围以内。以后还须逐渐裁到相当的可以减轻人民的负担，并使军费只占财政支出的一部分，乃至于小部分。

第三个要求是安定。

四川整整经历了二十二年的战争，民穷财尽到无以聊生。人在社会上没有生活之机会，于是各由亲戚朋友邻里的关系加入军事或政治生活的集团，加多依赖集团生活的分子，加重集团间冲突的严重性，于是愈避免不了战争。今天幸而失了武力对抗的形势，则应用全力避免以后的战争，不但不使之爆发，尤须不让其酝酿。由秩序的建设，保持长时间的安定，然后可以使浮游在军事集团或政治集团当中的若干人，回复到社会上安居乐业去。亦必须有安定的保证，乃能使一切人生活有秩序，不至于随时要求生活问题有更好的解决，或由掠夺而解决的机会。

为了四川未来的开发，须仰赖于中原的人力和财力的帮助。要使中原的人力或财力肯到四川来帮助，尤须仰赖于四川的安定，且须安定有了保证。中华民国有几个比较安定的租界，于是繁荣便集中在几个租界。一个上海集中了三百万以上的人口，一万万以上的存款。这本不是健康而是病态。一切有钱、有办法的人们都躲避内地，逃到上海。内地不一定都不安定，但以其无保障，便为人们所恐惧。尤其谈到四川，便联想到战争与土匪，……虽然事实上是没有的，然而他们的脑筋中是有的。所以安定必须有办法，在那办法之下，必须有保证，大之绝不至有战争，小之绝不至有土匪，中间绝不至于有军人恃赖兵力轶出法轨。使一切人们都互相信赖，然后本省的人敢于做事，中原的人敢于到川省来做事，科学家敢到四川做研究的工作，工程师敢到四川设计工程，金融界敢到四川投资，卖机器的厂家或行家，敢到四川来卖机器，许多中外人士都敢到四川来游历，不需要欢迎，只需要安定，使他们相信。如果不然，那许多尤其是在租界安定中的朋友谈到内地，已多考虑，谈到四川，则并短期一游已常成了考虑的问题，而况要他们来有所帮助有所经营，那是更成问题的事了。

第四个要求是开发。

四川的出产虽然还没有法证明某种特为丰富，然而各种出产都有，供给自己需要以外，还可以供给省外乃至于国外的交换。已知的富藏，还待开发，未知的富藏，还待探察，已有的原料还待制造，手工制造还待变更为机械制造。第一步须有整个的调查，第二步须有整个的计划，不但生产要有整个的经营，还要政治上一切设施，都以生产为中心。

财政上的设施，在收入方面，须有保护并奖励开发的意义，凡开发所需的原料和工具和所出的成品，都须特别减税或竟予免税。在支出方面须逐渐降低军费，提高政费；须降低政务费，提高建设费；须降低享用的建设费，提高生产的建设费。尤须收支相抵，不仰赖金融事业的接济，促使金融事业用全力扶持生产事业之前进，财政上只予保障，不予牵掣。

文化上的设施，在研究生产的方法，在教育方面必培育生产的人才，在社会方面必提起生产的意义。

交通上的设施集中于若干生产区域，要求铁路建筑近则由生产区域到江边，远则由四川到海口。汽车路〈适〉应货〈物〉运输的需要，完成全省的系统。航路则处处联络铁路及汽车路。必须使原料可以运济全省的需用，粮食可以由丰收的区域运济歉收的区域。

产业上之设施必须依着开发的步骤，农业粮食之外须加工业原料。矿产、燃料和钢铁须应发展的需要，工业原料尽量变为成品并运销到省外乃至国外的市场去。

治安上之设施，在维持谨严的秩序，使一切外来的人们感觉安全，并感觉便利，使他们敢于在四川的生产事业上投资或作事。

第五个要求是统一。

统一是此日四川的需要，亦是此日中国的需要。长久安定之局，须仰赖着整个的秩序。如何开发四川，尤须确定出整个的秩序。整个秩序的完成，即是川局统一的完成；然而不可以急切求之，需由各方面相安，办到各方面相信，最后办到各方不再依赖着武力，依赖秩序须从最高领袖提倡起，从现状起，着手整理。军队的编制和训练，财政的预算和分配，行政的设施和管理，在第一步只要求全省活动在一定计划之下，组织在一定制度之下，人员的考核，在一定规程之下，不须急遽地集权在最高机关手里。以此意义领导各方，帮助各方，到能彻底执行时，则川局已完成统一了。

最要紧是在扩大生活集团的运动。世界上任何国家都以国家为一个生活集团了，只有中华民国尤其是四川最明了的生活集团才发展达到一个系统的军队。这个生活集团的要求迫在眼前，于是大之忘掉了国家，小之忘掉了四川。牺牲四川于若干集团的竞争者整整经过二十二年，虽然民穷财尽了，还自幸有四川存在。

最可恐怖是国家没有可以存在的恃赖，日本已作一度进取的试验，并未感有障碍。如果我们不断地内乱，日本，不止日本，必至于不断地进取。岂特没有了外蒙，没有了西藏，没有了东北，必且没有了新疆，没有了内蒙，没有了华北，没有了……以至于没有了四川而后已。我们绝不要有西南后亡，乃至于四川后亡的妄想。如果四围的边疆以至于中原全不存在了，西南绝不能凭恃天险。只有叫整个国家不亡，不能先自侥幸希冀于一隅后亡，所以应待赶快促成四川的统一，并以促成四川统一的方法促成全国的统一，乃能积极地完成国防。

统一四川的工作是：在积极方面集中一切人的兴趣于地方的开发，

秩序的建设；在消极方面裁减了军队，消灭了战争；这应是今天最高领袖所提倡各方将领所赞成的。尤其至少要求人才于中国，求办法于世界，不太狭隘，乃能于现在的局势以外辟出一条生路来。这是切望局中人觉察，局外人帮助的。

（原载《新世界》第 40 期，1934 年 2 月 16 日）

什么叫做自私自利
（1934年2月17日）

人们每每从中国目前的病象，感觉着“中国人太自私自利”，认为是中国人的病根。诚然不错，做官人做到一国之大了，每每不顾到国计，亲民如一县之长，每每不顾到民生。他们忙着刮钱，忙着位置私人，忙着扩充势力，只知道而且只势力于“自私自利”。这都是被人们常常责骂的。不过自私自利岂是被责骂的做官人特有的精神？做官以外的人，做公众的事以外的人，更谁肯问公众的事，更谁不是做自己的事，更谁不是自私自利？茶馆里贴着条儿“休谈国事”，口头里念着要诀“各人自扫门前雪”，正都是自私自利的标语。坏人固然是自私自利，好人亦以自爱为美德。所谓自爱者，只爱自己，不爱他人之谓也。然则严格规定范围，中国人全部都将划在自私自利的范围以内。由全部只做自己的事的人们自私自利，遂让那全部做公众的事的人们去利用公众自私自利，不会做好公众的事。

但是，从另一方面解释，自私自利而缩小到个人范围，则范围太小，只有肚子饿了要吃饱，身上冷得厉害了要穿衣服，风雨来了要找遮蔽的房屋，才是纯个人的需要。性欲亦其于个人的要求，然而已有对方的关系。无论程度或范围超乎此，则皆非自私自利，至少非个人的自私自利，而为适应社会环境，给予社会的要求了。当他们为社会的环境所压迫，为社会的要求所征服，无法抵抗的时候，其行动几乎全部是社会的，是徇社会的，或竟是殉社会的，而非个人的行动，非自私自利的行动。

人要吃饱是为了个人的要求，然而要吃好的，无论其为中席或西菜，则是为了宴请亲朋，应着社会的要求了。要穿得温暖是为了个人的要求，然而要穿好的，无论其穿丝织的长袍或毛织的洋服，则是为了出人交际场中应着社会的要求了。人要房屋遮蔽风雨是为了个人的要求，然而要修一进几重的中国大厦或是一升几层的西式洋楼，则是为了都市美化，应着社会的要求了。乃至于屋外要有很美丽的花园，由旧式的曲折幽深以至于西式的整齐开朗，屋内要有很美丽的陈列，由中国古董以至于现代艺术，都不是个人的而是社会的要求。你所接近的社会要求什么，你便供给什么样式。一个乡间有钱的人，切于要求钱的增加，然而自己吃的同穷人一样，穿的同穷人一样，自己不肯用钱，也不许儿孙用钱；然则积起钱来何用？这决不是个人的要求，而是社会的要求。因为那一乡最尊敬、最羡慕的是最有钱的；他们可用银元作单位，也可用田亩作单位，来随时替他计数，从这计数的工作当中表现出他们的羡慕。替姑娘办陪奁，替她缝制一辈子也穿不完的衣服，虽然知道明年就会变更样式，有穿不得的苦，然而陪奁是必需办理的，不是为了他的姑娘的要求，而是为了社会的要求。当着许多陪奁摆在抬盒里边抬着经过街上的时候，立着瞻仰的许多人们，必一一点数，必记着数目，必街谈巷议，议到他家陪嫁姑娘的抬盒架数。

这许多例子，还不只这许多都可以证明人们的行动绝不是为了自己，而是为了社会。社会要求什么，你便给予什么。为了给予社会的要求，你可以牺牲了自己的自由，你可以牺牲了你所认为应该有的行动，以至于由行动积累而形成的人格，你可以忍着精神上终身的痛苦。这样牺牲了自己为了社会的行动，绝不是自私自利的。

中国人是与世界上任何人种一样没有自私自利的行动，并不在人们的自私自利，乃在社会要求的错误。人是社会的动物，是由社会刺激而起反映的动物，正面的社会的引诱，使你不能拒绝；反面有社会的压迫，使你不能反抗。你惟有屈服，屈服于社会的要求。社会要求人们以什么表现在社会面前，人们便以全力趋赴，不但不为自己，任何时间皆可牺牲自己，乃至于牺牲了自己的生命。今天以前社会的要求，有一个根本的错误，是要求人以所有的表示在社会面前，要求人有好的吃、好的穿、好的房屋、好的陈设、好的财产、好的地位，以这一切所有的表现在社会面前。于是人都努力而且拼命追求或积聚其所有，以表现在社会面前，以此形成一种自私自利的局面。今天以后则应变更社会的要求，不要求人以所有的而要求人以所为的在社会上表现。要求你有很好的讲演或有很好的著作，要求你在科学上有新的发现，或在机器上有新的发明，要求你为公众担当大难或为公众创造幸福，你便会努力而且拼命地趋赴于这些方面，以你所为的在社会上表现。整个社会都迫切地要求你为他们工作，你便不得不为他们工作。你为什么在战场上冒着弹雨地冲锋，为什么在运动场上不顾命地跑第一，都是被逼迫于社会的要求。社会的要求，可以叫你使尽力气，可以叫你吃尽痛苦，甚至于可以叫你死。如果你个人的要求与社会的要求冲突的时候，你只有压抑着或躲藏着你个人的要求，除非是两个社会不同的要求绝不冲突。

所以我们要医中国人的病，并不需要去医人的自私自利，中国人之不自私自利，终是与世界上任何人种一样的。人们之努力追求并集聚其所有，非为了自私自利，乃为了社会的要求，所以医病要从社会的要求医起。如何变更社会的要求？是需要凡关心中国问题的人努力，而不需要等待政府或仅仅责备当局，尤其是需要以新的社会要求，促起政治中间的人们有新的行动。如果你有一段好的演说，全体听众便都鼓掌，如果你有一篇好的文章，传观、转载遍于各处，如果你有新的科学的发现，便为举国所争先研究，如果你有新的机器的发明，便为举国所争先采用，如果你为社会担当了大难，便万众欢迎，如果你为社会创造了幸福，便万众庆祝。你看着万众是如何欢迎保障国家的凯旋部队，是如何庆祝铁路建筑的完成典礼，你的生路会沉溺在这强烈的社会要求当中，如醉如痴，如火如荼，比较沉溺在漂亮的衣服，高大的房屋，名贵的陈设，富有的财产，出人头地的地位，其要求人的力气和生命，更深刻而浓厚。只要社会变更了要求，人就会变更了行动。好友何北衡说："要创造新的社会，只有赶快的创造新社会的引诱"，其解释是何等精透。人绝不是自私自利的动物，有认定自私自利竟是人的天性的，那只是为社会要求造起保护。可惜人只敢给予社会的要求，而不敢变更或创造新的要求。虽在最聪明的领袖能将一切权利集中，然而亦只集中了给予人们要求的权力，而绝未尝变更或提倡了新要求。今天急切需要的便在提起新的要求，以整个的世界作为刺激，以现代的解救国家困难的运动作为新的社会要求，乃可以治疗中国人的沉疴，使脱离于自私自利的病榻中。

（原载《大公报》1934 年 2 月 17 日）

工作的报酬
(1934 年 3 月 3 日)

在商品交易的市场当中，凡商品都以价银决定它的高低。工作亦是商品，待遇就是这种商品的价银。不问工作是有意义无意义，而问的只是月薪、地位、红利……以为这乃是工作的报酬，其实乃是错误。

工作的意义是应在社会上的，工作的报酬亦应是在社会上的。

它有直接的报酬，是你做什么就成功什么。你要办一个学校就成功一个学校，要修一条铁路就成功一条铁路，这便是直接的报酬。

它有间接的报酬，是你的成功的事业上，帮助却在社会上。你成功了一个学校，帮助了社会上无数读书的小孩子，或培植了未来社会上无数需要的人才；你成功了一条铁路，帮助了无数的客和货，帮助了生产建设和文化传播，这便是间接的报酬。

最好的报酬是求仁得仁，建筑一个美好的公园，便报酬你一个美好的公园，建设一个完整的国家，便报酬你一个完整的国家。

这是何等伟大而且可靠的报酬！它可以安慰你的灵魂，它可以沉溺你的终身，它可以感动无数人心，它可以变更一个社会，乃至于社会的风气。这是何等伟大而且可爱的报酬！一点儿月薪、地位……算得了什么！月薪、地位……决不是你的工作报酬，只是你的工作的帮助。帮助只需要到最小限度。工作乃需要到最大限度。最大的工作可以得最大的报酬，直接的在事业上有最大的成功，间接的在社会上有最大的帮助。这是从来不辜负人的，然而亦不让人侥幸。

（原载《新生周刊》第 1 卷第 4 期，1934 年 3 月 3 日，此录自《中国的建设问题与人的训练》，上海生活书店版，1935 年 3 月）

中国人的生活是这样的 (1934年3月10日)

人们的生活费都知道“衣”“食”“住”是必要的，近来又知道“行”是必要的，现在还须知道“用”是必要的。我们从起床到睡觉，需要用的物品是与生活程度的全部比高的。中国人大多数在农村，他们的生活程度却是低到衣、食、住、行、用都不成问题，以我们敝县合川而论，人口总数六十万以上，在市场上的人口却在十万以下。农村中，佃农占绝对多数，而且穷人占绝对多数。

他们的用品，除了简单而廉价的铁器和木器是买一次可用若干年外，很多更简单的竹制、草制用品都是自己制造，“用”是不成问题的。他们每间几天到附近的市场赶集一次，距离不过几里或十数里，耕地就在房屋的周围，早出暮归，凭着两腿，便可解决，“行”是不成问题的。他们的房屋一向住几户人家，一户人家的客堂、寝室、饭厅、厨房，又每每都在一间屋子里，“住”是不成问题的。他们的衣服，是结婚时缝制的，每每穿到老死。哥哥穿过的，弟弟还要穿，前一辈穿过的，后一辈还要穿。四川七千万人，每年棉花进口最多不过十四万包，值银四千余万圆，平均每年每人穿的棉纱，不过值银六七角，“衣”是不成问题的。过年、过节、生期、喜期，才有肉吃。肉类不成问题。早午晚餐都是咸菜，以其咸也，为量甚少，菜蔬不成问题。夏天出了玉米，冬天出了甘薯，便是他们主要的粮食，米亦不成问题；总而言之，“食”是不成问题的。

这都是我们中国人！这都是我们最可敬重的中国人！这都是我们最大多数的中国人！请穿洋服，吃大菜，住大洋房子，乘1934年式的汽车，由剃胡刀到抽水马桶都要非常漂亮的朋友，看一看而且比一比！

（原载《新生周刊》第1卷第5期，1934年3月10日）

社会生活与集团生活*
（1934年3月16日）

人们是不能离开社会而生活的。有人说共同生活即是社会，这意义不很明了。一位研究社会学方法者说："社会是存在于相互压迫的关系上，而为人们所不能反抗的。"这在平常成了习惯，顺应社会的时候，自不易察觉社会给予我们的是压迫力量。例如中国以前的习惯是男子长服，女子短服。假使有男子着了女服，社会上立马可以给予他一种压迫，不是干涉，即是嘲笑。又如以前留学生到欧美，不能留长辫，而回到中国，又必须饰以假发。这都是社会给予压迫，迫使如此。一个人如果有不合于社会规定的行动，其受压到最难堪时，可以到自杀的程度。

再从习惯上来看，为什么我们一定要宴客，而宴客又一定要不愿意的鱼翅、海参？这也是暗地里有社会相互压迫的力量在，从来没人敢于反抗的。又穿得必须好，也因为穿坏了支持不过压迫的力量。好像你穿好了，而你的社会地位即可提高一样。这种力量，在有钱时还不十分感觉，到了没钱的时候，便可明显的看出来了。每一种生活，都有一种相互压迫的力量，人们即在此力量之下活动。

从我们的观察，人与人之间，不仅仅是在相互压迫，还有相互影响的力量。个人行动，每每可以影响到群众里去。试看，每逢演剧演到忠臣孝子悲苦壮烈的情形，每每可使观者落泪。作战的军队，某一个士兵挺身前进，全队的士气为之一振。这都可以证明是影响的力量所致。

因此，我们知道，我们的要求待遇，享受提高，都是为整个社会力量所驱使，而不是各个人的自由。都是社会潜伏着的压迫，或者影响的力量，在暗地逼促着我们如此。

---

* 卢作孚在民生公司的讲演。

再如公司的朋友，以前或者是在本地服务，家庭开支，油盐柴米，什么都加以预算，洗衣煮饭，什么都自服贱役。及到进了公司，一旦所处的社会不是从前的社会，便受了现在社会的压迫和影响，也就忘却了当时生活情况，而被征服于现在的社会之下了。

就每一个人说，也是一样的。我们是穿的布衣，然而别的公司或别的轮船的职工穿的是哔叽或洋服，这一种压迫和影响的力量真大，当然一部分的人，被征服而不能抵抗了。某一年，北碚地方人士，天天要求唱戏。问他们的理由，乃是“周围各场都已唱过戏，独有北碚未曾举行，好像是很寒沉〔碜〕样”。由此，便可见社会的力量，每一个人，天天都在被压迫着，被影响着，不过在顺应的生活情况下，苦不自知罢了。

有些学者，他忘却了自身是在一种奖励个人发展的社会压迫之下，而主张“个性”，这实在是错误。人只有成型的社会性，没有成型的个性。个人先天带来的只有可能性。

更强有力的社会生活是集团生活。自有人类以至于现在，无论为何种国家，何种民族，乃至于任何时代，人都不能离开社会生活，更不能离开集团生活。人都受社会生活的支配，更受集团生活强有力的支配。

集团生活，可从两方面来解释：第一，集团生活是有生活的相互依赖关系。每一个人要依赖那个集团，而那个集团也要依赖每一个人。第二，集团生活是有两个以上彼此由比赛而斗争。中国人几千年到现在，是与其他任何民族一样没有离开集团生活的，惟集团之方式不同耳。中国人的集团生活，第一个就是家庭，家庭生活是永远相互依赖的。要不是你依赖着家庭，即是家庭要依赖着你，绝对不容许脱离或解散的。有重重叠叠的道德条件，严格的限制着，以致人们不能不忠实努力于家庭。

中国人这种道德观念，完全集中于家庭。所以此外无论何种集团，都要借家庭的意义去维持，如“君，父也”，“臣，子也”，“官吏，民之父母”，“四海之内皆兄弟”，各种不同的关系，都要借家庭名义去解释，可以证明家庭的道德条件，是强有力的道德条件，深入人心地，维持着家庭的关系，乃至于家庭以外的社会关系。

不特此也，每一个家庭，还要与其他的家庭比赛斗争。提高门阀，正是家庭与家庭斗争的方式，因而促进了很多人的发奋。分子的地位提高了，他的家庭集团亦随之而高。社会是赞许成功者的，这愈足以促进集团间的比赛。

家庭集团既是在强有力的道德条件之下支配着，于是每一个分子，不得不努力拼命，以求比赛的胜利。故披星戴月的，胼手胝足的，十年寒窗的，都是为了家庭。至于营营求官，孜孜为利，乃至于为匪为盗，也莫不是为家庭而不顾一切。一个集团到了强有力时，集团以内的分子如何对外，是每每不须选择手段，无所用其顾忌的。

除了家庭而外，因亲戚朋友、邻里的关系，也成了集团生活，人们也依赖此集团而生活。有了这个集团，即使无职业、无能力，也可以赖此集团而生存。由父族、母族的关系，而造成亲戚的关系。由同学、同事的关系，而造成朋友的关系。由邻里的关系，而造成直系、皖系。这各种方式的集团，可以由做寿、吊丧的人数，而看出他们的比赛情形，由这一群人和那一群人，相互的争权夺利，而看出他们的斗争情形。

由此证明了中国人是有集团生活的，不过集团的方式有区别而已。要是社会永远不变更，保持在此种方式之下，安眠于此种情况之中，未尝不是中国人的幸福。然而现代不许可你了。帝国主义不断的向你进攻，由“九一八”而“一·二八”，而热河，而……我们又应该怎样办呢？日本派起军队占了东三省，是看得见的，但，他派的生铁、棉纱占据了华北以及长江下游，我们看见没有？奉天失守，热河失守，我们看得见的，海关每年损失的数万万，我们又看见没有？要是终于安眠在旧有集团生活之下，终必迄于灭亡而后已的。

情况如此，新意义的集团生活，明显地重要起来了。集团生活中包括着“工作”、“学问”、“娱乐”三个要素。今天以前，是属于家庭的。今天以后，超过了家庭而成为社会的了。本于“有集团就该互相依赖”的条件，所以每一个集团的分子，都要为此集团努力拼命，以求生存。

世界既成了现代的世界，任何人都逃不出现代的集团生活，而且还需要忠实努力拼命以求胜利。尤其显明的，需要形成最大的集团，才有最大的力量去比赛斗争。这种集团，最低限度也应扩大到以一国为单位而后止。世界上各个集团在比赛斗争，因而每个集团都有它的强有力的道德条件支配着，而每个集团的分子，无不努力拼命以为此集团。

先前说过，中国的人不能再安眠于以往的情况当中了。除立马起来反对现代之外，只有跟着人家向前飞跑之一法。最低限度，也要跑去赶着先进的国家，才可以说上生存。再进一步，以占有全世界人口四分之一的中华民国，只要集团生活能够扩大，努力向前，将来改造世界，未始不是我们的责任，这是我们最急切而应认识的一个问题。

（原载《新世界》第 42 期，1934 年 3 月 16 日）

中国的根本问题是人的训练（1934年3月19、20日）

从中国许多政治上、经济上、社会上不能解决的问题考察研究，而又亲身经验之后，认定没有不能解决的问题。所以有一切不能解决的问题，不是一切问题不能解决，而是人不能解决问题。凡白种人能解决的问题，黄种人亦未尝不能解决；日本人能解决的问题，中国人亦未尝不能解决。目前中国人所以不能解决许多问题，亦不是人的根本问题，不是先天缺乏了什么资质，实是后天所从社会得来的行为缺乏了训练，缺乏了解决当前许多问题的技能的训练，所以不能解决当前的问题。

每一个人的行动都曾经受过长时间的社会训练的，其时间之长，及与其生命之长相等，从极简单的走路、吃饭，以至于说话、作事、讲求学问，没有一种行动当中没有社会训练人的成分。中国人的行动，并不是缺乏社会训练，其所受周围社会之训练，与任何其他国家的人所受周围社会训练是一样的，不同的是行动的方式，其不同的程度是与其社会之不同相等的。

假使中国的社会不因中国以外的社会的压迫和影响而发生变化，则中国人的行动，亦正不需要发生变化。而且在原有社会中间的行动是极其有训练的，其训练时间在个人之长等于其年龄，在社会之长乃至少等于中国之一部已经知道的历史，已有记载以来之历史，无论在农业方面、在工业方面、在商业方面、在教育方面、在政治方面，每个人皆有其原有社会中之行动之充分训练的。

不幸而社会随国家周围不同的社会压迫的力量发生变化了，许多新的社会产生了，还没有产生许多新的行动；许多社会变更了组织，而其中人们还没有变更行动的方式，我们必须知道人的新的行动没有训练完成以前，新社会是不容许产生的，不管这新的社会是一个议会，其间的代表是产生于选举；或是一个委员会，其间的委员是产生于委任；或是一个城市的警察或是一个农村的合作社，在其间活动的人们，如果没有受过那种活动的训练，那一种社会是不容易形成的。我们又必须知道一个人的装饰变更起来非常容易，行动变更则非常困难。要从长衫改为短服，要从发辫改为光头，非常容易，亦非常容易成为社会风气。行动之改变则不很简单，如解小便、吐口痰习于上轨道而不外溢，亦是需要长时间的训练的。一个朋友说：不进化的中国人吐口痰是没有方向的，进化的中国人吐口痰有方向了，向着痰盂那一方，而不一定吐进痰盂去。到中国的外国人，有吃中国饭的纪录到几百次而不能好好的使用筷子的。行动简单如此，训练已非常困难，而况组织复杂、手续繁重的行动，常需要积久的习惯、纯熟的技术，而又需要社会一般的行动，其变更之困难，是更不可以计算出倍数的。

在初生下的婴孩，开始训练以至于成熟，虽然要经过十几年乃至二十几年，然而因其是一张白纸，着色，尚比较容易。最困难是习惯已经成熟的成年人，要变更已成的习惯；又要他们在已成的社会当中去变更已成的习惯就会有新的压迫的力量，那种力量也远不如原社会，就令有新的训练的方法，那种方法之易于接受，也远不如原社会，所以训练起来决不容易。

科举虽改为学校，四书五经虽改为教科书，至于念书之行动，则仍如今天以前一样。

在没有动的训练以前，偶然想有所动，却都不能持久，要整饬官方，然而不久又弊病丛生，要建筑公园，然而不久又荒芜满地，这些问题都是由于没有新的训练产生的。

在一个人没有新的训练以前，就有新思想也是不中用的。一个青年很惊喜的写信给我说："我现在已经觉悟了。"我回信说："虽然你已经觉悟了，于你的行动恐怕还没有关系，你的觉悟是一回事，你的行动又是一回事。"

梁任公在做了财政总长、司法总长之后，大做文章批评其自己，认为自己毕竟是一个政论家，不是一个政治家，他似乎知道这个意义，因为他受了数十年的政论的训练，而没有受过政治的训练，所以他在政论上的活动是应该成功的，在政治上的活动是应该失败的。

革命党人如果仅仅经过了若干年夺取政权的训练，而没有经过运用政权的训练亦是一样，其夺取政权是应该成功的，而运用则应该失败的。虽然已经取得政权了，仍只有兴趣于继续取得政权，而无兴趣于已经取得的政权的动用。

物理上的惰力，是相当可以支配物的行动的，人的习惯，尤其是社会习惯的惰力，是尤其可以支配人的行动的。

中国人的行动是积了几千年的惰力，所以支配人的行动最强。虽然已经试过了许多新的社会的制度，代议制与独裁制，内阁制与总统制，以至于委员制等等，然并没有产生新的行动。一直到今天许多人乃至许多集团，其行动仍在几千年来的惰力支配之中。

然则中国人的行动，是容易施以新的训练的，则又不然。鸽子可以训练成邮差，狗可以训练成警察，岂有不可以训练成功的人，岂有不可以训练成功的中国人？军队要训练人稍息，便稍息，要训练人立正，便立正，要训练人跪下，便跪下，不但可以极正确的行动训练人，而且可以极正确的训练马。

然则人之受训练，虽然困难，虽然因为其已有旧社会的关系而困难，但究竟困难有限度，其限度是可以人的训练超过的。受训练的人只需要一双徒手等待训练，此外则一无需要的条件。最困难在训练人的人，他第一是需要有专门的技术，训练人做什么便需要有做什么的专门技术；第二还需要有训练的技术，如何训练人乃亦是一种专门技术。以如何训练人的技术，乘所做的事的专门技术，其积乃等于一个训练的成功。这在中国却成问题了，训练的人又从何处受着新的社会的训练呢？

在中国里边的人，即是在原有社会里边的人，只受得原有社会的训练。曾经到过现代的旁的国家、新的社会的人们，虽然带得有新的社会的知识回来，然而没有带得新的训练回来。虽然他亦受过新的社会的训练，然而是从已经成熟的社会中受的训练。例如曾经在一个工厂或一个矿山实习过几年，然而没有经过创造一个工厂或开发一个矿山的训练。回到中国，乃初学做创造的事业，既没有学校，又没有教师，则宜乎是易失败。

又况从外国带回来的知识，每每不在创造方面，而在享用方面。回来变更了自己生活的享用，而不能变更一种社会行动。这乃是中国今天的病源。

本来在许多到现代的旁的国家去的朋友，因为去得太早了仅仅由学校出来，未能带得许多社会问题出国去，便自不能带得许多的办法回国来，这也无怪。一部机器是旁的国家制造好了的，我们要使用还须得要长时间的训练，要照式样仿造，要非常感困难。

社会乃是一部极其复杂活动而不容易制驭的机器，又不能完全照着人家样式仿造的，今天要急遽完成一部社会机器，其比较困难的距离，更不可以里计算。

人之训练虽感困难，但问题究竟须从这里解决起。如这根本问题——人之训练的问题——不解决，则所有社会的一切问题，都不能解决，因为没有人去解决。

如何训练人，使能创造中国的新社会，使成现代的？这方法第一是要将现在负起责任，要解决社会上某种问题或训练社会上某种人的人，随时送到现代的旁的国家去，先受过训练。第二是要多多请旁的国家有专门技术而又有训练人的技术的多多到中国来帮助训练，乃能训练成功许多新的社会里边需要的人才，训练成功许多训练的人才，使他们能够从旧社会当中创造出新的社会来。

只要训练人成功，不要怕所创造的社会失败，即是不要怕所经营的事业失败。不管他是一个公司或是一个医院，只要人成功，一个公司偶然失败了，会有若干公司成功，一个医院失败了，会有若干医院成功。今天中国什么都不缺乏，只缺乏人，只缺乏有训练的人，所以根本在先解决人的问题，解决人的训练问题。

（原载《大公报》1934 年 3 月 19、20 日，此录自《中国的建设问题与人的训练》，上海生活书店版，1935 年 3 月）

现代的领袖与中国的领袖
(1934年4月7日)

现代的领袖是为社会寻求出路，是领导着一大群人努力，乃至于拼命以为社会寻求出路，是以整个社会为前提，造起一种社会运动，是应着世界的环境和环境的变迁及环境变迁的趋势以造起社会运动，所以那一大群人都有坚强的信仰，深厚的感情，热烈的行动，足以使纷乱的社会立刻有秩序，无组织的社会立刻有组织，落后的社会立刻前进，追逐或且超越那早已或正在前进的社会。他们因为有了鲜明的领袖，竟能使整个社会至于国家之大，立刻变更了气象，千万乃至万万以上的人，一致变更了行动。

中国的许多领袖，则根本不同，每每不是要一大群人为社会寻求出路，他正是为一大群人寻求出路；一大群人亦无兴趣于为社会寻求出路，只汲汲皇皇于各自为自己寻求出路。

因此现代的领袖，每每有显著的成功于所在的社会，乃至于所在的国家；中国的领袖，则止于成功了一大群人，而此一大群人所在的社会，则每每不蒙利益，只蒙痛苦。又因人各为己，易于分裂，若干群人相互斗争，失败每每即在成功之后，其病害则辗转由社会接受。

故盼望中国的领袖，终能变成现代的领袖，不沉陷在现局中，而将现局推动，以至于彻底改变过。由为了一大群人努力，变成促起一大群人为了社会乃至于整个国家努力，然后国家有最后的成功，领袖亦有最后的成功。

（原载《新生周刊》第1卷第9期，1934年4月7日）

打擂与世界运动会
(1934 年 4 月 21 日)

中国的政局，依据二十三年来的经验，应该叫做擂台。上台的是台主，是国术的选手，是专门在台上预备着打擂，等待另外一个台下的选手上台把他打了下去，便接着当台主；或是被他打了下去，他仍然当台主，等待着另外打他的选手，一直等待到把他打下去的时候。观众有四万万人，所以那许多选手都非常起劲，努力，拼命，不是在打擂便是在预备着打擂，成了一时而且普遍于一国的风气，这是中国政治上的国术。

如果诸君回头一看那边呢，场子更大，几乎遍了五洲；观众更多，恐怕不下十万万罢。他们却正在那里轰轰烈烈地开世界运动会。以一个国家为一个运动团体，以产业运动、交通运动、文化运动、国防运动为运动节目。他们简直在那边运动场中作长距离的赛跑。在一种节目上，今天打破了昨天的纪录，明天又要求打破今天的纪录；今天甲打破了世界纪录，明天乙又要求打破世界的纪录。任何一个运动团体都不仅仅是选手，而且是总动员。这个运动会场逐渐扩大，几乎一个地球没有多少隙地了。虽然像似剩了中国，然而已经挤得我们气都不能出，早已从沿海，从西、从北挤了进来，尤其是最近更将东北挤掉一大块地方去了。

我们还是提倡国术，天天打擂或预备打擂吗？恐怕几年之后，会并擂台一齐挤掉了。但是，如何可以停止打擂？纵我不打人，人要打我，其将奈何呢？这却有一个简单办法，只须将那四万万看众，和那预备着打擂的选手一齐送到世界运动场去，使他们参加那更大的运动会，看一看那许多惊人的纪录，就会自己惶急起来，赶快努力，拼命，作那许多世界的运动节目的预备了。愿我们的国术专家都参加到世界运动会去。

（原载《新生周刊》第 1 卷第 11 期，1934 年 4 月 21 日）

为社会找出路的几种训练活动
(1934 年 5 月 16 日)

中国人，尤其是中国青年，忙得不得了的是个人出路。为了个人生活和个人地位找出路，不惜用尽个人的能力找亲戚、找朋友、找地方、找……一切帮助。

事实上应该认清楚，个人绝对没有出路。今天每一个青年忙着找的出路，是将来在社会上的地位。在政治上，在教育上，在经济事业上，以及其他，总是想占着优越的地位，那以为是个人的出路。实在此种要求，完全是错误。

在政治上想当一县县长，一省主席，乃至国主席；在教育上想当小学校长，中学校长，乃至大学校长；在经济事业上想当大公司的总经理，大银行的总经理。因为找自己的出路，遂形成一个人很忙，忙着作此准备，忙着作择取得此种地位的机会，以求达到自己的目的，所以中国大成问题。

今天不然了。县长是社会的，一县有人民，有土地，它决不是为当县长生成的。当了县长，不是为个人谋出路，是要为一县谋出路的。如果地位再优越一点，那社会的范围也就更扩大一点。学校也是一种社会的，校长要为全校青年找出路，不是为个人找出路。经济事业，也是社会的，总经理要为此种事业找出路，也不是为个人找出路。

不过，现在很多人还未把此意义看明白。我们只看见许多取地位的，少有看见取得地位以后为社会找出路的，向政治上，教育上，经济事业上找出路的，大多数只是为自己，莫有为社会。因此把中国弄到不得了。今天要介绍一个为社会的工作，学替社会找出路的活动。

峡区有几队人，有学生、有士兵，另有几个机关，如医院，如报馆，以及社会教育团体等，现在集中有一群人，来学如何为社会找出路。

如何办法呢？今天要办事，首先要人办，便要先将人办好了以后，才可以办事。今天以前，人的手艺都是为个人找出路而学的，对于为社会找出路的手艺，一点莫有，所以为社会就要先训练为社会的人。我们常常说：中国人如果能从今天训练出来，中国决不致亡。以占有世界人口五分之一的中国人，不特不亡，还有主宰世界的可能。曾经有学者推论过：世界上的实力及支配力，有由欧洲转到美洲，又由美洲转到亚洲的趋势。但中国人以前只为自己而不为社会，所以始终毫无办法。今天以后，人都需要重新训练，否则是无主的。

《新生》的编者杜重远先生，最近发表一篇文章，骂日本人是在大耍大变活人的把戏。台湾原来是中国人，现在日本人把他变为日本人了。朝鲜原来是中国人，现在日本人把他变为日本人了。满洲原来是中国人，不久的将来，日本人也要把他变为日本人了。我看了这篇文章，很沉痛地写给他一封信，请他不要骂日本人。因为今天的世界上是在耍大变活人的把戏，不止日本。日本人的成功，就因他把戏耍得好而成功的。如果中国人也能耍这套把戏，中国人也会成功。要是不会耍，只好让别人来！与其骂日本人耍把戏，不如回头来骂中国人不会耍把戏。

现在我们也想从眼前变起，所以要介绍峡区的几队特务队学为社会找出路的训练。此种训练有四个活动：一、军事的活动；二、警察的活动；三、民众教育的活动；四、地方经营的活动。

军事的活动为的是防匪。决定了许多的军事的动作，不论在白昼或夜晚。有时黑夜的紧急集合，或夜行军，有时在白天野外演习，或瞄准打靶，每周必有几个动作。或用纸面通知，或用电话通知。总之训练到能够奉命马上出发，或在限定时间内达到限定地点。匪患的发生，往往是不能预测，因此要训练这样紧急适应的行动。

警察的活动。第一是属于治安的，首先调查所在地点之一切人口以至于一切人的活动。无论一件什么事情发生，我们要办到坐在屋里，可以预料出事的原因以及出事的人物。其次是随时侦察，无论在何处或发现一个态度可疑的人物都要留意。如此，可以利用警察来帮助军事。因为军事是临时需用，而警察则平时需用的。再其次，教你调查烟馆，那么，你所住的地方，有好多烟馆，烟馆有好多烟、烟灯，甚至每天吃烟的人数，都要调查出结果。第二是属于卫生的，由街面、街沟、以及于人家的屋子或厕所内，尤其是饮食店，都要训练得很清洁。如果现在苍蝇蠢动了，扑灭苍蝇，添置各饮食店的纱罩盖着食品。北碚、夏溪口、北川铁路沿线，都是一样。第三是消防，已在作消防训练的准备。虽然没有火灾发生，但为防患未然计，已在上海购置水笼及消防用具。

民众教育，从职员起，到学生，到士兵，再到民众。教材是现代的，因要供中国人能够知道现代人的把戏。物质方面，火车、轮船、飞机、大炮；社会方面，军事、政治、工商业学校，及其他社会事业的组织；凡是现在有的，尽量介绍给职员，由职员介绍给学生或士兵，再立马传给民众。只要有什么机会，即用力于民众教育。夏溪口的煤矿工人，北川各站的工人，河边茶馆的工人，囤船上的人，都是你应教的民众。总之，只要有人的地方，即是你应教育的地方。乃至于有好多人家，人家有好多人，通通是你该教育的民众。

我们到一个地方，即要经营那一个地方。我们的人到那里，即要经营那里。原来北碚没有个图书馆、公园、运动场等等，现在有了。凡是一个地方没有的，通通要一点一滴经营起来。夏溪口、北川沿线，原来都很糟，现在很整洁了。我们一部分的人，或其中的一个人，不论到何处，即要经营何处。

以上四种活动，通通为的是替社会找出路。为一个地方的安宁、清洁，为一些民众的知识，为培植一个地方的风景，有了的要整理，没有的要去经营。把一个很糟的地方变成了美丽安宁的乐园，把无知的民众训练得都知道世界上的事，这完全为的是社会，完全不是为个人。

至于训练的方法又如何呢？每天峡局必要用电话问第一特务队的活动如何？军事方面是怎样的？警察方面是怎样的？民众教育是些什么？地方经营是些什么？要你把昨天的四种活动告诉出来，记录清楚。第二队，第三队，也是一样。峡局把各队搜集的材料比较一下，又重新输送到各方面，供各队有一个比赛。整理昨天的活动，同时还要计划今天的某种活动，应该达到某个程度。例如民众教育传布今天的新消息，日本如何向列强宣言，如何图扰察东，……由总机关输出消息给各队长，队长即将此消息转到各派出所的队副，队副立刻转给士兵，并派在市街写出今天的“新闻简报”。又如新到图画、照片，先交给队长，转交学生或士兵，看了过后，立马又交给民众。不必一定要在讲堂上或会议上，只要有时候，就要尽量的利用。

航空公司的飞机，到成都要过北碚，我们先与航空公司约定，如果天晴到北碚时，低飞一匝。头一天，就普遍的告诉民众：“明天请到运动场看飞机，看过后，还有人给你讲飞机。”如此一来，不难促成大家一个热烈的活动了。

又如北碚地方，只有一条路通高地，其余地方很低，每值涨水，很感危险。民众提议填沟，很多人都赞成。开会商议，如何筹款，如何分工，这些办法，都是民众教育的教师在做前锋。议定之后，每家每日都要担任填筑工作，每几家人都有一个挨户民众教师，几家人集中在一起，有民众教师促起他们活动，现在正积极进行此种训练。

每一天峡局在电话上公布这些。第二天各工作人员即要缴卷。这，都是训练人去帮助社会的各种活动。训练人去帮助社会找出路的各种活动。

为什么要如此办呢？因为我们要看中国人究竟学不学得会。要是能学会为社会找出路，中国的前途就有希望了。记得一次北碚负责管理动物园的一位小朋友向逵，在周会上报告工作，他说他在训练豹子散步，猴子打滚，鸡生蛋。向逵有这样大的本事，令人羡慕！我们相信，动物尚且能训练，训练人虽难，只要努力，终会成功。

（原载《新世界》第46期，1934年5月16日）

数目字与中国人
（1934 年 5 月 19 日）

一般人没有认识数目字的训练，须用数目字的时候，只须用了大约、差不多便可以替代。在学校学数学，或在事业上办事与数目字接触，每觉得与自己个性不合，误以为这个性是由先天带来的，而不是由生活的习惯上带来的。在社会环境里没有受过数目字的训练，其困难乃至于接触数目字便头痛起来。

我们须要认识现代文明是在数目字上比赛。我们惊讶着的苏俄五年计划便是满纸的数目字。那满纸的数目字不是由想象得来的，而是根据着新经济政策实施以后的结果得来的。由新经济政策实施的结果，证明了经济建设可能的效率，乃根据此效率确定一个五年计划。这自然是有实现的可能。虽然世界上的人当时都怀疑，而苏俄的人颇自信。

现代的国防问题亦是数字上的问题。兵舰是在比只数，吨数，比速率，比大炮的口径和射程；飞机是比架数，比速率，比升空的空度，比继续航行的时间，比炸弹的重量；陆战是在比动员人数，比每分钟发射的炮弹数，比大炮的口径，射程和尊数。列强都是在数目字上看清楚了国防的需要，都是从数目字上去巩固自己的国防，要求自己国防上一切的纪录，能与列强抵抗。

中国人不认识数目字，所以不认识国防问题，所以有国无防，却泰然无事，似若有恃。日本人一举手而夺去东北四省，不仅证明了数十年来东北四省之危机，实证明了整个中国之危机。任何时间，任何地方，皆可为东北之续，事乃凭人决定，而非我可避免的。

一个国家的问题需要从数目字上认识清楚的，不止是国防。凡是问题都需要用数目字证明。而亲近数目字，使用数目字，更需要养成一个新风气，使成为中国人的新要求和新活动。

（原载《新生周刊》第 1 卷第 15 期，1934 年 5 月 19 日）

快乐与痛苦
（1934 年 7 月 1 日）

快乐与痛苦是产生于人们的感觉，尤其是产生于人们的要求，而非产生于环境或刺激。我们要求什么，什么便是快乐。相反或不同的刺激，便是痛苦。

快乐和痛苦的程度，亦决定于要求强烈的程度。达到了愈强烈的要求，愈快乐；违反了愈强烈的要求，愈痛苦。例如：朋友谈天，是快乐的事，但是我们正在要求读书，而有朋友来搅扰着谈天，便是痛苦的事了。运动，是快乐的事，但不好运动的人，倒视运动为痛苦的事了。要求玩耍的人，做事便是痛苦，而要求做事的人，无事却又是痛苦。要求集团生活的人，在集团中便是快乐，离群索居便是痛苦。要求秩序生活的人，在秩序中便是快乐，杂乱无章便是痛苦。反之，孤僻的人，则以人群聚居为痛苦，而自由活动的人，则又以规律束缚为痛苦。

不明白快乐与痛苦的来源在自己，却每每埋怨着社会。其要求愈缩小，缩小到个人的前途，个人的装饰，个人的舒服……其痛苦则愈扩大，扩大到社会环境的全部。因此为社会的要求而工作，是非常快乐的工作，却变成了非常痛苦的工作；为社会的要求而讲学，乃至于为社会的要求而运动而游戏，是非常快乐的生活，亦变成了非常痛苦的生活。只以个人读小说为快乐，一到了读书会有组织的讲学，则以为痛苦。只以个人乱扯胡琴为快乐，一到了游艺会在大庭广众中表演游艺，则以为痛苦。为了以社会生活为痛苦，乃至于谢绝了一切快乐之来源，陷其生活的全部于痛苦的重围当中。自己缩小快乐的范围，扩大了痛苦的范围不觉悟，倒反感觉环境的烦闷，社会的冷酷。社会每成一个被憎恶的中心，虽然那一个社会在用尽力量帮助个人，亦不会产生个人对它快乐的感情。强者辄思毁坏，弱者止于沉没，好人自然的消极到只爱惜自己，不好的人，便扩大要求的范围到牺牲社会，无所爱惜。尤其是人各为其自己，产生了人与人间要求的冲突，由此冲突产生了弥漫周围的痛苦。愈从个人身上去寻求快乐，便愈加紧了弥漫周围的痛苦。

个人身上是决不会产生快乐的。快乐只有在社会中间寻求。只有将个人的活动全部安放在社会中间，给予社会的仰望，取得社会的赞同，取得社会的欣赏。个人的活动，全为社会的感情所紧紧包围，沉酣在社会的强烈刺激当中，乃是人生无穷的快乐。在今天不但这样快乐须我们去寻求，这样社会还待我们去创造。我们要创造一个社会，这社会当中任何个人，都为了社会而工作而学问而运动或游戏。假设这一个社会竟是民生公司，则里边的朋友必须努力工作，从工作上增加收入节省支出，扩大帮助社会的实力，而且随时随地地寻求机会以帮助社会。必须努力学问，参加一切授课读书讲演的机会；必须努力运动或游戏，参加运动，参加音乐演奏，参加戏剧，尤其是在一切快乐的集会机会。从这些社会的活动当中去创造社会的要求，社会的欣赏，社会的快乐感情，自己的活动则全部鼓舞于此社会的快乐感情笼罩的当中，则浑身都是快乐，尤其是与人接触的都是快乐的活动，所谓痛苦便完全被祛除了。

只有社会中间没有痛苦。快乐都在社会中间，只待你去寻求。

（原载《新世界》第 49 期，1934 年 7 月 1 日）

麻雀牌的哲理
（1934 年 7 月 16 日）

几块麻雀牌儿，何以会使乡村以至都市的人，下层社会以至上层社会的人，无论男女老幼皆喜欢它，亲近它？这有一个很简单的答复，便是搓麻雀已经形成功了一个坚强的社会组织，在这个社会的组织当中，有它的中心兴趣，足以吸引人群，足以维持久远而不至于崩溃。

搓麻雀是在一个社会组织当中作四个运动：用编制和选择的方法，合于秩序的录用，不合于秩序的淘汰。把一手七零八落漫无头绪的麻雀局面，建设成功一种秩序，是第一个运动。

全社会的人总动员加入比赛，看谁先建设成功，看谁建设得最好，是第二个运动。

到一个人先将秩序建设成功时，失败者全体奖励成功者，是第三个运动。

去年偶同黄任之先生谈到此段哲理，他还补充了一点，就是：失败了不灰心，重整旗鼓再来，这是第四个运动。

这样的哲理，实质得介绍与国人，移用到建设社会、建设国家的秩序上去，也许一样可以吸引整个社会、整个国家的人的兴趣于社会秩序和国家秩序的建设上去。

（原载《新世界》第 50 期，1934 年 7 月 16 日）

建设中国的困难及其必循的道路
(1934 年 8 月 2—11 日)

(一) 中国人的两重社会生活

中国目前感受了极大的困难，我们很容易猜想这困难的问题是日本侵略问题，是农村破产问题，这些诚然都是当前感受着的非常困难，然而还是枝节，远不若另外一个根本问题厉害，而且是可以随着另外的一个根本问题解决的。根本困难乃是从中国人的社会生活转变中感受着的，从前清变法起，没有得着适当的方法，一直到今天，其困难仍全然存在。

这篇文章是要提出这个根本问题：中国人的社会生活问题，并且想用方法寻出它之转变非常困难的原因来，最后还想寻出一些如何转变的方案。

如要寻出中国人的社会生活，必先考察中国的地理环境。中国是在亚洲最好的一块地方，东南有大的海洋，西有大山，北有大的沙漠，自然形成一个非常安定的世界。周围则一向都是蛮荒。而又恰在温带，土地肥沃，最适宜于农田，自然形成一个长时间的农业民族，长至于几千年。

农业民族是最安定的民族，亦是最散漫的民族。所以在历史上屡被北方游牧民族骚扰，止于去防范他们的时候多，进而去征服他们的时候则绝少。有时竟被他们征服了；然而在礼教文物上，却反将他们同化。所以在历史上我们值得自负的，到底是一个礼教文物的天下。其实这本来不足奇异，那般游牧民族僭越名分来统制了这农业民族之后，绝不能再运用游牧民族的礼教文物。我们的礼教文物原来是为了统制这农业民族积累起来的，他们当然用了这农业民族的礼教文物来统制这农业民族。

因为农业民族是最安定的民族，所以政治上的变乱常常是起于治者阶级，不问他们是宗室或是外戚，是宦官或是权臣，事变是内起于朝廷或外起于藩镇，要皆是起于治者阶级的本身。而被治的农民却常苟安于安居乐业的状态之下，除非是不容安居乐业了，事变是不会起于民间的。

因为农业民族的经济单位非常简单，简单到一个经济单位只需要一个家庭，所以农业民族的社会生活就是家庭生活。纵然有时超越了家庭的范围，然而亦是由家庭的关系扩大的。第一扩大为家族的关系；第二是由父的家族、母的家族联络而为姻戚的关系；第三是由家庭的接近而为邻里的关系；第四是由个人以至家人的往来而为朋友的关系；综合起来：家庭生活是中国人第一重要的社会生活，亲戚、邻里、朋友的关系是中国人第二重要的社会生活。这两重社会生活集中了中国人的要求，范围了中国人的活动，规定了社会上的道德条件，政治上的法律制度。这两重社会生活是中国社会问题的两重核心，所以尤其是这篇文章讨论的中心。

人每责备中国人只知有家庭，不知有社会；实则中国人只有家庭，没有社会，家庭就是中国人的社会。就农业言：一个农业团体是一个家庭。就商业言：外面是商店，里面就是家庭。就工业言：一个家庭里边安了几部织机，便是工厂。就教育言：旧时教散馆的是在自己家庭里，教专馆的是在人家家庭里。就政治言：一个衙门往往就是一个家庭，一个官吏来了，就是一个家长来了。天下是在一个家庭管有之下的。皇帝大崩，太子可以就位，太后亦可以听政。可见得一切社会生活：无论其为经济的、教育的、政治的，要皆以家庭为核心。

孝悌是维系家庭关系的主要道德条件，亦是一切社会的道德条件之源泉。家庭以外的社会关系必用家庭的关系去解释，用家庭的道德条件去维系。就天下说：君父、臣子，是以父子解释君臣的关系；君主、臣妾，是以夫妇解释君臣的关系。就地方言：官是父母官，民是子民，是以父母子女解释官民的关系。人臣的道德条件是要移孝作忠，为官的道德条件是要爱民如子，是用了家庭的道德条件去维持了大则天下，小则地方的关系。尊称朋友为仁兄，自称为愚弟，先生便是父兄，学生称为弟子，更可见得没有一种社会生活不笼罩以家庭的意义。

必须有强有力的社会结合，乃能产生强有力的道德定律。我们很容易明白家庭是一种强有力的社会结合，因为它是具备了其间的分子整个生活相互依赖的条件。人从降生的时候到老死的时候脱离不了家庭的生活，尤其是脱离不了家庭的依赖。你可以没有职业，然而不可没有家庭。你的衣食住都供给在家庭当中。你病了，家庭便是医院，家庭便是看护。你是家庭培育大的。你老了，只有家庭养你，你死了，只有家庭替你办理丧事。家庭也许依赖你成功，却也祷祝并帮助你成功，你须用尽你的力量去维持经营你的家庭。你须为它增加财富；你须为它提高地位；你须为它建筑高大的房屋，布置美丽的花园，点缀若干华贵装饰的东西。不但是你的家庭这样仰望着你，社会上的奖惩亦是以你的家庭兴败为中心。最好是你能兴家，其次你能管家，最叹息的是你不幸而败家。家庭生活是这样以整个社会的关系包围了你，你万万不能摆脱。你为了家庭可以披星戴月，可以手胼足胝，可以蝇营狗苟，可以贪赃枉法，可以鼠窃狗偷，可以杀人越货。你为了家庭可以牺牲了家庭以外的一切，亦可以牺牲了你自己。家庭生活的依赖关系是这样强有力，有了它常常可以破坏其他的社会关系，至少是中间一层障壁。所以要维持其他的社会关系，亦必援用了家庭关系去笼罩，去解释。

第二重社会生活：亲戚、邻里、朋友，亦是形成一种相互依赖关系的。你要是得志的时候有提携亲戚邻里朋友的义务，你要是不得志的时候有求亲戚邻里朋友提携的权利。亲戚是包含你的家族，你由婚姻或前辈、后辈、同辈的婚姻所产生的直接或间接的关系；邻里是包括一村、一市、一县乃至于一省的关系；朋友是包含同学、同事、同榜及第乃至于如棠、如棣种种关系。在一群无干的人中，唯有亲戚显出亲切的情谊；在一群亲戚中，唯有更直接的亲戚显出更亲切的情谊。他们不但有终身往来的关系，而且终其身有缓急时是有相互依赖的关系。有比较可以信托的道德条件存在，虽然这道德条件只存在于亲戚间，并不存在于所有的公共事业或公共机关。所以一个机关的重要位置，尤其重要为银钱出入，每每位置亲戚或位置更直接的亲戚。因为亲戚的关系有如此的重要，乃至于女儿婚姻也许是为了发生这种关系而成立的，而不是为儿女选择配偶成立的，而不容儿女自择配偶的。在一县中同村的人显出亲切的情谊，在一省中同县的人显出亲切的情谊，在一国中同省的人显出亲切的情谊。他们不但有相互的认识和往来，尤其是有形成团结互相依赖的关系。所以一省的某机关是某县人主持的时候，也许就是某县人盘踞的时候；一国的某机关是某省人主持的时候，也许就是某省人盘踞的时候。甚或竟以同乡会馆称那一个机关。尤其是自湘军、淮军以来，一直到今天的军队，往往是由同乡组织起来的。而所谓同乡也者，不一定要招致，往往是不惮跋涉，千里趋赴，那里得志的人都有辗转设法安插他们的义务。在一群朋友中，同学显出亲切的情谊；在一群同学中，同班的同学更显出亲切的情谊。他们亦不但有情谊，尤其有相互依赖帮助的关系。所以如有用人或荐人的机会，必尽量援引同学，以至于同学成了派别，在政治上、在教育上、尤其在军队上，是强有力的团结。许多军官学校是为了形成军队系统而举办，而那许多出了军官学校又进军官学校的人们亦正是为了多多发生同学关系而屡受训练。

家庭是你周围的帮助，亲戚邻里朋友又是你的家庭周围的帮助。有了亲戚邻里朋友可以救济你的困穷。你需要钱的时候，不必去仰赖银行；你需要职业的时候，不必去仰赖职业介绍所；你要避免任何困难或取得任何便利，都只须要你有亲戚邻里朋友。你如果得志，自然有许多亲戚朋友会来依附，虽然你予他们以提携，他们亦很能予你以拥护。你得他们成功了一种势力，可以保证你所在的地位进展或至少巩固。于是乎所谓领袖人才都用提携亲戚邻里朋友的方式形成的团结，录用不必是人才，只问亲戚邻里朋友依赖你的关系之亲厚。而且只要有亲厚的关系，奖励不必有功尤其是不必于社会国家有功，犯罪不必有诛，或且倒有营救的义务，任何人皆感亲戚邻里朋友相互依赖之需要，尤其是读书人；木匠尚可赖有其手艺，车夫尚可赖其有力气，读书人则不必赖有职业上之技能，却必赖有亲戚邻里朋友之援引；其地位愈高，所仰赖之亲戚邻里朋友乃愈众，错综复杂至于不可爬梳！尤其是向所谓世家者，非常重视这种关系，直将相互帮助凛然垂为大义。

一般亲戚邻里朋友之结合是以应酬方式表现的，是在结婚、上寿、开奠等机会中表现的。凡结婚、上寿、开奠之仪式，都视为人生大事，力求其庄严，其中心意义在予亲戚邻里朋友以结合之机会，在予个人以有所表现于亲戚邻里朋友面前的机会。你为举办这样大事，可以经若干年月的筹备，可以耗若干年月的储积，甚至于可以高筑债台，再经若干年月而后偿清，或竟可以将你累死，却绝不可以不举办这婚丧大事以及寿酒的。你的亲戚邻里朋友有这样的大事，你绝不可以不去应酬；乃至于随便请你吃饭，任何时间，不需征求你的意见，你亦得去趋赴，乃至于搁下你的当前工作去趋赴。有人认为应酬是中国人无谓的事，其实是中国人的正事。中国人的社会生活，家庭以外，只有亲戚邻里朋友的关系。而这亲戚邻里朋友是赖应酬结合起来的，尤其是上流人所需要于亲戚邻里朋友的关系更密切，应酬更为重要的工作，直超越了在社会上所担负的任何工作。

从上面的分析，知道中国人只有两重社会生活——第一重是家庭，第二重是亲戚邻里朋友。许多积极的道德条件都是从这两重社会生活确定的。超此范围，则社会关系虽然存在，〈却〉非常薄弱；道德条件，亦都是规定在消极方面：忍耐、和睦、洁身、自爱、与世无争，都是一向社会上所称许的美德。凡涉及公共问题，则多一事不如少一事，有一事不如无一事。能干脚色正在化大事为小事，化小事为无事。政治上所一向要求的是清静无为，是与民休息，是轻徭减赋，是讼狱大息，囹圄空虚，是垂拱而天下治，是卧治。这是中国人的社会的特点，自家庭和亲戚邻里朋友的社会生活以外，什么都不需要，所需要的是天下太平，只是无事。

（二）集团生活：社会生活的核心

我们知道支配人们的行动的是社会生活的全部。社会是有极其错综的相互依赖关系的，如陶瓷有需于瓷厂，磨面有需于面厂，织布有需于布厂，都是我们生活有所依赖的社会，都在我们的社会生活范围以内。然而还不是支配我们主要行动的主要动力。支配行动的主要动力，还不是普泛的社会生活，虽然它也有支配行动的成分。而是社会生活当中的核心——集团生活。集团生活是以三种因素表现在社会上的：第一是整个生活之相互依赖，而不是仅仅生活之某点所需；第二是集团间之悬为标准相互争夺或相互比赛；第三是因维持前两项的集团关系，有强有力的规定人们行动的道德条件。

我们知道中国人的家庭生活是集团生活，因为一家人的生活之相互依赖是从生到死，从衣、食、住到职业、学问，不是供给自家庭，亦是得自家庭的帮助，其相互依赖到不可分离的程度。虽然大的家庭分离了，亦分离到小的家庭而终止。这是集团生活的第一个证明。

门阀比赛是中国人一项强烈的运动，刻苦的积聚财产，不肯吃、穿、享用，刻苦地教督子弟，要他十年寒窗猎得官做；都是为了门阀比赛的缘故。“隔壁张家又买田一百亩了！”可以使一乡人羡称。“隔壁李家的孩子高中了！你家的少爷呢?”可以使一家人歆动。这些都是非常明白比赛门阀的标准。选择婚姻尤其是比赛门阀的天平，甚至于可以产生一乡的舆论。这是集团生活的第二个证明。

你为了家庭可以牺牲家庭以外的一切，也可以牺牲你自己，却不可以不忠实努力于你的家庭；尤其是你成功了一个家庭的被依赖者的时候，你更须得负起责任。这强有力的道德条件，甚至于可以逼你自杀而不许你脱逃的，这是集团生活的第三个证明。

我们又知道中国人的亲戚邻里朋友间的生活，是一种集团生活。因为亲戚邻里朋友问题的相互依赖亦是无条件的。任何时间都可以发生效力。只要你的亲戚邻里有办法，你便可以去求他；一样，只要你有办法，他便可以来求你。你可以成功一个职业介绍所，不问人的能力；你可以成功一个银行，不问人的保证子金及还期。这是集团生活的第四个证明。

亲戚邻里朋友亦自有集团生活的斗争或比赛。在政治上官僚的派别，在乡里间士绅的派别，往往都是各自成功于亲戚邻里朋友的集团，集团间的斗争非常厉害。一般从结婚、上寿、开奠等机会中作亲戚邻里朋友间的集团比赛。比赛数量，某家老太太的寿宴坐上一百二十席。可以传诸一乡，为一乡人所称羡。比赛人物，其间来了某某大官，其某名宿，便为那一场宴席增了体面。人们认为结婚、上寿、开奠等是一生几回大事，正是因为在这机会中作亲戚邻里朋友的集团比赛的原故。这是集团生活的第五个证明。

你为了亲戚邻里朋友的应酬，你必得在月薪正当收入以外去寻求收入；你为了安插你的亲戚邻里朋友，你必得有局面较大的地位向上或向四周发展的机会；你如果负着这领袖的责任，你天天都可以被人包围，你都得为人踌躇、为人忙碌。你发生的亲戚邻里朋友的关系愈多，你愈不得自由。这不仅是情感作用，实有大义，实有强有力的道德条件在当中。这是集团生活的第六个证明。

人不能离开社会组织而生活。更不能离开集团组织而生活。从渔猎时代起，至工商业时代止，集团生活的方式屡有变迁，然而必有集团生活存在则绝对无变。集团生活之支配人们的行动是常常加紧了个人的努力，而又抑制了个人的要求；是常常毁坏了，至少障碍了超乎集团生活范围的组织以集中个人之努力于其集团的要求。人没有自私于个人的，只许自私于集团，而且堂堂正正垂为天经地义。在一个公共秩序或公共承认之下奖励其间能够尽量自私于其集团分子，无论其为同集团的，或异集团的，或竟是敌对的集团的。

中国人同世界上任何民族一样，有效忠于其集团生活的美德，绝没有个人的自私。只其集团组织在农业生活的状态之下，只有家庭和亲戚邻里朋友，与现代已进化到工商业时代的民族有不同。他们是进化到现代的事业，而且由地方以至于国家了，中国人则尚留滞在家庭和亲戚邻里朋友的关系当中。我们常常觉得中国人个人的要求最强烈，常常有朋友要求你培植他或帮助他，而没有社会的要求——要求一桩事业好或一个〈地方〉好；实则他个人的背后正藏着两重社会——家庭和亲戚邻里朋友——的要求在。常常觉得许多朋友忙着为个人找出路，不肯为社会——一桩事业或一个地方——找出路；实则他个人的出路背后就是两重社会——家庭和亲戚邻里朋友——的出路。常常觉得许多朋友忙着为个人增加财富，不肯努力为社会——一桩事业或一个地方——增加财富；实则他至少是为了一个社会——家庭——增加财富。中国人仍只有努力于社会的活动，没有自私于个人的活动。不过中国人的社会生活尤其是社会生活的核心——集团生活，不是一桩事业或一个地方乃至于一个国家，而是一个家庭和一群亲戚邻里朋友。整个社会有天下那样大，天下者，普天之下之谓也，是涵盖的意义，不是集团的意义。而集团生活则只有家庭和亲戚邻里朋友那样小，并没有形成一个现代的集团生活的国家。他可以效忠的地方只有家庭和亲戚邻里朋友，所以他只好效忠于家庭和亲戚邻里朋友。

（三）集团生活转变的困难

假使中国人的农业生活还可以延长下去，则中国人的集团组织亦尽可延长下去。不幸而自前清起，鸦片之战、英法联军之战、中日之战、八国联军之战，无一役不失败。……台湾，……失掉于前，入民国来，西藏、外蒙、东北发生问题于后。在政治上有国无防；在经济上只能享用，不能创造，不断的入超，最多时一年超过八万万元以上。周围的压迫一天比一天加紧，我们的生命一天比一天加蹙，不得不练海陆军，不得不修铁路，造轮船，不得不冶铁炼钢，不得不设制造厂，不得不变法，不得不办学堂。然而这些都是新的社会生活，尤其是新的集团组织，不得不转变其原有的集团组织；不得不降低原有的家庭相互依赖和亲戚邻里朋友间相互依赖的关系，而产生适应现代生活的新的相互依赖关系；不得不看轻原有家庭的和亲戚邻里朋友间的比赛标准，而提倡新的比赛标准；不得不减少原有家庭和亲戚邻里朋友间的道德条件，而增加新的道德条件；于是乎极大的困难乃随此问题而同时产生了。对于新的集团活动一向没有训练，须待重新训练起来，而重新训练在社会间相互适应的活动，乃非常的困难。尤其是原有的集团要求，就是新的集团要求的障碍。譬如政治上有新的建设或社会上办新的事业，各有其新的要求，例如在交通上或生产上；然而所有积聚在这新的集团当中的人们，都是没有这样要求的，而一向家庭生活强有力的要求还存在，自然地仍各自忙碌于解决其家庭的生活问题，不暇顾及这新的集团的利益，而且正从这新的集团取得利益以解决其家庭的生活问题。其行动不但无由实现新的集团的要求，而且恰反破坏这新的要求了。有失败的公司，同时有成功的经理；许多政治上的人们不是去解决政治问题，而是去解决生活问题，便是很明白的例子。

那新集团的领袖无法应着新的要求集中一群人才，同时有强有力的亲戚邻里朋友的要求存在，乃适集中了一群亲戚邻里朋友，成功了亲戚邻里朋友的集团，其间分子各以家庭生活的要求消灭了新的集团的要求，于是乎训练陆军成功了北洋系，分化为直系和皖系，训练了海军成功了闽系，整理铁路成功了交通系……总之，在任何新的事业之下，仍自成功了一群亲戚邻里朋友，彼此相为，而不能成功新的集团，为着事业。要建设新的事业乃至于新的国家都容易，要改变这集团组织乃非常困难。从前清变法起，直到今天，还没产出适当解决的方法。

（四）现代的集团生活

中国当前的途径非常明了，不管是社会组织抑或是物资建设，只有迈步前进，追逐现代或更超越现代，不然便会受现代的淘汰，虽然继续安眠在农业生活里，继续安眠在家庭和亲戚邻里朋友的集团生活里，是我们非常情愿的；然而周围的形势绝不容许的，至少日本两三年来的行动代表着现代给予了我们非常明白的暗示。我们要进入现代，一向的集团生活即不能不有所转变，不能不有现代的集团组织。分析起来，不能不有现代的相互依赖关系，不能不有现代的比赛标准，不能不有现代的道德条件，不能不有现代的训练，不能不训练个人去创造现代的社会环境；同时又不能不创造现代的社会环境去训练个人。这是当前根本的问题，任何事业不能避免，虽万分困难亦是必须解决的。

现代的进化在社会方面直可以说是集团组织的进化，逐渐扩大，在未来应得是整个的世界，在现代至少是整个的国家。一方面国家正在极盛的时代，一方面许多生活要求例如文化、交通、生产的交换，亦正要求突破国家的重围而尚未能。我们可以努力的限度仍在国家范围以内。在一个国家范围内包含有极其错综复杂的无数集团组织，就社会方面说：有政治的、文化的、经济的和其他社会的；就个人方面说：有职业的、学问的、运动的、娱乐的和其他社会生活的。一个人在银行里任职员同时亦在一个政党里任政治的工作，在一个学术团体里参加某种问题的研究，在一个运动团体里参加运动，在公园里游玩，戏院里看戏，医院里医病，这一些都是我们生活所依赖着的。其相互依赖关系，从一身的周围起直到国家为止，最后是要由国家负起责任的。一个国家里有若干人失学，有若干人失业，有流行的疾病传染，有过多的死亡率，有过弱的国民体质，有不足的需要品或无法处理的生产品，有不便的交通，有较低于人的生产力，都是应由国家负起责任，或奖励地方，奖励团体，乃至于奖励个人设法的，这是一种新的集团组织。新的相互依赖关系，不是家庭，不是亲戚邻里朋友，不是中国人一向的集团组织和相互依赖关系，而是要重新创造的，而是要训练人重新创造的。

有了新的集团组织，不但是产生了新的相互依赖关系，亦同时产生了新的比赛标准。在一个工厂中比赛工作的效率，一个学术团体中比赛新的发现或发明，一个运动团体中径赛比赛时间，田赛比赛距离和高度……这些比赛标准，是存在于集团里的分子间的。在一个工厂的出品比赛优良，一条航线的轮船比赛快慢，一个运动场的两个球队比赛胜负，这些比赛标准是存在于两个以上的集团间的。各国的陆上交通——铁路和汽车路——比赛里数，水上交通——轮船——比赛吨数，空中交通——飞机和飞艇——比赛架数，速度或高度，陆军比赛动员人数，比赛大炮尊数口径和射程，海军比赛兵舰只数和吨数，航行速度和航程，这些比赛标准是存在于世界最大的集团——国家间的。以这重叠的比赛标准，集中整个社会中的人们的兴趣和活动。人们为了趋赴这种种比赛而预备、而训练、而努力、而拼命；比较我们农业生活中的比赛，家庭与家庭间这群亲戚邻里朋友间与那群亲戚邻里朋友间的比赛，其为兴趣更浓，其为活动更紧张，几乎是举世若狂。然而新的比赛标准在尚未明了，社会风气在尚未造成以前，人们于任何新的活动是不会有兴趣的。提倡起来非常困难，成功乃端在忍受这困难以促起新活动，一直忍受到整个社会的活动竟被促起以后。

必须维持集团间的相互依赖关系和比赛标准，自然产生了强有力的道德条件。或由国家制度上规定起来，或由社会成训上规定起来。当兵是国民的义务；企业者必忠实于所集资经营的事业；学者必虔诚于学术之研究；工程师必尽心竭力于机器之发明。分工必负责任；会议必服从多数之议决案；买卖可以预于数万里外，几个月前；在人丛中不喧嚣；买火车票要依到的先后鱼贯而前；凡此活动都是产生于现代的集团生活，都是为了维持现代的相互依赖关系和趋赴集团比赛而有的强有力的道德条件。

（五）集团生活没有改变不能学现代

这现代的生活方式与我们一向的生活方式产生于另外两重集团生活——家庭和亲戚邻里朋友的迥然不同，然而一样是集团生活，一样是由生活的相互依赖关系，集团的比赛标准，产生了公众的道德标准，规定了人们的行为；只因为不同的集团生活才产生了不同的行为。在一种集团生活没有改变以前，是没有方法改变人们的行为的。换言之：我们在没有形成现代的集团生活，没有形成现代的生活依赖关系、现代的比赛标准，没有产生现代的道德条件的时候，我们仍被包围于一向的两重集团生活——家庭和亲戚邻里朋友当中，仍只有一向的解决家庭生活提携并应酬亲戚邻里朋友的行动，没有方法产生新的行动。纵然产生了新的集团的招牌，亦没有方法产生新的集团的实际。乃至于屡次变更招牌，而不能变更实际。政治上最初一切学日本，间接也许学了一些当前强盛的德国；直到五四运动以后，一部分聪明人觉得学错了，没有将一个中国弄好，于是学英美、学德谟克拉西。闹了几年，只闹了一种空气，则又学俄国、学布尔什维克。几年之后，觉得不对，又到世界上去另外找学的。然而有一个根本问题，政治上的团体，仅仅进化到从政治的机会当中拼命维持其所集聚的或依附的一群人的利益，还没有进化到以这一群人或竟牺牲这一群人去维持所在的社会或国家的利益，这问题没有解决以前，任何国家是不会学得成功的。现代的国家有一个根本的要素，他们有国家那样大的集团组织，而我们却至今没有，只有政治团体本身那样大的集团组织。

我们认识清了中国人的社会生活尤其是集团生活之后，才能解释我们如何应付这社会的行动，无论是改良的或革命的，都有绝大的困难在我们行动的面前。这个困难不在帝国主义身上，不在军阀官僚身上，也不在土豪劣绅身上。我们要建立一个完好的国家，帝国主义诚然可以增加我们的困难，然而因为我们实有绝大的困难先自存在。至于军阀官僚土豪劣绅却正紧紧被这困难包围着，只可怜他们无法打破这重围，他们绝不是困难之源。这困难之源只在一向的集团生活——家庭和亲戚邻里朋友的相互依赖、相互比赛，而又有强有力的道德条件。要变更这依赖关系，要变更这比赛标准，要变更这道德条件，乃是当前绝大的困难。一个强有力的革命军人有力量打倒一切军阀，然而没有力量打倒军阀所由形成的集团组织。只要有人群，便有一群亲戚邻里朋友在各努力去解决其家庭生活问题。虽然亦有人群间相为的精神——亲戚邻里朋友间相为的精神，究竟还没有明了地为所在更大的人群努力。

（六）问题是在整个社会组织的改变

所以今天中国的问题是整个社会组织改变的问题，不仅是政治的问题，尤其不仅是政治当局的问题，你责备政治太坏，你转回来看看社会上有那几桩公众的事业确办得很好。你责备政治当局自私自利，只知道照顾他们的家庭和亲戚邻里朋友，不管国家的问题；你回转来看看你自己，又是不是只照顾你的家庭和亲戚邻里朋友，不管国家的问题；不问你是做生意的，做庄稼的或任教育的，你总是未尝为了国家做任何事情的。每一个人都只知自私自利于家庭以至于亲戚邻里朋友，何独责备政治当局超越此范围以为天下？绝无仅有的圣人。他们要提拔亲戚邻里朋友，是因为只有亲戚邻里朋友为着生活问题而包围他们，要求他们，乃至于为他们努力、拼命，以保障他们的地位和利益，以排除他们的敌对；但绝未尝有国家的问题而包围他们，要求他们，同他们努力、拼命，以保障国家的地位和利益，以排除国家的敌对的。然则他们只应提拔亲戚邻里朋友于他们有帮助的人群，他们乃竟无法提拔一个国家——因为国家里面乃竟是苦于无人帮助他们的。我们只看见许多复杂的亲戚邻里朋友为了他们的利益拥护起来的领袖，绝不容易看见一国的人民为了国家的问题，或一个地方的人民为了一个地方的问题拥护起来的领袖。你如果真正帮助中华民国，不帮助一向的亲戚邻里朋友，便不会有人帮助你。亡了国的印度还会产生一个甘地，诚然因为英国政府容许了他，然而英国政府并不能产生了他。须知道那个社会一方面有管众人的闲事的甘地，一方面还有管甘地的闲事的众人。在中国原有的社会里，却是两方面都有的。所以至少从民国以来，希望得一个理想的政治当局有二十余年了，而不容易超越乎一般范围的理想的政治领袖以为整个国家的问题努力的，因为是没有这样的人群。虽然也偶然为了国家重大的刺激而有某种为了国家努力的人群产生，然而不久即归消沉；只有亲戚邻里朋友的人群才是长久可以支持的，尤其以家庭为核心。

于此愈证明了今天中国的问题是整个社会组织改变的问题，而不是某甲或某乙的问题。不要以为某甲或某乙打倒了，中国就不会再有问题。某甲或某乙是由一种社会组织产生的，是由家庭和亲戚邻里朋友的要求产生的。你纵然打倒了某甲或某乙，然而你并不能变更产生某甲或某乙的社会组织，野火烧不尽，春风吹又生，继起的人物还是他们一类的。如此循环的斗争，可以争到无已时。可以打倒无穷的坏人，而终于不能产生一个好人。如果你将社会组织变更了，尤其是社会要求变更了，要求人们依赖着一个国家生活，努力而且拼命于这个国家所悬的个人的和集团的比赛标准，尊重所悬的抑制自己乃至于牺牲自己的道德条件，则整个国家群众产生了，领袖产生了，一向的某甲或某乙自然亦没有了，何须得准备力量不断地去打倒他们呢？今天则还只有亲戚邻里朋友关系的人群和亲戚邻里朋友当中的领袖，急待改组，亟待进步，虽小至于一桩经济的、教育的乃至于其他社会事业的组织，亦须以现代的集团生活的方式形成相互依赖关系，个人或集团的比赛标准，抑制自己乃至于牺牲自己以为集团努力拼命的道德条件，事业才会有办法的。

（七）如何发扬国人一向的美德

我们不要怀疑这样一来抛弃了中国人一向的美德，实则只改变了社会组织，向有的美德却依然存在。社会组织只是我们一种生活方法，如像划木船，驾牛车，手摇纺纱车是我们一种社会生活方法一样。变更社会组织，也如像牛车需要变成火车，木船需要变成轮船，手摇纺纱车需要变成机器纺纱厂一样。要创造或运用现代的物质文明，便要创造或运用现代的社会组织。即须由木船、牛车，手摇纺纱车时代的集团生活变成轮船、火车、机器纺纱厂时代的集团生活；即须由家庭和亲戚邻里朋友的集团生活变成政治的、经济的、教育的和其他现代社会的集团生活：家庭和亲戚邻里朋友仍存在于现代社会生活当中，然而不能存在于轮船、火车、机器纺纱厂当中。只能为了这些事业的需要集中人才去培植这些事业，不能在这些事业当中培植家庭的子弟或提携亲戚邻里朋友及其子弟。中国人一向的美德是抑制了自己乃至于牺牲了自己以为集团生活；家庭和亲戚邻里朋友；今天虽然集团生活有所转变，转变为政治的、经济的、教育的乃至于一个国家的，而抑制自己乃至于牺牲自己以为集团生活的美德，却仍然是一样需要的。不但不会抛弃了而且反会加强了。如果他们的生活集团小则变为一个经济的、教育的或社会的事业，大则变为一个国家；他们便会为了事业，为了国家，抑制自己甚至于牺牲自己。向来可歌可泣的忠臣烈妇的行动，现在便可以殉社会、殉国家；向来勤俭兴家的行动，现在便可以兴一桩事业，兴一个国家了。奖励这种美德的人群愈加众多，则这种美德之表现愈加强烈。保存国粹的人们不要以为这是忘掉根本的运动，实则这正是培植根本的运动。因为如果不将中国人的集团生活急切改组，一向的集团生活亦必蒙现代生活的影响而逐渐崩溃，一向的抑制自己、牺牲自己以为集团美德，亦必由此而逐渐消沉，逐渐泯灭。最危险乃正是这青黄不接的时期，原有的集团生活崩溃了，新的集团生活没有建设起来；原有的生活依赖关系崩溃了，新的生活依赖关系没有建设起来；原有的比赛标准崩溃了，新的比赛标准没有建立起来；原有的道德条件崩溃了，新的道德条件没有建立起来。这时简直是人欲横流，人与人间的行动冲突无法和谐，社会的秩序大坏无法调整，所以应得赶紧建设新的集团生活去维持人们一向忠于集团的美德，愈是不容徘徊了。

还有不应误会的，我们提倡了新的集团生活，无论其为职业的：在政治事业里、经济事业里或社会事业里；学术的：在学术集团里、学校里或公共图书馆里；游戏的：在球队里、音乐会里或电影院里；或更扩大而为整个地方的，整个国家的；或更以某种无国界的活动扩大而为世界的：例如万国红十字会或世界运动会。并不是这许多集团生活产生了，我们一向的家庭生活或亲戚邻里朋友的生活便崩溃了，灭绝了。一向的集团生活：家庭和亲戚邻里朋友仍然存在。一如有了整个国家的集团生活，仍自有我们职业所在的，学问所在的或游戏所在的集团生活存在一样。今天以后的集团生活，本来就是极其错综复杂的，其进化即是由简单而进化到复杂。有如今天中国的亲戚邻里朋友的关系常综合到了几万人乃至几十万人，亦是非常错综复杂的一样。不过产生了新的集团生活之后，一向的集团生活：家庭和亲戚邻里朋友的相互依赖关系会降低了，因为有了新的依赖关系，更可以使人们的生活安全了；一向的比赛标准降低了，因为有了新的比赛标准，更可以集中人们的兴趣了；一向的道德条件一部分不适用的会降低了，因为有了新的道德条件是急切需要的，会树立起来，指导人们的行动了。

（八）大胆创造可以战胜困难

所以提倡新的集团生活决不是洪水猛兽，无论其采温和的改良的手段或竟采剧烈的革命的手段，绝无任何危险。只一向的改革的方法都主张先破坏，这一个程序却应该颠倒过来，应该先建设后破坏，建设到哪里便破坏到哪里，最艰难乃在这一点。破坏工作非常容易，无如只训练人们破坏，幸而成功之后，却建设不起来，于是乎每每紧跟着成功之后更是失败。破坏还可以利用一向的家庭和亲戚邻里朋友间两重集体生活的弱点，使人们为了这种要求集合起来，努力拼命去干；然而为了这种要求集合成功一个集团之后，正是新的集团生活的障碍。虽然他们也曾打破了敌对方面的这样的障碍，他们本身却往往就是敌对方面的替代。

训练人建设新的集团生活，如已到了新的集团生活完成之后，却亦非常容易。人们的行动不是由社会环境影响起来的，便是由社会环境压迫起来的，集团生活尤其是紧紧的包围着人们的活动的社会环境。最困难乃在新的集团生活开始建设的时候。人们的行动正紧紧被一向的社会环境——家庭和亲戚邻里朋友包围着，我们要建设新的集团生活还没有成功，还没有成功一种相互依赖的关系可以使人信赖，还没有成功一种比赛标准可以使人趋赴，还没有成功一种道德条件可以使人尊重；而同时家庭的，亲戚邻里朋友间的相互依赖关系还有强烈的要求，比赛标准还有强烈的引诱，道德条件还有强烈的责备，这正是训练人非常困难的时候。

困难并不是可怕的事情。困难之成为可怕的对象，原因只在我们怕它。我们只要肯用力量一直用到可以超越困难的时候，便不看见困难了。解决中国人的集团生活改组的问题，正在同样的原则之下，只要大家认清楚问题了，便可以着手干，并不虽要有最高的政权，亦不需要有最大的事业，只要有了立脚的地位便有了着手的机会。你可以从一个学校里做起来，也可以从一个公司做起来，可以从一个乡村做起来，也可以从一条市街做起来。人各从其现在的地位干，是比较容易的事，因为并不需要精力另谋地位。如果有了若干人大胆创造，一直创造到使全国人明白这是一条道路之后，自然全国总动员，尤其是政府当局必立刻改由这条道路将全国统整起来。因为一向只有极其错综复杂的亲戚邻里朋友相互依赖的关系，虽然这关系逐渐扩大，终没方法扩大到整个国家。一向只运用了一群人地位的比赛和所得以解决家庭生活问题的财富的比赛，只有将公共局面弄坏；一向只有一群人彼此相为的道德条件并未能从此充分培养起来，新的中华民国即亦决不能从此产生出来。提倡新的集团生活是任何人应有的责任，不仅是政治当局的责任，任何人都可以从自己的地位提倡起来，并不需要选择更好的地位。尤其是明白现代意义的贤者，应明白选择地位是促起纷争的一个大原因，你要是于地位无所择，于道路之开辟成绩之表现则绝不让人，你终会得着人的信任和同情，得着人的帮助，至少亦得着人的容许的。你要集中你的全力于创造新的集团生活，你应得避免一切纷争。不问地位就是避免纷争最紧要的法门。

新的集团生活如何创造呢？这是我们最后的问题了。须得先引几个实在的例，然后再加以说明。

（九）创造集团生活的第一个试验

十年前我们在成都创办了一个通俗教育馆。一个通俗教育馆本是一桩很寻常的事业，然而曾经借这试作一种新的集团生活的试验，颇吸引当时在成都各界朋友的兴趣，无论其为有知识的或无知识的，无论其为头脑很新的，或头脑很旧的，这却是空前未有的活动，而证明是成功的。通俗教育馆的内容是：一个博物馆，中间分为自然陈列馆、历史陈列馆、农业陈列馆、工业陈列馆、卫生陈列馆、武器陈列馆、金石陈列馆；一个图书馆中有成人图书馆、儿童图书馆；一个公共运动场中有足球、篮球、排球、网球、田赛、径赛等各种场所和设备；一个音乐演奏室中有中西音乐及京川剧演唱之组织；一个动物园；一个游艺场。所有这些设备都穿插在一些花园当中。花园各依地段异其布置，或为草坪，或为花坛，或为竹树，或为池塘，或为山丘，或为溪流。这些都是寻常的事。我们常这样说：不盼望人看我们做出来摆在地上或摆在屋里的成绩，而盼望人看我们做，看我们如何做。所有全馆的人员常常夜以继日，常常要求工作有变化，要求艺术，要求正确，要求迅速，要求集中成都各界的人们到最多的时候。尤其利用机会集中人群至每日以数万计。只要这个月你到过通俗教育馆，下一个月你再到，便觉得有些不同了；乃至于这一周你到过通俗教育馆，下一周你再到便觉得有些不同了；乃至于今晚闭馆的时候你到过通俗教育馆，明晨你再到，便觉得有些不同了。我们以一天改换了新的桥梁，以一夜改换十个陈列馆的陈列品，以几天堆了一座山，以十几天完成了一座房屋。馆里的职员以至于泥、木、石工人常常这样紧张的工作着，要求工作的表现能够吸引而且集中了成都市的人，尤其是在一个节令以前的布置，是要几个白天夜晚不睡觉的。职员之用尽全力于通俗教育馆，忘却了他们自己还不算希奇；那许多泥、木、石工人继续工作一年有余，直视馆里如家庭，虽然外间待遇比馆里加高了，亦不忍离去，可见他们浓厚的感情。博物馆里常常开古物展览会、中国画展览会、革命史展览会……运动场常常开运动会，球类比赛、脚踏车比赛、团体操表演，音乐演奏室常常开中西乐演奏会，游艺场常常演新剧、川剧、京剧、幻术，常常为卫生运动、教育运动而公开地放电影，花园里每年必开菊花会；这样一来不仅将成都游览的人集中了，尤其将成都各方面的人才集中了。为了轮船、火车、机器的模型，池中喷水而集中了机器工程师；为了建筑房屋、道路、桥梁、堤岸而集中了建筑和土木工程师；为了运动会及运动指导而集中了体育专家；为了音乐演奏而集中了西乐、中乐专家；为了游艺会而集中了川剧、京剧的票友和新剧的演员；为了展览古物集中了古物专家，展览图书集中了美术专家；为了园艺集中了农业专家，集中了花园的主人和工人；为了卫生运动，尤其是普遍种痘，集中了中外医生；为了饲养动物集中了兽医；几乎凡在成都的朋友有一技之长的，都被我们集中了。常常在集合他们开会，集合他们工作，集合他们表演；这是一个集团生活的试验，亦是一个集团生活的运动。虽然因为事业是寄托在政治上，不能造起生活的相互依赖关系；又因为时间短促，只有一年又半，未见得确立了新的道德条件；然而已有了强烈的新的比赛标准，完全在穿的、吃的、房屋、财产乃至于结婚、上寿、开奠之外，使各种集中的人才都在社会上有充分的表现。集中了社会上多数人们的欣赏，取得了多数人们的喝采；许多认识和一向不认识的、有一技之长的，都兴高采烈地愿趋赴这成都向来没有的比赛；任何时候到过通俗教育馆的人们，都对这一新的公共事业发出了深厚的感情；这新的集团生活的试验证明了是可以成功的，而且三个条件只须有了比赛标准一个条件，时间只须一年又半。

（十）创造集团生活的第二个试验

因为纷乱的政治不可凭依，我们从社会上作第二个试验了，以嘉陵江三峡为范围，以巴县的北碚乡为中心。始则造起一个理想，是要想将嘉陵江三峡布置成功一个生产的区域，文化的区域，游览的区域。因为这里有丰富的煤产，可以由土法开采进化而机器开采；为了运煤可以建筑铁路；为了煤的用途可以产生炼焦厂；用低温蒸馏可以产生普通用焦，电厂用的瓦斯，各种油类及其他副产品；两个山脉的石灰岩石，山上山下的黄泥，加以低廉的煤炭，可以设立水泥厂；为了一个山脉产竹长亘百余里，可以设立造纸厂；为了许多矿业、工业、交通事业的需要，可以成立电厂；如果在那山间、水间有这许多生产事业，可以形成一个生产区域。以职业的技能，新知识和群的兴趣的培育为中心，作民众教育的试验；以教生产方法和创造新的社会环境为中心，作新的学校教育的试验；以调查生物——地上的出产、调查地质——地下的出产，又从而分析试验，作科学应用的研究；并设博物馆、图书馆、植物园、动物园以供参考或游览。如果在那山间、水间有这许多文化事业，可以形成一个文化区域。凡有市场必有公园，凡有山水雄胜的地方必有公园，凡有茂林修竹的地方必有公园，凡有温泉或飞瀑的地方必有公园，在那山间、水间有这许多自然的美，如果加以人为的布置，可以形成一个游览区域，这便是我们最初悬着的理想——一个社会的理想。

于是乎我们先后寻求人才了。寻求担任公园布置的，寻求担任警察训练的，寻求担任民众教育的，寻求担任学校教育的，寻求担任金融事业的，寻求担任工厂管理的，寻求担任科学研究的，从成都到上海，从四川各事业到国内各学术机关；因为事业之待创造，经费之无着落，寻求人才非常困难，然而因此乃竟得着许多支持困难的骨干，打破了无数困难的关头，以成立了许多事业，提挈了许多事业前进。一向的亲戚邻里朋友的人群往往牺牲了社会以解决自己的生活问题，而这一个创造社会的人群，却都忘掉自己的一切以创造这一个社会。

于是乎我们先后训练青年了。训练青年的中心意义是要让他们充满了社会的要求，社会的思想，社会的活动；要求他们都非常明白现在世界的趋势，中国的困难，而且都非常明白理想的三峡而要求实现它。他们都受严格纪律的训练，都经社会服务的实习，都随时在社会服务上相互帮助，都历历险阻，尤其是吃尽苦头。先后训练了学生第一队、第二队，分配在团练各队和各事业服务；训练了少年义勇队一队，分配在学术机关和各事业服务；训练了特务学生队一队，分配在特务各队和各事业服务，现在又正训练少年义勇队一队，预备分配到各事业服务。此外各事业委托训练和随时增加的青年还不在此数。他们虽分到各队各事业服务，而他们自晨早起床，至夜晚睡觉仍然充满了社会的生活内容。晨早起床之后，集中到运动场各依排列的运动程序运动一小时；早餐后，开始工作；直到午后完结的时候，则又集中到图书馆依所分配研究的问题读书两小时；如还有余裕时间，仍自由运动或休息；夜间，都分头去担任民众教育，或民众娱乐，或整理一日的工作或再以余暇时间自由读书。他们运动有分类比赛的运动会，读书有挨次报告的读书会，工作有各机关挨次报告的周会。各有比赛的标准，各有公众的讲评，他们每天生活有日记，每机关办事有日记，每周有周报，每月有月报。他们工作的整理每日有局部会议，每周有主任联系会，有全体职员会议。他们在那里不是亲戚邻里朋友的集团，另外有一种生活的相互依赖关系、比赛标准和道德条件，是他们的行动所趋赴的。

于是乎先后经营各种事业了：温泉有公园，北碚有公园，运河有公园，凡有隙地必有园林；峡防区则有各特务队，驻在北碚市镇，北川铁路沿线，夏溪口以至于矿山；他们有团练的任务，有警察的任务，有民众教育的任务，有帮助地方建设的任务；有手枪队，有事帮助周围捕匪，无事则帮助各机关服务；有民众教育办事处，在办事处领导之下有民众学校，依职业的种类和集中的便利而有不同的教育，有挨户教育，有场期教育，有力夫学校，有船夫学校，有民众问事处，有职业介绍所，有书报阅览室；在各茶社酒店有各种通俗图画、照片和新闻简报，有新知识广播，有民众娱乐场——娱乐事项有新剧、川剧、电影、幻灯、跳舞、唱歌；此外有地方医院，为乡民免费治疗疾病，每年春秋两季必指导各机关乃至各队人员总动员为纵横百里间的小孩以至于成年人点种牛痘；有公共运动场，一方面联络各学校，一方面联络各事业，一方面联络市乡中之青年，使都参加运动，并参加运动的比赛；有《嘉陵江》报，由周刊进化而为三日刊，再进化而为间日刊，再进化而为日刊，最后更由石印进化而为铅印。其材料只重在积极方面，只以现代的国防、交通、产业、文化四大问题为中心，使读《嘉陵江》报的朋友都逐渐能够认识现代是一个什么样的世界；中国西部科学院有理化研究所，目前正以分析燃料为主要工作，欲帮助四川解决燃料问题；有生物研究所，地质研究所，目前正以调查、采集整理为重要工作，欲帮助四川解决一切自然开发问题；有农林研究所，目前正做造林和改良农作的试验，欲解决当前社会急切需要的粮食和木材问题；附设有一个植物园、一个动物园，附设有一个博物馆，附设有一个中学校一个小学校，附设有一个染织厂；此外还有一个农村银行是要求小小帮助农民借贷和各种合作运动的，常从各方面帮助这一个区域里边新的经济事业，例如北川铁路公司、天府煤铁公司、洪济造冰厂、嘉陵煤球厂……只要它们有帮助的需要。

凡这一些事业，如果是直接经营的，绝对要求它充分实现应有的意义，绝不容许混杂一点亲戚邻里朋友的关系，决不容许任何人以事业为解决家庭生活的机关。虽然家庭生活问题是不断地要依赖事业，尤其是不断的依赖事业的繁荣；然而那是在事业规定的方式之下被帮助的，每一个人则只努力帮助事业，不仅是一桩事业的关系，尤其是一群事业的关系。大家在那里穿是一样的，吃是一样的，房屋器用亦差不多是一样的，困穷是一样的，所有一向的家庭和亲戚邻里朋友的财富、地位、门面装璜通通无所用其比赛了，比赛的都是工作，都是学问，都是运动或游艺，都是表现在社会上的成绩。另有一种大义，是这社会里边要求的，而不是家庭和亲戚邻里朋友要求的。他们之兴趣盎然，他们之工作紧张，他们行动之可歌可泣，乃不是一向沉陷在家庭和亲戚邻里朋友当中的人们所能领悟。一向沉陷在家庭和亲戚邻里朋友当中的人们总迷信以为人是自私自利的，只能利用人的自私自利的弱点；而忘却了家庭和亲戚邻里朋友亦正是一个社会，人只是为了社会的要求而甘愿牺牲自己，尤其是为了更大的社会；这是从我们今天的试验可以证明。

（十一）创造集团生活的第三个试验

除这第二个试验是从嘉陵江三峡着手的而外，还有第三个试验的事业是民生实业公司，所谓民生实业公司，是从一只小轮船起增加到二十八只轮船；是从合川五百盏电灯起增加到四千五百盏，而又增加了全城需要的自来水；是从一个两万元的机器厂扩充到三十万余元的机器厂；是从五千元的对外投资增加到二十万元的对外投资；是从八千元资本增加到了一百六十万余元的资本。仍然是一个小的事业，但是一个要求有意义的事业，是要求这事业的一切完全成为现代的。要求每一个人解决事业的问题，从轮船上的茶房水手起，从工厂的小工起，以至于各级职员工人，无一个不为事业努力。他们之在公司中是一群工作的分子，不是一群亲戚邻里朋友；他们之到公司都是凭自己的能力，不是家庭和亲戚邻里朋友的关系。事业之要求他们努力加强于他们家庭和亲戚邻里朋友的要求。一方面促起他们都知道事业前途的希望，另一方面促起他们都关怀事业周围的困难和危险。是要以团体的工作，团体的讲学，团体的娱乐乃至于一切生活包围了他们，一直到他们的家庭。如何努力解决事业的问题，这是事业上的一群人非常恳切地要求于每个人的。至于每个人最迫切的家庭生活问题，则由事业上帮助他们解决，只须他们依赖事业，不须依赖他们的亲戚邻里朋友，这是我们正用全力预备的。

我们的预备是每个人可以依赖着事业工作到老，不至于有职业的恐慌；如其老到不能工作了，则退休后有养老金；任何时间死亡有抚恤金。公司要决定住宅区域，无论无家庭的、有家庭的职工，都可以住居。里面是要有美丽的花园，简单而艺术的家具，有小学校，有医院，有运动场，有电影院和戏园，有图书馆和博物馆，有极周到的消费品的供给，有极良好的公共秩序和公共习惯。凡你需要享用的，都不需要你自己积聚甚多的财富去设置；凡你的将来和你儿女的将来，都不需要你自己积聚甚多的财富去预备；亦不需要你的家庭帮助你，更不需要你的亲戚邻里朋友帮助你，只需要你替你所在的社会努力地积聚财富，这一个社会是会尽量地从各方面帮助你的，凡你有所需要，它都会供给你的。

这样的意义：个人努力地帮助社会，社会亦尽量的帮助个人，还不够；还得进一步，个人是要帮助所在的事业，使自己有显著的成绩表现在事业上，事业尤其要帮助所在的社会，使事业有显著的成绩表现在社会上，我们所要求的不是一群人之为自己，而是一群人之为更大的人群；我们所要求的不是事业的大小与他事业比赛，而是事业对于社会帮助的大小与他事业比赛。譬如民生公司的轮船一年接触到二十万人，便应亲切帮助到二十万人；电灯自来水在四万人口的合川县城，便应亲切的帮助到四万人。虽然这一些要求在这短时间没有完全实现，这要求却是非常之明了，必须完全实现而后已。白种人做得到，黄种人亦做得到；日本人做得到，中国人亦做得到，这是我们的口号！从我们的试验也有相当的证明，这不仅是口号，而是可以实现的行动了。船上人员之拼命节省燃料，一部分周到地招待客人，甚至于让了自己的铺位，这是令人敬佩的行动；同白种人谈来，他们亦不相信，以为业务人员之能招待客人，除非是客票收入是他们自己的，不相信是涓滴必归公司的。而不知有了充分训练的中国人之能刻苦自己、牺牲自己，以为其集团生活的精神，本来在家庭和亲戚邻里朋友的生活当中就有了充分的训练，今天不过转移了方位，乃竟出乎白种人意料以外了。

（十二）证明了创造集团生活是可能的

我们一面用力作现代化的集团生活的试验，作超越乎家庭和亲戚邻里朋友关系集团生活的实验，仍一面帮助周围。假如有一桩事业，有一个乡村，有一县的当局，一省的当局乃至于一国的当局，如果愿意打破家庭和亲戚邻里朋友的重围，打破一群人彼此相为的重围，以为更大的人群，建立一种现代的社会，这是今天中华民国里边急切需要创造的风气，我们可以帮助一点一滴的时候，必须用全力帮助一点一滴的。

总之，原来的集团生活——家庭和亲戚邻里朋友，是障碍了一切新的集团生活的产生，今天有许多能干的领袖，能领导原来的生活集团，然而不能解决中国的困难，尤其是根本的困难。如何促起几千年安眠的农业社会转变而为现代的社会，急切需要更强毅、更能干的人们，能够在此万分困难的环境当中，打破重围，创造新的适于现代生存的集团生活。创造新的依赖关系，使人们在没有职业的时候，依赖着社会训练职业的技能，并依赖着社会介绍职业；在老的时候，依赖着社会有相当养老的帮助；在遗族无法生活的时候，依赖着社会有相当的抚恤；在子女没有成长的时候，依赖着社会相当的教育；在疾病的时候，依赖着公共的医院；在余暇的时候运动，依赖着公共的运动场；游乐，依赖着公共的电影院、戏场和公园。而这些人们所依赖着的社会，又都依赖着人们的忠实和努力。这是新的集团生活所需要的新的相互依赖关系，是急切需要寻求人才并训练人才去创造它的。

同时亦须有新的比赛标准。在一群事业当中必须时时公布各个事业的成绩，无论其为口头的或文字的。例如：医院增加的治愈人数，警察调查得的人口和卫生运动所减少的死亡率，图书馆增加的读书人数，民众学校减少的文盲人数，工厂改良和增加的出品，年终增加的纯益，这都是事业的成绩，应尽量使之表现在社会上的。在一桩乃至于一群事业当中，必时时公布各个人的成绩，亦无论其为口头的或文字的。一个茶房殷勤地帮助了客人，一个看护殷勤地帮助了病人，一个教师殷勤地帮助了学生，一个乡长殷勤的帮助了乡村，无论其为事的大小，只要帮助了社会，必用力介绍到社会。尤其是要寻出表〈现〉显著的行动在公众面前的机会，在公众面前讲演，在公众面前表演戏剧，在公众面前布置一个花园或陈设一个会场，在公众面前救了火灾或救了疾病，在公众面前御了大敌；这都是新的集团生活的比赛方法，其鼓舞人的力量常常等于万人围观的运动场上踢球或赛跑。每个人群乃至于每个人都要用全力于比赛，虽然牺牲了自己的生命亦非所顾惜，绝不是比赛门阀，比赛亲戚邻里朋友的集会所可以比其热烈的。

只要新的依赖关系和新的比赛标准成立了，新的道德条件便成立了。合于这一种依赖关系和比赛标准的行动，便是整个社会所奖励的、要求的；不合于这一种依赖关系和比赛标准的行动，便是整个社会所惩罚的、反对的。人之热烈的趋赴社会的奖励和要求，难堪于社会的惩罚和反对，乃是先天带来的情感；尽管有各种不同的社会和人们适应社会不同的行动，而这趋避的原则却完全是相同的。不问所有的道德条件是存在于法律制度，抑存在于风俗习惯，其奖励和要求人们的行动，惩罚反对人们的行动，是一样有力量的。其集团组织愈大，其道德条件乃愈有力量。

我们从上面的事实和推论，可以证明在家庭和亲戚邻里朋友的关系以外，在现代的生活方式之下，建设新的集团生活是可能的。只要成功了新的相互关系，新的比赛标准和新的道德条件，便成功了新的集团生活。这工作虽然非常困难，而这困难却可以〈凭〉决心、勇气不断地前进、长时间的忍耐战胜。聪明的人们不应被任何困难征服，不应被家庭和亲戚邻里朋友的关系重重围困，不应用破坏新的集团组织的力量——家庭和亲戚邻里朋友的关系——去建设新的集团组织，无论其为一个行政机关、一个学校、一个公司或一个医院。聪明的人们不应爱好一时结合的人群，这人群只于亲戚邻里朋友相为，而尤各为其家庭，以求一时的成功，而使失败紧紧跟随于成功之后。不应徇人们的要求——家庭和亲戚邻里朋友的要求；几十年来，上至政府，下至人民，在交通上、产业上、教育上以及其社会上，有许多建设被这人们的要求毁坏得没有几处剩余；一个中华民国尤其是毁坏得无法统整，尤其是值得我们猛省。因为家庭和亲戚邻里朋友的要求，就是促起小至于一桩事业大至于一个国家四分五裂，而又相互冲突的最大原因！各人只顾家庭和亲戚邻里朋友，不肯顾到大局。

（十三）复兴中国只有这一条道路

中国自晚近百年余有敌国外患以来，遇战争即失败，遇外交亦失败。任何一回问题都是国家万分严重的问题，应以举国朝野上下的全力去应付。自然许多朝野上下的人士看来，并不觉得那样了不得；因为他们还有看得更严重的问题，在他们家庭间，亲戚邻里朋友间和这样的敌对的集团间，视国家的关系或国家对外的关系却有相当的漠然。然亦有若干有心人士在国家遇着灾难的时候颇能作救亡的运动，然而遇一回灾难救一回亡，过此以往，又是忙着解决家庭或亲戚邻里朋友的问题的时候；如此救亡，恐怕要一直救到亡的时候。

中国的根本办法是建国不是救亡。是需要建设成功一个现代的国家，使自有不亡的保障。是要从国防上建设现代的海陆空军；从交通上建设现代的铁路、汽车路、轮船、飞机、电报、电话；从产业上建设现代的矿山、工厂、农场；从文化上建设现代的科学研究机关，社会教育机关和学校。这些建设事业都是国家的根本，然而现代的集团生活没有建设成功以前，是不容易看见上面那许多建设事业的，只会看出家庭和亲戚邻里朋友的关系在那里毁坏许多建设事业而已。

建设新的集团生活虽然是一切建设事业的根本，然而并不是另外一回事，正是需要从任何一桩新的建设事业上同时将新的集团生活建设起来的。新的集团生活完全表现在新的建设事业上，开始建设新的事业即须开始建设新的集团。这是一点一滴的工作，尤其是非常困难的工作，万万不能等待，万万不能等待到事业成功的时候。宁肯失败，不可运用亲戚邻里朋友间彼此相为的关系去取得事业成功的机会；因为亲戚邻里朋友间之彼此相为正是新的集团生活的障碍，也正是任何新的建设事业的障碍。纵然取得整个国家了，亦不会取得最后的成功，只会取得失败。

我们在国家危难的时候希望美国帮助或英国帮助是错误，就希望中国自己好起来亦是错误。做几篇劝告国人的文章，定几种上下遵循的法律，乃至于举国如狂地做几回对内对外的运动，亦通通是错误；好的中华民国并不是由希望可以产生的，不是由劝告可以促起的，不是由法律可以规定的，也不是由几回运动可以成熟的。不劳而获和一劳永逸，是永远不会有的事。好的中华民国只有从新集团生活产生。建设新的集团生活在一点没有新的集团生活的环境当中，是最困难的工作。一切新的建设事业的困难，都只在建设新的集团生活一点上。必须用绝大的努力乃可以战胜绝大的困难，尤其是在着手的第一关。只要逐渐前进，新的集团生活逐渐形成——即是新的相互依赖关系逐渐形成，使人们有了信心；新的比赛标准逐渐明了，使人们有了趋赴的兴趣；新的道德条件逐渐确定，使人们有了遵循的大义。之后，这工作自然逐渐容易。最初因为最困难，所以最缓慢，往往是急切希望中国好起来的人们所不能忍耐。然而成功正在这忍耐工夫当中，愈到后来愈快，是加速率前进的。然而必是依着步骤的，必是由工作积累成功的，不是由偶然的刺激产生的，偶然的动作成功的。尤其是最初的集团生活是一个农业试验场，必须十分精细的试验，得着显然可以比较的成绩，然后可以帮助四周的农人推广起来。

我们很盼望在许多新的建设事业当中的人们，无论其在政治方面、经济方面、教育方面或其他社会方面，无论其局面大小，愈小愈好，都从所在的机会当中作根本的建设运动，作新的集团生活的建设运动。将自己的事业当做农事试验场，将周围的事业还陷在原有的集团生活——家庭和亲戚邻里朋友——的重围当中的，当做农民去帮助他们，谋新的集团生活的推广。帮助的力量所施，不问关系，只问此一点意义。纵然周围的事业在未明了此意义以前谢绝帮助，亦当多方面地而且不断地影响他们、包围他们，一直到他们接受了帮助以后。

我们觉得复兴中华民国只有这一条道路，只有运用中国人比世界上任何文明民族更能抑制自己、牺牲自己，以为集团的精神，建设现代的集团生活，以完成现代的物质文明和社会组织的一个国家，才可以屹立在世界上。你如果不满意这世界的趋势，你还可以改善它。我们要救整个二十万万人日陷于困难之境的生活，整个不安的国际局面，岂止于救中华民国之亡，这是由我们的努力最后可以期望实现的结果，并不是夸大。

（原载《大公报》1934 年 8 月 2—11 日，此录自《中国的建设问题与人的训练》，上海生活书店版，1935 年 3 月）

南洋华侨的两个工作
（1934 年 8 月 12 日）

我们对于侨居国外的同胞，尤其是侨居南洋的同胞，一向怀着非常深厚的感情。几回要到南洋游历看看侨胞在南洋的经营，苦于挪不出时间，向往之心，一直怀到现在或许一直怀到将来实现的一天。四年前曾经一度到了今天已经失掉的东北，是为看看日本人在东北的南部所经营，俄国人在东北的北部所经营，尤其是为看看东北的同胞在东北的全部所经营。东北是中国自己的领土，有二千余万人在那里胼手胝足，努力生产，不比南洋的同胞侨居在异国的地方，有更多的不便和困难。然而有与南洋同胞同样的精神是他们从内地去，从山东、河北、河南到更苦寒的东北去，到数千里外开辟荒地、耕作、做工或做生意去。他们并不需要政府的奖励和帮助，亦不需要资金，只带着他们勤俭的精神，去开辟了东北那样广大一幅地方。虽然那时的日本人和十几年前的俄国人挟着了举国的力量去经营东北，经营了几条铁路、几个矿山、几个城市，是令我们十分惊异而叹息的；然而那茫茫大野纵横数千里碧绿无际却都是中国的人力经营出来的，一点没有仰仗国家的力量，只凭他们一手一脚创造到那样伟大，则更令我们非常惊异而佩服了。

我们问着一位哈尔滨人："中国人和俄国人在哈尔滨生活的比较？"他的答复是："俄国人只在做事的时间做事，中国人做事是没有时间限制的，没有礼拜休息日。俄国人每天收入有一元的时候支出亦有一元，如果只用八角，其余两角必留到礼拜日用。中国人收入只有五角，支出却只有二角半，十年以前赤手空拳到哈尔滨，日积月累而今团团富家翁了。"这是中国人的勤俭精神在东北的一种表现！我们觉得东北的地方可爱，更觉得东北的同胞可爱。因为他们都是刻苦兴家的；他们都有冒险的精神，冒险到几千里外去谋生；他们都有开辟的精神，将纵横几千里的荒地开辟成田园村落，使有大宗的农产：大豆、高粱等等自给之外，还输出大宗供给内地和海外。不幸而由民国二十年辽吉黑事变发生以至于民国二十二年热河事变发生，东北四省全部被日本人占据。什么人都痛心于这可爱的地方之损失，可爱的出产之损失，我们最痛心的却是这二千几百万代表中国人的勤俭精神开辟东北的同胞之损失，被人强名之为“满洲国”的人民，求如我们南洋的侨胞当一侨居南洋的华人而不可得，这是何等痛心的损失啊！

我们想念到东北四省大感亡国痛苦的二千几百万同胞的时候，愈是想念到海外尤其是南洋的华侨，一样代表了中国人携带着勤俭的精神、刻苦兴家的精神、开辟草莱的精神，而且一样赤手空拳到海外去，一点没有仰仗着国家的力量——奖励和帮助，乃能在世界上任何地方立足，而且大大地帮助了世界，令世界上许多文明民族惊惶起来。大部分同胞之刻苦是不问什么东西都可以吃、可以穿，不问什么地方都可以住，工作的时间可以比任何民族加长，待遇只要够他的最低限度的生存，绝不同任何民族比较多少。嫉妒他们的人们讨厌他们，但如从整个人类着眼客观的观察和批评起来，则这正是值得令人钦佩的民族，对世界上只问工作不问待遇，乃正是非常沉痛的行动。以视运用了物质文明和社会组织、奴使其他民族以自享丰厚，不肯以之作世界上的帮助的文明民族？则孰可尊重，实值得后代的人批评。此刻无是非，是非乃以一时的文明方式为转移，只可叹息，无可争诉。

侨胞之在海外，进一步有以对世界，退一步亦有以对国家。他们之在任何地方、任何时间，未尝忘自己是一个中国人。他们的饮食起居和一切生活的习惯、器物的使用、社会的风尚，尽管到了旁的国家里数十百年，犹自保存中国人的模样。从坏的方面说来是守旧，从好的方面说来正是不忘自己是中国人的证明。比那一部分留学生，留学欧美几年之后，凡欧美人可以完成物质建设或社会组织的方法一点没有学得，只忘却了自己是中国人，在饮食起居一切享用上竭力要求与欧美一样，却要显得多了。这还仅仅是就物质上观察。最可宝贵的是华侨对祖国关切的情感，远超过了我们关切华侨，亦远超过了我们关切国家；一方面他们由想念家乡扩大到想念国家。一方面与一切挟着国家权威以向世界进展的文明民族深切地接触，乃觉自己没有国家的帮助，乃感觉国家是非常宝贵事物，至少在今天的世界上人是不可以没有她。国家的地位如果提高了，每一个人去到世界上的地位都提高了。所以华侨盼望祖国好比在祖国里边的人还恳切。尤其是在祖国有对外问题的时候，有天灾的时候，有较好的希望的时候，他们不但都有极深的关切，而且都有极大的帮助。一个中华民国都是他们帮助产生出来的。孙先生的几次革命运动几乎完全是成功于华侨的助力；许多生产的建设的事业常常等待着华侨的投资经营；因为华侨不断地汇款回国，减少了中国每年的入超数目；这些都是极明了的事例。

以上所列举的华侨之对于世界和对于祖国的好处，尤应以侨居南洋的同胞为代表。不但是这里有更大的人群，尤其值得我们注意的，是这里有更多的事业、更多的成就，对于世界、对于祖国有更多的帮助，与祖国的关系更密切，来往更频繁；在工业上、在商业上、在文化事业上，乃至于游历考察的活动上都可以看出来。所以南洋侨胞任何时之所遭遇所经营更是我们非常关切的事情。时时刻刻想知道消息，而且想知道究竟，在可以帮助的地方尤其想帮助一些，只可惜我们今天以前知道的事情太少，帮助更无从说起。南洋侨胞许多经营，有成功的时候，亦有失败的时候，他们表现在世界上有中国人的长处，亦有中国人的短处；即就成功的方面说：事业成功于个人的努力比成功于人群的为多，成功于机会的获得比成功于有把握的计划的为多，有人群的兴趣还缺乏人群的组织，有现代的事业还缺乏现代生活必需的方式。因此成功的事业易为周围的变化所影响，而不能控制周围的变化；易为更大的经济力量所压倒，不能完成更大的经济力量。所以有这现象，不完全是华侨本身的关系，亦有环境的关系。就华侨所处的环境说话，无论其在经济上、在文化上，都不容易有痛快的经营如我们之所想象，也是我们应得承认的。

因此盼望今天以后华侨的事业有更多的成功，对于祖国乃至对于世界有更多的帮助。特别提供两个沟通的工作，是侨胞应得努力，亦是我们应得协助的。一方面作沟通世界的工作。中国弱点只在没有走入现代，没有完成现代的物质建设，没有完成现代的社会组织，没有运用现代的科学方法去完成物质建设和社会组织。留学生有深入现代的机会，然而他们苦于只接触了现代的学校、现代的书籍，有了科学方法而不能运用到物质建设和社会组织上去。华侨乃更有接触现代的机会，更深切地接触了现代的物质建设和社会组织。今天以后需要的是运用现代的科学方法，青年以至于儿童以至于婴孩都应得让他们有学现代科学方法的机会，都应得让他们有进现代的学校的机会。这些学校自己能够办起来的自己办起来，自己不能够办起来的，祖国有的送回祖国去，祖国没有的送到外国去，专门去学科学的方法——学运用到物质建设或社会组织上的科学的方法。凡在事业努力的成年人们，总得常常到现代的文明国家去考察，专门考察他们如何运用科学的方法在物质建设上和社会组织上。凡现代的经营无论在南洋的或在南洋以外的，尽量搜集他们的消息、模型、图书、照片、记载，在一个博物馆或图书馆里陈列起来，在报纸里、杂志里披露起来，总尽量摆在华侨的眼前。凡有公众的讲演是讲这些问题，个人的接谈是谈这些问题。电影院多多搜求这些影片。尤其是华侨当中有现代的事业必尽量采用现代的方法，必尽量让人参观，必尽量对人解释：用这种种作进入现代的运动，使今后南洋的经营不复恃赖个人，恃赖机会，而恃赖力量伟大的人群，恃赖可靠地控制自己的工作和周围的形势的办法。我们要知道美孚〈石〉油公司和亚细亚背后的英荷石油公司组织几乎与地球同样伟大。各在要求作世界石油的控制，正是显示那大的人群的魄力，不肯听命于机会的证明。

虽然这样勇猛地向现代前进，然而还是保存而且发扬中国人一向的勤俭精神，决不忘记自己是中国人，不过由个人的事业移到公众的事业上去。不要求享用，不计较劳力，以刻苦兴家的精神去兴华侨整个的人群，最后去兴整个的祖国，是这样地运用了现代的方法发扬中国人的精神，从沟通世界的工作上去取得现代的方法，才会有今天以后更伟大的成功，才不会再有今天以前不幸的失败。

另一方面更需要作沟通祖国的工作，凡华侨的子弟不但都要能说本国话，尤其要能读本国书，就是现在不识字的成年亦须要能识本国字，随时从报纸杂志上看祖国的消息，随时从讲演的机会上听祖国的报告。凡华侨不能办的学校而祖国有的必遣送弟子回祖国，没有回国读书的机会的成年亦常组织团体回祖国考察。不但考察沿江、沿海、各埠，尤其是深入内地考察那犹有勤俭之风可敬佩的同胞的生活，能忍耐着处在困穷的环境当中，并华侨一向成功的希望亦没有，他们仍自苦斗。如果有了现代的方法，他们亦不仅可以兴家，尤其是可以兴一个国家。除盼望华侨去考察这些人事之外，亦考察祖国可爱的自然。这样大的适于农田的土地，无数的地上、地下的出产，正等待着华侨的力量帮助经营。华侨当中如果有剩余资金不能在南洋寻求得投资的生产事业，正可回到祖国寻求生产事业投资。今天以前华侨之帮助祖国是有一回问题帮助一回，今天以后应常常组织团体回来考察，选择那更有希望的事业，有希望的地方，继续不断地予以帮助或直接经营，一直到最后成功的时候。同时国内各地和各界人士亦常常组织团体考察南洋，亲切地存问远离祖国万里的同胞和他们的生活，他们所经营的事业的状况。如有需要国内人士帮助的地方，亦尽量予他们以帮助。不但是经济事业方面，尤其是文化运动方面。在南洋几个重要的地方特设图书馆，搜集国内各处的报纸、杂志、各书局出版的新书和中国以前的旧著，藏在馆里供人阅读。特设博物馆陈列中国各处的风景照片、各处的物产、各处的风尚器用，供人游览，藉以引起华侨对祖国内地更深切的认识和情感。另一方面亦在国内各地有华侨住的地方的器用、物产、风景和事业的照片陈列在博物馆。有华侨的记载，无论其为书籍、杂志、报纸陈列在图书馆，藉以引起国人对华侨更深切的认识和情感。这样地作沟通华侨与祖国内地的工作，使华侨在南洋乃至于其他地方的经营常得祖国各界人士的帮助，华侨努力经营的区域，亦由他人宇下扩大到祖国内地更有希望、更可痛快前进的地方。华侨之回到祖国，其发展之速，成功之伟大，将更有逾于其初到南洋时。一直到祖国的物质建设和社会组织完成了，完成一个现代国家了，则华侨比现在当更知道国家之可宝贵了。因为那时华侨在国际上的地位亦随祖国而提高了。今天仅知道没有国家帮助的痛苦，那时更知道有了国家帮助的愉快和光荣了。

以南洋华侨的地位，一方面沟通世界，一方面沟通祖国，自己在中国作一个桥梁，以极快的时间而将祖国渡入现代，这尤其是我们非常恳切的盼望。今天以前华侨有了关切祖国的情感，今天以后华侨更有了推动祖国的方法。须知道大难未已的祖国，亦正大有人在那里刻苦想以国人一向兴家的精神兴一个国家，同志正复不少。只要一旦上了轨道，便会一日千里以完成祖国的物质建设和社会组织。我们随时提出了两个口号：白种人办得到的事情，黄种人亦办得到，日本人办得到的事情，中国人亦办得到！请即以此祝南洋同胞的健康。

（原载新加坡《星洲日报》1934 年 8 月 12 日，此录自《中国的建设问题与人的训练》，上海生活书店版，1935 年 3 月）

四川嘉陵江三峡的乡村运动
(1934 年 10 月 1 日)

四川嘉陵江三峡是在嘉陵江流域重庆与合川一段间，跨在江北、巴县、璧山、合川四县的境界。我们凭借了一个团务机关——江、巴、璧、合四县特组峡防团务局，凭借局里训练了几队士兵，先后训练了几队学生，在那里选择了几点：北碚、夏溪口以至于矿山北川铁路沿线，试作一种乡村运动。目的不只是乡村教育方面，如何去改善或推进这乡村里的教育事业；也不只是在救济方面，如何去救济这乡村里的穷困或灾变。中华民国根本的要求是要赶快将这一个国家现代化起来。所以我们的要求是要赶快将这一个乡村现代化起来。

现代是由现代的物质建设和社会组织形成的，而现代的物质建设和社会组织又都是由人们协力经营起来的，人都是训练起来的。人的训练有三个要点：第一要他们的头脑有现代整个世界那样大，能够在非常明了的整个世界的状态之下决定他们自己的办法；第二要他们的问题至少有中华民国那样大，在非常明了的国家紧急状态之下决定他们自己的任务；第三是要他们在可能的范围内创造一个现代的物质建设和社会组织起来，无论在交通方面、产业方面、文化方面或其他公共生活方面。而这一种创造的工作，是要在安定的秩序下面才能前进起来；所以首先要创造的尤其是安定的秩序。我们依着这样的程序在这一乡村里为中华民国作小小的试验，供中华民国里小至于乡村大至国家的经营的参考，其经营止于一点，其帮助则愿意到各方面。虽然困难比成功为多，然而常常得周围社会上的帮助，尤其是政治上的帮助，尤其是政治上最高领袖的帮助，度过了许多困难。谁说中华民国不能往好的方面做？谁说环境是前进的障碍？由我们的试验证明我们所得周围的同情和帮助，远比我们所做的多。只有我们十分惭愧没有能力运用周围帮助的力量去尽量做好一桩事情，去酬答包围我们的同情，却没有周围对不住我们的问题。

我们初到这里办理团务是在民十六年，责任只是在维持地方的安宁，而又当那地方还偶然有匪在周围为患的时候。于是我们决定以地方安宁为第一步。为使地方安宁，乃必须使匪不安宁；乃决定我们是〈主〉动的，匪是被动的；乃决定以攻为守，帮助到我们的周围。不但不让匪活动，亦不让匪藏匿；不但不让匪在地方，亦不让匪在邻近。那时各地方都讲究办团，军队都讲究清匪；我们则只须联络他们、协助他们。很短时间之后，周围也就都清静了，于是我们积极地乡村运动开始了：

第一是吸引新的经济事业

这里富有煤矿，产煤都在山间，运输不便，促成煤业有关的人们组织北川铁路公司，建筑一条轻便铁路在江北、西山的山间。不久又有宝元煤矿公司筑堤以成运河在璧山县属东山之下，而且采用机器采煤了。我们又进一步联络北川铁路沿线的五个煤厂组织一个天府煤矿公司，准备改用机器采煤。促成友人组织洪济造水厂利用水力，组织嘉陵煤球厂利用煤粉。欢迎义瑞桐油公司购地大种桐林，重庆友人集资培植果园。除开我们直接经营的三峡染织厂，集资经营的北碚农村银行而外，凡这许多事业需要帮助的时候都尽量予以帮助。一方面盼望这许多事业成功；一方面盼望乡村里的人们对这许多事业有一种认识，认识生产是应这样变成现代的。可以说他们是几个现代的模型，是想将这一大幅地方变成一个现代的生产陈列馆，以上一些事业便首先陈列在中间。而将来的如水泥厂、发电厂、炼焦厂……是正在预备着要经营的，都将他们装置在乡村人们的理想里。

第二是创造文化事业和社会公共事业

先以北碚乡而且北碚乡的市场为中心。这市场是在五年间由四百九十几家人增加到八百五十几家人，由一千九百几十个人增加到三千五百几十个人。我们用文化事业和社会公共事业将这市场整个包围了。另外造成功一种社会的环境，以促使人们的行动发生变化。在今天以前乡村的人们，除了每年偶然唱几天或十几天戏外，没有人群集会的机会；除了赌博外没有暇余时间活动的机会；除了乡村的人们相互往还外，没有与都市或省外、国外的人们接触的机会；因此他们没有一切知识和一切兴趣。这样死的乡村如何可以运动到活起来呢？这是我们感觉得非常困难的问题。于是姑且以北碚作第一个试验，以其比较集中，容易办，而且可以造起周围的影响来。

我们训练我们的士兵一队，其后更训练学生一队，担任北碚的警察任务。维持公共秩序，管理公共卫生，预防水火灾患，训练人们在一切公共地方或公共问题发生的时候有秩序的行动，取缔人们妨害公众的行动。创办一个地方医院，为远近的人民治疗疾病，尤其是普遍送种牛痘到纵横百里间的区域每季到几万的人数。创办一个图书馆，供给近的人们到馆里读书，远的人们到馆里借书。创办一个公共运动场，集中了青年，尤其是小孩，在那里活动；集中了无数中年以上的人们在那里围着欣赏那许多青年和小孩活动。创办一个平民公园，在公园里有一个博物馆，一个动物园。每天下午集中了无数本地和嘉陵江上下过此停宿的人们在那里游玩。有一小小的嘉陵江日报馆，每天出版一张日报，载着现代的国防、交通、产业、文化各种新消息，在一切公共的地方陈列着，在一切公共经过的地方贴着，让人阅读。峡防团务局所经营的乡村电话总机关，训练的学生和士兵，和新创办的中国西部科学院，其中生物、地质两个研究所，附设的一个三峡染织厂，一个兼善中学校并附设一个小学校，都在这市场的旁边。每年总有几个时期让人尽量进去参观，由办公、上课、研究的地方以至于寝室、厨房、厕所，都让他们参观完。

我们更认为中心运动的是民众教育，由峡防局设了一个民众教育办事处。联络各机关服务的几十个青年，白天各担任机关的工作，夜晚便共同担任民众教育。他们曾经办了十个民众学校，现在更进化而为挨户教育，派教师到人家去，周围几家或十几家都集中在一家里授课。今夜晚在这家里，明夜晚在那家里。他们在这个机会当中除受教育外，还大大地增进了人群集会的快乐。在船夫休息的囤船上办了一个船夫学校，在力夫休息的茶社里办了一个力夫学校，为训练妇女的职业技能办了一个妇女学校。设置了三个书报阅览处。在各茶社、酒店里都张贴着一切国防的、产业的、交通的、文化的和生活常识的照片、图画，都悬着新闻简报的挂牌，在市集正繁盛的时候都有人去作简单的报告。设置了一个民众问事处，帮助人解疑、写信和写契约；一个职业介绍所，一方面帮助需要人工作的事业和人家，一方面更帮助了需要工作的人。他们与运动场、图书馆、博物馆、动物园以至于地方医院联络，利用每一个地方有人进出的时候，即是实施民众教育的时候。尤其总动员的是民众会场的活动。因为这里不仅集中市场上的人，亦并集中了四乡的人。其中有电影、有幻灯，电影里边有三峡的事业或人们活动的影片，有四川风景的影片；幻灯有实物、图书、照片、书报、显微镜下的薄片都可以映射出来幻灯片。每星期有两次演剧，新剧或川剧，演员都是各机关服务的青年。在这民众会场的机会当中尤其注意的是闭幕时间的报告，是要给予民众以深刻的刺激和影响。

我们的各种报告材料，各种教育的材料，都集中在下列几个运动里面：

第一是现代生活的运动

有三种重要的材料：（一）新知识的广播。凡现代国防的、交通的、产业的、文化的种种活动，当中有了新纪录，机器或化学作用，有了新发明，科学上有了新发现，必须立刻广播到各机关，到各市场和乡间。（二）新闻的广播。今天世界的、中国的、四川的乃至于三峡的消息，举凡大众应得知道的事件，米价、银价、今年的粮税额、下一次民众会场的活动节目、警察调查得的人口、医院发现的流行传染病、正待介绍职业的男女工人，到处的新闻简报必须写出来，更必须在人群集中的时候扼要报告。（三）生活常识。要如何讲卫生？要如何教子弟？要如何分工合作地做事？要如何处理钱银的收入和支出？要如何解决公众的问题：何处应掘沟？何处应修路？一方面讲，一方面做，是这样促起现代生活的运动。

第二是识字的运动

辅助教育必先运用文字，文字本身并不是教育。我们在民众学校和挨户教育都从各种实际材料中去教人识字。凡一切事业、一切陈列品、一切动物、一切花木，以至于一切道路的指引，都用文字说明。凡替不识字的人们解释一切事物，都指着文字替他们解释。为他们叹息不识字是大憾事。常让识字的人们将一切说明念与不识字的人们听。凡有一切参观的机会，无论动物园和博物馆，无论电影或戏剧，往往是让识字的先进去，或需要收费的让他们免费进去。多方面布置一种环境去包围那不识字的人们，促成他们识字。

第三是职业的运动

民众教育主要的意义是在增进人们谋生的机会。我们觉得增加职业人数比增加识字人数更要紧。今天以前一家人只依赖一二人有职业，我们要促成除开衰老的、幼小的而外都有职业。今天以前许多人农隙便赋闲，我们要促成他们增加副业。在商业上为他们联络都市的关系，在乡村里增加工厂，在工厂里增加工人，增加都市需要的或我们有关事业需要的手工制造品，以增加大众寻求职业的机会。

第四是社会工作的运动

我们利用人们农隙的时间作副业的工作，更利用人们工余的时间做社会的工作。促起大众起来解决码头的问题、道路的问题、桥梁的问题、公共集会或游览地方的问题、公共预防水灾火灾的问题、公共卫生的问题，不但是大众出力、大众出钱，而且是大众主持。由这些具体的活动以引起大众管理公共事务的兴趣，以训练大众管理公共事务的方式，以完成地方自治的组织，尤其是进入现代的经营。举一个例：北碚面临嘉陵江，高出江面八丈以上，然而是要被洪水淹没的。后面被一条溪围绕着，中央高而周围低，每被洪水淹没的时候，市场的人无法逃避。最好是将溪流填了起来与北碚一样平，作人们逃避的道路，而且增加了现在无法发展的市场到一倍以上的地面。分头征求市民的意见都很赞成，于是召集一次全体市民会议，决定全市总动员。除市集的日期外，八百五十余家人，每家人皆担任运石、运泥，每天由一挑以至五挑。各种营业的人，不问卖米的、卖肉的，都出钱，都由他们决定。尤其是私人的厕所，由警察指定为公用，一向粪是肥料，年有收益，仍然是私人的；召集这许多私人一度会议之后，这许多收益都让归公有了。这许多钱来雇用筑堤的工人，每天加以数百市民在那里工作，狂呼歌唱，非常热烈。许多老年人亦常在那里欣赏他们的工作，尤其是选举了二十位执行委员，必常常有人在那里照料、指挥并处理各种问题。每夜必开会一次，都列席，列席的人都发言。对于一个问题必提意见。必考虑批评他人的意见，必得一个共同承认的方案。我们偶然去参加两次会议，亦震惊他们勇往和紧张的精神。谁说中国人无办法？最有办法的乃是老百姓！谁说公众的事情做不好？你看这一群老百姓是何等做好他们公众的事情！

我们对于北碚所作的运动，推广到璧山县属的夏溪口，由夏溪口一直到宝元、遂川两个矿场。推广到北川铁路沿线，跨有江北县文星、黄桷两镇的地面。由两个特务队在那里担任四种工作：第一是团务，担任防匪工作；第二是警察，管理公共秩序、一切卫生、救济……事务，并附设治疗所；第三是民众教育，一样有民众学校，有书报阅览处，有民众问事处，有职业介绍所；一样做新知识的广播，做新闻的广播，做生活常识的广播；一样做识字运动，做职业和社会的工作的运动；一样得地方的同情和帮助，促起了地方各种组织和活动。

他们要办一个民众学校，便有人捐助房屋；他们要建筑书报阅览处，要建筑菜场，要建筑公共运动场，便有人捐助木料、捐助石灰、捐助砖瓦、捐助工钱。他们召集会议，便训练众人会议的方式；选举办事的人员，便训练众人选举的方式。都由具体的问题，由举办某种公众的事业，而集合众人讨论办法，举人担任。让众人眼见着提议，眼见着预备，眼见着开始工作，眼见着工作前进，眼见着完成。以此引起众人做事的兴趣。第二回乃比第一回更热烈，这尤其是在那里造起运动的人们更深切的感着兴趣。

他们的要求，是深入到人们的生活内容里去找着帮助的机会，由帮助他们做，促起他们自己做，造起环境去包围了他们以改变他们的行动，由一个一个问题的解决以促起他们最后能够管理公众全部的事务，完成乡村自治的组织，担任乡村一切公共的任务。尤其是使这乡村现代化起来。

我们如何将这一个乡村——嘉陵江三峡现代化呢？请看将来的三峡：

1. 经济方面：

（1）矿业：有煤厂，有铁厂，有矿厂。

（2）农业：有大的农场，有大的果园，大的森林，大的牧场。

（3）工业：有发电厂，有炼焦厂，有水门汀厂，有造纸厂，有制碱厂，有制酸厂，有大规模的织造厂。

（4）交通事业：山上山下都有轻便铁道，汽车路，任何村落都可以通电话，可通邮政，较重要的地方可通电报。

2. 文化方面：

（1）研究事业：注意应用的方面，有生物的研究，有地质的研究，有理化的研究，有农林的研究，有医药的研究，有社会科学的研究。

（2）教育事业：学校有试验的小学校，职业的中学校，完全的大学校；社会有伟大而且普及的图书馆，博物馆，运动场和民众教育的运动。

3. 人民：

皆有职业，皆受教育，皆能为公众服务，皆无〈不良〉嗜好，皆无不良的习惯。

4. **地位：**

皆清洁，皆美丽；皆有秩序，皆可住居，游览。

（原载 1934 年 10 月 1 日中华书局《中华教育界》，此录自《中国的建设问题与人的训练》，上海生活书店版，1935 年 3 月）

本公司是怎样筹备起来的*
（1934年10月16日）

公司从开始筹备到今天，不觉得整整地经过九年了！整个公司四十几部分，包括各分公司、各办事处、各厂、各船，由叙府一直到上海，都在今天同时举行集会，纪念这整整的九年，尤其是这开始筹备的一天，都应得知道这公司是怎样筹备起来的。

我们，我和彭君瑞成、赵君瑞清，从成都放下了通俗教育馆回到合川县城，许多长辈和朋辈见着这几位不容易回到乡里的人，都有深厚的情感，必得从“请吃饭”表现出来。甲当了早饭的主人，乙又当午饭的主人，丙又当夜饭的主人。当我们离开甲家便到乙家，离开乙家便到丙家，废时利用，便讨论起事业问题来了。如果资本集得起来的话，我们应得造一只小船走重庆合川间，或办一个工厂在合川城内外。大家认为造小船比较容易些，于是乎就在那年的今天开了一个筹备会，组织了一个公司，推定了几个筹备人，一个筹备主任，决造一只小船，写了十几位发起人，八千多块钱股本，于是乎我们就开始筹备去了。陈先生伯遵担任收款，我和黄君云龙、赵君瑞清担任造船。

我们的第一步工作是到重庆调查一切轮船，第二步工作是到上海调查一切机器，接洽九个船厂，然而愈考虑愈困难，直困难到没有胆子订造了。然而无奈，合川股本已经收得八千多元，而且已经汇到上海，则只好惹祸订约，议妥船价全部二万四千五百两，约合三万五千元。又以合川很有安设电灯的需要，决买一部小小的油引擎和发电机试办试办。电机电料去了五千多元，轮船却仅仅交了二千多元。回到合川才开始加募股本，但许多人却要等到轮船到了看看再说，因此只好向外借钱，这

---

* 1934年10月11日卢作孚在民生公司九周年纪念会上的讲话。

时多亏得陈先生伯遵大胆借了七八千元，郑先生东琴大胆借了几千元，才得按期交款，直到轮船造成回家。

轮船造成了，彭君瑞成、周君尚琼到上海去接，我同陶君建中到宜昌去接，因为水大，在最枯燥的轮船上整整等了一个多月，水才退到三十英尺三英寸。人都认为危险，我们却以领江的保证，决心生死与俱地开了回来。

当开始收股以后，是有筹备人，无筹备处。开始安设电机，正式成立公司了，才租了小小的药王庙。前殿是电厂，后殿是办公室。虽然狭陋，却严定了工作的纪律。自早至晚都要求紧张地工作着，这在合川县城算是造起新纪录了。

第一只小船“民生”的第一任经理是陶君建中，同时兼办重庆岸上的事。因为两三个月后合川水枯，民生不能行驶了，需辟涪陵航线，重庆需要人经理，才在重庆设了办事处。建中调任办事处第一任主任，徐君晓江接任民生船经理，是时兼办涪陵岸上的事。最苦算是这个时期的船上经理了！船到涪陵停在距城几里的荔枝园，经理到岸上赶场揽货，黑夜摸索回船，应付上船的客人。常常拥挤得经理没有睡觉的地方，只好坐在账房打盹。刚刚入梦，则又要检查客票，预备开船了。

第一届董事监察的舆马每月仅仅银四元，总经理月薪三十元，两位协理陈先生伯遵和黄君云龙，月薪是十五元，总务主任彭君瑞成月薪是十元，船上经理和重庆办事主任月薪都是十元，另外津贴这两位一点交际费。在没有成立公司以前，一切筹备人员，不管是否专门办事的，一样不支月薪。第一次到上海的旅费，亦是各人自行垫了出来。郑君璧成是没有当董事就帮起忙来的，郑东翁是从没有当股东就帮起忙来的。

在这艰难缔造的时候，努力的朋友都有牺牲个人的决心。没有说事苦的，亦没有说钱少的，同时各方面尤其政治方面争来拉人做事，待遇地位都远在这桩小小事业之上，却没有一个人离开这桩事业而去的。

我们要知道这桩事业是这样下决心而且以不断的强力支持着产生的，前进的。这样精神是要长时间继续的。尤其是在纪念筹备开始这一天，不要忘掉事业开始那个时候的精神。

（原载《新世界》第 56 期，1934 年 10 月 16 日）

学生应如何提倡国货
（1935年1月11日）

一位朋友跑到伪满洲国去考察归来，谈起：车过山海关时，见着一群日本学生，争举着自己宝贵的书籍、扇子或图画，请驻在该地的日本长官盖印。据说是留作出国境时的纪念的。盖印之后，相互间都有演说，并高唱国歌。最后则叫车上茶房取啤酒来痛喝。几瓶日本啤酒之外，再取出来的便是中国啤酒了，日本学生拿着瓶子看了一看是中国货，都抛掷在车外打坏。在这故事当中有两点最令中国人痛心的：第一是日本人已经把山海关当做自己的国境了！第二是日本学生是那样提倡国货，仇视中国货！

中国人不须有仇视外国货的态度如像打坏中国啤酒瓶子那一群日本学生，却必须提倡国货。尤其是中国学生，不问哪一年，如果今年以前于此有所忽略，至少应从今年起有所觉悟；不但自己提倡国货，而且要做提倡国货的运动。

提倡国货有两件事：一件是提倡购用国货。在积极方面，凡本国有那种货便要购用本国货；在消极方面，要使本国没有那种货，便宁肯不用那种货，其必需的，亦必需尽力减少用的数量或程度。假如我们自己不能造钟表，我们每人手上不须有表，每家壁上便不须有钟，但在公共的地方设置公钟供公共用。

另外一件是提倡制造国货。一方面自己需要的货要自己供给，一方面还得供给别国需要的货，去交换我们必得需要的别国货。我们必得需要的别国货是什么呢？在这一个生产落后的国家，需要的是生产，有了生产的时候，才需要消费。我们消费既以提倡国货为范围，则需要别国的货不应是供给我们消费的，而应是供给我们生产的，应是生产需要的原料和工具，尤其是机器，在自己还不能生产的时候。

然则学生如何提倡制造国货呢？请大家留意！这是中国的根本问题，亦是学生的根本问题。学生到底应学什么呢？便应学如何制造国货，至少应有大多数学生制造国货。这国货范围之广，乃包有一切物质为国内所需的，乃至于别国所需的，不仅是上海市场可以买的若干吃的、穿的、用的东西。

（原载《国讯》1935年1月11日）

如何把握住时间啊！
（1935 年 1 月 16 日）

最可贵的是时间，最可怕的是时间之快。你的工作、学问，或事业纵然也在不断地前进，总不如你那不断地前进的时间。你如果把工作、学问或事业偶然停顿了，你的时间却仍然前进了，不会停顿着在那里等待你的。

中华民国尽管一切不前进，或前进甚缓慢，然而时间则前进二十三个整年了。平常不觉得，回顾乃知道有惊人之快。如果这样宝贝是只让我们玩味的，我们纵在一个社会状态里留连几千年，再留连几千年，也不成为严重的问题，然而一到现世界，许多民族活动都在时间上比赛，只要时间进一步，他们便进一步，他们尽量运用时间，时间亦不辜负他们。你看：美国独立才好多年！德国崛起才好多年！日本维新才好多年！就欧战以后说：苏俄才几年！意大利才几年！土耳其才几年！他们在很短时间里，都由乱到治，由破坏到建设，由削弱到健全。尤其是五年计划，四年完成，不单是口号，而且成为事实。这是如何的决心战胜了时间！“九一八”后，在日本倒认为是他们的国难期间，认为是非常时间，举国注目在 1936 年。为了世界大战的准备，早已全国总动员。他们是如何决心应付而且把握住时间！

我们不但坐看着时间流得那样快，而且坐看着许多没有办法的国家，在这时间有办法了；自己问题却一天比一天严重，比历史上任何一天严重啊！到底该怎样办？

应该急起直追，把握住时间，把一点一滴的时间都用在所在的社会，乃至于所在的国家，尽可能的程度有计划地将所在的社会乃至于所在的国家弄好起来，这是整个国家的人们应追求的目的地。因为时间不能等待你，别的民族是在那里紧张着与时间共前进，亦不能等待你，你便不能等待任何人。无论你站在什么地位，你都得努力。无论是你的工作、学问乃至于暇余时间的活动，都得是为了改善你所在的周围，不是为了你自己，然后才会有好的社会，乃至于好的国家产生的。

我们当前的问题太多了，只要我们加以检讨。然而如何把握住时间，不让它随周围的混乱过去，而要尽可能的程度努力改善周围，这是一个更要紧的问题，更是任何时间要加以检讨，不可须臾忽略的。不管你在哪一个地位，就本公司说吧，不管你在总公司里的哪一处，不管你在哪一个分公司或办事处，不管你在哪一个厂里，或在哪一只船上，你都得在任何时间从改善你自己到改善你的周围，决不容许你等待，亦不容许你迟疑，因为你的时间是不断地前进的。

如何把握住时间啊？朋友们！尤其是共同工作的朋友们！

（原载《新世界》第62期，1935年1月16日）

民生公司职工为什么要穿公司的制服*
(1935年4月1日)

我们为什么要穿布质短衣——公司的制服?

第一是要造起节约的风气。当前的社会，正在淫靡奢侈中迈进，比赛着谁的衣服漂亮，谁的衣服华贵。我们当要纠正它，另外造起节约的风气，造成功一个朴质而有意义的新社会，即从穿衣服起，去影响一切的一切。

第二是要表现事业精神。事业是我们这一群人的力量创造出来的，而这一群人有一样的形式，一样颜色的制服，每一个人穿起，不论他是什么职务，都可代表整个事业的精神。这是何等的光荣！决不是耻辱。

自有公司以来，就有穿制服的规定，并不是现在多事造出来的。只可惜，社会影响我们的力量，比较我们影响社会的力量来得更大，所以今天以前，尚有一部分朋友，被社会的力量压迫驱遣而不能摆脱。

恐怕我们影响社会的力量会渐渐被社会影响我们的力量所消灭，所以今天要设法整理了。从三月廿一日起，一律应照规定穿着公司制服。不论长衫和洋服，均应摒去。

公司以外的朋友，常常赞美公司的朋友，如何节约，如何一致，首先举出的例，便是一律穿制服这件事。见于演讲，见于著作，公布宣传在全国。然而，我们彻底吗？我们应该坚定信仰，只要规定的不错误，毕生都应彻底照着做。我们一色的服装成为习惯后，民生公司的精神，才充分表现得出来。

要如此，才可建立公司，不致为社会摧毁；

要如此，才可以影响社会，创造出现代需要的新社会。

(原载《新世界》第67期，1935年4月1日)

---

* 收录本书时标题略有改动。

中国人并不自私自利，只看社会的影响如何*（1935年4月16日）

中国人并不自私自利。他平日异常节约，绝不享受。吃得很坏，粗砺仅够果腹，但一旦遇到做寿、送丧、娶妻、嫁女，公共享受的时候，即吃得很好了。穿，平常也是很坏的，哪怕是补过的破衣。即有一件新衣，必传其子，兄传其弟，爱惜珍宝样到极点。但每到新年初一，因公共要求的缘故，穿也变得好了，而且当着这些机会，还要比赛着做寿的人数多寡，席数多寡；某家嫁女的妆奁多寡，贺客多少。这都是为了社会环境的要求而如此，平时极少数的需要，拼命节省，节省来有机会公共享用，甚至于举债亦无所顾惜。

其次，毕启（成都华大校长，美国人）曾在青年会讲演，他认为中国人的弱点，即是自私自利。当时个人在座，听后曾经发表意见，谓中国人并不如是，所举出的理由，有如上说。现在又寻觅着更多的例子了。

昨日由北碚返渝，同船有位程孔嘉先生，曾任合川税局局长，平时并不积钱，所有收入，大都散而帮助别人。最近，他还送了一千元的留学费给前瑞山校校长丁秀君。最近十余年来，很多的人，本身一钱不名，而可以留学北平、上海，甚至于欧美各国，这当然是要依赖别人的帮助，由此可以证明帮助人求学〈的〉那些人，决不自私自利。虽然，我们总以为中国人所帮助的不外是个人的亲戚、邻里，决少有帮助事业、国家的。谁知今天大谬不然了。现在更有实例在，由周围到民生公司都可举出热烈的帮助社会、牺牲个人的实例。

北碚要建筑一条路，积极的意义，因为人口渐多，扩充市场；消极意义，因为嘉陵江每值暴涨，北碚市地势较低，有淹没的可能。这条路

---

* 1935年4月9日卢作孚在重庆时事研究会上的讲演。

修筑完善后，即遇涨水，市民可由此迁往高地，不致危险。在修筑此路时，当中有不少可歌可泣的事实，由此可证明，中国人确实能够牺牲自己，帮助社会。修路既经决定，当时即组织一个委员会，一度召集市民大会来讨论进行方法，议决路基泥土，由市民挑往填筑。最初以为一定无人愿挑，殊到后来，竟有预先挑来预备起的。其次又感觉无款，复议决将私人所有的公共厕所，收归公有，就是厕所出款，全由公家收入，每年只付相当租金于业主。一时北碚的公共厕所，统统被没收了，大家都高兴赞成。夏溪口，宝源煤矿公司修有铁路，用人力来拉炭车，路的地基，是向各地主租用的。后来因路线略有变更，把原租路基地皮退还。当时驻夏溪口的特务队队长，商量各地主，就此旧路基，另修一条公路，由运河直至公司。初以为不易办到，殊各段地主，以事属公共建设，不但愿意，而且不取租金，自愿捐出地段。而这条公路线中间某一段，又恰恰与铁路线重复，势必要另外通过一段地方修造，觅出路线上的各地主，也愿意捐出地段，并正在土中的青苗都不取值。这种乐于公共建设的情况，中国人何尝自私自利。

今天以前，平时刻苦节约来的做寿、送丧、娶妻、嫁女，才有享用的兴趣，现在确实转移到修路及整理公共事业的方面去了。

公司也有不少的例，去年到上海，坐的“永年”。上船一看，客多，船员的寝室都多让与客人住了。到上海以后，曾向外国人说起，说“永年”的经理、领江、账房、茶房，于客人多时，竟肯让出自己的房间情形。当时，外国人很希奇，他绝不相信既是涓滴归公的客票，而船员却愿意让房间给客居住。他以为如此热忱招待那客票费一定是由船员自己取得。由此，更可看出，中国人有超过世界各国人的精神，决不自私自利。

走小河的几支船，船上设有贩卖部，每月盈余，以前由管理账房、茶房分配。小河船上的管理账房，每月待遇不过十余元，至多三十元，则这笔收入，不无小补。然而，现在通通变了，所有贩卖来的盈余，都用作制备茶房制帽、鞋子和公共用的球类，公共用的书籍纸笔等等。

由这些事实看来，我们觉得，某种社会产生了之后，无论何人都能牺牲自己利益。中国人确实富有牺牲个人的精神，何尝自私自利？不过方法和地方未加选择而已！新方向终竟要产生出来的。现在的交通、生产、经济……各方面都压迫起来了，压迫到使我们不能把以前做寿、送丧、娶妻、嫁女而牺牲的精神，转移到另一个新的方向，造成一个新的社会。

刘鸿生先生向我谈过，他的公子，初在上海，穿必洋服，出必乘头等车。其后到日本留学时，即不能不降格相从了。何以呢？因为日本学生皆着制服，他就不能不着制服了，日本学生皆坐三等车，他也不能不坐三等车了。这可证明某种社会的兴趣一经建立，人们便随之而来。即是说，如果我们也建立起一种新的正当的社会兴趣，那什么事也都会照着我们所建立的而兴起来了。

现在日本兴起的一桩事，是日本的青年训练所。日本何以成功一个现在的日本？因为她一切都是受过训练的青年在活动。他们所授的课程，并不是如何为个人，乃是如何为家、町、县、府乃至国家。又由交通、产业、陆军、海军……直讲到日本与世界的关系，才算完毕。因此，日本成功了现在的日本。人是社会训练成功的。可惜，直到今天，中国还未创造出此种社会来。

日本青年训练所，除了在知识方面注重，还用力于技能方面，有军事的技能，职业的技能，现在的日本人几无一个不是由此训练出来的。

马君弼先生谈过，德国也正积极从事于训练青年。世界不许可德国征兵，他就变更方法征工，凡 18 岁到 25 岁的青年，必被征工两年，来作筑路、建桥、垦荒等最苦的粗工，实际即施以最严格的军事训练，德国青年凡未经过此种训练的，欲谋升学，全国学校皆不收。

苏联青年，也训练成功两个完成的战线，文化战线和经济战线，文化工作的先锋队，没有资金做文化运动，乃约集多数青年，先事垦荒 100 万公顷，以作文化基金。莫斯科有次遇到国家大庆典，工厂放工，全市人皆沉醉于庆祝，却有几万青年，不去参加，不去休假，而仍努力工作，把那一天的工奖捐作文化运动。这是何等感动人的行动！

青年，不是日本、德国、苏联才有，中国一样也有。然而，中国的青年在做什么？都在浪漫的地方放任着个人的生活，萦绕着个人的问题。这是什么原因？为什么不牺牲了自己热烈地为着社会？实是中国还未创造成功一种新的社会。

假如我们要想产生出如日本、德国一样的社会，只要有个人或一部分人造起兴趣，不难影响全国。全国青年都变化了，中国的前途绝不至于无办法，不过现代的社会要如何才创造得出来？这绝不是可以坐着等待的，急切需要从我们本身做起。

（原载《新世界》第 68 期，1935 年 4 月 16 日）

社会的动力与青年的出路（上）*
（1935年10月15日）

社会的动力

刚才白副总司令①的介绍，有好多是超过了事实的。在自己以及四川的友人，虽然也时常想试办一点小事业，但总是苦于知识穷、能力穷，一直到今天还是不够。因此就时常利用工作之余的时间，走到各处去找办法，这次到广西参观，也就为着找办法来的。

（一）

自己平时和友人在一起，时常谈中国的问题。……许多人都说无办法，……这次到广西来……就我观察所及，昨天在武鸣，今天在南宁所见到的，觉得中国的前途还是有办法的！

（二）

自己在考虑中国问题时，感觉得中国最近的政治史上，似是划分为三个时期：第一个时期，是每个人替自己想办法的时期（当然这并不是只是一个人，在个人的背后还有他的家庭，以及亲戚邻里朋友，不过是以他个人代表罢了）。在这一时期中，每个人都是忙着在为他自己想办法。在什么地方想办法呢？比如说：他是在省府作事，他就在省府内替自己想办法；在某一机关中作事，就在某机关内替自己想办法。替自己想什么办法呢？即在那一机关中取得些利益，更简捷些说，取得一些钱

---

* 1935年10月12日卢作孚在广西南宁市对省党部公务人员的讲演。收录本书时有删节。本文原标题为“社会的动力”，现标题为登载于《宇宙旬刊》时新加标题，意为与《青年的出路》合为一篇文章后的上半部分。

① 即白崇禧。

放在自己身上。他取得的钱，又是不是纯为自己呢？不是！而是为他的太太、小姐、少爷以及其他的亲戚邻里朋友。这些人都要他想办法，于是他也不得不在那一机关中想办法，这是第一个时期。第二个时期是替自己的机关想办法。假如某一个机关自己能够把握得住，他必在那一个机关中来树立自己一系一派的势力，这时那一个机关就等于他自己。于是他若是一个县长，就只替县府想办法；是某一机关的长官，也只替某一机关想办法。在什么地方想办法呢？在那一个机关所管辖的范围内想办法。大概现在国内，有好些地方，是进化到了这个时期。第三个时期，是替所管辖的范围想办法。然而到了这个时期的，除以广西外，在他处是没有的。我所要证明的中国今后还有办法，就是这第三时期的政治。因为在第一个时期内，只可造出袁世凯或段祺瑞，不能造出一个地方和国家；第二个时期也许可以造出几个机关，但还不能造出一个地方或国家；一定要在第三个时期中，才可以造出一个地方，才可以造出一个国家。目前广西的政治，就造出了一个新的广西，决不是造出了一个李宗仁、白崇禧、黄旭初！这是自己到广西来以后所感觉到的。

（三）

这次到广西，首先所看到的，是广西已造成了一个新的推动社会的原动力；如政治、经济、教育、军事，都是一个系统的几方面。所谓系统，就是一贯的组织。有了一贯的组织，才可推动政治的、经济的、文化的、军事的、整个社会的前进。不过这种组织还不是发动力，组织犹如机器，机器还需要发动力来推动它，然后它才能有作用。这种发动力在广西也是有了的。现在让我在没有说明理论指明事实以前，先介绍一段反面的文章。

社会的前途，需要有一种发动力。而这种发动力仍旧是在社会，而不是在个人。但这点一般人都不大相信，因为他们觉得，人的活动谁不是在为自己？既然每个都在为自己而活动，何以发动力又在社会呢？平常一般人的观察是这样，其实是错误了。或者有人要这样的来驳我，每个人拼命挣钱，不是为他自己吗？他吃好的、穿好的，家里一切都布置得精美堂皇，哪一样不是为他自己？再，他自己想做官，做了一个县的官，还想做一省的官，做了一省的官，更想做一国的官，又哪一样不是为自己？再或者做寿酒、喜酒，死了人开奠，尽量的做得非常热闹阔气，又哪样不是为着自己？可是我却以为并不是为自己。我们试想想：人为什么要挣钱？我看见有许多挣钱的人，自己“披星戴月”，“胼手胝足”，“十年寒窗”，真是可怜极了！然而他挣来的钱，不肯自己用，自己还是穿着破补的衣服，清淡的饮食，并且还天天告诫子孙不要用钱。请问他何以要积起钱来不用？从这一点可以证明他挣钱并不是为自己。那么为谁呢？我可以说，是为社会。因为这是社会的要求，社会在奖励有钱的人。有钱的人，人人都羡慕他、恭维他，吃酒，有钱的人坐第一席。因为社会有这种要求，所以自己就应该有钱；因为社会奖励、恭维、羡慕有钱的人，所以自己就应该有钱。那么，拼命挣钱的人又何尝是为着自己呢？譬如有些人要吃鱼翅、吃大菜，说他是为着自己吗？也不是。为谁？还是为社会。因为社会以为吃鱼翅为阔，于是自己请客非吃鱼翅不可；因为社会以吃大菜为阔，自己请客也不得不吃大菜。再说穿点，现在社会上要穿毛织物、要穿西装，自己就不得不穿毛织物、穿西装。住的房子，以前社会认为前后几重为阔，于是自己建筑房子也就前后几重；现在社会上又改变为高下几重了，自己也就跟着建筑高下几重了。然而这一切都是为自己吗？不是，是社会的需要。尤其是在婚丧事件上，更表现得非常露骨。假使某个人的父母死了，这丧事若办得不阔气，社会上就要批评他；反之办好了，人人就羡慕他。假定现在自己的经济力量原本不能办到，还要借债来举办。所以，不但个人的行动是为社会，而且还要为社会大大的牺牲个人。至于做大官，更是为社会。固然，他不是为社会的全体，乃是他有许多亲戚、邻里、朋友需要他来提拔；他不做大官，就不能安置这许多亲戚或邻里朋友。这样，我们就可以得到一个结论：我们每个人的行动的原动力，不是为自己，而是为社会。那么，推动社会的原动力更是在社会了。我们现在要推动社会，一定要找出这个社会的原动力；否则，只有了机器，而无发动力，仍旧是无用的。

（四）

其次，刚才所说的是证明推动社会的原动力是在社会，但是在什么社会？在世界？在国家？在一省？从中国看来，所谓社会，还待解释。现在所谓社会，从世界一直到一个国家一省甚至到一种事业，都可以称之谓社会。然而社会生活的核心，是“集团生活”，这种集团生活，才是社会发动力的社会。在全世界上，我们可以说无一时代无一社会，更无一时代无集团生活。同一时间，从野蛮的一直到文明的，无一个民族无集团生活。平常一般人认为中国人无社会观念，其实不是的，中国人一样有社会观念的。不过中国人的社会观念只是一个家庭，以及与家庭相联系的亲戚朋友邻里关系。这是因为中国数千年来都是一个农业社会。在农业社会中的社会结构，是极其简单的，这时一个家庭就是人的集团生活，最多是因家庭互相关系而起的亲戚邻里朋友的关系。国家并不成一个集团生活，因而常常受其他民族的侵略。如在历史常受游牧民族的侵略，虽然几次南迁还可以苟安到现在。不过到了现在的情势就不同了，今天的世界变化得太快了，现在中国人所遇到的敌人的侵略，已不是游牧民族，而是工商业发达到极点的国家；同时侵略的方式也由单纯的武器变为政治的、经济的、文化的种种方式。因此在今天以前，对于游牧民族的武力侵略还可以避让，而现在连瑶山中也不容许我们退避进去了。因为这样，我们就感觉得以家庭为中心的集团生活，现在是不能再用以维持生活了。我们必须打破这以家庭为中心的集团生活，扩大为以国家、以民族为中心的集团生活，然后中国才有办法。否则，虽然我们也可以学外人筑铁路、办轮船、开工厂，但旧日集团生活不改变，仍旧是无用的。比如我们今天开一个工厂，工厂本身是一个集团生活；可是在现在的情形之下，办工厂是人所欢迎的，但工厂的集团生活，却不为人所欢迎。某一人开了一个工厂，那一厂的管理、监督等职位，都是他的子侄、亲戚、朋友，仍旧不离开以家庭为中心的集团生活。所以近年来有许多工厂、公司失败了，而工厂、公司的经理并没有失败，就是这个原因。

(五)

我们现在要创造一个推动社会的动力，这动力是集团生活。但旧日以家庭为中心的集团生活已不能适用了，必须创造一个新的集团生活，才能作现代社会的动力。集体生活中包含有两个条件，可以作为推动社会的最大动力，现在让我来说明于下：

中国的家庭，是个人生活上从生到死唯一的被依赖或依赖者；纵然不能依赖家庭，也可以依赖亲戚、邻里、朋友。但在西欧各国的人民，失业是非常恐慌的事；中国人则不然，他们失业后可以依赖家庭。故中国对于失业者，用不着调查。这种个人因有家庭的依赖关系，就只知道替家庭想办法。他们不以有了职业就是有了办法，反之认为将钱拿回家庭去才有办法。这种家庭的依赖关系，我们必须要将它打破；但要打破这种家庭的依赖关系，比打破迷信还要困难。要打破迷信，除非人们心理上对于科学有了信仰认识以后才行；同样的，要打破旧日的依赖关系，必须先树立新的生活的依赖关系才行。这种新的生活的依赖关系，就是社会动力的一方面。

但仅此还不够，还要集团与集团的比赛。过去集团与集团比赛是以家庭为单位的；比如有两个家庭在地位上是一样的，但某一家子弟中了举，某一家若没有人中举，就感到非常惭愧。尤其是婚娶办喜酒上面，更容易表现这种比赛的心理。此一家办喜事用了好多钱，彼一家也一定要用那么多；否则就无“面子”，争面子就是比赛。这种以家庭为单位不合现理的比赛，我们是要打破的；但在集团与集团的比赛，未悬起新的标准以前，旧的比赛也是无法打破的。这种新的集团与集团比赛标准，就是社会动力的另一方面。

由此我们可以知道：集团生活所发出的动力，在内有依赖关系，在外有集团的比赛。这不但可以解释中国，在外国也是同样的。不过在外国已不是家庭的依赖关系，而是国家的依赖关系；不是家庭单位的比赛，而是国家单位的比赛。例如外国人民，他开办一个工厂，一切原料、市场、人才、机器，都可以依赖国家为他寻找，他的商品运到某国销售，如发生了困难，也可以依赖国家保障。从这方面我们可以证明在完成现代国家的人民，他们可以依赖国家，是个人对国家的依赖关系。这是在国家以内的。至于国与国之间的，则是国与国的比赛。目前国与国的比赛，最重要的节目有四种：第一是国防的比赛，如比赛海军的兵舰吨数、炮的口径、射程以及舰之速率；陆军则比赛动员人数、大炮口径、射程，空军则比赛速率、爆炸弹重量。总之，无一不在比赛。现在的世界已成了一个运动场，这个运动场上更无一天不在开运动会，运动会中的第一个节目，就是国防比赛。第二是产业的比赛。今年这一国家出了多少铁、煤、粮食、纱布，都是在与其他国家比赛中。第三是交通的比赛。比赛铁路筑了若干里、公路若干里、汽车多少？第四是文化的比赛。这分为两部分：一是科学的研究，看谁有新的发明或发现；二是教育上，比赛识字的人数到了百分之几、千分之几、万分之几。总之，一切都在比赛之中。从这种比赛中，就发生了很伟大的社会动力，以推动社会的前进。这在外国是如此，在中国呢？一般人都说中国人是自私自利，但我认为不是这样。他是自私自利于集团生活，不是自私自利于个人。不过中国人的集团生活是家庭，所以他只自私自利于他的家庭；所谓文明国家的人民则自私自利于他的国家。因此现在中国人民的集团生活，必须打破，另产生新的集团生活。但要改变集团生活，首要创造新动力，若不创造新的动力，旧有的动力就可为新集团生活的障碍。譬如，中国近数十年来将外国所有的制度都尝试过了，何以有些制度在外国很好，而在中国就不行了呢？如最初学日本，民六七年后学美国，十四五年时学苏俄，到近来似乎又想学意德。可是学来学去一样都不像，原因是新集团生活的动力未产生，一切的改变，都变成无效了。所以我们现在必须赶快来创造这种新动力。

（六）

第一，我们要创造新集团内新依赖关系。譬如我们在广西做事，我们要永远相信广西能安定；同时，我们也永远保持广西的安定；我们要与广西造出不可分离的关系。我曾遇着一个青年，他一切都很有希望，但在意志上有时会动摇；我就问他动摇的原因，他说是由于不安定；我再问他所谓不安定，是由于你怕在你的事业上不安定？还是怕你的事业在社会上不安定呢？他说两者都有点。我就向他说：第一，你要努力的做，做到事业离不开你，到那时这种事业虽然失败了，另外的事业还要找你；第二，你还是努力的做，你要做到一桩事业在社会上离不了它。只要能够这样，就无所谓不安定；这就是造成功一个新的依赖关系：事业离不了我，社会也不能离开这种事业；到了这时，你与社会的依赖关系构成了，你也就安定了。如现在广西办国民基础教育，学生入学可不收学费，将来还可以供给书籍文具，更进而供给服装；那么以后自己有小孩读书也可以不依赖自己家庭，而依赖社会。一切需要都有供给了，又何必自己徒劳去拼命挣钱来以保障呢？现在我们就要造成这种新的依赖之网；我要做到社会离不了我，同时我一切也可依赖社会。这个新的依赖之网，就是推动社会的伟大动力。

同时在另一方面，我们要打破旧日不合理的比赛方式，树立新的比赛标准。我要和人家比赛谁个讲演得好，比赛谁的道路选得好，比赛谁的生产量出得多。就是将我们比赛的标准，做到不是以我所有的表现出来，而是以我所做的工作成绩表现出来。有了这新的比赛标准，然后我们的工作才有兴趣。另一方面，我们将比赛的标准悬得越大，这种社会动力就越大。有一位日本新闻记者游历俄国的报告，说目前的俄国，每天要公布他前三日煤、铁、油的产量，希望每天的出产量都要超过昨天的出产量，来鼓起大家比赛的兴趣，同时在横的方面，我非超过他不可。在我的经验上，这种比赛获得了很大的效果。以前我们办的工厂，工人只在发工钱时才努力做工，后来我们采用比赛的方法，甲今天出三丈布，乙明天出五丈布，对于胜利者我们大家都恭维他。于是今天有人出五丈，明天就有人出六丈，后天有人出七丈，天天都有人打破纪录。再有一次，公司为要节省经费，当时会计处要把新列的预算公布出去，我立刻阻止他，而要各部自己去列预算，要他们在节省上比赛。出乎意外的，各部所列的预算，较会计处列的还要低。由此可知社会的动力，不在命令，而在比赛。我们现在就是要在纵的时间上去比赛；横的人与人间比赛。有了这种比赛，工作人员才肯拼命的去干。试看平常要有一个人去跑百米以至万米，谁也不肯跑，但要在运动会中，他却拼命的去跑；这就是因为比赛的关系，也就是证明比赛为社会最大的动力。

（七）

因此，目前我们要想中国有办法，我们一方面要打破原来的集团生活的依赖关系（即个人对家庭的依赖关系），创造新集团生活的依赖关系（即个人对国家的依赖关系）；打破原来不合理的比赛标准，悬起新集团的比赛标准。这样就可以创造伟大的社会动力，以推动社会的发展。

目前的广西，新的依赖关系已在创造着，新的比赛标准也悬了起来；如这一区与那一区比赛谁的民团训练得好？谁的基础学校设得多？各县也是这样在进行比赛。我们今后更要做到凡是现代社会上所需要的活动，都列入比赛的节目中；同时我们更要将标准提高到与世界各国比赛，我们要做世界运动场上的一个选手，要将世界最高的纪录打破。只有这样，只有在世界运动会上，才可以把中国人的国家集团生活形成，然后中国才有办法。

因为自己平常的想象是这样，这次到广西来得到一个事实证明，所以今天就与诸位谈了这些话；至于中间有无错误，很盼望大家与我一个指正，完了。

（原载《宇宙旬刊》第3卷第7期，1935年10月15日）

社会的动力与青年的出路（下）*
（1935年10月25日）

青年的出路

承白副总司令介绍，感觉得非常惭愧！因为介绍的话，超过了事实的内容。……

若干年来，因为自己在社会上做了些事，于是许多人说是我仿佛想在社会上做多少的事业；可是在我，觉得不是。

我以为凡是我们今天所做的事业，都不是最后的成功；而且终会有一天失败！在哪天失败，目前亦不易卜。那么我们在这每件都免不了失败，而且不知道什么时候失败的事业上，仍然拼命的努力；它的意义，就不仅限于事业，而还有超乎事业之上的意义在。因此我又想到，今天所做的事业，不过是取得一种机会，并不是一种目的。然而我们又把这当作什么机会呢？即是觉得中华民族，缺乏人才；过去一切的事情，办理不好，一切的问题，解决不了，那是因为缺乏人，根本缺乏一批有办法可以解决问题的人！所以我们把所做的事业，当作一种机会，一种培养人的机会。故常常同朋友谈到，过去我们做事，与其说是做事，毋宁说是造人。但是想培养什么人？我们可以说，除了不得已用了些年纪长大的人之外，培养的都是青年。常常在一件事业中，举行多次的考试；这就是要搜求青年，来培养他。故我想今天我们所做的事业，其意义不是在事业上，而是在事业中的人！在培养事业中的人。可是这里又很容

---

* 1935年10月13日卢作孚在广西南宁对中等学校教职员学生的讲演，收录本书时略有删节。本文原标题为“青年的出路”，现标题为登载于《宇宙旬刊》时新加标题，意为与《社会的动力》合为一篇文章后的下半部分。

易引起一种很错误的观念：仿佛说“这些事业不是事业，其目的仅在培养人，在培养我”。这是很错误的！因为有这错误观念的发生，于是又使我们想到“究竟培养人的目的又为什么”？就是说，今天我们所做的事业，目的不在事业，而在培养事业中人，也许不把事业当作事业者，而把它当作学校。然而培养人的目的，又在什么地方？

培养人的目的，在什么地方呢？反转来说，培养人的目的，即在事业上，而事业的目的，是在社会上。那么培养人之目的，即在为社会上，而不是为谁的本身。所以我有两点意思：一点是培养人的目的，不是为这被培养的人，而是为所努力的事业；还有一点，就是事业的目的，是要为社会。归结来说，就是我们把自己本身，放在事业上，而事业却放在社会上。我做过一篇《前进的两段论》①，意思就是说：我们需要前进，第一段自己要向事业上前进，第二段要提着事业向社会前进。

故我们所做的事业，是在培养青年；然而不是培养各个青年的本身，而是培养社会需要的青年。这是平日自己感觉做事业的意思，须得介绍出来，给各位知道的。

我要引一段故事：民国十二年的时候，在四川重庆，有一个省立第二师范学校，他们举行讨论会，讨论一个问题；这个问题是：“中等学生，应不应该参加社会运动”？请我去当评判。讨论的结果，许多学生发表的意见，都认为学生在读书的时候，应该尽量的读书，绝对不应在读书之外参加社会运动，为的是恐怕妨害读书。后来学校里面的教师评判，更沉痛地认为学生应该读书成功之后，才参加社会运动。最后请到我去评判，我说：“对不住得很，假如你要我来批判的话，免不了要把你们的结论完全推翻！现在我先请问：读书是为什么？而读书又到哪个时候，才算是成功？‘成功’是什么东西？读书之后，个人得了功名，家庭收入很丰，这是你成功了？除此之外，没有成功可言。中国就是因为每个人都想自己成功，因此国家的事、社会的事，什么都失败！如果长此以往，中国的一切，也就永远失败！故关于中等学生要不要参加社会运动，这是很容易了解的。我们如今在学校做的是什么？就是社会运动。因为当前没有好的环境，如家庭、社会、政治、教育……都不好，在这不好的环境中，就不能产出好的人。因此要想产生好的人，必须改

① 即《前瞻后顾两段论》。

变环境：家庭、社会及天天接触的政治，乃至学校，都应把它改变，这些种种的改变，是什么呢？就是社会运动。学校所教的课程也就应如此。

本来每个人的行动，有两条路：一条是有权力把环境改造；一条是跟着现时的环境走。我们既不幸生在不好的环境中，只有把环境改造，然后给后一辈的青年，跟着环境走。而且我们要认识，环境是活动的，时时改变的；这种改变，就是社会运动。所以学校的课程，脱不了社会运动。”

由这段故事的引申，就是说学校之培育人才，不是培养他个人成功，而是培养他作社会运动，使社会成功。

要说到本题：也有一段故事。就是我在四川的时候，有一次四川青年举行学生集会，集合了许多青年，要我讲《青年的出路》。这问题很使我诧异。我想“怎么会有青年的出路”？今天我讲这问题，正是取消这问题。当时我就对那些青年说：我不讨论这问题；虽然这问题在报纸上，天天有人讨论。中国没有出路，社会没有出路，你们青年，又哪里有出路呢？每一个青年为自己出路而努力，这是根本的错误！

中国的社会，原来只有两重窄隘的范围：一重是家庭，一重是亲戚邻里朋友。一个家庭里面只要有一个人成功，就是这家庭成功；一群亲友之中，有一个人成功，这一群人也就成功。于是这种社会，专门培养成个人。大家只求个人的出路，不想到国家民族；所以一直到现在，虽然成功了若干人，社会乃至于国家却被这些人毁坏了。因此今天我们要绝对的取消“青年出路”这问题。

可是青年没有出路，我们岂不是失望了吗？还努力作甚？有的，出路还是有的；不过是在社会上，而不是每个青年的本身。每个青年想到自己的出路的时候，总脱不了想使我在未来成为一个教育家或政治家，也许要成为一个经济事业上的经理，或做其他旁的事业。所谓出路，不过如是。但是大家要晓得，这些通通没有自己的出路。如果只准备取得这些地位，那是根本的错误！比如假定你在未来成为一个教育家，办一个学校吧，那你应该想，你要去办的那个学校，要怎样才办得好，成为你理想中的学校。又假定你准备做一个政治家，去办理一县的政治吧，那你应该就那一县的事情，想想怎样办理？如几十万的民众，应如何使之行动一致？纵横几百里的土地，应如何使之变为很好的园地？如果就此着想，就有出路。出路就是在你要办的事业上，根本不能想到你自己。因为一个学校，或一县，就是社会；故没有自己的出路，只有社会的出路。

今日尚想如过去那种在学校混混多少时候，得文凭后，就有出路，这是错误的；纵使有，是你自己的出路，不是社会的出路。如果只求个人好，恐怕中国永远不会好。要想盼望中国好，只有从我们做起，从我们当前的事做起；我们办什么事，就求什么事的出路。

所以青年人应该晓得我们自己没有出路，只有社会出路。在敝县教育界的朋友，常有这种错误的观念：就是我们在外面读书，得一纸大学毕业的文凭之后，就认为我有资格，该当校长了；而社会每年应以一两千元的薪金报酬我，不是为我办学校，而是因为我过去读书，有了大学毕业的资格。这种观念，真是大错特错！要知道社会培育你，你应该报酬社会，为什么反要社会报酬?！故我们应该明白：我们是为社会而读书，是为社会找出路，绝对不要为自己找出路。说到此，使我联想到广西的学生，幸运太好了，得这样好的环境，培养能力。培养什么能力？就地方上说，就是培养把广西一省弄好的能力；而广西怎样才得弄好，又已有了《广西建设纲领》。各位在学校，以这建设纲领为课程之一，大家想怎样才能从这课程中，把九十九县建设好？这就是在好的环境，培养自己为社会做事的能力。将来到一乡村，就把一乡村弄好；到一县就把一县弄好；到一省也把一省弄好；扩而大之，中华民国也弄好了，那是很有把握的。这把握就是在青年人的手上。

故我常常想：中国前途的希望，只有在一般青年；然而青年在过去没有正确的目的，好似大家都为青年的本身而努力，这是很危险的。如今我们应该知道了，青年不是为谋自己的出路，而是替社会谋出路。如果每个青年都能够如此，中国在三五年后，就可变好，这是可以断言的。

所以各位要认清楚：我们得在这好的环境中，培养能力；社会盼望我们能力成功，去改变社会。而广西已有改变社会的办法，我们应当以这办法为课本，怎样去学会能力？等到改变社会的能力成功之后，将来走到哪个地方，就改变哪个地方；当前一县一省可以改变，整个中华民国，也就可以改变。这是每个人应该有这种自信力的。

民国十一年，我在川南参加“五九”国耻纪念的时候，对各校学生，曾有过一篇沉痛的话。我说：“我们今天举行这个国耻纪念，每个人都晓得痛骂曹汝霖、陆宗舆、章宗祥的卖国；可是我们要晓得，他们几个人做学生的时候，是最优秀的分子，当时他们只求自己的成功，因此读书之后，只顾自己的出路，不惜卖国！假如今天各位还不认清楚，而专求自己的成功，那将来危害，怕比这三个卖国贼更甚！”

故每个青年中学生，都应该认清学校培养人才，是盼望社会成功，而不是盼望个人成功；盼望为社会谋出路，不是为自己谋出路。而且在目前的社会之下，我们自己无出路可言；我们的出路，是建筑在社会的出路上。

今天没有别的贡献，仅仅是这点意思。虽然理由不十分充分，但意思是非常诚恳；如果有错误的地方，盼望各位指教！

（原载《宇宙旬刊》第3卷第8期，1935年10月25日）

纪念民生公司成立十周年
（1935 年 11 月 1 日）

公司从开“发起人会议”到今天，整整十年了！这十年当中，诚然促成了事业的进展，亦经过了无限的险阻艰难。一群努力的朋友，无时不在惊风骇浪中挣扎前进、悬心吊胆，绝未容有瞬息之苟安。此是痛苦，却亦是快乐。太安详的中国人，在风雨飘摇的国家中，诚应过着这样极度紧张的生活，回头仍自多所慰藉；却一想到未来，又怵然于那无限险阻艰难之不断地到来。这不应逃避，却应负担。不但公司中间的好友应当如此，凡中国人都应当如此。

人所见着的公司，仿佛有其成功的方面，为所直接或间接经营的事业。我却认为这是傥来的局面。我所见着的却还在这些事业的背面，在撑持这些事业的险阻艰难者，为了事业忘却了自己，为了增加事业的财富，忍受自己的困苦。如果整个公司的人有这一种精神，可以建设一桩强固的事业，如果整个民族有这一种精神，更可建设一个强固的国家了。

中国人最感缺乏的是群的信赖。因此，宁肯损群利己，没有法子结合成功三人以上的团体。如果有之，不是纷争，便无实际。公司乃结合成功了五百余股东，二千余职工，相互依赖到投身可到老死，投资可留给儿孙。这种观念愈到后来愈明了，信赖愈到后来愈坚强。公司的基础不是在百余万资本上，几桩事业上，几十只轮船上，乃在这种精神上。

只因十年的进展史都偏向在量上，于是质太不足了。第一是物质方面。例如航业：码头、囤船、栈房，以至于行船上种种设备，尚未完整；又例如职工待遇：住宅、医院、学校、娱乐机关，至今尚未及设备。第二是精神方面。最困难的是各种专门的技术训练尚未成熟；全公司人员的公共理想，要求趋赴的公共理想，尚未完全深入于全公司人员的脑海。这是从满十周年的今天起，应竭全公司好友的力量去谋进展的。一个儿童，夏季增加体高，冬季增加体重；我们公司也是应到增加体重的时候了！

在十周年纪念会中，我们应得算算十年来的总账，哪些事情是：（1）为着事业的安全的；（2）为着社会的需求的；（3）为着职工生活的恃赖的，还没有做到，便赶着做到。有这许多工作，还有那无限艰难险阻，摆在面前，大家应该怵惕策励，不是庆祝，欢喜。

（原载《新世界》第80、81期合刊，1935年11月1日）

广西之行*
（1935 年 11 月 1 日）

这一次到上海，时间是八月中旬，有许多朋友争为我介绍一位广西朋友温翘生君，遂在几个机会中见着。他谈起曾读过我所著《中国的建设问题与人的训练》一本册子，极同情于我所主张："人非自私自利的动物，而绝对地忠实于集团生活。中国人仍是有集团生活的，家庭是第一重，亲戚邻里朋友是第二重。此两重集团生活有了几千年根深蒂固的历史，成了今天改造中国大大的两重障壁。改造中国，必须打破此两重障壁；又必须训练人造起新的集团生活，乃能打破旧的集团生活。故训练人实为今日根本问题，而训练人在现社会的重重包围中，另外造成一个社会，尤为今日困难问题。这困难却又是必须用全力打破的"。

…………

此行先到广州，住了两天，看了广东省府经营的几桩经济事业：糖厂，士敏土厂，棉毛丝麻等纺织厂，凭吊了七十二烈士英灵所在的黄花岗。得上海银行、广州分行的帮助不少。与李德邻①先生晤谈，问广西的办法，极感谢他那极爽快而一点没有含蓄的解答和极其周到的照料。

到梧州住半天，看了一看桐油检验所、广西大学和其他几个地方。李德邻先生说："广西亦有苛捐杂税啊！是抽自旅行的客人身上。"倒使我吃了一惊，不幸广西大学马君武先生竟从梧州抽起，而且抽到我们这般穷人身上来了。所谓抽税也者，非抽钱也。抽讲演也。恰好我们在到梧州的船上有段争论，有两位朋友主张非战论，我是一个主张方法论的，遂向两个朋友谈："战诚应非，但应如何非法？于是引了杀以止杀

---

* 收录本书时略有删节。

① 即李宗仁。

的意义，止戈为武的意义，而提出一扩大战争论。所谓扩大战争也者，第一要有扩大战争的准备，有不可侮的战争的实力，而使人不敢侮，乃能避免战争。第二要扩大战争的范围到制止世界的任何战争，不仅为各个国家自己的生存，世界乃无敢发动战争者。第三要将经济、文化、政治一切运动划成战线，一切活动战争化，时时要求突破世界的纪录，以推进世界的文明，以替代野蛮的战争。”这一个游戏的题目，是针对我非战论而产生的，遂在梧州捐与广西大学了。

到南宁住了三天，曾看了看新建设的省政府，正在研究全省国民基础教育，而且编辑全省国民基础学校教科书的国民基础教育的研究院，正在为全省赶印教科书的印刷厂，作牛瘟防御运动并划了全省的牛瘟防御线的家畜保育所，对军民伤病兼施治疗的军医院，看了一个省政府的图书馆，一个公共图书馆，一个搜集广西物品颇有办法的博物馆。中间曾以一天跑到武鸣，看了看民团干部训练大队。这一大队的散兵线是在南宁区十七县的乡村，受训练的青年现正准备着当乡长、副乡长、村长或学校的教员。看了看学生在大队里学着经营的乡村活动，看了看两个实际的乡村。与那南宁区的民团指挥而又是行政监督的梁君浩川恳切谈了好久，梁君很能够把未来的政治理想和今天以前的经过及天天看着出生长的快乐道得出来。我们必须知道生活之味要亲切地做得出来，才亲切地道得来。他们不但教学生以军事的学科和术科，尤其教学生垦荒、种树、养猪、养鸡、布置花园、开辟道路，凡在乡村应有的一切活动都在大队里学过做过，使每个人明白回到乡村去应做些什么事，应怎样做事。梁先生谈他常常到各乡村去看各乡村建设的成绩，到处有穿着灰色服装的青年乡长、青年村长笑脸来迎，报告工作的进程，提商种种问题。隔一些时候到一个乡村去，又必进化一些。这是梁先生深切感觉的趣味。连我们倾耳听这许多故事的人，亦非常感觉趣味，更可想见梁先生了。

看完之后，梁先生又抽临时税。将所有干部大队，警察训练班，初中毕业的军事训练班，集合起来，凡一千多人，要我讲话。

一千多人集合起来，于是乎我不得不讲话了。问题是由梁先生的一段课程引出来的。“人都说教育应是做人的教育。教人如何做一个人；我觉得教育应是做社会的教育，教人如何做成一个社会。这社会是有理想的，是有极完整的计划的。例如广西定了一个极完整的计划，是广西的建设纲领，我们便须得造成这样一个广西。这就是做成社会的教育。”

…………

可惜我们不曾到广西各地，甚至于柳州，是广西军事的中心，而又有试验的农村；还有那山水甲于天下的桂林，是广西文化的中心；都来不及考察或欣赏去。我们知道广西太少了！然而在短时间见着的、听着的，综合起来，已可看出广西是在从根本上做，不是装点门面，更不是感情冲动。民团是要定期完成壮丁训练，就南宁一区十七县言：壮丁四十一万余，已受训练可动员的已达十一万余。军队是改募兵为征兵，今年已经开始试办，征兵已达现有兵额三分之一了。乡村长要在定期内完全变成曾受军事政治训练的青年。就南宁一区言：乡长已经完全变成青年，副乡长亦已变了大半，村长变到五分之二了。国民基础教育是要在六年内普及，每一村要有一所国民基础学校，每一个学龄儿童，每一个成年，必须强迫接受教育。他们一切进行都是按着计划、按着时间、检着数目字在做，在不断的做，数目字在不断地变。这样在空间上、在时间上全都有规律、有策划的活动，正是中华民国所急切需要，而广西竟实现了。

尤其值得注意的，第一是他们的政治力量完全培养在人民身上。成年的有壮丁的训练，儿童则有学校的训练，其训练的中心问题，为广西如何建设，使建设的要求者不仅为最高领袖，亦不仅是政治上的人物，而是全体人民。此种整个社会要求培育成功以后，建设乃有了极其坚强的力量。就是政治上的人物再要毁坏他亦莫有办法了。

第二是他们的政治基础完全建树在青年身上。一般人常觉得青年含有危险性，实则青年之危险，是由于没有训练，没有人领导，而不良环境之诱惑，又非常有力量。广西却用全力训练青年，领导他们在一个谨严的秩序当中，生长的社会当中前进着，他们自然不会危险了。我们要领导被现有社会已经陶育成功的人们去改变现有社会，倒非常困难；最可靠，还是未成熟的完全由新的社会当中陶育出来的青年。

他们在今天以前是以自卫为中心。……自卫本来不是广西的建设意义；办到能够自卫，不过取得安定的机会，可以从容建设广西而已。凭借民团的训练已使政治工作上了完整的组织，推动的工具，今天以后决定转移全力到生产方面去。举凡军事、政治、教育等，一切活动都以生产为中心。从地上面垦辟荒地；在没有垦辟的荒地提倡牧畜，提倡种树，大规模经营水利，改良农产，防止兽瘟。从地下面开发矿产。同时提倡工业制造，整理对外贸易，以救拔广西的穷困。增加村有、乡有、县有、省有各种公共财产，以助地方一切建设经费。我们觉得他们已发现政治上最后的问题是在管理社会经济，是在增加公共财富了。甚盼望他们对广西物产及消费有整个调查，整个研究，确定一整个计划，分期经营。凡同时期必须顾到其相等的事业，要求其同时期经营或完成。试一试有策划的生产成败利钝，较之无策划的生产究为如何。我们须知道消费的浪费可怕，生产的浪费乃更可怕。供求是永远不能适应的，不是供给过剩，供给方面损失；就是供给不足，需要方面损失。例如梧州设一硫酸厂，因无销场而停顿；南宁有三桩事业都有小的发动机，实应算得几年内各种事业应到达的动力需要，设置一发电厂供给电力较为经济。这都以策划的生产为较便利。白健生先生①黄旭初先生②都以为是。

自给运动的呼声，年来盛倡于各省。我觉得自给运动是中华民国应竭力造起的。各省则有其自给的部分。必须交换的原则是：第一，自己缺乏而又必要的产品；第二，自己虽不缺乏，但他省供给较为经济，自己大量出产其他产品亦较为有利。此种条件不仅可以适用于“省际”，亦未尝不可适用于“国际”。我需要某种物品，即请人供给某种物品；需要若干数量，即请人供给若干数量。这是极其经济有益无损的交换办法啊！

我觉得广西建设计划，应编为各级学校的课程。各级学校除普通各种课程外，还有一更重要的课程，即为广西建设计划。白健生先生说：“我们正是要将广西建设纲领第一步灌输到公务人员的脑中去，第二步灌输到全体人民的脑中去。每个人须将广西建设纲领说得出来，然后才做得出来。”

我觉得这是一个政治运动的根本，其效力大过了一切的法令。教育即是宣传，是相当有真理的。要宣传广西建设纲领，不仅令每人诵读了解而已，还须以各方面的宣传包围之。凡关于讨论问题，描写故事的图书、杂志、报纸乃至于电影、戏剧、公开讲演、私人谈话，其内容无一不含广西建设纲领、建设意义。同时造起各种比赛，人与人间的比赛，地方与地方间的比赛。这些正是造起一种社会运动必须具有的条件，白先生、黄先生均以为然。广西亦已从事于此类运动了。又讨论到改革社会，须抓住女子，许多男子的行动都是出自女子的要求。我们的一群小小事业当中，最初只管理各个工作人员的工作，后来觉得工作以外的生

---

① 即白崇禧。

② 即黄绍竑。

活大可以影响工作，于是进一步要求管理工作人员的全部生活。然而发生了严重的冲突；这边有强烈的社会的要求，那边却有强烈的家庭的要求，许多工作人员都在这样恶战当中。我们要救拔他们，只有将他们家庭里妇女的要求变成同社会一样，这样一来，每一个工作人员在夹持的社会要求之下，纵欲偷避社会工作而不可得了。白先生说：广西已因此而为公务人员的家庭设置学校了。真好啊！如果更进一步，更为妇女们设置种种的经济的、教育的、娱乐的环境去包围他们，则更有力量了。

我们盼望广西的人员除已准备静的方面需要的，如乡长、村长之外，还须有一批动的人员，是不断到各地方宣传、联络、指导、考察的。还要有余裕以便轮流调回训练的。白先生说："等现在乡村需要的名额填满后，即当进一步准备交换的，而且准备太不成功而须淘汰的了。"黄先生说："现在国民基础教育的中心区，亦已有指导人员的设置了。"

我们盼望广西一方面埋头工作，一方面将办法提供到中央推行到各省去，从积极方面造起一个极有希望的建设运动，是今天中华民国急切需要的。中央现亦正励精图治，必能让广西试验去，亦必能采纳广西的提议。广西应先有这积极的意义，排开一切政治上的纠纷，而另为中华民国造成相互期望和帮助的新风气，至少是于中华民国的前途有利无损的。白先生说："愈从建设方面努力，便愈求安定，愈想避免政治上的纠纷。几年以前只有战争的经验，以为战争是可以唤起精神的活动；但战争结束之后，精神便消失了。这几年来，在建设方面努力，随时到各地方看着蓬勃生长的气象，乃知人生的真快乐，还在不断地建设当中，创造当中，无时不可以唤起精神。于是认定我们努力的方面应改变到这里"。这是白先生亲切体验出来的话，极有意义。

黄先生态度诚恳而寡言语。白先生言语温和，对事勤求办法，提出好几个问题讨论。对人则体谅人的处境的困难。因此我们知道这几年的白先生，在亲临地工作上，不知道经历若干重困难了。

广西几位领袖能够和谐，能够合作，表现的是一群人的活动，这亦是中华民国极其需要的。他们应本已有的和谐精神，造起中华民国的和谐运动，与中央彻底合作。中华民国统一最大的障碍，就是人与人间，〈不〉和谐、不合作，而对外的力量必须产生于整个中华民国，所以和谐和合作运动是急救中国的良药，急切需要去造成，再则广西似乎是为了一个建设的公共理想的需要而成功和谐和合作的局面；如果要从整个中华民国造起这样一个运动，乃须得为中华民国造起一个公共理想，共同趋赴。这个工作，……如更能得各方面辅助，从积极的建设的方面促成全国和谐和合作，我们相信最近的将来，必可产生整个中华民国彻底统一的局面。因为广西正在同样意义上努力，必可为这种运动很大的帮助。只是促起政治局面和谐，不仅是政治上的人物的任务，社会人士亦应共同起来担负。

广西抽税之重莫过于南宁，白、黄两先生约十二〈日〉在省党部对公务人员讲演，十三〈日〉在南宁初中对中等学生讲演，太困难，穷人又得勉强纳税啊！

我想广西正在努力推动一个社会，于是就在省党部讲社会的动力。其内容的大概是："人的行动的来源，没有一个是为了自己，都是为了社会。为了社会的要求，为了表现自己到社会上去，不但是社会的，而且是徇社会的。所以人的行动的刺〈激〉不在自己，而在社会。社会是有两个强力的要求：一个是造成相互依赖的关系，一个是悬出相互比赛或斗争的标准，一个集团范围以内是相互依赖的，两个以上的集团间是互相比赛或斗争的。克鲁泡特金的互助论适〈用〉在一个集团范围内，达尔文的生存竞争论适用在两个以上的集团间。这一天就讲这个原因。太无以对当时党政军一千多人员，自白、黄两先生起。因为地点不够安设坐位，遂都站立整整两小时，很佩服他们的精神，却很惭愧自己有话太长，而没有可以贡献的意义。"

对初中学生讲一个什么问题呢？以前重庆青年会曾要我讲一个题目，是青年的出路，于是乎就讲青年的出路。不过讲的内容，正是取消这个题目。此刻社会国家问题之紧迫，只许青年为社会国家谋出路；因为近来一般人都只为自己谋出路，没有人去为社会国家谋出路，而且许多人宁肯将社会国家牺牲了去为自己谋出路；所以弄得社会风气非常坏，国家局势非常危险。只有等待我们青年挽救，将自己捐与社会国家，去为社会国家谋出路。所谓青年自己的出路，亦只有将来在社会上要做的事业，事业都是为社会谋出路的。今天要准备着能力去做事业，亦即是要准备着能力去替社会谋出路。绝不是为自己谋出路。白先生笑我创造一个讲演的新纪录，讲一个题目，便取消一个题目。

白先生更阐发了许多青年应得为社会国家谋出路的原理，而且引了许多的历史上的故事，引起大家的兴趣。我想，广西的建设运动，也可以说是一种教育运动。我们须知道改变社会最可靠的方法便是教育运动。

税已抽两重了，我们本来准备十三〈日〉夜晚上船回梧州，白先生要再留谈一度，遂改在十四日乘飞机。谈话之后，白先生又提出了一重新税，盼望在军校纪念周再将西大讲的扩大战争论讲一回，然后起飞。我们觉得广西领导者，在意义上、在办法上都有强烈的要求，虽然我们的贡献一点没有也不便谢却。白、黄两先生都曾谦逊地说："可惜大家时间很短，没有从容看的时间，广西却亦没有许多可以看的事业。"我们觉得广西的事业已经多了，似乎比任何地方都多。然而我们留意还不是陈列出来的（在这方面，也许广西比其他完整丰富的地方不如），而是想看看动态，看看他们是如何动。在这一点意义上，我们实觉得广西究竟动的有策划，而且在根本上，全部人员共同在一个要求上，这些意义都为中华民国所需要。

只是李、白、黄三先生及领导我们到广西的温翘生先生招待、照料太周到了，一直照料到我们离开广州以后，这是使我们非常不安，别后非常感念的。

…………

十月四日离开上海，十月十七日回到上海，刚好两个星期的旅行。时间上不容许整个写了下来，仅仅抽出一些与中华民国有关系的问题，写交朋友指正去。

（原载《新世界》第 80、81 期合刊，1935 年 11 月 1 日）

和谐运动的具体意见
(1935年11月1、2日)

《大公报》为了“忧时”一篇造起举国和谐运动的文章，提出一种盼望，盼望有进一步的讨论，讨论到具体的办法。我想：举国和谐的理由，为举国人所承认，直无须乎讨论。问题是在举国之应和谐，有举国人的承认，无举国人的要求，绝无一人起来做此运动，坐视政治上的纠纷延长或且滋长，认为是他们自身的事情，谁也不去过问。虽然也有人关心，盼望他们有结束之一日，自那一日起，便举国和谐起来办到国家彻底统一；然而止于盼望，而且知道这种盼望隔离事实太远，或竟不能达到事实，亦只好一切听之，从不加上可靠的人力。

统一应为举国人所要求，……不幸举国人无要求，于是此问题遂缩小到似乎只有中央政府才需要解决似的。因为只有中央政府才要求解决统一问题，遂失各方恳切的助力。除开中央便是地方，其对立的形势遂不容易完全消灭。

在无组织训练的人群，不信赖组织与秩序，亦不信赖人，盼望一切权力集中在自己手里。地方自不愿多分权限给中央，中央亦不愿多分权限给地方，则随时有权限的争执，则随时有冲突的可能。两方面的人无论在何机关，可以说都是冲突的对手，而非做和谐的运动的人。在没有统一以前，没有一种确定的方式将中央与地方的权限划分清楚以前，这种不可避免的冲突，乃成了统一的障碍。

尤其是中国人的集团生活，虽然进化到几万人乃至几十万人了，究竟还没有进化到一个国家。那几万人乃至于几十万人，大多并非怀挟着为国家的志愿来参加这样的集团生活，而是凭着亲戚、邻里、朋友，辗转攀援的关系来解决自己生活问题的。其在生活上的相互依赖关系，可以使本身团结坚强，同时可以使两个以上集团，成了敌对的堡垒。虽然最高领袖以及其间少量明达的人常以大义勉励其人群，如何去为国家努力，而事实上的刺激究较强于理论，要求斗争究较强于要求和谐。纵然有欲以协商或会议解决一切纠纷的，然亦以协商或会议为一种斗争的手段，而不是以求和谐的局面。

现代政治领袖的态度，总是非常鲜明，在任何实际问题上总以自己鲜明的态度，强烈的要求，转变一切人的行动，以成功一种政治运动。中国人的态度，却一向是消极的，至少在表现出来时是消极的。总常常等待考察他人的态度，不肯表明自己的态度。因此人与人间非常隔膜，即欲求得一和谐及合作的办法，亦常常讨论甚久，头绪毫无。又实际上的要求是在利害上，提出来的要求却往往是在非上。在利害问题无从解决以前，是非问题徒为争执者所借口，自亦解决无从。此所以国内合作问题，尽管常有代表往还，常有文电往还，而一切隔靴搔痒，终不会搔着痒处。

有以上种种问题足为和谐的障碍，如何造起和谐的运动，便有值得注意的地方了。

第一，我们盼望不和谐的两方面自身扭转局面和谐起来，是不容易的事情，应由要求双方和谐之第三者起来从客观方面考察不合作的原因，研究和谐的办法，促成其和谐。此第三者乃几为国民全体，尤其为社会上有知识、有地位的分子。这些人除应埋头做自己的事，亦应协同帮助做国家的事。当此危及存亡之秋，内部和谐乃为国家第一件应当先做的事。

第二，我们彻底改革一种现状，只有两种方式：一种将现状根本推翻之；一种从将就现状起，有策划地逐渐变更之，一直到彻底变更为止。目前中国的局势，绝不容许再给伺隙者任何机会，即不容许再有根本推翻现状之举，即不得不将就现状去深入现状，研究一逐渐变更现状可靠的办法。因此和谐运动之第一期，必须使各军事或政治集团各相安于原有地位；然而非维持现状的，必须确定一改变现状之办法指导并帮助各方改变之，其方法绝对是积极的指导和帮助的。欲使中国成为一现代国家，必使政府成为一现代政府。就这一点说，改善运动首先就得从中央政府起。以中央政府为训练全国人才的总机关，轮流集中各省实际工作人员到中央政府或指定的机关担任训练或接受训练，派人到各省考察实际工作状态，指导如何改善。用此方式使各地方有人参加中央政务，地方政务，中央亦有人参加。其意义止于参加而非更变，止于帮助而非夺取；其结果乃可打破集团间的畛域，推动政治的设施，不让现有集团争相消长，而将现有若干集团合为一真正为国家努力的大集团。那时中央和地方的人员任怎样调换也没有问题了。

第三，统一全国是要靠国家整个的办法。因为国家没有整个的办法，于是各省想各省的办法，产生了若干不同的花样，竟足以妨害整个的国家。就生产建设：整个国〈家〉应有自给的计划，各省相互间则应谋交换的办法。因国家没有整个计划，于是各省皆作自给的计划，皆奖励土货，限制外货；在政治上纵然统一了，在经济上或将因此划为若干的独立国家，比政治上不统一为害尤大。故要求全国统一，必须有整个建国的计划。中央不仅用力于中央直接经营的事业，尤当用力扶助或指导地方经营的事业。如果中央不肯过问地方事业，而只用力于中央直接经营的事业，是自己不能笼罩地方，不能与地方产生良好的感情和密切的关系。今天以后中央应对整个国家有明了的要求，凡能在国家要求上努力的，不论是地方或竟是私人，均应给以奖励，至少予以承认，一切人好的行动，都是产生于社会上好的要求和好的奖励的；只要中央能对地方要求好的，奖励好的，一个中华民国便会变好起来的。地方对于中央亦然，应搜求好处，不应搜求坏处，应在好的方面助其进展，坏的方面助其消除，积极地要求并协助中央往好的方面做。

再就中央说，纵应由中央直接经营的事业，如其事实上已由地方经营起来了，或可由地方经营起来，亦可承认地方经营。国家财力有限，而待经营的事业无穷，实宜多让地方分一些担负，只要求在某种必要条件上合于中央的规定，不必完全由中央去经营。如像实业行政上，实业部尽有超于实业的事业。调查、统计、研究、计划、宣传、奖励、限制、指导、纠正，皆系事业，皆应由实业部去负责办理的。实业部不一定自己办理一切实业，尽有自己应负的责任，而这责任在能推行并调整全国的实业。要之，中央应切实管理全国的事业，而不须与地方争做事业，致增加中央的负累，减少地方努力的机会，同时又增加地方与中央间的隔阂。地力努力建设却亦须时时刻刻顾到国家的要求，尊重中央的取缔，而不宜一切自为风气。

第四，要谋整个国家的统一，就是要完成整个国家的政治机构，因此必需造起建设政治机构运动，必须从中央政府起，建设政治机构。应有完整而不重复、不分歧的政治机构，一切政务应由完整的政治机关依据事实，依据计划，依据应有的手续裁决执行，最高领袖则只用全力于如何提出国家的要求，如何鼓起国民的勇气和决心，奖励国家要求的行动。最高领袖是发动的，不是被动的。只造起一个动向，要求举国人都能在一个方向动，不要时时刻刻待命令而后动。尤其是不动的中国人要叫他们不动非常容易，严办几个人便会都不动了。如果要他们动起来，那可非常困难，尽管三令五申，乃至于严办人亦不容易动起来的。纵能勉强的动起来以应付领袖的要求，然而非自己心中所要求，所以一动而辄止，任何事体不能继续，也就任何事体不能成功。所以领袖的要求简单，要在积极方面去造动向，而不处理一切琐碎的事件。一切琐碎的事件，是有各种专管机关去处理的。自然，人的行动太不一定，我们不可以太信赖人，或信赖更多的人；然而在完整的政治机构下，人的活动是可以信赖的，因为他们的活动是依据事实，依据法律，依据计划，依据规定的手续，故不会有甚大的错误。如凭着领袖每日裁决各方面的专门问题，只依据当前的文件或自己一时的情绪，急遽地判断，是非常危险的事情。同时领袖本身常常被束缚于日常事务之中，常常是应各方的要求而被动。自己有零碎的经验，不能整理起来，在纷忙应付之中，来不及建设一思想上的系统，来不及为中华民国确定一根本的要求；同时一大群人员不能竭其聪明才智于一种明了之动向下，时时刻刻须待领袖之命令而后动，或多所徘徊瞻顾。凡此皆足使政务易于堆积，而不易于整理，易于停顿，而不易于前进。所贵乎领袖者，有策划的、系统的发动一切，日常政务的推行或处理，则必须信赖政治机构。不但中央与地方各须将政治机构强健起来，各依赖其政治机构，尤须相互信赖政治机构，由整个国家政治机构产生的统一，乃为最可靠的统一，不为人所左右，亦不致因偶然事变而摇动。

政治所需于领袖者在有系统、有策划的发动，政务的推行和处理，必须信赖政治机构。如果不信赖政治机构而一切只信赖自己，一方面是误了自己，间接即是误了国家的事情。地方如此可以减少中央的信赖，中央如此可以减少地方的信赖，此乃为国家的大害，不可不立刻根本改变。

第五，与有关者接头，为现代社会组织上需要的工作。解决中国人的问题，尤其需要的是接头。接头可以增加助力，不接头可以增加阻力。可是中国人因为缺乏组织的训练，故缺乏接头的训练。立法或颁布政令不与事实接头，更不与接受的人们接头。及到与事实抵牾，则又以威信为重，因此中央与地方随时可以发生冲突，即易成对抗之局。统一障碍，此亦重要因素。为求国家彻底统一，地方与中央间即必须时时刻刻接头，形式纵然是命令，实际都常须经过商洽。惟有商洽方法可以解决中央与地方间的隔膜。

上列五项都是可以助成和谐的方法。方法应不止于五项，应待我们去搜求，尤其待我们去运用，去造起运动。每个人应多搜求奖励他人的好处，使社会全部弥漫了同情，发扬了好处。尤其需要明白，政治之设施与改善，最可靠的动力，不是法律与命令，而是造起运动，而是用宣传、联络、指导、帮助种种方法造起运动。无论中央有所希望于地方，或地方有所希望于中央，都宜有造起运动的方法，鼓起人们的行动，有如疯狂似的，沉醉在一种新的要求之中，乃可打破一切的僵局。今天是需要行动，不需要叹息，盼望至少从和谐运动上试验一度。如果全国有心人，在此危急存亡之时，都起来用力量和方法以作和谐运动，必有可靠的成功。

（原载《大公报》1935 年 11 月 1、2 日，《新世界》第 82 期转载，1935 年 11 月 16 日）

超个人成功的事业　超赚钱主义的生意*
(1936年1月1日)

今晚看这里很整齐坐着的诸位，人员很不少。问童先生，说有一百多人，不竟惊羡贵所，不但生意发达，而且人口发达。人口发达比生意发达更重要。我们盼望一桩事业成功，尤其是盼望一桩事业里工作的人成功。

人的成功不是要当经理、总经理，或变成拥有百万、千万的富翁，成功自己；而是盼望每一个人都有工作能力，都能成功所做的事业，使事业能切实帮助社会。许多人都把这个意义弄不清楚，往往败坏事业，成功自己；自己虽说是成功，社会却失败了。因为自己这种成功，是从剥削社会得来。

中国目前，是不再需要这种成功的。因为人都想要自己成功，所以不惜牺牲事业、牺牲社会，甚至于牺牲国家。民国廿几年来政治上成功了若干人，将一个好好的中华民国，弄得不可收拾的地步，这都为了要求自己成功，宁肯牺牲一切的缘故。若是不把“自己成功”这个观念改变过来，也许整个的中华民国便永远这样“算了”下去。历史上已给予了我们不少的证明，极须由成功自己改变到成功一个事业，乃至成功一个社会。

外面的原因使我们事业失败了，我们毫不畏惧，因为里面的人是成功的，可以救济，把它恢复起来。就令恢复不起来，因为人是成功的，亦可产生新事业。如果人是失败的，则虽无外面的原因，亦会失败的。

从前川江轮船公司的失败，就是每一个人对他所工作的事业，都没有要求成功。时时刻刻都在为自己要求成功；于是里面经理、账房、船

---

* 1935年11月27日卢作孚在重庆国货介绍所的讲演。

上买办，都私自组织起轮船公司来。不但他们办事的精力不能集中于川江轮船公司，而且他们因为要求自己成功的关系，还大肆剥削川江公司。若是当时他们都尽心竭力地办好川江公司，则川江公司当办成四川唯一的轮船公司，哪里还有其他的轮船公司产生呢？或许还可以成为中国最荣誉的一个轮船公司。可惜里面一般的工作人员，只为自己要求，这要求是根本错误。

在一般的社会里，工作的人，都为自己打算，剥削事业，则社会永无良好的事业产生。事业的前途是操在我们手上的。若今晚在座诸位尽忠为国货介绍所服务，国货介绍所将来定能扩大经营，在社会上的地位和对社会的帮助都会非常伟大，是我们可以预期的。

我们在任何一桩事业上工作，兴趣都应在你所工作的事业上，事业才得成功，自己亦才得成功。东奔西跑，总是失败。至于个人吃饭，不成其为问题。我们在某件事业上工作，某事业便给我们吃饭。吃饭不是我们的目的，工作才是我们的目的。吃饭不过是为了帮助而已。所以我们要将吃饭问题缩到最低限度，工作效率提到最高限度。

民生公司有位朋友，从前在教书时候，每月月薪不过 12 元，那时他们很节俭，妻子洗衣、煮饭、刺绣、打毛线，自己也不乱用钱，足以维持一家生活。后来到民生公司任经理，月薪逐渐增加到 120 元以上时，可是他家里不够开支了。原因是妻子不再洗衣、煮饭、刺绣、打毛线；自己也不像从前那样节省，家里请奶妈，请大娘，有时看电影、看戏、请客、自己做客；或许还要进国货介绍所购买物品。这样下来，当然不够开支了。川江的领江亦然，初从木船上轮船时，月薪不过二三十元，羡慕能得到一百元便心满意足。到现在有的三百元一月了，他们还是不够用。设若每月与他加到五百元、一千元，他们还是感觉得不够用。这是什么缘故？就是他们的收入有限度，开支却太无限度了。

我们现在的生活，开支应尽量节省，生产应尽量加大。换言之，即“大胆生产，小心享用”。不能生产的，就不应消费，尽量地把我们日用的开支数目节省起来，用到生产事业上去。

我们作事有两重目的：第一是自己尽量地帮助事业；第二是要求事业尽量帮助社会。我们到了何处，便好到何处。我们在坏社会里去逞能干，使社会弄得愈坏，意义安在？能够把坏的社会变作好的社会，岂不是更能干吗？社会上只有我们作的事业比其他的人所作的事业作得更好，才是值得令人羡慕的。

邹韬奋先生到了欧洲，别人把他认作日本人，对他很恭敬，很客气。经他声明是中国人后，那刚才恭敬他对他很客气的人，态度立刻变傲慢了。这是什么缘故？就是中国人不会做好一切公共事业，不会弄好中华民国，只知道自私自利，所以别人瞧不起我们。我们现在每做一桩事业，就一定要把它做好，其意义也就是要给那些从来看不起中国人的人们一个证明：证明中国人也是能做〈好〉的。只要我们肯下决心，把我们所做的事业都做好，世界上的人，还是很佩服我们的。

我们做生产事业的目的，不是纯为赚钱，更不是分赃式地把赚的钱完全分掉，乃是要将它运用到社会上去，扩大帮助社会的范围。所以我们的目的，往往是超赚钱的。我们直接得来的钱，便直接运用到社会上去，比拿钱到了自己家里，然后再运用到社会上去，简捷得多，经济得多。

末了，希望我们凡在事业里工作的朋友，每天都应当自己问问：我的工作是否有助于事业？事业的经营是否有助于社会？

（原载《新世界》第85期，1936年1月1日）

卢作孚致邓汉祥函
（1936 年 4 月 30 日）

鸣阶吾兄：

近来峡区一带匪风四起，实验区署能捕匪犯而无处决之权，将有日炽一日势。当地民众闻捕匪犯，即恳求就地处决，区署处此至感困难。务请吾兄斟酌，令该区署处理匪犯有判决之权，照委员长行营二十四年八月所公布之处理盗匪暂行办法执行。

如省府不能解决此问题，可否提具意见，转请行营解决。此已由第三区专员公署请示省府矣。如何？示及，至感。

敬祝

健康！

弟　作孚

中华民国二十五年四月三十日

会议为促进事业的惟一方法*
（1936 年 6 月 16 日）

人们都说民生公司的会议过多，我认为民生公司的会议尤应加多。以本年论，本公司的会议增加两次：1. 各部经理会议；2. 此次的各轮经理会议。开会非公司所特有，乃为世界各事业应用以促进事业之惟一方法。

民生公司有三个口号：1. 知识要有世界的大；2. 问题要有中华民国的大；3. 工作要有每天内所负责任的大。

我们须有知识，知识的由来，是要到世界上去找。须知各种动物，都能利用它自己的东西。例如马能利用它的蹄子，鸟能利用羽毛，虎猫能利用爪牙。人能更进一步，不但用自己本身的东西，还能利用身体以外的东西。从前利用石器。后来由石器进化利用铜器，为铜器时代。再后来利用铁器，为铁器时代。人并能使用牛马以代劳，还能享用猪、鸡……作食品，故人类是超乎其他动物知识以上的。

人所以异于其他动物的原因，就是人能说话。可是其他动物也好像会说话，例如狗能发出一种悲伤的叫声，人就能晓得。然而人能利用说话，谈出一切的经验和方法，其他动物则没有此种能力。后来，人又发明了文字来记载以往的经验和事迹，能使后代的人都知道以往的一切事实，此为人类进化的一点。人类在没有文字以前，进化是很慢的。近几千年来因为有了文字，所以进化是非常的快。以前，是有口能说，有笔能写，但在现代的世界是就不够了。以前是用手工制造一切器物，现在是不够了。现在的世界的知识是有方法的，这种方法就是科学方法。例如今天的各轮经理会议，就是科学方法，所有每个经理的提案，可以整

---

* 1936 年 6 月 15 日卢作孚在民生公司轮船经理会议上的讲话。

理出来成一件东西，然后用来推动事业的进行。假如要造一只船，得事先计算要多长、多宽、好多马力。造成以后下了水，果然与所计划相合，这也就是科学方法。用科学方法造船，乃是一种技术。把它利用到社会组织上去，就是科学管理。例如某大工厂职工有数千人之多，可是厂长坐在室中，就可晓得工作出产量的多寡，工作的效率是如何，这就是用科学方法的管理。现在的民族知识跑得非常的快，例如能造飞机、大炮种种。故在今日的世界，应从速利用科学的方法去计划、制造、管理。决不应该抱着以往的一切便满足。

我们应当随着事业往前进，要跑到世界知识的前头。日本人做得到的，我们中国人也要做到；欧美人做得到的，我们中国人也能做得到。再说，公司中的朋友们，应当负起此重大的问题与责任来，努力发展事业。要知道，这不是为公司，这纯粹是为国家负起责任。希望公司同人要把眼光放大，要把问题看成中华民国的那样大，才能解决重大的问题。那就是说：会议的次数愈多，才愈可以解决事业的问题。

回转来，此次公司的会议，有一最后的要求：第一是每人应晓得自己的任务，每个船上的经理要负起业务上的责任。例如驾驶部有什么问题？客人的招待如何？货物的管理如何？人员的训练如何？这些，每个经理应负起任务来。并且有五个条件，就是：都要看清楚、做清楚、想清楚、听清楚、问清楚。例如船靠岸之前，一切事务与物件都看清楚与做清楚了？是否听清楚、想清楚了？若在船上睡觉，或看与职务没有关系的书籍，那就决没有看清楚、想清楚、听清楚的可能。

其次是要问：每天必须问大车的轮机部有无问题，问大副驾驶上有何问题。一切都应当把方法研究精当，才能推动全船事务，使得安全。至于事的产生方面：第一，要到世界上去找方法，就是求知识，所以必须参考西洋的航业书籍。第二，是必然的（把握事物的因果关系）。假若不叫把船打烂，它就不会打烂。此为必然的，不是偶然的。

（原载《新世界》第96期，1936年6月16日）

如何应付当前之国难与敌人*
（1936年7月3日）

目前对日外交较剿匪尤为重要，盖匪尚可剿，日本乃最不易对付之敌人也。匪之势日蹙，日本乃正前进未已，要求无所底止。

彼田中义一执政以来，倡第一步维持东亚和平者即征服中国也。日本必要求在世界其他国家未能控制日本以前即完全控制中国，使未来遂永无可以控制日本之国家。故凡目前提出之要求，皆非最后目的而实为达到最后目的之步骤。达到一步必更进一步。退让可以缓和相当之时间，顾此时间乃非常有限。

使其所要求者，仅仅为土地为金钱，即有步骤之牺牲尚可勉强忍受，于此忍受时间尚可竭我余力，为民族复兴，为最后抗争之准备。不幸其所要求乃为吾政治上社会上一般的行动，则极其干涉所致，可以绝不容许吾有（准备）复兴以至于走向抗争之图。

此而分析既明，则吾国所以应付敌人之计，利害之间，颇有值得权衡重轻者。

应付日本，不外两途。一持外交，一持国防。在日本方挟武力以胁我。我如只用外交方法应付，纵令非常巧妙，亦只能办到退让。纵能缓和其要求，然而不能谢绝其要求，除非持有国防实力，或至少有实力在外交之背后。或至少在外交绝望之日，有实力以继其后。

而一顾日本之武力，日本亦在其中。其物质设备其技术训练，绝非中国今日所可与之周旋者。历史上已有屡次战争之失败，今日则距离愈远，胜败之数愈明。然犹可曰再经若干年竭力之准备，必可以跂及敌人。顾我在准备时，人尤竭全力在准备。就物质建设已有之基础言，就

---

* 本文系卢作孚先生佚文，收藏于台北“国史馆”。

国家富力言，就政府之预算言，吾继今以往之准备速率亦复远在人下，则去今愈远，亦相差愈远，乃愈无可以抗争之希望。如我之行动常在日本干涉之下，则未来之准备尤绝无希望。

如自身力有未逮而希望欧美诸强之助力，则目前外交上尚无肯为我援助者，遑论战争发生之后。将来国际局势变更，欧美诸强或尚有可以过问远东问题之日。但日本之激进，则正未肯待到诸强可以干涉日本即必要求中国之全部在日本掌握中。

与日本抗争既无希望于现在，复不可期诸将来。而日本之不断的要求提出其最后之苛酷必有绝非我可以接受者，纵在不能与彼抗争之形势下亦不能不为任何时间可以抗争之准备；虽困难亦只有超此困难，虽危险亦只有冒此危险也。

我之国防实力所最不若人者，为物质设备与各个的或集团的技术训练。若动员人数，则我现役军队二百余万，已几及日本总动员之半数。再补充此半数亦非甚困难之问题，不至更困难于日本。战斗之牺牲精神则蓄积累年之国民对日情感及二十余年内战之牺牲，训练亦当不让于日本。对日抗争之要求不在即获得最后之胜利，而在支持甚长之时间，此非绝对不能达到之条件。顾有必须解决之前提须以全国力图之者。

最重要必须全国一致，不仅全国之军队、政治上之各派别一致，尤须全国人民与政府一致。亦不仅全国人民一致拥护政府而已，必须中央与地方，公家与私人任何作为皆系联成一气以树国防之基础也。

第一，中央积极整顿海陆空军，亦指导各省为征兵训练及民间所组织之有关动员之准备，此则以政府为中心，人民立于协助之地位。

第二，矿山工厂农场火车轮船，凡有关国防之经营，由中央地方及人民之自由组织分工合作总动员为之，尤应以人民为主力。既避免敌人之注意，复易推动一切国防有关之经营，如一切由政府为之，或政府与人民间显然有重轻，则既碍民间之努力，政府财力亦有所未逮，徒使敌人非常注意。

第三，科学研究机关亦宜由中央与地方，公立与私立分工合作为之。

政府之要求只在完成国防之实力，只在指导各方面分工经营国防所需要之事业而不问其经营者为谁。例如工业则指导甲办机械厂，乙办化学工厂。甲办制造动力机之机械厂，乙办制造工作机之机器厂。或甲办硫酸厂，乙办硝酸厂。如同业则甲改良此一航线之航运，乙改良彼一航线之航运，要使相辅相成，不使相争，则财力物力人力皆有最经济、最实用之效用。反之则两败俱伤。就国家总体言，实有无限之损失，为今日穷困落后之国家所万万不容有者也。

吾人所要求之全国一致，绝不宜徒托空言，空言绝无补于实际，必须从各种实际活动上造成强烈之风气，鼓舞聪明才智之士竭其聪明才智于国家要求之活动上，尤其是国防要求之活动上。凡合国家要求之活动即为中央之所奖励，地方之所奖励，一切公众之所奖励，则为此种要求、此种奖励而竭力乃至于以身殉者，必比比皆是。

不仅国防之急遽准备需要全国一致，需要人民与政府一致，即国际关系所可为外交之协助者，亦须人民与政府一致。为应华北有事，东南沿海之被封锁，则须多辟与欧美列强间之交通路线，无论航路、铁路、汽车路以至航空路线，无论在西北或西南，均需政府与人民通力合作，在中日万一不幸发生战争以前，即须急遽完成与其他列强间最低需要之交通路线，不但在战争时藉此交通路线取得其他列强之物质供给，尤当于战争前藉此交通路线增进其他列强之密切关系。

第一亟须增进列强间之经济关系。竭困穷之国民财力无法建设以追踪列强之强，故国家无论自产业方面言，自交通方面言，凡可以为国防基础者，莫不需大量资金。此大量资金必须运用自国外。不仅政府须有此运用，尤不仅中央须有此运用。在合法及不失主权之条件下，必须全国人民有此运用。无论何方面之事业，无论事业之大小，皆当有此运用。多有介绍资金之组织，多有可以担保之事业，政府则立于指导监督之地位，予外资以保障，加强外资之信用，合人民之全力，运用外资必为广大，既增进国际关系之密切，而比较的散在民间亦可减少敌人之注视，此在建筑国防基础上及外交策略上皆值得竭力图之者也。

第二亟须增进列强间之文化关系。自政府以至人民竭力提倡个人或团体之往来考察游历，发起国际间各种文化团体之组织，提倡学术研究之相互提携，相互欢迎学者讲演，或任学校之教授，举国人对外有一致之态度，在竭全中国之人力提高全中国之文化，以追踪先进各国，求于世界文化多所贡献，多所帮助，且以几千年好尚和平之民族，进与列强相携，增进国际和平之局，此中国人努力之职志，全为和平非为战斗。此义不仅应求列强认识，尤应求敌人认识，不仅与列强间增加往还之密切，即与敌人亦当增加往还之密切，求生存于敌人监视之下，不得不有此十分悲壮之行动。一方面刻苦努力于国防基础上之经营，一方面仍以极亲切之态度，极可信之行动，感动列强乃至于感动敌国之人民，必须有此国民外交，以为政府外交之援助，由增加经济文化之关系，以减少国际之冲突，庶几得一拼命准备之时间，自然此时间亦不至不可期且太有限也。

仅此关系，尤有未足。必须进一步与二三较可靠之列强为更深切之结合，至少期其可为武器供给及技术训练之帮助，尤其到不幸的事变发生之日，必须取得此种帮助，乃能作战。列强纵能助我，亦只能到此程度，至于列强之干涉，或竟加入战局，则国际局面变更以后之事，非今日所可期也。

应付当前困难之根本策略，仍在国民总动员之运动。平时则总动员为国民军事训练之各种活动，从保安组织，从学校或工厂，从都市或农村，从体育运动或卫生运动，从民众教育或民众娱乐，从合作组织或职业指导，从有系统之青年团体竭力提倡集团生活，寓以军事训练，输入现代的关于国防、交通、产业、文化必具之常识，引起其努力追踪现代的物质建设与社会组织尤其是引起对于群的兴趣，对于国家的热烈情感。因此政府所采方式，必须指导多而干涉少，奖励多而防止少。盖当前最大之困难问题不应太苦。最高领袖而应促起全国人共同担负共同行动，如能予全国人以指导，使行动在轨道上，在国家之要求上，则固无须乎防阻也。

战时尤须全国国民与政府一致，地方与中央一致，乃能造成不可叛之大义，乃能造成前线官员战死之决心。东北之损失，最严重不在土地而在人民，不在东北之损失而在国内人心之摇动。盖多数之人民不问政权谁属，无聊之读书人求为官吏以自活者又可供人豢养。日本不可怕，可怕乃此等国民心理也。其极可以减少平时奋发有为及战时决斗之勇气，可以产生无穷之汉奸。如不幸而战事发生，或竟有熟视无救或且利用敌国以倒政敌者。此唯有运用全国人民对国家之热烈情感即决心以克服之。

既认清今日应付国难在从根本上培植国民与政府一致之行动，则在积极方面必须运用在社会上一切有希望之人才，不仅运用官吏。在消极方面，不须有敌视敌人之态度，此态度一直当保存到不幸战争发生之前一小时为止，不问公开讲演或私人谈辩论文或标语，皆止于完成本国为一现代国家以与列强相携。在未收回失地以前，不谈收复失地，在未攘外以前，不谈攘外，乃至于一二宵小与敌人勾结者，亦只以情感与理智的感动包围之，不激使走极端也。

怵目于国难之日迫，有不能自已于言者。所见国内外大势未能澄澈，论列未必当于大体，然心爱国家及站在国难前线上之最高领袖，偶有所得，不应默如。有从容时间可达二三小时，愿更面竭陈述之。

［录自台北“国史馆”藏档案。
编号：1120802002267006（08B－03673）］

四川建设施政纲领*
（1936 年 7 月 10 日）

一月以来，个人感谢本班各位管教职员，多方设法，以军事化的管理，锻炼各学员的身体，科学化的技术，培养各学员的智识，六周训练的结果，使各学员在身心上俱有极大的增进，这是个人十分感谢的。同时，我同各位受训学员，到今天才算是初次见面，这次的说话，可说是最初一次，也可说是办技训班以来最后一次，这点算是自己对不着大家，个人到建设厅以后，感觉得四川要做的事太多，然而在此百废待举之时，恐怕一事无成，终归失败，所以照目前四川的建设情形看来，只将想做的事情，分为下列四项述之如次：

一、调　查

四川全省建设事业，在调查方面，分为四种调查：

（一）矿产调查

由川西绕川南到川东一部分，由本厅直接派人调查，一部分则由重庆大学、西部科学院共同担任，刻正在进行调查中。

（二）森林调查

有岷江，青衣江，大渡河三流域之森林，本厅已先后派人调查，完竣其事者，有二流域，所得结果，森林颇多。此外，如涪江流域、渠江流域之森林情形，亦拟即派森业专门人员前往调查。

（三）工商调查

关于工商调查，已经商请张肖梅先生觅人在重庆方面，作全川进出

---

* 1936 年 6 月 27 日卢作孚任四川省建设厅厅长时，在建设厅举办的农技士训练班毕业仪式上的讲话。

口货调查。

（四）农业调查

四川的农业调查，希望各位担任。然而农业的范围极广，欲做全部调查，实在不易。故建设厅认定，第一步工作，就是农产品分布情形的调查，一方面是生产的分布情形，一方面是运销的分布情形，得到一个比较切近的数字。当然要作一个很实际的调查才可能。我们知道，欲求得个正确数字，固然不易，只须求得一个比较近于正确的数字，那总比没有数字的统计好多了。

说到农业调查，很不容易，不但调查的人员没有训练，而且根本找不到有农业调查技术或知识的调查员，如建设厅得到各县填报来的调查表，巴中的猪，其数目有二百九十万，渠县的猪，则为五千，巴中猪的产量，至少等于全川二分之一，渠县的产量，则不如比较大的一乡场之多，这样悬殊的数目字决不可靠，决不能凭各县用想像的方法去调查。

因此，我们今后的调查，除去比较专门的，如森林、矿产、工商之外，对于农业，要有方法的，普遍的举行调查，只有委托各县的农业专门人才——各县专门学过农业的技士，就全川各县的技士言，各县府已经请委的，只有七十余人，就中学农业的只有四十几个，政府有鉴于此欲求四川农业之发展，故决定要把全川一百四十八个县的农业技士补充起来，因此，才开办技训班，一部分是调训各县现任技士，一部分是招收学农的人才，准备在训练之后，分派到各县去分别担任农业调查工作：农业的指导工作，关于农产品的调查统计工作，就是农业调查当中基本的一个工作。

二、测　量

我们要知道，测量工作对于农业前途的发展，有很大的关系。譬如农田测量，有关系于土地之整理与经营；荒地测量，有关系于荒山之开辟与利用；水利测量，有关系于水源与水力之利用。欲使这些问题得以解决，成为科学化，这是政府方面认为重要的第二个准备工作。如航空测量，期以最短期间完成全川整个测量实为当今之急务。在建设厅目前的测量工作，水利方面，分为两队，一队正在灌县测量，一队正在安县、绵竹一带测量。森林方面，已在天回镇测量完成作为明年的造林区域。总之，测量关系地尽其力之利用极大，这是个人准备做四川建设之第二重大工作。

三、试 验

在过去的四川，每县有农业试验场，实际是没有试验，完全是有名无实的，个人到建设厅以后，遂通令完全停止。我们要晓得，试验工作，不但各县不能做，即省政府亦不易担任。在四川的人力、财力困难情形之下，关于今后的试验，大都商同中央各机关合作或就近商同川大合作。第一，稻麦试验，是同川大合作，本年已经开始试验工作。第二，甘蔗试验场，设于内江，已经在准备中，并将约留美的几位专家，明年回川来同川大共同工作，彼时，一定可以充实内容。第三，棉作试验，在遂宁一带，已设立三个指导所，是同中央棉业改造所及定县的几位朋友合作的。第四，园艺试验，准备在成、渝两点，设立二个小规模之园艺试验场，关于这类的事业设立之地点，与其推广区域，极有关系，如棉作试验，以涪江流域为推广区；同农业有关的蚕桑改良场，则以顺庆为中心，川北以三台、南部、阆中、盐亭，川东以江北、巴县、璧山、合川等地为其发展与推广区域。再其次，关于家畜保育所方面，除防疫工作外，首先改良的从猪起，因为猪鬃为四川出口之大宗，此为第一步。第二步是耕牛的改良，水牛，在生时使役很大，如死后，则其皮肉都不值钱；黄牛，其种不强，其在生时，用处较小，而在死后，用处极大，因其皮肉皆贵，所以耕牛之在四川有改良之必要。再如羊、鸡，亦有渐次改良的计划。如鸡蛋之在四川，无地无之，每年产量极丰，中国鸡蛋出口价值，最多一年，在六千万元以上，据此可知家畜试验工作，实为重大。这些事情，现在虽然是省办，以后是要普遍推广到全川各县的，希望各位要注意这一类的工作。

四、管 理

中国是落后国，受世界列强，尤其是日本的欺压，吃亏不小，然而今日之中国，要如何迎头赶上，使我最落后的国家，可以马上走到最进步国家的前面去？就物质上说，过去不经济的，不合科学的，通通不用，而用最进步的东西，如像英国的棉业，为最先进发达之国家，因近来日本突飞猛进，发展至为神速，大有取得世界棉业第一位之形势。我们要知道，凡物质在自由竞争之下，其牺牲极大，进步也很慢，如纺车用手，有人发明用机器时，前者即被后者打倒，由此类推，大机器纺纱厂打倒了小机器纺纱厂，其进步之过程中，真是不知要牺牲了许多聪明才智，和人力物力，才进步了目前科学的物质世界。如其管理得法，一直可以走到大机器厂去，其有利益于吾人，当不可以语言形容了。如四川蚕丝管理局之设立，就是试验管理的一种办法。以后要蚕与桑之得以调剂，缫丝得以合法，价格得以安定，均有赖于管理之科学化。个人看了丝业的七年成本会计，每担丝制造费变化很少，而蚕茧的变化却很大，结果是蚕丝业皆形成极不安定状态。如果蚕丝业管理合法，使桑价、茧价皆相当安定与缫丝业相适应，更从运销上注意国内外之丝业趋势，以稳定丝价，这是管理第一件事。其次，就是等级之检定，以提高品质，使其纯洁，自然可望日益恢复世界市场之优越地位，当然不至于再失败了。因此之故，则我国木车、铁车，乃至丝业界一切劳心劳力的人，都不再失败，要如此，才算是尽了管理之能事。

再举一例言之，建设厅方面，准备明年产生粮食管理机关，只要四川的农业调查完成之后，关于民食之分配问题得以解决，应于何地填补，应于何地运输，办到堆积谷米之合理化，如仓库之设置，谷价之稳定等，一切管理适当，售买以时，计划周详，不管是平年、丰年或歉收，一定可以使民无饥荒之虞，政府也无须用大款救灾，这岂不是粮食管理的利益吗？此种工作之完成，亦必希望大家来参加！这是我们准备管理工作之第二个。

以四川物质生产来说，虽然古有天府国之称，从矿产上言，煤虽到处皆有并不特别丰富，金的需要，亦并不多，钢铁更有限得很，所以地下出产比较很少。可是，地上的出产，确实很对得起我们，可算无物不出，丰富极了。四川的人口，至少有五千几百万，以地上的出产来供养之，每年至少有五万万以上的帮助，无论如何，都可以自给自足而有余。但是，四川的农人可怜极了，生活太勤苦，以食论，非常简单，以衣论，有三四年换一新衣，有十年八年换一新衣或递经兄弟姊妹几人穿着衣者，从其生活的享用说来，可知农业帮助于人类太大，这是大家要看清楚的。可是，有最值得我们注意的，就是四川原生的东西太多，而制造品太少，故欲发展四川的农业，同时也要注意到工业的改进，这是农工业互为关系的地方。

今后各位到各县去推动四川的建设，最需要的就是“技术和管理”，

“从调查做计划做到切实进行”。这是我们做技士的责任。

即以调查工作而言，真是太不容易，以苏俄为例，新经济政策实施了八年，才有可靠数目字的统计，所以最重要的工作，就是调查数目字的工作。以个人经验而言，曾经做了三天的调查工作，调查了一百零六家户口，结果虽然比较可靠，但是这种工作的困难，可谓到处皆是。今后各位去做调查工作，在教建合一政纲之下，应以何处着手才比较经济而且便利呢？我们要知道，凡是最小的事，与最大的事，有同样的困难，及到各县去后，对于调查一件事，首先就要调查所调查区域内的小学教师及有农业常识的人，切实取得他们的帮助共同去做调查的工作，要怎样调查？如何接洽小学教师，取得联络？何时可以供给材料？这一切，就要希望各位跑到四乡去看清楚，弄明白，一切准备妥当，然后开始工作。其原则是：

“我们要帮助他们取得他们的帮助”，今天我们要做的事，今天就要做，要本着政府施政纲要去做，不要为地方恶势力所征服，要以坚强的意志，苦口婆心，使他们不愿我所做的让我来做，更进一步，使他们来帮助我做，让我做我的，容许我做我的，要这样，才算克服困难环境，全靠我们以精诚感动人，天下事无有不可做的！如果各位到各县去做农业调查工作，人人如是，则地位自然可以增高，酬报一定可以丰富，一切事情只要是汗血换来的，绝没有白费，当然是有代价的！要是不然，对地方一般士绅周旋迁就，不但事业不能成功，而且失掉做事的信用，个人希望于各位的，以后去工作，一方面要使人了解，一方面要埋头苦干，这是希望大家下一个最大的决心，从早到晚，时刻努力，完成四川的新计划、新工作，这才是我们大家无限的光荣！

（原载四川省建设厅《技训周刊毕业专号》，1936 年 7 月 10 日）

实验区当前应努力的工作*
（1936年10月26日）

听了各方面的报告，感觉实验区署做的事比从前峡防局多，就现在实验区的区域说，比从前峡防局所负责的小，从前北碚一乡都不能做的事情，现在居然能够做到五个镇乡去，更能为这实验区里六万五千多人想办法，这确是一件值得人注意的事。不过我还觉得实验区的事做得太琐屑，没有抓着重心，我以为目前人们急切需要帮助的事情，应该有三点：

第一，治安　峡区周围的匪，近来这样地猖獗，尤其是今年是旱灾，秋收不好，使得大多数农人生活成了严重的问题，更是逼人为匪的重要原因，盼望很快的把保甲整理清楚，赶快地把壮丁训练起来，保持眼前这治安的局面，更设法帮助到周围，最低限度，务使外匪不易侵入，土匪不能起来。

第二，救荒　昨天问实验区农作的收益，据说谷子好的收了四成，包谷约收三成，往年的粮食不够，还可以用钱向别处购买，今年到处都遭同样的灾患，同样都感觉粮食缺乏！各方面都感觉这问题非常的严重，实验区署的建设股，应该赶紧想法举行调查，不过这种调查，比户口调查较为繁难，如要要求实在的情形，仅仅交由“联保办公处”去办理，是难得可靠的，因为决定救济办法，不是凭自己的想像亦不是凭随便的视察，而是要明白绝对正确的数目和饥荒的程度。例如：目前缺粮的人有若干，今年冬季缺粮的人有若干，明年春季缺粮的人又有若干……这样得出一个明确的数目之后，才能决定对何种人，应该用何种方法救济，这工作，应该是整个实验区署的人都动员，竭尽全力，帮助

---

* 卢作孚在嘉陵江三峡实验区署纪念周会上的讲演。

到六万五千多个民众身上去，不仅实验区署人员的工作要如此，各镇乡、各保的学校，也要以这六万五千多人的生活问题为教材，使整个实验区的人，都为这个问题想办法，“教”、“学”、“做”三方面都联成一气，共同来解决这个严重的问题。

第三，保健 实验区的保健工作，好在有了地方医院和民众体育场两个机关去推进它，听说快要做到各乡镇、各保甲里面去了，这是很需要的事，盼望今后逐渐减少人民的疾病和死亡，增进乡民体魄的健康，但这不仅是医院和体育场的责任，各方面都负有同样的责任的。

我们既然要帮助这六万五千多人解决这几点急切需要解决的问题，专凭自己的办法还不够，要赶紧向国内外作实际乡村运动的征求办法才妥当，一方面还要赶紧调查，找出人民需要帮助之点。实验区署的工作人员，今后的读书和预备的能力，要切实与工作联成一气，各个事业机关要切取联络和衷共济。人，不要专门坐在办公室里弄笔墨，尽量减少办公室的人数，每个人要多到社会去活动。更盼望做事不在乎专门求花样翻新，事事要顾到人民生活的利益，工作不要太琐碎，大家都要把刚才说的几桩成整的事业，当做目前努力的中心工作！

（原载北碚《工作月刊》第1卷第3期，1936年11月1日）

一桩事业的几个要求*
（1936 年 10 月）

（一）跑上世界最前线去

世界不幸而有几个文明先进国家太商业斗争化，不诱掖后进国家或后进民族使能并肩携手加速人类的进化，偏要相互斗争，加速商品生产，加速人口繁殖，以相互争市场，争殖民地，以造成若干民族闭塞，空蹙乃至于销铄殆尽，以造成前二十年的世界大战和任何时间的世界不安。

这是非常不幸的现象，却也是甚短时间的现象。以现代的交通方法、生产方法、文化运动的方法和民族斗争的酷烈，相互影响非常迅速，总相信这万有不齐的人类文化，终会在甚短时间办到齐一的。不加人为的力量，也许相当延长；加上人为的力量，也可缩得更短。最好是先进国家肯诱掖后进国家或后进民族，实际上却不会有这段事，必须后进国家或后进民族自行加入赛跑，跑向前去，乃至于跑上最前线去！

这样的赛跑，是需要国家总动员，而且需要在政府整个策划下动员。我们站在人民地位的，似乎无绝大助力，却绝不能无助力。应选择一点或两点，一件或两年，努力做去，也许是去作前驱，也许是只作一度试验。

如果我们跟着许多文明国家的后面跑，凡他们经过的历程我们都经过，他们由手工业到机械工业，由小规模的机械工业到大规模的机械工业，反过来说：他们用机械工业打倒手工业，用大规模的机械工业打倒

* 本文是卢作孚为《民生实业股份有限公司十一周年纪念刊》所写的“代序”。

小规模的机械工业，凡有一桩事业成功，必有若干事业失败，这样的历程我们亦一步一步地经过，则我们的文明程度会永远落在他们后面；而且不断的失败的残酷，因为加上了他们先进国家的压迫，会比他们厉害。

我们只好把所有先进国家经过的历程省略了！就物质建设言：我们省略了一千八百几十年使用的机器，而且省略了一千九百零几年、十几年乃至于二十几年使用的机器，我们一采用便采用到一千九百三十几年的机器。就社会组织言：我们省略了自由竞争的辗转失败的阶段。凡是经济事业都把有关系的联成一片，使有需要便有供给；都把同样事业化零为整，使无同业间的无聊竞争；使凡生产事业都在整个筹划之下生产，只许有成功者，不许有失败者。不使社会上的物质供给，时虞不足，时虞有余，在不安的波状当中转变。

公司要求航业化零为整，合并了许多公司，同时把航业以外与有关系的事业都办起来，正是要求省略了先进国家产业失败的历程，一脚踏到成功的阶段上去。假使这只是一度试验，亦是一度最有价值的试验，万万不可失败。为了集中全力于事业的成功，一时兼顾不了我们工作人员生活上的痛苦，我们亦须忍耐。我们决作国家进入现代的前驱，即须身先一般同胞荷戈负矢，趋赴前线。尤其是领导人员要身先士卒，抛开生活问题，用强力将一般苟偷风气转变过来，转变到事业上来，乃至广大的社会上来。

（二）把握着现代两个武器：技术与管理

我们的生产运动，我们的交通运动，我们的文化运动，必须跑到世界最前线去！但是我们的技术与管理落后了，则一切不安全！不需要残酷的同业竞争，不需要先进国家重重的压迫，本身也就满有失败的原因在。而这原因便是有现代的事业——现代的物质建设，而没有现代的技术与管理；事业前进，而所需要的技术与管理不前进。尽管政治维新了若干年，学校办了若干年，实业提倡了若干年，为什么成绩不容易看见？只因为我们取得这许多事业了，却还没有取得管理它们需要的技术与才能。今天以前以为政治维新了可以救国，学校办理起来了，实业提倡起来了，可以救国，而不知道还要技术与管理才可以救国！

在我们没有现代的技术与管理以前，我们的政治不免腐败，我们的教育不免空疏，我们的实业不免毁坏。千万不要因此自馁，以为中国人是根本没有办法的！一切失败的原因，只在我们手里，只是因为没有现代的办法，而就有了现代的事业。中国人一向用在农业社会里的办法：用在农业社会里的技术与管理，仅仅根据了常识，仅仅根据了经验，而那经验并未经过科学方法的整理，用来应付非常繁复、非常正确的现代工商业的物质设备，非常繁复、非常紧张的现代工商业的社会组织，断未有不一切失败的。

我们要鼓起勇气，坚定信心！凡白种人做得来的，黄种人都做得来；凡日本人做得来的，中国人都做得来！只要学会了他们的技术与管理，便能做出他们的事业。今天以前一切事业的失败诚在我们手里，今天以后的成功要在我们手里！只要先从先进的事业、先进的国家学会一切技术与管理。

我们的交通事业、生产事业和文化运动，都是现代的事业，即都需要现代的技术与管理。大多数人都在这些事业的机会当中去将技术与管理学得，还须有少数人或更少数人是先要从先进事业或先进国家去将技术与管理先学得。我们的事业前进了，我们的技术与管理还得跑到事业前面去，提挈着事业更前进，不然，事业离开了我们的技术与管理便非常危险了！

我们的技术与管理既是现代的技术与管理，即不是每一个人可以坐在屋里用想象发明的。我们必须一足踏着现代的人已经有了的经验，然后才有新的经验。所以今天的问题，是如何赶快取得现代的人的经验，去从先进的事业乃至于先进的国家取得他们的技术与管理。凡先进国家办得好的事业，我们只要有了技术与管理，没有一样办不好的；而且后来居上，会办得更好。不但是我们采用的生产机械和产业政策省却了一切先进国家失败的历程，尤其是我们的技术与管理，因为凭借了他们，更当超越了他们。

每一个朋友应得天天要求技术与管理提高。一方面教人，一方面向人学。时时刻刻都在教人，而且时时刻刻都在向人学。把技术与管理当做虎烈拉或肠窒扶斯①，以极快的时间普遍传染到了全事业的人们，而且传染到了全社会，这是我们的责任！

我们要求的两个运动非常明了。第一是要使落后的国家向前，而且

---

① 霍乱等传染病。

跑上世界的最前线。凡我们的交通事业、生产事业、文化运动，都省略先进国家经过的失败和迂回的历程，一脚便踏到他们的前面去！第二是要以现代的技术与管理去办好现代的事业，并去影响社会的周围。这两个最有价值的试验，是为了整个中华民国，用事实来贡献意见，不仅是为了我们的工钱或我们的盈余。即令缩小到我们生活上来，我们亦是停止了一切物质生活的比赛，离开了原有社会的物质诱惑而要形成一种新社会生活的相互依赖。

（三）造成现代的社会生活依赖关系

中国原是一个农业社会，农业社会的经济单位非常简单，简单到只需要一个家庭，所以只有家庭成功了一种生活上的相互依赖不可脱离的关系。每个人牺牲了自己以为了家庭；同时只须依赖家庭，不须依赖家庭以外的社会。因应若干家庭间相互依赖的需要，产生了长时间往来关系的亲戚、邻里和朋友，其一切关系之形成，亦是个人与个人间相为的，而非为公众的；且往往为着个人，牺牲公众。所以公众的道德条件是消极的，不是积极的。不是叫你替公众做事，而是叫你做到公众无事；所以无为的政治是最好的政治。

现在文明的国家所以有坚强的力量，正因他们形成了繁复的生活相互依赖关系，超越了家庭，亦超越了亲戚、朋友和邻里。规模之大到几千人，几万人，乃至于几十万人；分布到若干城市，乃至于若干国家去。同时影响到政治上去，遂形成有组织的地方，乃至于组织坚强的国家。他们之替大的集团努力，亦正如中国人之替小的家庭努力。虽然他们在全世界里造出了许多的不安，在自己国家里造出了许多的不平，但究竟成功了比中国人更大的社会依赖关系，而且促进依赖关系之扩大，终究会扩大到全社会。

一个农业社会只需要甚少的工作人员，故生活相互依赖关系只需要一个家庭或大至于亲戚邻里朋友。一到现代，不管是交通、是生产，便常常需要甚多的工作人员，不是一个家庭担负得了的，亦不是亲戚邻里朋友担负得了的，更不是个人与个人间相为，甚至于牺牲公众以为了个人的人们担负得了的。凡现代的事业都是公众的事业，必须每一个人为了公众，即亦必须每一个人依赖着公众。要推动中华民国使一脚踏进现代的门，必须造成家庭以外乃至于亲戚邻里朋友以外的公众生活的依赖。每一个人得着帮助皆自公众，不自个人，亦皆帮助公众，不帮助个人，乃能完成现代的经济事业，乃能影响到文化事业，政治事业，使都进入现代去。

我们创造公司，也正是要扩大我们的生活依赖关系。每一个人都依赖着这一个事业，凡所需要的生活费用，住宅、医药、娱乐、教育都由事业供给，一直到老；而每一个人的努力，亦一直到老为着这桩事业。这个依赖的局面必须造成。这个目的，纯在造成一个社会，而非为着个人。任何时间不要忘却我们努力不是为了工钱与盈余，而是超工钱与盈余的！

第一是我们要助成国家跑到现代前面去；第二是要握着现代的武器——技术与管理；第三是要造成现代的社会生活依赖关系。我们要用全力达到这三个非常明了的要求，特在本公司十一周年纪念会中再郑重地将这要求提起！

（原载《民生实业股份有限公司十一周年纪念刊》1936 年 10 月；《新世界》第 103、104 期合刊，1936 年 10 月 30 日）

中国的未来是在我们手上的*
（1936年11月1日）

一、未来是在我们手上的

中国应该怎样办？中国人应该怎样办？这是当前必须解决的问题，不容迟疑，亦不容模糊的。中国的未来完全产生在中国人的手上！中国人要将它造成什么，他便成功一个什么，只要定了办法，下了决心，持以毅力，贯彻下去，是绝对有把握不会错误的。最可靠的是人事，只要我们肯把握住人事，前途是非常光明，不会辜负我们；周围亦都是我们的助力，不会辜负我们的，我们会摆一个比现在世界上更好的国家给予人看，那一向瞧不起我们的朋友，都会另眼相看了。

大家须知道世界上许多所谓好的国家，并不是先定了整个好的计划然后依着那计划经营好了的，都是同着周围的进化，而逐渐进化。那所谓好，是由东补一块，西补一块的凑成，不是应着社会福利的需要成功的，而是应着自由主义的商业进展的需要成功的。他们的商业，几乎是一切的前驱，科学之表现在物质上，国力之伸张到海外，关税之壁垒森严，社会的组织之不断的扩大，几乎无不是为了商业进展的需要，而今他们的商业，已进展到日暮途穷了，不断地由竞争而增加商品生产，为已穷竭的或且降低的世界的市场和人们购买力所摧阻，很严重的过剩生产，很严重的失业问题，许多互相传染与生俱来不可治疗的痼疾，而今到了不可治疗的时候了。

我们国家的未来，却可依了理想亘成。一般已经成熟了的国家，是

* 题目系编者所加，又名《中国应该怎样办》（见2012年北大版《卢作孚文集》）。

已经染污了的纸，我们却是在一张白纸上去着丹青，因此她的美丽是可完全如我们的意，比世界任何国家值得努力，而这一幅美丽的图画是完全操在我们的手上，只看我们怎样画法了。

二、两幅图画

未来的中国是要从现在的中国着手创造起，因此应得画出两幅图画。一幅是中国的现在，一幅是中国的未来，还要画出若干道路，使每人知道如何由这幅图画走进那幅图画，而这两幅图画以及其间的道路都是不容易画出来的，须待若干自然科学和社会科学的专家，若干农业、林业的专家，若干采矿、冶金、电气、机械、土木、建筑、铁道、水利……的专家，须待调查统计、研究、试验、以至于计划。这是绝大的工作，须用整个国家的人力、财力、总动员去解决它，这是不能想像，不能从文章上写出来的，今天却只介绍如何凭着画法而已，还不能算是明白的图画。

（一）一幅是中国的现在

有过去廿余年的内战，政治上或社会上有拼命斗争的党派。

有幼稚的空军，陈腐无用的海军，二百余万竭全国财力不能养的陆军……

有取得东北之后，不断压迫中国的日本。

有迫在眉睫的第二次世界大战。

有日陷穷蹙的农村，日渐萧条的都市，有每年六万万以上的入超。

有未能免除完的苛捐杂税。

有布满全国的赌场和鸦片烟，布满都市的骄奢淫佚。

有亲戚邻里朋友相为和相依赖的关系。足以破坏一切现代的生活，无论其为政治的，教育的或经济的。

有极其重要的应酬往来，足以破坏一切正常工作和生活秩序。

有只知解决生活问题，不知解决政治问题的官吏。

有在城、在乡的土豪劣绅。

有以受人害者害人的教师。

有折本的公司、成功的经理。

有只说不做的知识阶级。

有甚多的人无职业，更多的人无知识。

有只顾身家，不顾公众的人民。

（二）一幅是中国的未来

1. 就国防言

空军：有若干队可任国际战斗的飞机。

海军：有若干队在东南沿海可任自卫的舰队。

陆军：有举国皆兵的征兵制。有完整的现代武器和编配，有战车队和化学战备。

2. 就产业言

有充足的粮食和燃料。

有可以自给的钢铁和其他有色金属的矿产。

有各种农产和矿产的原料。

有机器耕种的农场。

有各种重工业和轻工业的工厂。

有各种调节货物的商业机关，有调节金融的银行。

有若干万千瓦的电力供给，有若干万马力的动力供给。

3. 就交通言

有若干里铁路，若干部车头和列车。

有若干万里汽车路，若干万部汽车。

有若干万里电线，若干无线电台和播音台。

有若干万吨轮船，若干远洋航线。

4. 就文化言

有若干小学校，足容纳全国学龄儿童。

有若干中学校，足培养社会需要的青年。

有若干大学校，应各种专门人才之需要。

有若干研究机关，应各种专门科学的试验、发现和发明的需要。

有若干图书馆，若干运动场，若干公园，若干电影院，若干戏院，应一切公共活动的需要。

5. 就一般人民言

有知识。

有职业。

有勤俭的美德。

有健康的体魄。

有相勉为善的风气。

有忠效人群乃至于国家的热忱，决心和勇气。无不良的嗜好。

无疾病。

无贫穷。

无犯罪的行为。

6. 就整个社会言

在整个计划上进展。

在整个组织上分工合作。

造成整个社会的财富依赖；减轻个人的财富依赖。

造成整个社会生活的相互依赖；减轻家庭和亲戚邻里朋友的相互依赖。

增加公共用的设备，例如图书馆，运动场、公园……减少个人享用设备。

三、前进的道路

(一) 训练人才

1. 训练机关

(1) 从补习学校或中小学附设补习科，训练最低需要的技能人才。

(2) 从一切事业附设补习学校或补习科。

(3) 特设专门学校或大学校，培养高级技术及干部人才。

(4) 特设研究机关或遣送留学生，培养各种专家。

2. 训练程序

(1) 凡有低级技能者，经相当工作时期有经验后，得进一步，入受专门教育。

(2) 凡有高级技能者，经相当工作时期有经验后，得进一步，入研究机关，或出国留学。

3. 适应需要绝不无目的训练

(1) 需要某种人才，便训练某种人才。

(2) 需要若干人才，便训练若干人才。

(二) 确定计划

1. 就程序言

(1) 调查：要办一个工厂，先要调查原料，和适宜设厂的地方，调查销场，调查机器和一切设备

(2) 统计：凡有数目字的事物，均应从统计方法寻出问题所在。

(3) 研究：物质须经分析，制造须经试验，成品须经检查，事实须

经比较整理……一切需经相当的研究时期。

（4）计划：计划均应根据调查、统计、研究的结果而定。

2. 就范围言

（1）就全国言：有全国的具体计划。

（2）就一省言：有一省的具体计划。

（3）就一县言：有一县的具体计划。

（4）就一市言：有一市的具体计划。

（5）就一事业言：有一事业的具体计划。

3. 就时期言

（1）最后完整的计划——一个最后美满的理想。

（2）划分每年为一段，有此几年内的计划。

（3）有每年的计划。

4. 就主要意义言

（1）集中全力于建设。

（2）集中全力于生产建设。

（3）在第一期，尤其是集中全力于有关国防的生产建设。

5. 就关系言

（1）一切建设皆在整个计划上。

（2）同时建设皆在相互需要上。

（三）宣传

1. 宣传目的　盼望每个人亲切认识，而且感有极浓厚的兴趣。

甲、世界的

（1）现代的经济问题：资本的集中，生产的过剩，失业的日多，国际市场斗争的剧烈，国际的汇兑不安定……

（2）现代的国际问题，欧洲大陆国家德、法、意的对立，世界之海洋国家英、美、日的对立，殖民地逐渐与帝国主义对立，社会主义逐渐与资本主义国家对立。

（3）现代的社会问题，日益扩大，日益增加公共管理的范围。

（4）现代的物质建设，铁路在比赛里数，汽车在比赛部数，轮船在比赛载重吨数，大炮比赛射程，电力在比赛启罗瓦特和启罗瓦特每小时的用量。

乙、中国的

（1）中国现在的问题和未来的理想。

（2）所在的地方，现在的问题和未来的理想。

（3）所在的事业，现在的问题和未来的理想。

丙、个人的

（1）降低个人兴趣：

①不择地位。

②不问报酬。

③不求享受。

（2）提高社会兴趣：

①工作是应当前社会需要，而且在群的组织当中的。

②学问是应当前工作需要，而且在群的组织当中的。

③暇余生活，是有助于工作和学问，而亦在群的组织当中的。

2. 宣传方式

甲、机会

（1）凡报纸杂志记载的论文，小说，诗歌，剧本，照片，或图画。

（2）凡社会问题丛书，或文学丛书。

（3）凡公共会场、办公室、客厅，一切壁间陈列照片或图画。

（4）凡个人接谈，或公共讲演。

（5）凡学校的课程，图书馆的搜藏，博物馆的陈列。

（6）凡电影院的电影片或幻灯片，戏院的戏剧或歌舞。

（7）凡播音台的播音。

（8）凡公共会集中的唱歌，或口号。

（9）凡茶坊酒店的谈天。

乙、内容

（1）讨论、报告或描写现在的问题。

（2）讨论、报告或描写未来的计划。

（3）批评、报告或描写趋赴理想的工作。

（4）批评、报告或描写趋赴理想的成绩。

丙、奖励

（1）征求各种作品。

（2）征求各种作家。

（3）征求讲演或表演专家。

（4）训练各种工作人员，能对现在的问题、未来的计划、趋赴理想的工作或成绩，从文学上、口头上批评、报告或描写。

（5）训练举国人对于宣传艺术和内容的欣赏。

丁、会集

（1）举行讲演的会集：工作报告或读书报告。

（2）举行展览的会集：国防的、产业的、交通或文化的展览。

（3）举行纪念的会集：开会或游行。

（4）举行游艺的会集：戏剧音乐，或舞蹈……

(四) 实施和整理

1. 训练的中枢机关

甲、机关

（1）全国以中央政府为训练的中枢机关。

（2）一省以省政府为训练的中枢机关。

（3）一县以县政府为训练的中枢机关。

（4）一事业以总事务所为训练的中枢机关。

乙、任务

（1）按照调查、统计、研究、计划、宣传以至实施的程序进行。

（2）在严密组织中分工合作。

（3）抽调所属的地方或事业人才实习，到成熟后仍令回去工作。

（4）派人到所属的地方或事业视察和指导。

（5）考核所属地方或事业的工作方法和成绩，而奖励、介绍其能实现未来的理想者。

2. 试验的区域或事业

甲、区域或事业

（1）就全国言：指定试验省，作为各省经营的模范。

（2）就全省言：指定试验县，作为各县经营的模范。

（3）就一县言：指定试验的镇乡，作为各镇乡经营的模范。

（4）就一般事业言：指定试验的事业，作为各事业经营的模范。

乙、任务

（1）照一地方或一事业整个理想实施。

（2）研究有效的实施方法。

（3）抽调各地方或各事业的人员到试验点区实习，成熟后仍令回去工作。

（4）予其他各地方或各事业以帮助和指导。

3. 会议

甲、组织

（1）主干人员会议。

（2）全体人员会议。

（3）局部人员会议，或最小的局部会议。

乙、期间——各依会议的需要和便利而决定

（1）每年一次最大的会议。

（2）每月一次较大的会议。

（3）每周一次较小的会议。

（4）每日一次最小的会议。

丙、任务

（1）整理已进行的事项。

（2）分配待进行的事项。

（3）讨论进行的方法。

4. 工作

（1）必依据计划。

（2）必尊重组织。

（3）必执行法律。

（4）必依期到达决定的程度。

5. 整理

（1）必有记录。

（2）必有统计。

（3）必考察其超越预算或达到预算与否。

（4）必考察其各地方、各事业、各部分、或各个的成绩，相互比较的高低。

（原载北碚《工作月刊》第 1 卷第 3 期，1936 年 11 月 1 日；《新世界》第 108 期）

大胆生产　小心享用
（1937年1月1日）

中国人有两种美德，是可以战胜世界任何民族的。一个是勤，一个是俭，一般劳作的人日出而作，日入而息，常常是整天的工作，常常是十二小时或十四小时的工作。裁缝店子夜半还未停工，豆腐店子夜半便起来磨豆腐，这是勤的证明。许多富有财产的乡下佬，穿的是同穷人一样，吃的是同穷人一样，自己不用钱，说是留给子孙，但也不许子孙用钱，与其说他的财产是由增加收入积聚起来的，不如说他的财产是由节省支出积聚起来的，这是俭的证明。华侨之在欧美和南洋，并不需要本国政府的帮助，有他个人的成功，正是因为他有超过于人的工作，同时又有不须选择物质条件的生活，这尤其是勤俭兼有的证明。

勤与俭是中国人的两美德，是两个有力的拳头，也许是两把锋利的刀，只是它能助成个人的成功，不能助成社会的成功，两把锋利的刀终究敌不了现代的大炮，现代威力最大的大炮是社会组织，它可以远射，复可以深入，它可以摧毁敌人到无复存在的余地，如果能够以勤俭的分子组织成功一个现代的社会，必定更有攻可守，超越其他国家的战斗力。如果既不能造成现代的大炮——现代的社会组织，又丢了两把刀，四体不勤，享用则竭现代的能事，则在四面敌人大炮围攻之下，会全军覆没，个人亦身首莫保矣，其结果真令人战栗。

所以我们创造四句新的口号，是：“大胆生产，小心享用”，大胆生产之谓勤，小心享用之谓俭，我们应大胆应用现代的方法生产，现代有什么，我们便要生产什么，但须小心用闭关自守以前的方法，节省物质上的享用，任何东西我们不能生产便不要享用，反转来说，我们能够生产什么，才享用什么。将就以前两把刀，铸成现代的大炮，不但要求与现代比齐，还要超越了她。这是中国成功失败唯一的岔道，请问我们的生活途程，究竟指向哪一方？成功的一方或失败的一方？

（原载《北碚月刊》第 1 卷第 5 期，1937 年 1 月 1 日）

这才是伟大的力量*
（1938 年 4 月 30 日）

在几年前，公司的朋友，当已知杜先生是举国钦佩的，尤其是青年。杜先生在东北很有建树，不仅为事业，是为的社会国家；不仅实行，并且有主张。杜先生同个人认识的经过，杜先生已说得很清楚了。杜先生还有许多值得我们效法的地方，这里再简单地介绍一下。

杜先生在东北，受刺激较深，他相信日本人能创造的，自己也能创造，他就创设了瓷业公司。他不仅自己努力，也曾帮助朋友；不仅努力事业，也曾帮助地方，曾被推为沈阳商会会长。这时他仅是在东北，他的力量，还不曾放到全中国。“九一八”后，他知道小小事业，不足以解决国家整个问题，便跑出到处征求人才，想挽救中国的危机。他几乎走遍了全中国。在三四年中，许多朋友都知道他的才干，都盼望他到事业上帮助，但他觉得有了固定事业，就无法用全力来帮助国家，所以终不肯束缚在一个事业上。虽然也曾与一二事业发生关系，但仍是想从事业去救国。

在杜先生方才说的两个朋友：一个是思想领导未来；一个是努力在现实上。从昨晚与杜先生研究题目，到今天介绍的两个朋友，在这中间我们可以发现大的意义，就是做事的途径。昨晚研究的题目：是由小处到大处，就是要把当前的小问题与大问题联系起来；再从杜先生今天介绍的两个朋友，一个努力现在，一个领导未来，是把现在和未来也要联系起来。

有人认为社会的改变，是要先毁坏，后建设。如果国际允许中国，中国允许我们，就把现在毁坏，重新建设起来。但是事实上很困难，所

---

* 1938 年 4 月 21 日卢作孚在民生公司欢迎杜重远来公司讲演仪式上的讲话。

以只好采用改良社会的方法。改良也许阻力很大，但要设法去消灭阻力。

革命不是一时的冲动，不是说得好听，是要有计划地继续努力。在民国十六年，个人在廿一军的一个研究班里上课，曾提过这问题：在革命高潮中，人人讲革命，请观察我，我是不讲的。三五年后，大家忘记了革命那一天，请来看我。后来，高唱革命的人，不但不曾把社会改革了，反被社会把他们改革了。他们会着我，都很诧异，发现我改变了。我说，大家应当问自己，那是你们自己变，不当来问我。这是课堂革命高潮时。

还有，九一八事变，当马占山将军最后挣扎时，四川青年组织敢死队到前方，经过北碚时，见着正在工作的朋友，就以为：国已危急了，哪有闲功夫还来建设乡村！后来，这些到外面救国的青年，不但没有把国救起，连自己吃饭也成了问题，在上海曾有几个来找我帮助找职业的。

凭着感情的刺激，无法产生有效的结果。若想改造社会，只有靠改造社会的行动。从当前个人所能接触的人起，只要能下决心，改革了自己，再改革一个人，让那个人有力量，再改革另一个人就够了。这就是力量。这力量在相当时间就能改造中国；在相当时间就能改造世界。拿数理来说，今天我一个人，明天两个人，后天四个人，这等比级数继续下去，几天就改完了。例如杜先生的奔走全国，不知有多少人受到他的影响！

每个人坚决造行动，继续不断地努力，不管地位名誉，不问个人的成功，只问社会的结果，我相信，这样一定有结果，这结果在社会，不在个人。

从前，有信连锁的，一人写十张，十个人再各写十张，不久就传遍各地方、各团体。最可怕的猩红热、肠热症等，一个人得了，也许要全家、全院都死光。行动真能有此力量，结果一定伟大。不必问社会是否知道，只要所要求的在社会全盘实现。到那时，也许自己还在小事上，但心里安慰了。

有力学家算力量，算纺棉花和打铁锤，以为打铁锤的力量，绝没有纺棉花大。纺棉花每秒钟用一斤力量，十点钟就是三万六千斤，并且可以长久继续不断地纺；打铁锤打一百斤就费力，就须休息了；但表面看来，却以打铁锤为有力，以纺棉花为文弱。

民国十一年在川南工作时，曾邀一个川外人来演讲，他说：“请大家认识我，我是一颗炸弹。”我解释说：“炸弹力量小，不足以完全毁灭对方；你应当是微生物，微生物的力量才特别大，才使人无法抵抗。”看见的不是力量，看不见的才是力量。

世界哲学家柏格森曾说：“今天的人，不是昨天的人，今天的细胞不知有若干变化，不过当时没有认识，十年后才知道。它的变化，是绵绵不断的，这才是伟大的力量”。这力量，能把宇宙变了，何况人的行动！

绵延的变化，有快有慢。如中国在自然状态中，虽也变化，但变得很慢。若加以人力，就可以快了。尤其世界上其他一部分社会变了，在后面随着变得更快。晚近世界文明，由农业生活变成工商生活，变成欧洲、美洲及亚洲一部分的状态。中间，欧洲变得较慢，美洲最快，几百年就跑到前面去。日本只几十年。苏联二十年历史，就变成超现代的国家。只要变，越变得晚越快。但如不变，也许就没有再变的机会。“九一八”后，国人因安于现状，不想变，于是旁边小得可怜的国家，也就不容许我们再变。虽然东北地方很可爱，也有比东北地方还可爱的人才，但时间也不容许再变了。从前中国也有变化很快的时期，就是秦始皇统一以后，整个的变化，由封建到郡县、修长城、置兵戍边、兴办水利，凡军事、政治、经济、文化等无不变化。只可惜后来停了两千年。现在要想赶上，只有缩短进程，从自己开始起。不过这种力量是微生物，是纺棉花，是眼睛看不见的。

今天杜先生提起的注意，是应有未来的思想，更大同的思想，但实地做去，须从眼前做起。决心改造当前的环境，做法要彻底。未来社会的需要怎样，便怎样变。严格地管束自己，同时原谅社会，因为它是几千年造成的。除埋怨自己外，不要埋怨他人。自己改变态度，不要责备别人态度不好。对周围绝对原谅，因为他们都是旧社会的产物。有四千同志，同时严格训练自己，再帮助他人改变行动，一定有很大力量和效果。但帮助人改变行动，决不如借他钱和帮他找事那么容易，要想法安慰他，增加他的兴味。这是最苦的工作，须有绝大忍耐力。

严责己，宽待人，改造社会行动，培养起这种运动，这是我们行动的要求。盼望每个人对杜先生的话有深切的了解，把行动和思想联系起来，从现在进到未来，从小处做到大处，先从自己变起，再改变周围，以社会的行动，去包围每一个人。这样，新运动就成功了。

（原载《新世界》第 12 卷第 4 期，1938 年 4 月 30 日）

精神之改造*
(1939年8月)

今天所讲者，为国民精神总动员纲领第五章，关于精神之改造。兹拟对于该章一项至五项，加以阐发。

1. 醉生梦死之生活必须改正

所谓醉生梦死之生活者，即指赌博饮酒种种不合理不正当之生活。此种生活，足使我人之兴趣集中，于是忘怀一切，甚至将一己之生命，亦沉溺其中。余意醉生梦死之态度，非必须予以消灭，但必须改变其对象。如我人将从事于不正当生活之精神，移之于我人之工作，我人之事业，以至于我人之国家社会种种问题上，则醉生梦死，忘怀一切，将一己之生命，沉溺其间之态度，正为其兴趣集中，精神集中，达于最高度之表现。本人以为今日我人之兴趣，即在吾人之工作，工作之外，别无兴趣可言。故每人必须将集中于不正当生活之精神与态度，移转其方向，而求能醉生梦死于一己之工作，一己之事业，与国家社会种种问题之间。

2. 奋发蓬勃之朝气必须养成

奋发蓬勃之朝气，如何养成，一言以蔽之曰："做"而已。不"做"，决不会养成朝气。如"做"而未达于成功，稍遇挫折，即便放弃，亦不能养成奋发蓬勃之朝气。平常我人常见两种精神：1. 根本不做；2. 做虽做，但一遇困难，或遇有困难之可能时，便放弃不干。此

---

* 卢作孚在精神总动员国民月会上的讲演。

两种精神，决不能培养奋发之朝气。此种朝气，必须有百折不回，不成功不止之精神，方能培养成功。今日有许多新的发明，皆为成功之结果。然其在成功之前，不知已经几许失败，如当时一遇失败，即不再试验，今日决不能有发明。然当时之发明者，不因失败而灰心，继续努力，及其成功，其发明之兴趣，更发蓬勃矣。又如我人走路，遇不能通行之处，更需研究如何得走通之法。如绝对无法通行时，即应立即变更方向，继续进行。有这种继续不断之兴趣，强烈之要求，及百折不回之努力，才能使奋发蓬勃之朝气，培养成功。

3. 苟且偷生之习性必须革除

我人平常确有苟且偷生之习惯。中国所传美德有“安分守己”，“安土重迁”，“安居乐业”等等。无论何种地土，移居其间，便安居而不思迁移。视迁移为畏途，举室迁移，更无论矣。但在近代生活中，旅行实占重要地位，吾人“逃难”，则至感痛苦。若视来至多山之西南为旅行，而不视为逃难，则此行实不啻为一件赏心乐事。但我人平日多习于苟安，则一切问题不至最后不想办法。须知近代世界，处处须事前准备。种种表面之行动，均为事前计划准备之结果。欧洲大战时，德国于七天之内，即动员完毕。所以能如此者，因有事前之准备。但苟且偷生者，决不做事前之准备。须知要苟安，则时时可发生事变，永远不得安。不苟安者，时作缜密之计划，有事前之准备，反得长治久安。本人曾遇一船中管机器者，彼谓“平常胆子小，有事胆子大”。在平常开机器之前，处处细心检查，决不苟安，且胆子极小，一旦有事，则绝对要能应付困难，胆子要大。个人之生活，亦应如此。平时处处细心，决不过一天算一天。能如此，然后始能使个人以至国家社会有办法。但平日习于苟安偷生者，处处待最后始想办法，甚至最后尚不想办法，彼等宁作顺民苟安之人，甚至即作汉奸亦无不可。此种习性，必需根本革除。且此项与第二项实互为表里。有奋发蓬勃之朝气者，决不苟且偷生。而习于苟且偷生者，亦决不能奋发蓬勃。我人只须向前的做，百折不回的做，不顾困难，不避危险，有此种精神则不苟安偷生矣。

4. 自私自利之企图必须打破

在今天以前，中国坏人固不论。即所谓好人者，亦大有不妥处。我人所称之好人，往往即指不做坏事者之谓。不做坏事，亦即为己，因彼所为者，为一己成好人而已。不爱利而爱名，名即自身之名，中国不需要此种人。吾人做好人，必需使周围都好。只有兼善，没有独善。本人对自私自利，有新的解释。以为狭义之自私自利，仅为求一己衣食住行欲望之满足。由此解释，则破衣足以御寒，粗食足以果腹。但今日之衣服必求华丽，食物必求珍馐者，盖因流俗嗜好，故争趋之。由是相衍成风，而自私自利之欲望，乃无满足之境。所以我人必须变更此种倾向，改为欣赏他人良好之行动，及其对于国家社会之功绩，而对于自己的生活，应尽量俭省。

5. 分歧错杂之思想必须纠正

抗战以来，整个国民之思想，已趋于一致。不过尚有少数人，尤其为年轻之人，好标奇立异，喜欢新奇思想。实则今日之中国人，其问题不在选择某种思想，而在能否思想一点。我人能思想，则不必选择思想，必能对中国之问题，作清楚之分析，故我人时时刻刻应有思想。善思想者，处处能见其思想之痕迹。然中国人做事，以公事论，往往成篇大文，而内容极不清楚，以做事论，亦少能将事之周围安排周密，此为太少用思想之故。所以今后每人应练习其思想，使遇一问题，即能分析清楚，而求其适应之方法。

以上五点。应从我人生活根本加以纠正。国难当前，我人应以国家社会应做之事，作为我人之要求。交通部负有解决中国交通问题之责任，何者为我人之要求？整个国家之交通运输，通信之便利，为我人之要求，及我人之责任。如将此种责任心提出，则刚才所谓苟安偷生等习惯，自然消灭。而良好之精神，亦即于焉培养完成。

（原载《西南公路》第 52、53 期，1939 年 8 月）

改良木船的四大意义
（1939年10月16日）

今天木船在此地举行下水典礼，只有两只，每只只有六十吨，可是中央核定本年度制造木船数量，是三百二十只，共计七千六百四十四吨。此次下水的两只，可以说是代表三百二十只，代表七千六百四十四吨，并且这次的意义，非常的重大，约有数端：

（一）表现抗战运输的意义

当七七抗战之初，轮船、火车种种交通工具，应有尽有，尚未被敌破坏。全部铁路火车，每天至少要开到百列车以上，总其运输量至少要在万吨以下。以轮船论，大型江轮及海轮至少各有二十只以上，海轮每只可载重一二千吨至三四千吨，江轮每只可载重数百吨至于一二千吨。故各处军民运输方面，虽觉频繁，尚可供应需要，由京到汉以后，敌人侵入长江，航线已经缩短，江海各轮，有征充阻塞之用及未能驶至上游者，船只亦大为减少。至于各处铁路有全被敌占领或被敌切断者，关于运输方面，殊觉感受困难。此时尚有几条铁路和少数轮船，供其需要，但湘西常德以上，湘南衡阳以上，均不便通轮，全赖木船，宜昌至重庆虽通轮船，但装载量不大，而堆积宜昌亟待运输之重要器材数量甚巨，于是始想到利用木船装运，以补轮运所不及。在武汉撤退时，运湘器材，约有四五万吨，运川货物约十万吨，除轮船装运外，发动了大批木船，单以宜渝一段，所雇用之木船，计先后数约二千只，更得了木船很大的帮助。

自汉口撤退后，铁路益少，航线益短，中央乃召集交通会议，决议设法增进水陆运输，除陆路利用驮运板车外，筹拨建设专款，贷与航商制造大量木船，由交通部汉口航政局负责监造四川木船事宜。本年春间开始筹备，调查、设计、购料及训练工人，中间经过种种困难，单是动员全川各地制造木船的工人数约二千余人，把他们集中起来，才有今日的成功。故此次新造木船下水试航，不仅表现在抗战期内解决运输困难的意义，并且可以表现总动员的精神。

（二）表现建国运动的精神

抗战以前，各处企业家多以为四川处境困难，不愿来川投资开发。现在迁川工厂约一百二十家，泰半复工。所有大银行均已迁来，在从前希望开发西南，非数十年不能做到，现在一二年内，居然已有了相当的成绩，这实在足以表现建国的精神。因为如此，所以四川各项产业都向前突飞猛进。

以农产品而论，据农业实验所报告，从前射洪三台地方曾种美棉，不知改进，遂致失败。该所从南京、徐州、河南、陕西等地先后运来美棉纯种，逐渐推广，今年散给农民播种约十万亩，明年或可增至五十万亩。从前吾国之丝，以江浙两省占主要地位。现因抗战关系，许多技术人才集中四川，今年出种六十万张，明年可出八十万张，今年产丝五千担，明年可产七千担，希望将来每年产四万扭到八万担。

说到小麦，以金陵大学农学院二九〇五的种子为最良，二十五年才到川试种，结果甚佳，比本地种产量可增百分之十及至二十。今年种有四万亩，如照应有发展效率计，明年约可增至二百万亩。此就种子之改良而言，至于水利关系增加产量更大，现在所有全国各处水利机关，均已入川，本省河流均已分别测量，次第疏浚，关于农田水利工程，亦能兼筹并顾。此外农村所缺乏的是法币，而农本局及其他银行复给与大量贷款，可以购买牲畜、肥料，结果将来年年都有丰收的希望。

本年各省丰收，粮食过剩跌价，农民发生恐慌，所谓谷贱伤农，细考此中原因，大半由于运输困难，各地粮食不易输出流通之故。要想解决内地山乡运输问题，专靠汽车轮船不成功，非制造大量木船不可。就是沿江通商口岸轮船运输最便利的地方，也有需要大批木船的。有一年我往东北到大连考察，问及当地粮食输出，每天有一万吨输出量，以重庆普通轮船每只载二百吨计，也非五十只不可。有人顾虑将来战事结束后，木船有过剩或被淘汰之虞，如上述农产品将来大量增加的希望，还有各地正在开发的矿产，如綦江煤铁之类，不是目前所造三百二十只木船能够应付运输的，将来或许再加十倍，恐怕也有不能解决的时候，推而至于湘西及广西等处，现在以及将来需要木船，恐怕也像四川这样迫切。由此可以证明制造木船，不仅在战时需要它，就是战后，只要建国成功，产业发达，更需要大批木船了。所以这次制造木船，建国的前途上亦表现伟大的意义。

（三）表现制造技术的进步

就造船技术言，世界上造船进化，先有独木船（现在松花江还有），经过几千年才有今日各种形形式式的木船，可惜进步太慢，至十八世纪才有轮船，到现在始有近代化的使用动力的轮船。不但应由木船进化到轮船，木船本身亦应进化。去年利用木船运输，发现种种劣点，于是才有今日改造。当初木船帮还怀疑，现在大家才相信确比旧式的好，这可以说代表技术上进步的意义。目前世界上不仅技术进步最快，即建国的成功，也比从前迅速。如美国建国至今约有一百五十年，日本六七十年，苏俄革命后仅二十余年，俄国国力恢复不过十余年。其各项事业之进步，殊堪惊人。这种种建国成功的迅捷，与技术进步上有互为因果的关系。

十九年我在上海参观德国某洋行最新式柴油机器，买一对来试用。过数个月后，某洋行邀我再到该行样子间去看看，我说："前次已经买了。"他说："不是从前那个机器样子，他的小弟已经出来了，是另一副新式的样子。"数月后，又邀我去看再经改良的式样，可见他们对于技术方面，时时刻刻想法改良进步。嗣询我国几家制造柴油机工厂，何不设法改良。据云："购买者不愿买新的，所以未加改良。"这也许是一种原因，技术守成的惰性，是一种更大的原因。特举此故事，以见我国技术的进步太慢，还有许多技术人才，专注意大工程，不注意小的，便不屑改良土法造的东西，要知土法造的东西使用最普遍，所以今后我们不仅对于土法制的水运工具，要设法改良，对于其他交通工具，都希望设法改良，便利大众使用。今天举行木船下水试航，可以表现制造木船技术进步的成功，希望把这种精神扩大起来，也许不出数月，再有新式改良木船出来，推而至于其他事业均能如此，那么我们建国必成，更属无可怀疑的事了。

（四）表现政府新颖的态度

记得从前我幼时读书，有一篇解释官的文章说："官者管人者。"现在知道官的意义，应是替老百姓服务，所以研究数十年来为官的态度，约可分为三个时期：第一时期专替个人想办法；第二时期专替机关想办法；第三时期替管辖范围的老百姓想办法。以造木船说，现在机关既需要大批木船，不自造自运，而把巨款贷与航商制造营运，政府如需要此项木船，仍需要出资雇用，这可以说是彻底替老百姓想办法。不过一般人还怀疑，以为从来没有这样好的一回事，或许将来要运公物，没法付运费，于是大家相率裹足不前。嗣经多方开导，大家才明了才相信，所以替人家想办法，有时还会叫人家怀疑。即如本人在四川建设厅任内，免费散发优良蚕种与民间，有的吓得把桑树砍了，恐怕抽税，有的领取蚕种，所具姓名，都是假的。后来知道不要分文，真是为他们设法的，一到秋季，都争先恐后来登记。以此来证明将来一般船户知道政府态度与从前不同，知道这种造船的好处，都要来借款造船，恐怕航政局以后快要应接不暇了。可见只要真心替老百姓想办法，他们自然会相信，将来自然会有去找政府替他们想办法的时候。

现在丹麦国家就是这样，世人均知丹麦农村合作社发达，可是老百姓如欲组织合作社，都去请政府替他们想办法，替他们派人。所以上下一致努力，各项事业都有进步。目前航政局所造木船及绞滩工程，可以说彻底为老百姓想办法，我想不论哪一机关，哪一件事，都应如是，并且希望要尽量发挥这种精神，将来有用民力之处，人民自然乐意报效国家。这次新造木船下水试航，可以表现政府对于老百姓新的态度。

今天新造木船下水只有两只，可以表现出四种伟大的意义。各位在这简单下水试航典礼当中，对于战时木船运输的功能和效率，应满怀着莫大的希望，无限的兴奋！

（原载《抗战与交通》第28期，1939年10月16日）

怎样组织青年服务社
（1939 年 12 月）

怎样组织青年服务社？这是一个值得深切研究的问题。因为一个青年服务社成立以后，必须有社会服务工作表现在社会上，必须有“有实效的可以取得社会信仰的社会服务工作”表现在社会上，必须有若干职员及社员担当社会服务工作，必须有若干职员及社员力能担当社会服务工作使能发生实效。因此，我们必须注意并努力于青年服务社成立以前，研究怎样组织青年服务社，以积极完成若干准备工作。无疑的，青年服务社成立前，必须有一相当筹备时间，调查所在地的人民，大多数是任哪一种工作的和过哪一等生活的？他们最感缺乏的，最感迫切需要的，最希望我们帮助的是什么？

假定那里是一个纯粹的农村，十之八九都是农人，过着非常简单的生活，他们最感困难的是农产品正在生长期，缺乏资金周转，最需要的是在这时候有低利贷款贷给他们，最需要的是农村信用合作社的组织；我们就得联络合作机关去帮助他们如何组织合作社，如何取得贷款，以资周转。他们最感困难的是天旱不雨，稻田无水，最需要的是完成水利工程；我们就得联络水利机关去帮助他们，如何做水利的测量、计划、贷取款项、开工建筑，短期完成。他们最感困难的是猪牛瘟疫夏令盛行，最需要的是如何救治，如何预防；我们就得联络农事机关或家畜保育机关去替他们谋预防，救治，并谋家畜保险的组织。他们最感困难的是目不识字或没有科学的常识，没有新的技术，不能增进他们的生产效率，不能应付一切自然灾害，最需要的是教育，尤其是于他们的生活有关的教育；我们就得联络教育机关去替他们办理补习学校，使他们接受实际的技术和各种常识的课程。

假定那里是一个工业的社会，大多数都是工人，他们最感缺乏的是日常需要品，从市场购买不便利；我们就得联络合作机关去替他们组织消费合作社。假如他们是靠手工业家庭工业生活的，例如织布，每家都可以有织布机，最感困难的是购买原料和推销布匹，染色准备和布匹整理；我们就得联络合作机关去替他们组织生产合作社，替他们购买原料或推销布匹，替他们作染色准备或布匹整理。同时他们最缺乏的是休闲时间的娱乐机会；我们就得供给他们以公共活动的地方和设备，让他们有参加运动、音乐、社交和旅行的机会，欣赏戏剧、电影和游览公园或名胜的机会。他们最感需要的是简单数字的计算，简单绘图或英文名词的使用；我们就得去替他们办补习学校，教他们必要的算术、几何画或英文。

假定那里是一个交通中心的地方，有密集的贫穷人家或甚多的苦力，他们最感缺乏的是食宿供给，我们就得替他们准备食堂和宿舍。他们最缺乏的是公共卫生的设备和管理，我们就得联络卫生机关替他们办理医院，提倡种痘、防疫，改良厕所和沟道，发起清洁运动。

假定那里是一个文化区域，是一群学校所在地，或有无数青年集中，最缺乏的是图书、文具、广大的会堂、运动场、音乐演奏台、电影院、戏院、食堂和宿舍，我们就得替他们作这种的准备。

要之，我们事前必须调查成立青年服务社的社会环境，是哪一类的社会？大多数人是任哪一类工作的或过哪一等生活的？他们有什么样的需要，我们才能作什么样的供给。我们应为大多数的人群服务，应有很显明的大多数人群作我们服务的对象。我们必须解决所在地的人群共同感有的问题，必须使我们服务的事项发生效力，必须使我们服务的工作表现成绩，使我们表现的成绩人人都能认识，由认识而起信心和同情，而协助我们，依着我们的要求行动起来，进一步加入我们的服务团体工作起来。这样，才算达到了我们服务的目的。

我们调查清楚了一个社会里面大多数人的实际需要，使立刻适应着他们的实际需要，决定服务事项，进一步联络专管机关或该项专门事业或该项专门人才，拟具计划，依据计划，拟具预算，报经上级机关核定后，便开始一切准备工作。服务社内部的工作人员尤其要找有技术的人，而且还应当予以必要的训练。此外，服务社所需要的地址也应当选择，需要的房屋应开始建造或即租定，需要的工具和材料妥为设置，一切准备都完成了，于是青年服务社宣告成立，开始服务，开始为大多数人服务。

我们绝不由想象决定服务事项，而必须根据实际调查，确立服务计划；绝不将人们偶然需要帮助的事项作为我们主要的服务事项，而必须以大多数人最迫切的需要为对象。我们绝不坐在服务社等待周围的人们来寻求我们帮助，而必须去寻求周围待我们帮助的人们，向他们宣传，运动他们接受我们的帮助。不仅使每一个接受我们帮助的人们得了好处，尤其需要解决社会公共的问题，使整个社会发生变动。我们不仅是自己为着接受我们帮助的人行动，并且要使接受我们帮助的人共同行动。我们绝不凭藉自己的聪明来解决问题，而是要设法使一切服务工作求其技术化，同时联络专管机关或该项专门事业或该项专门人才，请其主持或请其协助进行。如此才能发挥我们服务的力量，使工作效果能显著到社会上，才能于直接服务社会以外，发生更深切的影响给予社会。

因为我们服务的目的不仅在帮助个人，而且还要帮助社会，解决当前社会的问题，乃至逐渐扩广，帮助解决当前国家的问题。故不仅一个青年服务社应注意到该社所在的社会里面的需要，我们负领导责任的同志，尤当注意到整个国家共同的需要，以寻求各地青年服务社共同努力的径向。所以，调查、考察，计划与联络等筹备工作，是各地青年服务社成立以前，特别应当注意的事情。

（原载《中国青年》月刊第1卷第5、6期合刊，1939年12月）

本部同人应有的理想和抱负
(1940年1月1日)

铁路进步已多还须全体同人继续努力

今天想提出来说的，是交通部同人对于交通事业应有的理想和抱负。抗战以来，交通界对于国家负了很大的任务，也尽过很大的责任，有过很大的贡献。譬如粤汉铁路在战前每天只能开驶几次列车。抗战以后，渐渐增加到九次，最多的时候到过十二次，这是因抗战而得到的进步。关于陇海铁路方面，在徐州会战的时候，也发挥了很大的效能。徐州失守后，敌人本想从皖北一带抄袭到汉口，可是因为黄河决口，把敌人阻止了，于是敌人从长江方面，进攻我们的南昌和汉口，那时候我们的军队，都在陇海线上，还有一部分在后方，一部分在粤汉南段，急于要调动到粤汉路的北段和浙赣路的西段，都需要铁路来担负重大的任务，那时候总算发挥了它的运输能力。一个多月间军用车的开行，达二百五十列以上。在徐州失守以后，汉口万分紧迫的时候，幸而还有几段铁路，才能调动军队，阻止敌人，在汉口支持了几个月之久。还有我们的军需品，都从香港进口，从广九、粤汉两路，运输到前方和内地，数量相当的大，广九、粤汉两路，从来没有承受过这样大的运输数量，所有列车、机车、岔道、电报、电话等等设备，都感到不够，然而每天进口的运输量，最高的时候居然可以达到两千吨以上。因为那时候有大量的运输，所以我们的军需品，至今还能够维持，这都是铁路方面的功效。

在最初我们从一个地方撤退的时候，往往遗留许多的物质，像南京退却的时候，我们遗留的东西最多了，到徐州退却的时候，已经较为减少。等到汉口退却，我们能把所有的东西，统统的运完。这是显然的，铁路、公路、水路以至于航空都进步了。从前在一块地方沦陷的时候，往往把一切交通设备，遗留给敌人，后来就不然了，要到沦陷的时候，我们就把铁路拆去，现在呢，在没有沦陷的时候，我们就拆走了。把拆下来的材料，用到后方来修铁路，在前方拆一公里的铁路，就在后方造一公里铁路，总之使敌人没有一点可以利用。而我们却得到利用，最初不过是没有车辆，后来钢轨也没有了，再后来连路基都没有了，我们已经把它铲平恢复原来的农田状态了。这也是显然的进步。我们的铁路办得成绩最好的最初是南浔路，但是还有未能运完的钢轨，其后湘黔铁路的撤除，比较进步了，简直一点东西都不留。像这种的进步，还是不够的，这还是在敌人压迫之下的动作，我们要发挥我们自己的进步，要有自动的精神。交通道路和交通工具应该如何合理的建设？运输能力如何增高？以往缺点，如何补救？这都要用科学的方法，在事先充分的研究，等到敌人来的时候，我们一切都准备好了。

公路困难重重必须上下内外一致奋斗

公路方面，要抗战以前，我们的公路，已经相当的多，可是也相当的坏。那时候在路上走的汽车很少，其数目或不及坏在路旁的汽车多。战事刚起的时候，大量的运输，有铁路和水道来担任，所以汽车路的困难，还没有见到。那时候对于铁路和水道不能利用的时候的困难还没有看到。就四川而论，全省一百几十辆汽车，以前因有水道的关系，需用并不十分大，并没有想到现在的困难，抗战刚发生的时候，还有一部分集中到上海一带去，并未十分感觉后方的恐慌。等到汉口广州沦陷，我们的国际运输由东南转到西南，由铁路转到公路，问题之严重，立即显著。现在西南各省汽车的数量，已经大量增加。只就渝筑而论，每日常有汽车五十到一百辆去去来来，此后还有增加的可能，这固然是进步，但是还不够，因为我们现在所能行驶的汽车，只有全数的百分之三十几，其效率异常低，还有百分之六十几，是坏在路旁，或停在厂里，我们应该想法提高效率到百分之八九十都能行驶才合我们的理想。在退出南京的时候，并未料到，西南各省的公路方面，有如此大量运输，那时候仅决定拿五百万元的经费，作为整个西南公路和汽车的全部建设，到后来才觉得，这个数目是不够的，去年开交通会议的时候，才决定用几千万元来建设，作进一步的建设！

同人应有整个的抱负对国家尽其责任

交通部同人，应该有整个的抱负。路、电、邮、航空各部门，时时刻刻要有进一步和退一步的计划和准备。军事失利以后，应该怎样？军事胜利以后，应该怎样？事先都要计划好，不仅是计划，而且要准备好。应当和军事、经济、政治各机关，时时刻刻取得密切的联络，以协助军事、经济、政治各方取得胜利。一切运输和通信的责任都要我们整个的负担下，即是来要求我们的。铁路、公路、航路、航空、电报、电话和邮政的，交通部都负担起来，即是要今天在座的同人负担起来。

我们应该问清整个国家各方面的需要，来准备交通方面必要的设施。这是每一个司厅处应有的责任，我们的工作不仅在应付公文，还有自发的精神，来克尽我们对于抗战建国的伟大使命。我们要和军政部、军令部、后方勤务部、经济部等有关系的机关，切取联络，知道他们的布置和对交通的需要。我们要把周围的需要做起图表来，放在我们的案头，列出计划，去与周围商洽，去逐步设施，适应周围需要。我们要凭交通的力量，将整个国家的建设联系起来，配合起来。我们要凭本部的力量，将各种不同的交通工具建设起来，配合起来。这才算是完成了对于交通的责任，对于国家的责任。假使我们能够这样积极的工作，我们对于工作也可以感到兴趣。每次公报的时候，各司处的报告，都是进步的消息，使我们增加信念，凡有了问题便会有办法，有了办法便会有行动，有了行动便会有结果。这是我们应该共有的理想和抱负，交通部是含建设性质的机关，要把公文的应付减到最低的限度；把计划和行动，提到最高的程度，才能看到更大的进步。不但我们应具这种精神，还要把这种精神普遍到各方面，推动到各个附属机关里去。

（原载《抗战与交通》第33期，1940年1月1日）

一段错误的经历*
（1940年6月）

今年本人四十七岁，回想由十八岁起在社会上奋斗的历史，可以分为几段来说，最初是做教师与新闻记者，但其间又穿插其他工作，并不十分衔接。

教师应以活的学问教给学生

做教师的时代，是先教数学，后教国文。本人对于数学，极感兴趣，以为数学，不仅是数目字的学问，量的学问，同时可以训练我们的思想，使紊乱的思想，变为有条理、有次序、有系统的思想。所以惟一的施教方法，就是教学生如何去思想，并且如何把思想活用到数学上去。譬如四则，由加法起，一步一步都要使学生去思想，甲加乙为何等于乙加甲？甲减乙加丙为何等于甲加丙减乙？五乘三为何等于三乘五？六乘三除以二为何等于六除以二再乘三？他的原因何在？必须都要明了，都要透彻。不但是知道如何做，而且要知道为何如此做。要做到这个地步，并不困难，只要告诉学生五个秘诀：（1）看清楚，（2）听清楚，（3）想清楚，（4）说清楚，（5）写清楚。这样，使数学上的一字一句，都弄得十分明了，十分透彻，不许有丝毫模糊，将来应用于做事，也能如此，自然是事半功倍。记得那时是在一旧制中学担任低年级数学，学生对于四则均极清楚，偶有问之于最高班次之学生，或瞠目不能答，因为他们学数学没有这样的可靠基础，试举一例：

在宣统元年冬季，当时本人未满十七岁，曾去成都投考四川陆军测

* 1940年2月15日卢作孚在交通部讲习班上的讲话。

绘学堂插班生，与考者共七百余人，以年龄论，本人年纪最幼，以学识论，许多投考者皆为四川高等学堂或优级师范学堂或铁道学堂学生，私自忖度，定是名落孙山。但结果，录取四十名，而本人已名列其内，许多留学成都的老前辈倒没有名字。因此可知弄清楚之力量，最为可靠。

有一次记得是教“单位”，就以温度举例，温度有华氏、摄氏、列氏三种不同计算法，三种表的冰点各如何？沸点各如何？华氏化为摄氏或列氏如何计算？摄氏化为列氏或华氏如何计算？学校内有寒暑表，附近医院有体温表，染织厂有染色用的温度表，理化研究所有化验用的温度表，要他们课余去亲自观摩试测，大家觉得异常兴趣，果然个个去试验测量，结果发现一个学生温度太高，已患病了。

后来在一女学校教国文，当时不但教，并且帮另一班改作文。记得有一次作文的命题为“欧化文体，何以不适宜于中国文学？”“欧化”二字根本就欠妥，因为欧洲文体有法国、英国、德国、意大利等等，究指何国文体，一般学生未尝一一学过，自然无法解答，仅有一个学生，做了几句极妙的文章，他说：“我自顾我的能力，绝不能解答这一个问题，但是先生既出这一个题目了，没奈何也要勉强敷衍这一篇文章”。我看了这几句话，认为极好，因此批请学生传观，不但是请学生传观，并且请教师传观，大家引为笑柄。其实教国文犹如教说话，说话通畅，写下就成好文章。我认为教几十年国文，使学生说话不通，责任应在教师身上。

我教国文时，不用教科书，大家已引以为奇；作文时又不出题，大家觉得更奇。于是以前的国文教师要求来看我的教法，因为我觉得，文章易写，题目难做。所以作文时只要学生作文章，把文章内最精彩的一点，或一句话作为文题即可，学生对此方法，起初认为困难，但我对他们说：“大家一定有文章可写，并且最好的文章”。本人准备分几个时期来教：

第一时期，专教他们写描写的文章，把自己最感兴趣的一点写下，在最感兴趣的一点以前的不要，在最感兴趣的一点以后的也不要，只要抓住最感兴趣的一点，作为描写的范围。过去何者为最感兴趣或最感刺激，写下即得。并由现代文章，选到五经诸子，均选描写文章，给学生课外阅读，使他们生活状态如何能变为一段文章，大家兴趣提高，随时随地都写成文章。

第二时期，教他们要有系统的记载，将繁复的事项，提纲挈领，整理成系统。

第三时期，为分析问题，例如教育分为学校教育、社会教育。学校教育分为专门教育、普通教育，普通教育分为中等教育、小学教育。生物分为动物、植物。动物又分为脊椎动物、无脊椎动物等等。

第四时期，为如何推证一个事理，由原因推论到结果。

中国人做文章，犹如四川有一名俗话，所谓“大脚板裹脚”，又臭又长，说得天花乱坠，结果不知所云，这是文章没有内容的缘故。所以文章不应求其量的漫长，而应求其质的精警。有一次在四川公学讲演，题为《如何说话》，说话可分个人接谈，与公众讲演，就以开会时来宾演讲来说，开始总有一套客气话，这套客气话，颇不简单。例如“今天承某先生约兄弟到此来讲话，兄弟觉得非常荣幸，但兄弟没有学问，又没有经验，又不擅于讲话，并且又没有预备今天讲话，不过兄弟既然到这里来，某先生又一定要兄弟出来讲话，不得不与诸位讲几句”。这几句话，也许需要费时一刻钟，第二人则又来一套“今天能到此地来与诸位讲话，兄弟感觉非常荣幸，刚才听了某先生所发表的言论，很为佩服，一切好的意思，都被某先生说完了，兄弟再没有什么可以说的，不过某先生一定要我出来说几句，只好出来补充几句”。虽说补充几句，又延长了一刻钟。补充了不可以数目字计算的语句，他却说只有几句。至于第三人所讲的，又是这第一套，使听讲的人，实在感到乏味。

隔一星期，该校开校友会的成立大会，先是校长报告，后是杨督理演讲，再次就是我自己讲，那时我任该校副董事长，接下去的第四位先生开始讲的时候，就不折不扣的来了一套客气话，什么“……荣幸……佩服……补充……”未及终词，登时引起全体同学的哄堂大笑，那位演讲的先生，有点莫名其妙，瞠目半晌。殊不知是受了我上面的话的影响所致，这不过是一个说话说不清楚，敷衍时间的例子。

新闻记者的任务并非写文章

教书的时期已说了不少，再谈本人如何当新闻记者。新闻记者的任务并不是做文章，而是要采访新闻。一般采访的方法有三种：一种是看新闻，就是到壁上去看新闻；一种是听新闻，就是听人家说新闻；还有一种就是问新闻，就是问人家有什么新闻。但是真正新闻记者必须懂得新闻中所有的一切问题。譬如懂得经济，才可以采取经济新闻；懂得政治，才可以采取政治新闻；懂得教育，才可以采取教育新闻。

一个新闻记者，能够随时随地注意新闻，则随时随地都可得到新闻，问题是在新闻记者本身会不会去采访，譬如今日有友人陈某来访，谈及伊奉贸易委员会命令，派赴松潘改良羊毛：（问）松潘年产羊几头？（答）一百万头。（问）年产羊毛几担？（答）约三万担。（问）本国羊毛出口可制何物？（答）大多作毛毯原料。（问）中国羊毛以何处出产者为最佳？（答）青海羊毛最佳，松潘羊毛差一些。（问）此次前去松潜拟如何计划改良？（答）使羊之产量一百万头变为三百万头，羊毛年产三万担变为十二万担……以上就是一段关于本国羊毛产量之极好的经济新闻，只要分析问题，将答案写下，就是很好的新闻材料。

有一次本人在成都的一家汤圆店中，知道汤圆四个钱一个，记得宣统元年时，则为四个钱五个，由此《十年中成都物价之变迁》，就以汤圆的价值来作引证，已经五倍起来了，岂不又是一段极好的经济新闻吗？

几点改良教育的理想和经过

民国十年，本人任川南永宁道教育科长时，对于教育上有两种理想，第一为改革学校教育，第二为建设社会教育。学校教育打算从改革川南师范着手，为使他人了解或博得他人同情起见，乃召集川南师范各教员，提出自己的教育理想，第一打破教科书，即不用教本，最低限度亦只能选择教本当中一部分适当的教材，作为一部分的教材，其余自学生环境中选出来。第二打开校门，使学生日常能与自然和社会接触。不但要让学生到自然界或社会里去，并且要让社会的或自然的教材到学校里来。此种教育理想，一经提出来，各教师默无一言，则再将理想具体化的解释一番，始有教员答以教书有十余年的经验，却没有此种经验，如此显然可见各教员尚未明了此意，更何能博得其同情？但为教育理想起见，不能改换教师的思想，则决定改换教师。当时北大、南高师范曾受新文化新教育的洗礼，就去请一批毕业生来施教。结果学校的设备变新了，学生的行动变新了，进步诚小少，但教育的根本方法仍未新，仍不得不认为是办教育的失败。

当时每县教育经费支绌，本人应当大量增加，因此增加捐税，经费比以前加倍，大家都极高兴，按照理想，经费既已加倍，而成绩亦应加倍，但此主张又属错误，因各县分配，未尽妥善，教员月薪较多，闲暇时间之消遣活动亦加多，仅有不良影响于其所任教课，教育成绩反而退步。

后来对于教育，再图改革，即派各县教育局长和各中学校长赴各省考察，其后归来，一派骂川南教育太新，另一派又骂川南教育太旧。以前研究社会问题的人说，最讲理性的应莫过于学者，必须先有根据，然后始有判断。实则常常是先下判断，然后寻求根据，然后寻求可以掩护其判断的根据。这次考察人员，亦犯同样毛病，每派人都先对川南教育下了判断，然后在考察时间去选择可以掩护其判断的良好根据。合于判断者取之，不合于判断者删之。故新旧之说纷纭，莫衷一是。那时自己已离开川南，川南教育考察结果，依然如故，并未因此确定改革之大计。

因为各种方法皆无把握，故曾确定每县教育局长之三年训练计划，先使学习文书、会计、出纳、统计等等，作为处理事务之基础，然后再学学校如何设置，设备如何充实，经费如何筹措，教师如何培育，教材如何选择，教育方法如何改善等等，不但研究清楚，并且还要实地考察练习，俟成熟后，分发各县任用，定能胜任愉快。正拟将此计划付诸实行时，因政局发生变化而中辍。

莫嫌事小抱定一人一事主义

明年杨子惠先生电召赴蓉办理教育行政，本人辞而不就，宁愿由小而起，故决意由办理通俗教育着手，成立通俗教育馆，聘请专门人才，如音乐、体育、艺术、工程、古董、医学、戏剧等等人才无不搜罗尽致，一切设置，管理与范围，均由简而繁，小而大，近而远，故当地人民无论男女老幼，均感兴趣。办理之成绩，于本人离职时始知，因为于离职的一天，无论老幼无论文人、武人，一致挽留，于此始知小事比大事妥当。

在成都办理通俗教育的时候，亦曾与华西博和学校校长合作督造桥梁，以二夜一天的功夫造成，又将四个陈列馆的陈列品，以一晚功夫，完全变更，人民极感兴趣，又曾开一运动会，二十个学校单位，都有团体表演，共费时二小时半，结果分文未花。由此许多经验而得一句格言：“做事莫嫌小，愈小愈做得好”。

当时在成都尚拟成立一动物陈列馆，一植物陈列馆，各包括一动物园与一植物园，经费预算为四十万元。合办者有成都高等师范、华西协合学校等。但正拟成立间，又为它事所羁，而作罢论。

所以想到吾人对于一种事业，必须要继续的努力，然后事业始有进步，始可成功。所以竭力提倡“事业中心论”，无论是新闻事业，是教育事业，是经济事业，都得集中吾人一身之全副精神与心力，去发展一个事业，则此事业庶对社会国家，可得到很大的裨益，很大的力量。本人所办的民生公司，就是一种经济事业，当时曾刊印一种小册子，即为《一个事一个村》，事即以创办民生公司为试验，村即以建设北碚为试验，建设北碚就是一种社会事业，是继续不断的一种社会事业。

我们中国对于努力于一种事业的人，因为他具有许多的经验，这种经验是宝贵的、丰富的、精彩的，能够裨益于社会国家，就应当对于此人加以保障，无论在积极方面，消极方面，此努力于事的人，不感受任何困难。国联议决案说：“1. 各国不要采取任何行动，以妨害中国的抗战；2. 要每一个国家考虑，如何积极的帮助中国抗战。”所以我们对于努力事业的人，也要仿照国联的议决案说，不要消极的妨害他使用其经验，并且要考虑设法积极的去帮助他、促成他。恶意的攻击（如你做得好，倒掉你），好意的攻击（如你做得好，再做一件），都不行，其错误是一样大。所以近年来，本人提出一种主义，就是“一人一事主义”，每一个人，无论在一个空间〈或〉在一个时间，集中心力专做一种事业。

前奉故刘主席电召，要本人出任川省建设厅长，当时我认为建设一区（北碚）所对国家的贡献，比建设一省的效力来得更大。而建设一区所得的经验，若不加以培养，则比本人不主持建设川省所对国家的损失来得更重。但终以固辞不获勉为担任，而事实上本人所贡献的，实在比致力于北碚的，要少得多！

以上就是本人过去的一段经历，这些经历，本人很觉惭愧；因为不是错误，就是失败。

（原载《西南公路》第99、100期，1940年5月）

怎么样做事——为社会做事
（1940年11月15日）

做事不怕慢只怕断！

事贵做得好莫嫌小！

做事有两要着：大处着眼，小处着手。

我们应一致反对的是空谈，应一致努力的是实践。

天下事都艰难，我们如能战胜艰难，天下便无艰难事。

事求妥当，第一要从容考虑，第二要从容与人磋商。

无论做什么事，事前贵有精密的计划，事后尤贵有清晰的整理。今天整理出来的事项，不但是今天的成绩，又是明天计划的根据。

做事要免忙乱，总须事前准备完善。

可靠工夫须从实地练习乃能得着，学骑马须在马上学，学泅水须在水上学。

人不贵徒有抽象的知识，贵能随时随地解决具体的问题。

书只能介绍知识，却不是知识，读书只能作求知识的帮助，不能只从书上求知识。

我们应从野外去获得自然的知识，到社会上去获得社会的知识。

人每每有透澈的知识，深厚的感情，但不能影响自己的行为；所以每每贵从行为上增长知识，培养感情。

我们天天从办事上增加经验，从读书上整理经验，从游戏上增进我们身体底健康。

做事应在进行上求兴趣，成绩上求快慰，不应以得报酬为鹄的，争地位为能事。

人生真味在困难中，不在安泰中。最有味的是一种困难问题的解决，困难工作的完成。

做事不应怕人反对，但应设法引起人的信心同情，减少人的反对。

我们对人有两美德：一是拯救人的危难，二是扶助人的事业。

对人诚实，人自长久相信，好逞欺饰，人纵相信，只有一次。从行为上表现自己，自得人佩服，从口头上表现自己，徒讨人厌恶。

人有不可容的事，世没有不可容的人。

消灭社会上的罪恶，不是消灭在罪恶里面的人，是要拯救出他们。

给人饭吃，是教人吃饭靠人，不如给人一种自找饭吃的能力。

但愿人都为园艺家，把社会上布置成花园一样美丽，都为建筑家，把社会上一切事业都建筑完成。

好人只知自爱，不顾公众的利害，结果便是让坏人〈愈〉坏。

我们为社会努力，莫因事坏而不管，效缓而不为，事惟其坏更应设法弄好，效惟其缓，更应设法提前。

我们第一步要训练的是组织！怎样分工？怎样合作？怎样合议？

目前的中国，是一切人不能解决问题，不是一切问题没法解决。

要在社会上享幸福，便要为社会造幸福，社会不安宁，绝没有安宁的个人或家庭。

苟安是成功的大敌。应该做的事情，每因苟安终于不做，应该除的嗜好，每因苟安终于不除。

我们要随时随地转移社会，不为社会所转移。

我们要改造社会环境，应从我们一身的周围改造起。

今天以前的社会兴趣，在以个人的所有表现于社会上，今天以后的社会兴趣，应以个人的所为表现于社会上。

我们应以建设的力量作破坏底前锋，建设到何处便破坏到何处。

人要在饿的时候才知道饭的味，在乏的时候才知道睡的味，所以人生的快乐不贵有太丰的享用，贵在极感需要的时候才享用。

事业的失败不为病，只病不求失败的原因，不受失败的教训，事应着手做的，便应立刻着手，不可今天推明天，今年推明年。我们的时间，便是我们的生命，时间过去一天，便是生命减少一天，我们爱惜生命，更应爱惜时间。我们工作与休息应调匀，用心与用力的时间须常相交换。人应当爱惜时间，所以应当不辍的做事，尤应爱惜经验，所以应当不辍的做一桩事。人贵有不拘于习惯的习惯，贵能立刻养成良习惯，去掉不良习惯。侥幸是误事的大原因，人因为有侥幸的心，便常做莫把握的事，常坐待祸免，或坐待事成。我们做事应取得利益，但应得自帮助他人，不应得自他人损失。人对人的行为，宜找出好处，对自己的行为，宜找出错处。办事须尽力延揽人才，更须尽力训练人才。望人做好一桩事业，自己应在前面指导，不应在后面鞭策。

搜寻人的坏处，不但无由望人好，倒把自己的思想引向坏处了。

对人说话须先想想，使人了解，并须使人感动才有力量。

我们最可惜的精神是不做事而对人，专门防人图己，或更专门图人。

我们应努力于公共福利底创造，不应留心于个人福利底享受。

（原载《北碚月刊》第3卷第6期，1940年11月15日）

全国粮食会议开幕词*
(1941年2月)

这次会议承孔副院长前来训话，使我们感到欣幸，尤其孔副院长清恙方好，且在百忙中惠临，谆谆勉嘱，更使我们兴奋，希望同仁共同努力，遵照所指示的各点，切实商讨各省粮政。负责人员归去之后切实执行。

凡是一个国家，只要军事一动员，粮食就须同时动员，故无论何国战事何时发生，粮食就同时施以管理。直到去年各省偶有歉收，才感到粮食有管理的必要。

去年七中全会开会时，粮食问题为主要讨论的问题，最高国防会议，还特召集了一个粮食会议，决定了几项管理原则。

第一，设立各级管理机构，中央成立全国粮食管理局，统筹全国粮食之产销储运调节其供求关系。各省成立省粮食管理局，管理全省及调剂各县之粮食。各县成立县粮食管理委员会，主任委员由县长兼任，副主任委员则由省派。此外还配合着新县制在乡镇设立粮食干事。各级组织完备后，不仅要积极的解决现有的粮食困难问题，并且还要积极的预作未来的根本准备，以便配合持久抗战，确立未来国家对于粮食管理的根本基础。

第二，为避免军队与民间纷扰起见，决定军粮应该统筹，至少要为前方作战部队全部统筹，并且决定每年在收获时期，将全年所需的军粮，一次办妥。

第三，管理粮食要从市场作起，然后再逐步推溯到生产地区，最后达到农村，将全部粮食动态掌握在粮食管理人员之手中。

---

* 卢作孚在全国粮食会议上所致开幕词，时出任国民政府粮食管理局局长。

全国粮食管理局成立的时候，恰值四川粮食问题在最紧迫的阶段，那时因为宜昌失陷，省内又逢歉收，粮食因而发生极大的困难。四川是陪都的所在地，而敌人就在四川大门口，前方有大批的作战部队，问题的解决亟为迫切，因此，全国粮食管理局成立后，工作便侧重于四川，统购了廿九年全年的军粮。当时人民心理本来不免恐慌，政府复大量购买军粮，愈发感受刺激，纷纷存积，各县各乡镇又先后封仓阻关，消费区域的民食，遂发生恐慌，增加了粮食问题的严重性，于是不得不回头来作民食的准备，经过很大的努力，才算把各地的封仓阻关现象打破，同时又以各大消费市场为中心，划分供需的区域，严格督导进行，力求四川的民食问题，得到解决。

至于其他各省，全国粮食管理局成立后，本打算由正副局长分往各地巡视，以便明了各省的情况，据以决定切实的管理办法。后来因为时间不允许，所以才决定召开全国粮食会议，这便是召开本会的原委。

这次会议召集参加的，共有十九个单位，据报除了山东、河北两省因情形特殊不能出席外，来参加的共有十七个单位。截至昨晚止，已有十五个省的代表报到了。此外我们为了便于联络和共策进行起见，又邀请了中央各有关机关来参加。关于调整情报方面，请了中央调查统计局，军委会调查统计局。增加生产方面，请了农林部，中央农业实验所和经济部的水利司。管理商人方面，请了社会部。运销方面，请了交通部及合作事业管理局。军粮方面，请了军政部，后方勤务部，军粮总局及囤粮监理委员会。资金及税收方面，请了财政部和四联总处。积谷方面，请了内政部，此外还邀请了经济会议秘书处，卫生署，垦务总局和重庆市粮食管理委员会。一共十九个机关，现在都派有代表来参加会议。

这次大会，我们要集合各方面的意见，来共同解决粮食问题。管理方面，我们要从都市到产区各县，从县中较大市场到最小市场联络成管理之网，为使农村余粮上市，我们不仅要管理市场，还要管理农村，同时为了管理彻底起见，必须与其他各机关切实合作共同商讨办法。还有许多关于粮食制度的问题，例如是否公卖，是否计口授粮，都是需要我们缜密讨论的，此外还有若干实际问题，是要各位回到各省去商讨的。

总之，这次会议的使命，非常重大，要从生产联络起，管理的本身工作，要自消费市场，以至于农村是极其复杂的事体。同时我们的机构，更要健全，乃能发挥管理的效能。以上几点，希望在会议时，有详尽的讨论，得到圆满的结果。并且在会议后切实的推行。

（原载《全国粮食会议报告》，1941 年 2 月）

我们要变，要不断地赶快变！（1943年10月4、5日）

自己离开这里，整整快八年了，但同大家仍随时有接触的机会。第一，北碚成了自己第二家乡，虽然祖籍在合川，而个人小家庭也许一时在北碚，一时在重庆，但我们一向是以大哥之家为家，同时因自己身体不好，也随时回来；第二，总常常从电话上、从信函上可得着这里许多的消息，有时间或看到《嘉陵江日报》，可从上面了解各方面状况，多少得到一些安慰。

一、北碚是从怎样环境变起来的

从民国十六年二月十五日起，那先前的北碚是不大令人感觉兴趣的。第一治安就不可靠，不像现在这样的宁靖〔静〕。第二市容也很难看，如那时北碚街道很小，小的街道中间还有一条阳沟，每边只容许两人侧身而过。记得自己曾骑匹马，想到街上一游，即无法通过，而退了回来。街顶黑暗，不见天日，因避雨的关系，同时也就避去了阳光。街上非常之脏，阳沟塞着拉及〔垃圾〕和腐水，现在顶好的一条南京路，就是当日有名的九口缸——九口大尿缸摆在街旁，任何人都得掩鼻而过。第三无工作人员，除了赵秘书及今天在座青年中有极少几位是在当时的工作朋友外，几无多少工作人员，地方人士对地方公共建设事业，亦无多少兴趣。不像现在有一群人，有相互很了解、可信赖、并懂得要做些甚么事及如何做法的一大群人，尤其是从这一大群人手上，制造出一个自己相当喜欢而同时令人也相当喜欢的一个环境。

二、中国社会何以不大变

一个聪明的人最聪明的方法，也是最快乐的方法，就是凭自己的力量作出一桩事来让人看、让人欣赏、让人享受、并让人学习，能一样的创造起来，这就是人生最得意的事。过去的人也许认为这是不聪明的办法，因为那时的人只替自己做事，不替人做事，尤其不替社会做事。过去自己曾编演过一剧，第二幕就是描写这种观念。一个儿子向父亲要求去读书，父亲就反对儿子读书，要他去学生意，为家里多挣几个钱，帮助帮助生活，如财源亨通，更可多买一些地方。问他读了书有甚么好处，儿子说，读了书可以在社会做事，父亲听了勃然就向桌子一巴掌，大怒说："老子拿钱你读书，你却去为社会做事？"不仅自己不在社会上做事，而且不希望儿子，自己后人去在社会做事。今天这一群人也可说，一切人都是从旧社会出来的，他们愿望，不是出来做社会的事，尤其不是勉励出来做北碚这样的事，是想如何做个大官，在乡里光彩光彩，并可带几个人，不然就各挣点钱，多买他几沟几湾地方，从未想到要为人做事，要做给人看。本来旧社会的人所做的事，也是做给人看，例如就买了张家湾李家坝许多地方，也不过给人看看而已。有好多勤俭兴家的人，确实舍得自己吃穿化用呢？有时也帮助亲戚邻里朋友，甚至周济点平民。也就是愿意做事的人，做来人看，给人享受，不过给人享受的方法不同，是先拿在自己手里，然后再分配给人，同时也给人学习。如他在那一乡有了钱，都教训儿子要学他，以他为一乡最光荣最模范的人物。这都是旧来那一套，可使中国几千年不进步！可使中国几千年不变样子。

三、看看世界是如何在剧烈的变

（一）我们尚不如印度

中国几千年不进不变，有甚么坏处呢？在平时不觉得，从民国廿六年七七事变起，就可以看出来了。以几千万人口的日本，能够估得住我们几万万人口的国家，这是何等危险！这就是因为人家在变而我们未变。

世界上曾亡了一个三万万多人的国家，名字叫印度，是英国的殖民地，其实到今天，已大大地改变了样子，远胜过我们这号称独立的非殖民地。虽然国父说，我们是半殖民地，列在殖民地的第二等，其实我们没有一样赶得上殖民地，真应列在次于殖民地的倒数第二等了。譬如工业，印度有年产四百万吨钢铁的力量，我们后方各省市共没有到五万吨，四川产不到一万吨，就无生意了，大量存货售不脱。他的煤在中日战争发生以后，曾输出上海，油更自给有余，粮食更是经常有大量输出。他们凡有农田，即有水利，不像我们现在才忙着建水利，而且所办也不过几十万亩。他们的棉花是世界第三大出口国——美印埃之第二位。他的交通到处都是铁路，有好几万公里，公路有几十万公里，且大半都是柏油路。这些我们都没有一样赶得上他的，而且在天天不断地变。你想我们是何等的可怜。

（二）几大列强变化的年程

我们再看看旁的国家，尤其在加速度地变，到后来越变越快，快得来令人惊心动魄。英国自十七世纪以来，首先开始变，直至到今，还是在变。德法在第一阶段的变化是一两百年，但普法战争后，大家拼命前进，也变得快。美国从开国到今天只一百几十年，日本维新是八十几年。苏俄自大彼得要求革新起，比日本进步得稍慢，但也远比中国快。他在中国东三省修建中东铁路三年就完成，而我们在东北自己国土内却没一条自己修的铁路。十月革命之后大规模的实施计划经济建设，廿几年即进化到今天。从对德战争中证明他的力量，不仅能支持德国那样庞大的压力，而且能反攻节节胜利。德国第二阶段，即现在，自希特勒怪物执政以后，今年刚才十年，在二次欧战开始时不到六年，从一九三五年起才实行德国四年计划，但转瞬间即恢复了国防，建立了震惊世界的军力。到开战时，证明了他是世界上最强的国家，不但消灭了欧洲许多国家，而且到今天仍以一国的力量，敌对着周围一群国家。美国本来变得不坏，无论工业、企业组织、人力物力、自然财富均要占世界第一，已算了不得的成绩，但从来未向国防方面发展，其安全之迷信，与中国有一个天下时一样。而其东西两岸均为大洋，北美为地广人稀的加拿大，并无中国常患的北狄，南美各国均为弱小，所以他们心目中无须强大国防。不过为保护仅次于英（二千万吨），占世界第二位的商船（美一千一百万吨），而建造了差不过与英国相等的海军力量，可是陆空的力量仍不够。到欧战开始时才整备国防，从太平洋战争爆发才正式宣战，总动员改造工业，建设国防，整理有四年，实际动员不到两年。而他的国防生产力量，又是居世界第一位，大量的制造着飞机、军舰、战车、大炮，及运输用轮船，源源不断地供应给各战场。他们已不是论若干日，而是论若干小时造成一只轮船了，上万吨的巨轮只须四十小时即可完成。大家是这样地在变，在快变，越变越快，快得来令人惊心动魄，我们怎可停止着不前？时代怎能容许我们仍缓步慢趋、长此苟安？

（三）怎可容许我们苟安不变

美国国务卿，曾有一段笑话。他的秘书每天上办公室总要迟到五分钟，问他为甚么原因，答说，我的表稍走慢了。国务卿说："对不住，有两个办法，任你选择一个，要吗，你变更你的表，否则，我变更我的秘书。"世界舞台，亦只承认有办法有能力的国家，要吗你变好，要吗你倒下。今天利害相同，就加援助，明天利害不同就走开。把我们自己的命运，放在人家手上，总是非常危险的。一定要自力更生，不仅能自力自主地存在，即使任何力量要来侵犯我们，也能坚强地存在，要像这样的一条命才能保持下去。中日战前我们希望列强力量对中国能够造成均等，但日本以地位的优越，在华势力特大，一失去了均势平衡，我们即遭遇到不幸的战争了，这就靠国际均衡以图苟安的教训。前两年，有苟安到这种程度，尽管敌人已侵略到腹心，只要尚未侵略到眼前都不着慌。好像家兄病一样，预先不注意，直到后来救也救不及。因为这个关系，所以我感觉得在这个地方有一个原则，就是要变，要今年与往年不同，甚至今天与明天也不同，决不要在现状之下自满停顿苟安，一定要时时刻刻向前，日新不已，自强不息，而且愈会变愈肯变的人愈到后来愈变得快。因最初的人是自己去找路走，去走成一条路，过后的人只照着走成的大路追上前去，甚至是可以跑在他们的前头。如果老是停顿在原有社会生活状态之中，这目前的北碚也不会有。

四、北碚今后应该怎能样变

（一）一个原则——自立创造

有人说：总算北碚写了些的理想，如今都实现了。如教育有各级学校，游览有各处名胜，经济方面工业虽说不上，而矿业却占大后方第一的位置了，有好多是比原来的想像甚至超过。但我们又回转来想，有好多是我们自己创造的呢？诚然自己创造的也不少，例如农业推广，家畜保育，市场整理，造林育苗……也作了不少事情。但无论那桩，周围作的比自己作的多得多，实现的工作，大多靠中央的力量帮助，现在到是如何与中央希望配合的问题了，但决不要等候坐待，什么事情都靠中央："你来办吧！"而中央是无法在每一处设一机关，直接代每个地方办事。他只能选择几个地方，作为推广实验，北碚不过为几个被选据点之一。虽然北碚可以得着中央的帮助而建设起来，但旁的地方永远不可能得着这样的帮助，即永远无法仿效我们做起来。我们本来的希望，是由几个地方自己的努力，把各个地方办好，然后请中央作人力或技术的指导，如有财力物力不够的得帮助一样，这样则一个技术人员即可不必陷在一处，可以指导一二十处，即可使若干地方得着好处。所以凡是一个地方应该作的事，即应该以自己力量通通作起来，对周围地方的影响，才更大一些。

（二）两个条件：人与地迥然不同

这个地方不管怎样穷，怎样小，总有一个五百平方公里的区域，十万上下的人口，即应将他好好地建设起来。怎样才算真正的建设呢？有两个条件：

第一，这十万人的行动都变了，变成：（一）都有新的技术去工作，都有新的组织去工作，无论务农，做工，经商……由无技术而变成有技术，由无组织而变成有组织；（二）都能识字，都好求学，由不读书变成好读书，由无智识变成有智识，不仅懂得油盐柴米……尤要懂得本乡本土的公共事情，更进而明白这个国家，认识这个世界，一定要认识清楚，然后才能跑上前去；（三）工作学问之余，要有很好的闲暇生活，不仅对于身心有益的正当娱乐，尤其要以更新的行动，了解每个人的生活是有两重意义，不是为自己做事而是为社会做事，除了将本份职务上做得更好，以满足社会的需要外，要在闲暇担任公共服务，如公共调查、公共救济、公共教育、公共警卫……等，这些为社会做事的行动，尤其要培养起来，使人一与接触便晓得就是北碚的人，凡北碚的人都有。

第二，全区的地方都变了。建设的第一桩事，是把人建设起来，第二就是建设地方。不仅光把北碚的接到变好走了，树子活了，公园变美丽了……要周围几十里的地方都变好，如原来是荒地的，都变成耕地了，原来不是冬水田的都变成冬水田了，原来的田种一季稻的都变成为双季稻了，原来品种、废料、农具是用不顶好的，现在都变成适用的顶好的了，到处不是农田，便是森林，原来无铁路的，有铁路了，原来公路不行车的，都变成有充分的车辆行驶了，原来房子是黑暗的，是闷塞的，都通光线，通空气了，原来每家门前是光秃的，都栽了各种花果树木了。使你一走进这区域，到处都感觉得美丽，到处都整洁，到处都有秩序，到处都看得出一手一足的经营，然后才说得上人家来看一看，而且越看越看不完，才越觉得这地方的可爱可慕。

（三）三面去做：经济、教育、政治

这怎样做法呢？有的要钱，有的不要钱。每家门前栽几株水果，塘堰可以养鱼，妇女则养猪养鸭，屋前屋后，提倡多种些蔬菜。不仅有丰富的经济收益，尤其对他们的营养有更大的帮助，将来北碚出来的人，一定都是高大雄壮的，一看就可认得出来。一方面变更了地方，同时，一方面也变更了人。如要作，其实很简单，简单极了。

经济方面：如农业，只要多生产粮食水果，并在水利技术等方面给他保证，不受天时灾害的影响。矿业则用力帮助煤的运出，使能真正繁荣地方，增加人口经济力量。至于工业，大的工业有待于大的动力，动力解决了，自然会发展；小的工业可以农村副业为主，尽量利用农民的空闲时间，增加生产，总是为老百姓想办法做吃做穿。商业也很简单，只须把大家组织起来，整买整卖，凡整卖的商品，都保持着一定标准品质形式，予生产者以合理的规定和指导，凡买也整买，然后分配到乡镇同业组织，公平供应，使同业公会有多为同业作事的机会，这样组织才坚强，不仅只挂块空招牌而已。

教育方面：就是教怎样学会生产技术，怎样加强生产组织，同时要大家都有现代智识，能认识整个国家整个世界，更要了解公共事情。举凡公共秩序，公共卫生，公共治安……都能懂得，并乐于参加。凡我们所做的事情，皆是顶好的教材，皆是最切实的教材，你做得如何切实，即可教得如何切实。

政治方面：最重要的在安排秩序，安排经济教育的秩序。一方面执行中央或省府的法令，同时要考虑到当前实际的环境。秩序一经建立，即决不轻易变更。曾和卫挺先生谈起实施新县制划分乡镇保甲的问题，本来很自然的，一定要用人力照机械式的划编下去，十家为甲，十甲为保，十保为乡镇，但又时而在扩大，时而在缩小，今天这样划，明天又那样编，把老百姓当成东西，天天编来编去，结果使老百姓编制越来越多，弄不清楚，同时尚有加多经费、加重负担的问题。故希望政治秩序建设起来，即不随便破坏，改编以越少越好。如法令执行起来有困难，可当面或寄信商量，为求少变更秩序而可解决他。许多事情最初本来无绝对态度，只要我们如何作得通。我们要造成功一种信赖，凡做一桩事情不做则已，一做一定要做好，做得顶好。如栽花，就要栽好看，修路一定修的好走，植树一定植的活，增加人民富力，一定有可计的数字。若能日日确实负责，则各方面尝试办的事情，就可以放心委托我们，只帮助我们以人力，或物力，于我们整个计划秩序之下，自己作起来，这样才更可受一般地方仿效。

（四）两点注意——使人了解，新的交际

我知道近两年来，对民间联系，相当的好，如开国民月会，我看过好几处出席，民众都很踊跃，情况相当良好。但更要要求他们参加实际工作的机会比参加集会的机会更多，而所有实际工作，都能产生具体的效果，足供他们欣赏，足资他们纪念。凡老百性〔姓〕参加的工作，都要这样使他们明白，这桩工作作了能产生甚么利益，这利益在看甚么地方，则老百姓参加公共工作的兴趣越可提高了。如黎镇长在澄江镇肯作事，相信他得澄江镇的帮助必比旁的乡镇更多。除了使区内民众了解外，还得使周围了解，使周围对我们无隔亥〔阂〕，无误会，只有羡慕，只有信仰，并请求我们指导，帮助周围也好起来，用帮助方法，取得他们亲切的联系。

再有一点值得注意的，就是这是一个游览地方，容易成为交际中心地点。大家都晓得，我在重庆是最少应酬。我以前在北碚虽然也讲交际应酬，但是都在公共食堂，在公共吃饭的时间吃公共同样的饭。当时受招待当中的一位伍朝枢先生回去之后，佩服得了不得，以中国尚有这样的一群人在这里拚命埋头吃苦，认为是最难得的现象。除了我们生活的一点一滴任人参观外，也常常引导一大群人参观。那时多是找政治股主任黄子裳专门负责陪引解说。如我去的时候，我就利用这时间，沿途工作去，每走到一个事业单位即欣赏工作，考查成绩或指导矫正工作方法的错误，绝不作无谓的应酬，如果妨碍了我的时间，则绝不来。我在成都通俗教育馆的时候，更是交际应酬的中心，整天有成千成万的观众。凡上午来会我，均在办公室里，没事里〔的〕在窗子外面点点头，略表示一下招呼，有事就拿起笔站起来谈两句，表示赶快谈完了又要坐下办我的工；下午则到各处挨次视察修正，那里未摆端，那里未做圆，如果有朋友要跟着一路去看看，在走路的时间，也可和你谈谈，到了一处，我就料理我的工作去了，你如果无事就等一等，有事也请便，任你自由参观，但是并未开罪一个朋友。而且我那时的交游可算最广了，我随时也在请客，但全是一些技术专家，总是包围着工作，而含有社会的意义。凡我一切活动，让你欣赏，做成让你享受，这就是我对你的帮助，这就是我对你的答覆。

（五）一句口号——一年超过十六年

我自己很惭愧，在这里只有八年的效力，而且八年当中只有一半的时间用在这里，实际不过四年，在座中大多有十年甚至廿年整整未离开过，而维系着继续不断的精神，远超过我。就如卢局长，从民国十六年一直工作到今天，也使我非常感动。不过我感觉得时间太容易混了，有许多工作朋友那时尚是小孩，而现在已成三十几的壮年了。记得我在廿八岁时候就已作了川南道教育科长，卅二岁创办成都通俗教育馆，卅四岁接长北碚峡防局。我在工作第五年以后，曾提出了一个口号，即要“以一年的努力打破过去五年的成绩”，如以今天世界进化的速度和我们当前迫切的要求，更可把这句口号改为：“以我们明年一年的努力，打破过去十六年的成就！”为甚么呢？就是因为时间太容易混了，希望大家要把时间看得重。举凡人的行动，地方的经营均要有显著的进化，而且是一次比一次加快，越来越快，不仅为亲身工作朋友的安慰，也是一群人共同的安慰；不仅可供各位本身最得意的欣赏，即对大家家庭或亲戚邻里朋友等有关的人们也可共同来欣赏。例如家母，就是很自然的愿意在北碚住家，愿意随时出来到各处看看，连死那天也是为了孙儿女刚从学校放暑假回来，特为引导到公园去看看而中风致病的，可见死也死在心爱的北碚。这个事业上，证明原来社会的人欣赏我们替新社会作的远比我们在旧社会所作的那一套更亲切些。

五、工作的报酬与营养问题

如果就欣赏工作来说，第一能欣赏〈大〉家工作的，可说要算我，我最能使大家工作不致于辜负。许多人认为拿好多钱做好多事，只有北碚青年朋友，可来一个不同的新的解释。十年前我写了一篇文章，题名《工作的报酬》，说：工作最好的报酬，是求仁得仁，是你做甚么，就成功甚么。你要办个学校，就成功一个学校，要修一条铁路，就成功一条铁路，这便是直接的报酬；还有进一步的意义，是你的成功在事业上，帮助却在社会上，你成功了一所学校，帮助了无数失学儿童，或培植了未来社会上无数救国要的人才，你成功了一条铁路，帮助了无数客货的运输，帮助了生产建设和文化传播，这便是间接的报酬。建设一个美好的公园，便报酬你一个美好的公园，建设一个完整的国家，便报酬你一个完整的国家，这是何等伟大而可爱的报酬！至于一点儿月薪、地位，只是你工作的帮助，并不是你的工作报酬。最大的工作可以得最大的报酬——直接的在事业上有最大的成功，间接的在社会上有最大的帮助，这是从来不辜负人的，所以我们不要做大事，要做天下第一的事。譬如说北碚做到“中国第一”这已经是了不得的成绩，比做一个省主席荣耀，社会是绝不会辜负大家的。

除了为伟大的社会服务外，先要为这一小群人服务。前向曾为兼中学生解决营养问题，以往是用卖菜的办法，有钱的学生可添菜，以所得的盈余来普遍分吃。现在更进一步，无钱的学生，都作点劳动，如养鸭，养猪，养羊……一方面可卖他〔它〕的钱来吃，一方面就直接吃他〔它〕！我对民生公司仍同样想办法，将民生新一村大片土地，辟来种小菜，数百家人的残屑汤水用来养猪。有人有猪，肥料也不成问题。大家在工作之余可多研究，用很正当的办法，群策群力，来公共造产。自然大家日里忙着公务，晚间需要休息，但可利用家属剩余劳力，或则雇请几名长工就解决了。我们无论如何，要帮助每人能维持健康生活的必要水准，把这一段艰苦的战时生活支持过去，因为我们为众人服务，一方面是为这十万众的人，同时也要为这一群服务众人的人。

六、结语

我过去虽是常常回来，但不常常与诸位见面，有时即使见面，也很难有共同讲话的机会，所以这里将拉杂想到的问题，通行提出。如果大家肯更加力更前进的话，个人不但也愿加方法，同时更愿加力量，使我们前进的效率更高一些，短时间内就可来个大大的猛进。

（原载《嘉陵江日报》1943年10月4、5日）

一桩惨淡经营的事业——民生实业公司
（1943年10月）

在航业消沉时产生

我草这一篇民生实业公司的小史，不是注视它如何成功，而是注视它如何经营艰难困苦，这一桩事业从降生起直到今天，也许直到无穷的未来，没有一天不在艰难困苦当中。我亲切地经历过，再亲切地写下来，应该有如何沉痛的感觉！

民生公司产生于民国十四年重庆嘉陵江上游五十二海里的合川，选择其着手的事业为航业，正是在扬子江上游一般航业十分消沉，任何公司都无法撑持的时候，而不是在航业有利的时候。扬子江上游分为两段，宜昌至重庆为一段，重庆至宜宾为一段，有航业不过十几年，但已经过了极其复杂的发轫时期，发展时期，极盛时期，过剩时期，而进入了衰微时期。在这十几年中，由中国公司的创始，到外国公司的继起；由看重一时利益旋起旋落的若干中外公司的经营，到英商太古、怡和，日商日清，凭扬子江中下游的基础，有计划的伸入扬子江上游，以成不可拔的势力；因为内地一时的不宁，中国旗轮船日减，外国旗轮船日增，中国人所有的轮船，亦几乎无不挂外国旗。有一时期，扬子江上游宜渝一段，触目可见英、美、日、法、意、瑞典、挪威、芬兰等国国旗，倒不容易看见本国国旗。

在扬子江上游初有航业的时期，航业是最时髦的事业，由于轮船的不足，运货商人争先要求运货的迫切，运货提高到最有利的程度，几乎一只轮船一年可以赚回一只轮船，所以若干有力量的商人为了荣誉，为了利益，为了自己运货的便利，都欲经营航业。一个轮船公司的经理，业务主任，会计主任，一只轮船上的买办，都欲私自经营航业。所以航业以极短的时期，发展到极盛，而且发展到过剩。但是一到过剩时期，则一切都颠倒过来，货物不够运输，船东争放运货，运费放低以后，货物仍不够运输，仅装少量货物往来，收入不够开支，甚至不够轮船上燃料的开支。重庆宜宾间的各公司，觉悟了相互竞争是各公司致命打击，而约定轮船轮流开行。但是这样一来，轮船停歇的时候，远多于航行的时候，收入仍不够开支。而又因为一般采用买办制度，在有利的时候，一切管理放松到不能过问的程度，等到亏折太深，积重难返，不可爬梳。大多遂陷于股本折完，负债无法偿运，以至于转相卖船，其情势相当紊乱，尤其是中国籍轮船公司非常危险。

第一只轮船“民生”

这就恰是民生公司开始经营航业的时候，当时我同一位发起的朋友，从重庆调查了所有的轮船公司和所有的轮船后，认定航业应作新的试探和新的试验，不应在原有轮船过剩的航线中去与正在失败的同业竞争，以加速其失败；遂决计经营短短的嘉陵江重庆合川间新辟的航线。一般轮船公司是以货运为主，是不定期航行的；民生公司应以客运为主，试试定期航行，以便利往来的客人。在上海与各船厂研究了两个月，订了一只长七十五英尺，宽十四英尺，深五英尺，吃水较浅，专任客运的小轮，并订了德国 Bontz 厂的体重轻轻的一对九〇匹马力的柴油引擎。民国十五年夏季，这只小轮完成了，取名就叫做“民生”，冒着洪水的危险，驶入了扬子江上游。初秋天气，开始在合川重庆间开航，数月之后，相当受人欢迎。正在大家感觉便利的时候，江水低落，水浅到比轮船吃水更浅，估计至少一年有五个月以上不能通航，公司的同仁都很焦灼着；这只轮船一半成功却一半失败了！不得已立刻为它觅求枯水季节的适宜的航线，遂向重庆下游重庆涪陵一段试航，这时这段没有其他轮船航行，客人不如重庆合川多，但兼有货运，可以维持过冬季，同时决计加造更浅水的轮船，期于终年能够行通重庆合川一线。

民生公司因为最初发起于合川，股东以合川人为最多，其投资大半为了朋友关系，而非为了事业关系；并非有了认识，而是为了尝试。募股欲到五万元，收股不到八千余元，事情既经决定了，不能等待，即刻开始订船。当时一部分股东听着过去若干轮船的失败，很怀疑新造的轮船的成功，尽管约定了投资，却想看看轮船或竟看看航行再行缴款。上海方面，轮船造成了，却须先汇款去，乃能接收过来。这个困难，很费踌躇。反复商量，只有借贷可以解决。但是那时还没有可以抵押借款的财产，在未经借款还款以前，亦未确立其在市场上的借贷信用，所仰赖的只是创办的几个同仁的自信和相互信赖，所需款额遂从多方面的个人关系或事业关系转相借贷而来。

为了证明发起的几位同仁的要求，不在利益，而在事业，所以自行负起主持事业的责任，任总经理，一位幼时的老师陈伯遵先生，及一位同学黄云龙君任协理，彭瑞成君、陶建中君分担事业各部分的责任。报酬都订得非常低，低到总经理月薪不过三十元，协理月薪不过十五元，待遇较高的到是船员，而非公司负责的人员。这时四川正是防区制最有权威的时候，每一防区的军人，都欲积极改善其所占地域的政治设施，争先恐后，罗致人才，民生公司的几位负责人亦常受周围的诱劝，待遇五倍十倍，地位在当时自然是政治高于一切，但是大家希望凭借这一桩事业，作长时期的试验，所以始终没有一人离开，一经集合了，就不容易分散，不仅是一时，事实证明，一直支持到了今天。

机器事业开始

当着轮船开始航行以后，客票收入相当盛旺，股东缴股亦因而相当踊跃，股额五万，二三月内，完全收足，于是决计加募股额五万，加订吃水更浅的小轮一只，以期先建全重庆合川线，使每日有船往返。同时感到许多轮船公司准备造轮船，却没有准备修理轮船，重庆有了许多轮船公司，却只有两家小修理店，许多轮船需要修理，还得开往一三〇〇海里以外的上海，而重庆的修理，费用甚高，大的问题不能解决，工作时间又甚迟缓，遂决计自行设置一机器厂，以修理自有的轮船为主；应同业的需要修理轮船，并应社会的需要修理或制造机器为辅。机器事业遂从此开始了。后来航业发展，此一机器事业亦随之发展。

三只轮船两条航线

民十七年另一只新轮开到重庆，重庆合川间每日有船往来了；机器厂同时开工，修理无复困难。民十八年为兼应渝涪、渝合二线的需要，又购得一只比“民生”稍大的、已造成的浅水轮船。曾以三只轮船全体船员之努力，办得两线每日都有船开。由涪到渝，由渝到合，系上水，船行各需整日；由合至渝，由渝至涪系下水，船行各需半日；可以一整日由合经渝一直到涪，各以三日往来二线，三只轮船轮流往来，遂办到每日都有船开。在江水枯落渝合不易航行时，亦曾以一只轮船试航重庆宜宾间，所得不是利益，而是一种认识，从此认识航业整理之愈感迫切需要了。

运动航业化零为整

民十八年善后督办刘甫澄先生，感觉到航业整理的需要，再三要我任川江航运管理处处长，商量了两个月，推辞不得，请他准备了一位最好的副处长，约期半年，半年期满，即办移交，就任在一度调查后，愈知中国籍的轮船公司无不危在旦夕，遂决定第一桩事，请求军事机关扶持航业，兵差必须给煤，给费。如果只用船舶上面装兵的时候，须让轮船公司在轮船下面装货；军人搭船，必须购票。严格维持码头秩序，使客人和货物上下轮船，均感便利。又促成外轮与华轮相当合作，维持运费；在内战发生时，拨一部外轮加增的运费，救济华轮因兵差而引起的意外损失。最后促起华轮在宜昌重庆间，及在重庆宜昌间，各自联合组织成为一个公司，以期结束竞争，节省开支，即在轮船过剩，业务萧条之情况下，亦能继续生存。但经半年的努力，盼望军事机关帮助轮船公司的，完全办到了；盼望外轮帮助华轮的，亦相当办到了；华轮本身究太散漫，各公司各有其特殊的困难，盼望其联合帮助自己，却不易办到。半年期满，辞职未得，遂请假到各省考察去了。回来的时候，决辞了川江航务管理处的职务，但与许多朋友研究扬子江上游航业的问题，皆认为关系于四川对外交通和未来的开发，非常重要。其垂危局面，不容坐视不救。每一个公司都感受了经济上的极大的困难，不是共同联合起来可以解决的，于是决计将民生公司由合川移到重庆，以民生公司为中心，增加资本，接收必须售卖的轮船，或合并可以合并于民生的公司。民二十年先与重庆宜宾间各公司商量，加入民生共同经营，将所有轮船估价移转，为偿清其债务，需要若干现金即交付若干现金，其余作为加入民生的股本。这个运动开始不到一年，重庆上游即合并了七个公司，接收了十一只轮船。其中三只枯水季节不能航行重庆上游，航线遂转而延展到重庆宜昌，尝尝重庆宜昌间的更大的困难。这时另有重庆上游的轮船四只，经另一个新的轮船公司收买。纷乱的重庆上游局面，遂成为两个较有组织的公司。民生仍以极大的努力，劝此另一个公司完全合并，三年之后，都并入民生了。

民二十一年，进一步整理重庆宜昌间的航业，在半年内接收了七只轮船，合并了四个中国轮船公司，接收了一个英国轮船公司，航线延伸到了上海。第二年和第三年又接收了宜昌重庆间的三只轮船，合并了三个中国轮船公司，购买了太古沉在水底的轮船一只，美孚停在上海的轮船一只。第四年又接收了美籍捷江公司的轮船五只。这时除了英商太古、怡和，日商日清，法商聚福及华商招商、三北而外，差不多没有旁的轮船公司了。

面对着一切困难

航业化零为整之后，应该没有过去的一切困难了，却未想到有更集中了的几种困难。第一，接收了的轮船差不多都是年久失修，须一一加以彻底修理，一部分的轮船简直不适宜于航行，须更彻底加以改造，例如有一只长一四八英尺的轮船，马力达一六〇〇匹，船尾有车拱，耗煤甚多，在扬子江上游的急流中嫌其航行太慢，上滩困难，装货仅一百五十余吨或棉纱七百余件，不得已加以改造，去掉车拱，接长七英尺，用煤减少，速度加多一海里半，载货加多七十余吨或棉纱三百余件。又例如一只长一九二英尺圆头的轮船，马力达二四〇〇匹，亦苦用煤太多，速度小，载货仅二百五十吨或棉纱一千二百余件，不得已接长一四英尺，头改尖，用煤减少，速度加快约一海里，载货加多五十吨或棉纱加多二百余件。有的轮船仅用了原有的船壳而另装了机器，有的轮船仅用了原有的机器，而另造了船壳，不但大小改变，容量改变，甚至连航线都改变了。有两只轮船，购买的时候沉在水底，一只太古的二〇六英尺长的轮船，是沉在重庆附近水底的，施救起来拖到重庆，经民生自有的机器厂将其截断，接长，加以改装，使其成为打破川江纪录的最长的轮船。长达二二〇英尺，速度比以前稍快，载重比以前多一百吨或棉纱多五百件。另一只是中国公司的轮船，沉在黄浦江水底，将机器锅炉救了起来，船壳拆卖，并拆下由美孚买来的二〇六英尺长的轮船的机器和锅炉，另造两只长二二〇英尺容量更大、装置更为良好的姊妹轮船，凡这些彻底整理、彻底改善的任务，都得由民生公司整个负担起来。这是化零为整后的第一个困难。

若干轮船公司诚然合并成为一个了，轮船只数却没有减少，因彻底整理彻底改善之故，倒反有增加，其容量且愈加大，而可装之货物，有一时间，仍如往昔。重庆上游只有一家公司，尚可停一部轮船以解决此货运不足的问题，重庆下游则仍避免不了竞争，亦即避免不了放低运费。曾经一度采用了运费公摊办法以解决此问题，然不久亦废去了。过去只有日商经常滥放运费，但因中国人的经济方面早已对日绝交之故，任其如何滥放运费，终不能取得中国人的照顾，太古、怡和是一向主张维持运费的，现在亦争先放低运费了，致令棉纱一件，从上海运到重庆仅收国币二元，海带一担仅收国币二毛半，还不够船上的燃料及转口费用。完全靠这一条航线的业务来撑持全局的轮船公司，收入自然远不敷支出。如何能够撑持全局？有人认为这一年必倒两个轮船公司：一为美国籍的捷江公司，另一即为新起的中国籍的民生公司。捷江公司毕竟在这一最困难的时候倒了，民生公司却仍巍然存在，而且接收了捷江公司的五只轮船。如果不是太古公司竞争的话，捷江公司的轮船应该全被民生公司接收了。民生公司靠了全体船员的努力，及开始即经确定以客运代替货运的政策，竟能渡过了这货运不足竞放运费的最后难关。

这一难关渡过以后，因为四川内战结束，政局统一，轻重工业逐渐发达，客货运也逐渐加多了，民生应了需要，亦即增造新的轮船，在扬子江上游控制了百分之七十以上的运输力，以结束了航业上残酷的竞争。停止扬子江上游航业作战，稳定运费，不使过高也不使过低，顾到航业，同时也顾到商人，本来是民生公司的口号。停止作战的方法却不是谈话、不是开会，而是以绝对优势的运输力支持其实施。后来太古、怡和等公司也都承认事实，相当尊重民生公司的意见了。

但是还有一种扬子江上游水上的困难，是不容易克服的。扬子江上游因为河床甚狭，水流甚急，四季水位变化甚大，低水位的礁石，高水位的泡漩，都是轮船不易对付的大敌，单就宜昌重庆海关四十一年的记录，共有五百余件海损案件，民生公司不能例外，在海损最为频繁的时候，曾经两月间沉浸三只轮船。正在积极培养人才改善航运当中，民二十六年春天，又突然遭遇到数十年来绝未曾有的江水奇落，落到零以下两尺余，而且有三个月又二十天都在零以下，向来江水落到零以上数寸，中外公司轮船均需停航，民生公司如也一样停航了，不但扬子江上游三个月以上断绝了交通，民生公司亦将三个月以上断绝了收入，这是何等可怕的问题？于是竭全公司岸上、水上人员之力，研究分段航行办法，避开险滩一处由陆上转输，调集所有大小轮船，适宜的划分全线为三段。公然这样航行了三个月，使上下交通没有断绝，成功了扬子江上游历史上有名的三段航行。而这一伟大的事迹，一位船长周海清的帮助是很大的，他利用了这最枯水位，领导了一群驾驶人员细细探察沿江航道和一切险滩，遂使一般航运的安全也大大的进步了。

民生公司在这一期一方面购买轮船，一方面还须彻底整理并改造所购买的轮船，在这第二期又大量增造新的轮船，因为年年扩充，不免年年增加股本，而且年年增加债务，以前失败的公司，债务常常大于股本，而这个要求成功的公司，债务也常常大于股本。在那时重庆的事业，民生算是负债额最大的一桩事业，到将接收捷江公司的轮船的时候，负债已经七十多万元。接收捷江公司的轮船又需要七十多万元，而股本才得一百万元。由于中国银行总经理张公权先生的主张，金城银行总经理周作民先生及金城天津分行经理王毅灵先生的赞助，向上海募集了公司债一百万元。这是四川的经济事业在上海第一次募债，而且第一次募公司债。财务是民生公司在不断的发展的途程当中一个大大的困难，总算始终得环境上的帮助，没有陷于挫败。

最困难的问题还是人才问题。航业上缺乏人才，尤其缺乏管理人才，就技术方面言：扬子江上游险滩无数，比中下游航行不同而更为艰难，开航的初期，无论是中国船或外国船，船长大半都是外国人。中国人有上游航行经验而取得船长资格的，并没有几位，而仅有的几位，也不是全受过高深的教育或全都有上游的经验，有的不但不能责其负起管理全船的责任，也不能责其负起驾驶的责任，而只仰赖其结关开船和靠船，此外责任都交付与专负引船上下的责任的引水人员，而这些引水人员，又只是凭个人的经验和记忆，没有正确的方式和公共的了解。轮机人员亦大半是技工出身，不尽有学问基础，去好好的省用燃料和保护轮机。轮船不断的增加，优良的技术人员，不能同样的增加，买办制度取消了，却更需要填补大批管理事务的人员，不得已选择比较有学问知识的，代表公司在船上管理事务，除业务有关如理货、售票、侍应、膳务而外，还得帮助一些有关驾驶、轮机和管理全船的事务。为了指导工作，编订了若干册子如驾驶员须知、轮机须知、理货须知、水手须知、茶房须知……内容都是实际的工作方式和程序，从早到晚，从开船到靠船，应有工作，一一说明，以此为训练船员的材料，颇获成效。

轮船公司如何管理全是一种新的学习。一只轮船无法全权付托与一个船主，管理自然有更大的困难，一切人事、物料、财务都只好掌握在公司，下至于水手、茶房，均系由公司配派，细至于船面油漆，机器配件和账房文具，均系由公司发给。一切集中管理，问题非常复杂，无论哪一部门都需要专门知识或专门技术去应付或处理；而竟没有一人不是航业外行，办事业如进学校，半工半读，且学且教。自然迄今没有踏入世界航业管理之门，但在中航业中总算是比较有管理方法的了，每日轮船航行和修理的动态，客货运输的动态，煤油供应的动态，款项出入的动态，公司总可全部明了，且可相当控制了。

进一步改善及发展

在叙述民生公司所遭遇的各种困难当中，曾经叙述了轮船改造，航行改善，及人材训练等重大的事件。就轮船改造言，一方面效能提高了，一方面装置也改善了。过去一只最大的轮船装货最多不过四百余吨，而新造最大的二只姊妹轮船可装货到六百余吨。过去一只最大轮船可容一百余客人，而这两只姊妹轮船可容二百余人。过去的三等舱容纳了所有三等舱的客人，而这二只姊妹轮船划分了若干间三等舱，每间只容纳十六个人，夏天可使空气自然对流，冬天却又易于保温，二三等舱一样各有男女个别的自来水冲洗的厕所及浴间。过去扬子江的轮船，尤其中国轮船很少有起重机，而这两只轮船的起重机都到达十五吨。过去一只轮船没有很大的货舱，更没有很大的舱口，而这两只姊妹轮船最大的舱口，长到四十余英尺。舱面有放置卡车十辆以上的余地，舱底有铁道可以放置机车和车辆，船底有铁板两层，如果不幸触礁，破坏一层，还有一层。船上有一切救水险和救火险的设备，以察觉并应付水火意外的问题，这二艘姊妹轮船的改善，确立了以后一切轮船改善的标准。为了适应中国旅客生活水准的需要，凡新造的船二三等的设备，都一样加以改良：为了适应内地开发取给机器材料的需要，凡一四〇〇英尺长以上的新船都装有五吨以上的起重机。成渝铁路决定建筑了，公司新轮运货的装置便都研究适应路料运输的需要。为求航行安全，平时易于联络，变时易于援救，凡上海重庆间的轮船均装有无线电台。这些设备，本来是为了提高平时航行的效率，改善平时航运的服务，而其最大之效果，在对外战争开始以后，更显露出来了。

除此以外，还有许多服务的改善。首先自然是彻底取消了买办制，彻底管理每只轮船的人员，物料，收入及开支。接收一只轮船，即取消一个买办，即确立一个轮船的管理方案。实行几个口号：“个人为事业服务，事业为社会服务”，“个人的工作是超报酬的，事业的任务，是超利益的”，“站在轮船的地位，一方面为客人服务，使一切客人感受舒服，一方面为货物服务，使一切货物得到保护，因此必须为船服务，使轮船健全，航行安全”。改善服务的运动，不仅表现在物质的设备上，而且表现在人的活动上；不仅普遍于船上，而且联络在岸上。对于客人上船时接收行李，安顿铺位和在船上的一切饮食起居以至于后来收拾行李，招呼力夫或划子，送客上岸，无不照料周到。长航轮船如像往来上海重庆间的，各级舱位，都可收听广播的音乐及新闻，每日都有新闻摘要，油印分送每位客人，沿江经过地方，都有风景照片，供客人传观；侍应人员都可将沿途风景、风俗、交通、出产及一切旅行应知事项，告诉客人。船上设有电台可为客人传达消息。客人到达码头后，岸上有服务人员可为代运行李，代觅住地。码头秩序，亦极良好，绝无强运行李和强索运费的力夫和划子。凡这种种减少了旅客在旅程中无限的困难，而使得到了无限的便利和安慰。曾经欢迎了若干入川考察和举行年会的团体，曾经欢送了若干出川旅行的团体，都使他们感觉了水上旅行的兴趣。对于货运，不但改善装卸以减少货物的损坏和损失；尤其提倡联运，不但自己的全部航线可以联运起来，对于太古、怡和、招商的长江航线，南洋航线，大来洋行的远洋航线，及津浦铁路、成渝公路等亦皆订立合同取得联运关系，省却商人无限的转运麻烦，加速而且保证了到达时间，以增进商货押汇甚至于预卖的便利。曾先后为四川水泥厂、重庆成都电力厂迅速地整批地运到了所有机器，曾为成渝路设计在两个夏季运完七万吨物料。所有重庆合川间，重庆涪陵间，及重庆宜宾间，皆成为定期航线，每埠每日皆有轮船开行。重庆上海间，每周亦有定期轮船两次，无论客人或货物，在上船前即可预定其到岸的日程，直使扬子江尤其是上游一段的航运气象焕然一新。

民二十四年秋季以后，货客运增加，民生公司即开始建造新轮以适应新的需要，前后共计二十一只。截至民二十六年中日开战时止，已完成了十四只，编入航行，还有七只在船场中，沦陷之后，不知其结局了。开战以前，轮船航行于上海宜昌间的经常有五只，上海重庆间的经常有七只。宜昌重庆间的经常有四只至八只，重庆宜宾间和重庆乐山间，经常有十只以上，重庆合川间及重庆涪陵间，经常有四只以上，其余则大半是轮换着修理，大小总共有轮船四十六只，总吨数有二万四千余吨。

当着轮船足应需要以后，复相当注意沿江码头、仓库、囤船、驳船的设备。重庆依各航线的需要，买了或租了码头九处，万县买了一处，宜昌南岸买了两处，北岸买了一处，沙市买了一处，汉口租了一处，上海租了二处，各处可能设置囤船的，都设置有囤船，需要驳船的，都设置有驳船。岸上都租有足够的仓库，上海且与市政府合作，建筑了最新式的钢骨水泥的仓库一所，内有运货上下的电梯，有自动灭火的水管；宜昌亦正准备建造最新式的用动力上下货物的码头和仓库在两江汇流之处。

公司除作一切为客货运输服务的准备之外，亦正开始准备为职工服务。在重庆宜昌计划两个大的住宅区，在上海、汉口、万县及宜宾计划四个小的住宅区。上海、宜昌均已购妥地基。上海系在市中心区内，准备利用市中心区的学校、医院、图书馆、博物馆、运动场、游泳池、电影院、戏院及公共花园，注意到职工家庭的经济、教育、卫生、娱乐及一切救助的问题。例如一个职工的家属病了，便可将他接到医院去为他医治，消息常常由医院通信告诉职工一直到痊愈送回家里而后已；又例如职工子弟在学校的成绩，学校不仅报告其家庭，而且通信报告职工，使其安心工作，不致悬念家里一切问题，可惜正在计划建筑的时候，战争发生，工作尚未开始便结束了。

战时运输中最紧张的一幕

战前公司主要的业务是在上海重庆间，换言之主要是在这一线的两端，不在中间，对日作战以后，江阴封锁了，上海割断了，公司的业务即什九被割断。一部分担忧的人们认为：国家对外的战争开始了，民生公司的生命就完结了；我的感觉，却恰相反，认定：“国家对外的战争开始了，民生公司的任务也就开始了。”那时自己正在南京帮助中央研究总动员计划草案的时候，告诉民生公司的人员：“民生公司应该首先动员起来参加战争。”这个期望，公司实践了。四川需要赶运四个师，两个独立旅到前方，公司集中了所有的轮船，替他两个星期由重庆、万县赶运到宜昌。上海、苏州、无锡、常州的工厂撤退。民生公司的轮船即以镇江为接运的起点，协助撤退。接着又从南京起，撤退政府的人员和公物，学校的师生、仪器和图书。从芜湖起，撤退金陵兵工厂，从汉口起，撤退所有兵工厂及钢铁厂。第一期运一万二千吨，两个月间完成了，第二期运八万吨，分为两段，集中扬子江上游轮船，担任宜昌重庆间一段，集中扬子江中下游轮船，担任汉口宜昌间一段。这时除这八万吨以外，还有政府的全部，学校的大部，航空委员会航空器材的全部，民间工厂的大部，通通需要内迁，其总量又远在八万吨以上。大半年间，以扬子江中下游及海运轮船的全力，将所有一切人员和器材，集中到了宜昌。扬子江上游运输能力究嫌太小，汉口陷落后，还有三万以上待运的人员，九万吨以上待运的器材，在宜昌拥塞着。全中国的兵工工业、航空工业、重工业、轻工业的生命，完全交付在这里了，遍街皆是人员，遍地皆是器材，人心非常恐慌。因为争着抢运的关系，情形尤其紊乱，我恰飞到宜昌，看着各轮船公司从大门起，直到每一个办公室止，都塞满了交涉的人们，所有各公司办理运输的职员，都用全力办理交涉，没有时间去办运输了。管理运输的机关，责骂轮船公司，争运器材的人员，复相互责骂。我才商由船泊运输司令部召集会议呼请“停止交涉”，以便“办理运输”。因为扬子江上游还有四十天左右的中水位，较大轮船尚能航行，于是估计轮船四十天的运输能力，请各机关据此分配吨位，各自选运主要器材，配合成套，先行起运，其余交由木船运输，或待四十天后，另订计划运输。如来不及，或竞〔竟〕准备抛弃。至于何轮装运何机关器材，由我帮助分配。各机关完全表示同意。于是开始执行，效能提高，不止加倍，四十天内，人员早已运完，器材运出三分之二。原来南北两岸各码头遍地堆满器材，两个月后，不知道到哪里去了，两岸萧条，仅有若干零碎废铁抛在地面了。一位朋友晏阳初君称这个撤退为“中国实业上的敦刻尔克”，其紧张或与“敦刻尔克”无多差异。二十四只扬子江上游的中国轮船当中，只有两只不是民生公司的轮船，外国轮船亦有数只，但因中立关系，只运商品，不运一切有关抗战的东西，中国轮船为了报效国家，兵工器材每吨只收运费三十元到三十七元，其他公物只收四十余元，民间器材只收六十余元到八十余元，而外国轮船只装商品，每吨运费却收三百元到四百元，即此比较，可知中国公司尤其是民生公司牺牲之多，报效国家之大了。

因为扬子江上游滩险太多，只能白昼航行，于是尽量利用夜晚装卸，因为宜昌重庆间上水至少需要四日，下水至少需要两日，于是尽量缩短航程，最不容易装卸的，才运到重庆，其次缩短一半运到万县，再其次缩短一半运到奉节巫山，甚至于巴东。一部分力量较大的轮船，除本身装运外，还得拖带一只驳船。尽量利用所有的力量和所有的时间，没有停顿一个日子，或枉费一个钟点。每晨宜昌总得开出五只、六只、七只轮船，下午总得有几只轮船回来，当着轮船刚要抵达码头的时候，舱口盖子早已揭开，窗门早已拉开，起重机的长臂，早已举起，两岸的器材，早已装在驳船上，拖头已靠近驳船。轮船刚抛了锚，驳船即已被拖到轮船边，开始紧张的装货了。两岸照耀着下货的灯光，船上照耀着装货的灯光，彻底映在江上。岸上每数人或数十人一队，抬着沉重的机器，不断的歌唱，拖头往来的汽笛，不断的鸣叫，轮船上起重机的牙齿不断的呼号，配合成了一支极其悲壮的交响曲，写出了中国人动员起来反抗敌人的力量。

如何准备战时运输

宜昌这一段撤退工作，不但是民生公司的一段最艰巨的工作，也是整个抗战运输当中的一段最艰巨的工作，实则民生公司在抗战中最艰巨的还不是运输，而是如何准备运输。在抗战开始时，民生公司有四十六只轮船，中有三十二只都是以柴油为燃料的；江阴封锁，柴油断绝了来源，第一大事即为搜求柴油。从香港、广州，从扬子江沿岸，尽量购买，总共得了四千多吨，但是汉口、宜昌撤退一役用去两千多吨。民生公司四十六只轮船，战前一半以上在上海修理，五金材料完全取给予上海，一部分外国制造的机器，其配件主要取给予国外；战争开始以后，这些完全断绝了来源，而修理的重任，又须搁上自己的两肩；寻求五金材料和扩充民生机器厂，就算是第二大事了。从上海、香港、汉口等地尽量购买，得了五金器材两千余吨。但是汉口撤退的第二年，因为必须改造和建造若干轮船，即使用一千余吨。公司使用柴油的轮船，如果全部动员，每月即需三百余吨，宜昌撤退后剩余之两千吨柴油，只能使用半年，半年之后，只好宣布大部分轮船停航了，必贻扬子江上游之交通运输，极大的困难。好在民生公司一向习于改造轮船，于是尽量在宜昌及宜昌附近接收扬子江中下游逃难而无所依归的轮船，准备将其锅炉机器及船壳，彻底加以配合及改善，使能勉强行航于扬子江上段，这样先后接收轮船六十余只，但觉可以配合改善，而适用的无多，于是决计订造以煤为燃料的新船，先后共十五只，和〈以〉油为燃料的浅水船二只，以期后方航运绝对健全。最大的两只长一三七英尺，宽二五英尺，吃水七点五英尺至八英尺，其次长一一六英尺，宽一九英尺，吃水六英尺的一只，长一〇六英尺，宽一八英尺，吃水六英尺的九只，长九〇英尺，宽一五英尺，吃水五英尺的一只，长八〇英尺，宽一五英尺，吃水五英尺的二只，长七六英尺，宽一四英尺，吃水二英尺半的二只，中有四只均为铁壳，有十二只的机器是重庆制造，锅炉是民生机器厂自己制造。中间不知感受材料和人工的若干困难。例如锅炉钢板，香港买一批，早到海防，无法进来，上海买一批运到仰光，又无法进来，不得已又在昆明买一批。轮船订购已过两年，这最后购买的钢板，才最先到了重庆，又隔一年轮船才次第完成。又如冷作系从上海招致了来，木工系从湖南招致了来，工人何尝不同材料一样困难。现在一半的航线，主要就靠这些新轮服务了，因为有这一些新船和购买而加整理的旧船，填补了扬子江上游各长短航线的需要，原来烧油的轮船，就可以停了大半，而只使用了吃水最浅的烧油的船，还节省了大半的油和必需自国外所取给的配件。至在汉口宜昌撤退以后，剩下来的油和五金材料和配件，不但支持了这几年的使用一直到今天；而且还支持了这几年的亏折一直到今天。假若没有当年的若干油、五金材料和配件的准备，而完全靠今天的大量的高价的收购，或且无法收购，来供给全部的使用，则其亏折及其航行的困难，将更不堪言。

民生公司为了战时的需要，增加轮船最多的时候为民国二十八年，共有轮船一百一十六只，三万零四百余吨，那时收购的旧轮达到了最高额，订造的新轮则尚未完成，后来新轮先后完成十七只陆续加入航行，并先后购得海关轮船四只，应共有一百三十七只，三万六千余吨，但事实上数目却降低了，现在轮船为九十八只，二万六千吨，其原因：一部分是扬子江中下游的小轮，不适于上游航行，折〔拆〕卸了二十余只，一部分是扬子江上游主要的轮船，被毁了十五只。这被毁而沉没的轮船，以施救人员的努力，已救起八只，且已修复七只，再加入航行了。还有数只尚在万难中施救，或在万难中挣扎修复，以为今后运输的准备。

一般觉得得有这许多轮船维持各航线的运输，绝不会觉得尚有无限的准备工作，在运输的背后，准备了燃料，准备了材料，准备了轮船，而且准备了船厂，才会不断地航行起来。

巨大的损失与牺牲

以上困难都由自身的努力和环境的助力克服了；但是还有两个更大的困难不是自身可以克服的。抗战期间，运费、票费由政府限定，开支则无法限定。远在一般物价尚未限价以前，轮船即已开始限价了，其水准比一般物价为低，更比轮船所需的一部分物价为低。例如今天钢板的价钱，超过战前千倍以上，圆条超过战前三百倍以上，柴油超过战前三百倍以上，机油超过战前二百倍以上，煤超过战前一百二十倍乃至一百六十倍以上，其他物价无不超过百余倍乃至数百倍，惟有轮船票价平均仅等于战前四十余倍，加上更困难的差运，遂使轮船公司收入支出，失其平衡，尤以民生公司为甚，因为民生最多时有一百一十五只轮船，现已被毁一部分轮船之后，还有九十八只；扬子江上游最大限度，只有可供民生轮船四十只航行的航线，其余轮船无法航行。但得准备航行，第一差运缓急需要准备，第二江水涨落的变化需要准备。例如嘉陵江江水易涨易退，涨时使用五只烧煤的船，退时需立即使用五只烧油的浅水船，维持一组轮船经常航行，即需有加倍以上的轮船准备航行。凡此困难，均不是局外人所容易明白的。这有计划的负起经常航行责任的轮船公司，在若干轮船公司当中，自然比较亏折最大。虽然每年曾蒙政府调整运价两次或三次，但以原有运价水准太低；准许调整，又远在请求调整若干日期以后；票价、运价调整的百分率，又在一般物价变化的百分率以下；其结果不但不能填补亏折，且使亏折愈来愈为严重，其尚幸而存在，全系金融界的力量，暂时维系着它存在，但绝不能永远维系着它存在，更不是它自身能够克服的困难，惟有政府的力量，足以将它挽救过来。

还有一类继续不断的问题，为由战争而发生的意外损害。在敌机轰炸最烈的时候，岸上和码头设备，已有若干牺牲，及到敌机开始轰炸交通工具以后，活动于万县以下的轮船，损失更巨。第一次炸沉最大轮船一只，第二次沉没四只，损坏一只，第三次沉没一只，损坏两只，第四次沉没一只，损坏一只，这一本小册子正在草写的时候，第五次的轰炸又来了，又沉没一只，损坏一只。除中间一只系中、下游轮船，一只系拖船而外，其余皆系扬子江上游主要轮船。除轮船外并牺牲有若干的船员。除敌机轰炸外，还有由装运炮弹、汽油而爆炸，或空船装兵而翻覆的轮船，先后亦达五只以上。因此航行特别小心，虽多少减少了危险，却延长了日期，增加了费用。为应战时运输继续不断的需要，已损坏的轮船，必须修复，已沉没的轮船，必须施救，因损失而减少了扬子江上游战前运输力一半，必须恢复十之八九，使军事紧急，或后〔反〕攻的时候，尤其是复员的时候，不致感受运输的困难。此营业上过剩的轮船，事业本身不应需要，国家却大感需要，既为国家使用而牺牲了，复得为国家使用而恢复它。这一笔恢复的费用，竟达一万五千万元以上，这一个连年亏折的事业，罗掘俱穷，终于负担不了，还有一部分重要的恢复工程，在那里迁延着手，不知何日才能完成呵！

有计划的投资

航业是民生公司的主要事业。但民生公司的事业，究不止于航业，伴随着航业发展的，为其直接经营的机器事业——民生机器厂。战前即随航业逐渐发展到可以胜任四十六只轮船当中一半较小的轮船的修理，战后更发展到胜任全部轮船的修理，加上新购轮船数十只的整理，再加上新轮十几只的建造。机器和厂房设备数倍扩充，为抵御敌机的侵袭，一方面向地下深入，一方面向周围疏开，都算在短时期中完成了。

现在一半机器在最坚固的石层下面工作，分厂最多的时候有五个，分布在三十里的途程间，算是后方最大的一个民间机械工厂，而且是惟一优良的锅炉制造工厂。在抗战期间造了二十几个锅炉，为了轮船、火车发电和炼油用。民生公司间接投资最早的，为与航业有关的煤矿。它协助嘉陵江几个煤矿，建筑了一条轻便铁路，组织了一个北川铁路公司，并促成了这几个煤矿根本合并起来，组织了一个天府煤矿公司，抗战开始后，又促使这煤矿和铁路与河南的中福公司彻底合作，改组为天府矿业公司，获得了中福公司机器和材料的帮助，将这矿山完全机器化起来。现在每日产量超过一千吨，供给战时首都需要燃料三分之一以上。也供给民生公司需要燃料三分之一以上。战时首都所需的燃料四倍于战前重庆所需的燃料。即是说天府现在的产量已超过了战前重庆需要的总量。它还在积极准备扩充，使产量比现在增加百分之五十，运量比现在增加百分之一百。而这一位主持的人才孙越琦君，同时主持了几个方面重要的煤矿，并主持了中国惟一的甘肃石油矿，成为战时中国的一位煤油大王了。当着我在汉口与孙越琦君商量天府北川与中福彻底合作的时候，不过五分钟，即一切决定；不过一星期即调集了两只扬子江上游的大轮，运出中福撤退到汉口的全部机器和材料；到达天府以后，不过半年就完成了厂房建筑，铁路改修，地下工程扩充和机器安装等工作；可见一切行动是何等的紧张。

在汉口撤退之前，有一个从上海撤到汉口而不能再搬的大鑫炼铁厂，有一个从汉口撤到宜昌，而不能再搬的周恒顺机器厂，民生公司各帮助了它一半的资本，促成它们搬到重庆。

还有一个常州的大成纺纱厂，仅仅搬出了布机，民生将自有的三峡染织厂提出与它合并，促成它搬到北碚。后来这几个厂在后方都占有重要地位。

大鑫名称变成了渝鑫，是迁川工厂开工最早的一个，主持的余铭玉君是一位工业上的大胆者，他不但炼钢，他也冶炼与炼钢有关的原料如锡和锰铁，也制造和炼钢有关的材料，如火砖和炭精。他做人不肯做的事，为自己造轧钢机，同时也为其他钢铁厂造轧钢机。周恒顺的机器厂名称，变为恒顺机器厂，成为仅次于民生机器厂的一个最大的机器厂。主要制造蒸汽引擎，吸水机，打风机，其数量各以十部计，曾帮助了政府和许多民间事业，也曾帮助了民生公司。主持恒顺厂的周茂柏君也兼主持民生机器厂。他的头脑相当精明，对内、对外都多办法，因此形成了后方机器业当中的一个权威。三峡染织厂的名称变为大明，完全交由大成纱厂的人经营，是后方一个最大的布厂。自从政府实施管制纱布之后，完全向政府领纱，为政府织布，其帮助亦自然在政府。

此外，民生投资的事业很多，不投资而用人力帮助的亦不少，尤其是迁川的事业，无不受它运输的帮助的，国家今天亦受此许多事业的帮助了。

战时问题与战后问题

民生公司主要仍是用了水上的运输力量，帮助国家和社会，凡一切大的问题发生，都常常由这一个公司设计承运，撤退工作就是最大的证明。

抗战以前，民生公司水运的事业，相当有利，周围投资事业，倒常常亏折，成为它的累赘。

抗战开始以后，情形完全颠倒过来了，水运事业，不断的亏折，股东没有分得红利，职工没有好的待遇，即可证明它所报效是在国家和社会了。它现在非常忙碌的仍是运输问题，亏折问题和意外危险问题，一年到头苦于救死扶伤之不给。当着一般人都在高谈战后及航业问题的时候，它还是只忙着战时问题，忙着解救战时的无限困难，尤其忙着战时应负的运输责任。不是它眼光短浅，不能看到战后，而是它认为问题列排的秩序，应该是第一为战时，第二乃为战后。它相信国家对于战后的航业，必有整个的筹划，必责成几个主要公司分担各主要航线的责任，而由政府妥为分配；何家公司主力用在远洋，何家公司主力用在南洋，何家公司主力用在沿海，何家公司主力用在扬子江，使各竭其全力发展其主要航线，相互间配合而不致相互间冲突，这是国家必定把握的大计。其余都是轮船公司自己的事。民生公司在国家整个航业筹划之下，也当然是主要负责的轮船公司之一，本着它战前的计划和现在的基础，扬子江上游仍应以绝对优势，保持航业上的长期和平，使不再发生残酷的斗争，扬子江中下段，它应该是几个主力中的一个主力，使足以与它的上游航线联系；沿海它也许视能力参加，以与扬子江联系，它不得不有几条相互救济的航线，使不致因为一条航线不景气，而受致命的打击。这是它得自己努力的，也必荷政府予以批准的。它虽然不是一个理想的轮船公司的组织，但是它在若干轮船公司组织当中，不是比较坏的。它的管理力方法，虽然不一定已经良好，但是它们究竟天天在那里想方法，希望它良好。它的人才虽然不一定都有专门的训练，但也天天在那里搜求人才，而且在那里训练人才。最可怜的是航业上本来就缺乏人才，外国公司只为中国培养了若干买办，中国过去的公司，亦没有成为培养人才的机关，所以到今天，不得不有才难之叹。如果各界的人，感觉有不满意它的地方，它非常欢迎指导它如何改善，因为它本来就希望改善。

就民生公司这桩事业言，总是值得人同情；只有我自己最惭愧，自始至终无以对事业。在开始经营五六年中，因为负了嘉陵江三峡的治安责任，准备将那一个区域，布置经营成一现代乡镇的模型，不免分去一部分精神，民二十四年秋天，正在上海为公司计划造船的时候，突然得最好的朋友何北衡由成都来电，转致省政府刘主席的意思，说是中央将要发表我任四川建设厅厅长，千万要担任。这一个消息使我和民生公司在上海的朋友，都感觉到非常彷徨，民生公司正在前进的时候，怎么可以发生这巨大的变化，立刻发电说明种种困难，辞谢这新的使命。但是后来终于发表了，回到四川，同着何北衡一道，面向刘主席辞谢，整整说了十六个钟头，不得要领，不得已勉强承担了。在四川一年又半，没有做出多少事情，可对民生显然失去了一大助力，毕竟自己是民生一群朋友间兴趣的鼓舞者，离开之后一群人的兴趣，总不免低落些。好在一年半后，蒋委员长要派人到欧洲考察，我也是被派之一，遂辞去了建设厅厅长，恰逢着七七事变发生，欧洲之行，又请求停止。方欲回到重庆，求以事业报效国家，但因为全面抗战发生，离开中央不得了。后来在交通部次长任内先后五年，中间复兼任了全国粮食管理局局长一年，除因为有国家水上运输的关系，督责民生公司勉为担负而外，个人与这事业竟愈隔愈远了。直到今年春天，才完全辞去了政治上的职务，而回复全副精神到事业上来，与许多良友共同担当这最大的困难。

帮助撑持这一桩困难事业的，除最早有一位幼时的老师陈伯遵先生外，还有几位朋友黄云龙君、彭瑞成君、郑璧成君、邓华益君，均曾先任公司协理，后来分任各部分的经理。公司发展到了上海，张澍霖君实负上海开创的责任。在我离开事业的时期，宋师度君、魏文翰君先后代理我的职务，应付了无限的纠纷，支持了无限的艰难与险阻，令我万分感动。在汉口撤退最紧张的时候，杨成质君实当其中，在宜昌撤退最紧张的时候，童少生君首当其冲，李肇基君亦曾先后担任这两处撤退的工作。在抗战六年中，几个主要海口和扬子江上游各埠的负责人，曾完成了个别的任务。董事会则有老成持重、支持公司主张的董事长郑东翁，始终帮助最多的董事何北衡君，现在全力支持公司的危局是几位常务董事，尤其是在渝几位常务董事。此外中央和地方的长官，金融界的领袖，予这桩事业以无限的同情、关切、指导与扶助，都是事业和个人应得万分感激的。

（原载铅印同名单行本，1943年10月）

《新世界》复刊词
（1944 年 3 月 15 日）

《新世界》是民生公司发行的一种定期出版物，最初是半月刊，后来改为月刊，发行了一百四十九期。因为敌机轰炸，印刷困难，于是乎停顿了。

这一个刊物纯粹是为民生公司的同仁提高工作的志趣，鼓起工作的兴趣而出版的。其材料大概都是取给于事业的内部和工作同仁的活动。供给这些材料者大概都是工作同仁。部分同仁颇有写的兴趣，全体同仁都有读的兴趣。当然大有影响于他们的工作。中断几年是非常可惋惜的事。

今天复刊，是更要将意义扩大，影响加深故取给材料，不仅自事业，而自社会；写文章者，不仅系工作同仁，而系各方面凡可以供给材料的人士。凡有《新世界》需要的材料，无论来自何处，一律欢迎。读者自然第一是希望工作同仁，但亦不限于工作同仁，凡有愿意订阅《新世界》者一律欢迎。

然则复刊以后的《新世界》究竟是一个什么样的新世界呢？这要问：今天以后的世界是一个什么样的新世界了。世界大战结束以后，同盟军最后胜利以后，世界的局面，必定是一个新的局面。中国应以极快的时间，踏入这新的局面。中国的一切建设、一切事业自然包含着我们自己经营的事业，中国的一切人，自然包含着我们的工作同仁，均应踏入这新的世界。这新的世界应该有些什么，这《新世界》所介绍的就应该是些什么。

然则新的世界应该有些什么呢？

第一是新的发现和发明。发现了油、煤、金属及其他矿藏，优良的农业品种，有效的药物……一切可供取给的资源；发明了矿业开发、农业耕种，或工业制造的，或水陆交通的工具，科学研究的仪器……这其中专门的科学的问题是专家所应研究的，都不是《新世界》所能介绍的，《新世界》所能介绍的是发现者和发明者所经过的艰难困苦的历程，及其所获致的伟大效果，可以鼓起我们的勇气和兴趣的。

第二是新的建设和改革。尤其是经济方面的，例如筑成了铁路或港口，创立了工厂或农场，垦辟了大的荒地，开发了大的森林……又如改革了事业管理的制度，农业的或工业的生产方法……凡所经过的艰难困苦的历程及其所获致的伟大的效果，可以鼓起我们的勇气和兴趣的，都是我们应介绍的。

第三是新的社会运动。支配人们行动的最大的力量是社会运动，他可以促起每一个人的行动，它可以利用社会的力量包围着个人的行动。例如农业改良运动，合作运动，公共卫生运动，工作竞赛运动……愈具体，愈于社会有裨助的运动，愈有支配人们行动的力量。愈是我们所应提倡的运动，愈是新世界所应介绍的运动。

我们介绍事的成功的方面，也介绍人的成功的方面。不一定是事的全局，只要有一部分的或一段落的好的事实，即是我们所要介绍的事实。亦不一定是人的终身，只要有一句佳言，一件懿行，即是我们所要介绍的言行。

中国人没有不想中国好的，每一个作事的人亦没有不想把事做好的，但是，不知道什么是好的，怎么样去做好，有好的愿望而没有好的办法，我们应尽量介绍好的办法。中国人的头脑足够地容纳了抽象的理论的材料，而极缺乏具体的事实的材料，我们应尽量的介绍具体的事实做材料。平常人议论一切事物，多注意到坏的方面，而少注意到好的方面，我们应尽量介绍事物的好的方面。

我们所介绍的材料，一部分应自国内调查得来，一部分应自国外翻译得来；我们盼望作者向各方面搜求，亦盼望读者从各方面予以赞助。内容盼望丰富，尤其盼望精到。盼望可以裨助读者，鼓起读者兴趣，供给读者参考，盼望办到谁都翻开篇页即不忍释手了。

（原载《新世界》1944年3月号，1944年3月15日）

国际交往与中国建设*
（1944 年 10 月 12—15 日）

（一）国际通商会议的性质

这次国际通商会议，是由美国四大工商业团体所发起，邀请我国工商界举派代表出席。这次会议，大体是由美国工商界提出九个问题，希望探讨其他各国对这几个问题的意向。

这九个问题是：

1. 维持私营企业的问题；
2. 国家商业政策；
3. 国际货币关系；
4. 新的区域之工业化；
5. 如何鼓励及维持投资；
6. 航业政策；
7. 航空政策；
8. 世界原料供应问题；
9. 卡特尔商业联合问题。

这几个问题，也许就是美国今天所感觉的问题，也许他们对这几个问题有一种倾向，希望探讨旁的国家对他们这种倾向是否相合，或有何出入。

中国工商业团体推选了几位出席代表，由政府最后核定，于是确定

---

* 卢作孚作为中国工商界出席在纽约召开的国际通商会议的代表，临行前夕，于 1944 年 10 月 1 日在北碚上海复旦大学、中国西部科学院等机关事业单位联合举行的欢送会上的讲话。原题为《在北碚组饯席上》，编辑时略有删节。

了五位代表及三位顾问。这五位代表是陈光甫、张公权、范旭东、李铭诸先生及本人。这三位顾问是张嘉璈、王志莘、李国钦等三位先生。我想：其他各位代表对整个国家的和世界的工商业情况，都相当熟，还可以“代表”，而个人只有对北碚才熟，而且这几年因少过问北碚的事情，连北碚也不甚熟了。此外，则熟的问题太少，懂的也太少。诚然自己因为航业关系，与各方接头的颇多，但因为接头多了，也就很深刻。所以一得到被推为出席代表的消息之后，自己很恐慌，便赶快准备，赶快搜求问题。本来中国工商业还未进入世界商业之中，除有一小部分出口业与外国有关外，很少与世界商业有接触关系，故要了解问题的全部很难。尤其今天是在战时，比平常更难得到消息，所能在报章杂志上获得很少一点材料，实在太不够。同时也想请托现已经在美国的代表和顾问，探讨发起人或其他国家的意向如何，但是也无结果。只得到这样一个回电：“发起人不在. 其他国家代表还未来。”所以不得不提前去，希望多能用些力量于会议之外或于会议之前。不过自己实在了解太少，当然成功也将很少，不足以符诸位的期望。

中国人不可以有一个乞求人的态度，孙恩山先生谈：“上海有一外国乞丐，常常伸手向人要钱，成了习惯，因此这只手便也常常伸起，再也收不回来了。”要知世界上绝无便宜的事，也绝无便宜可得。任何国家，第一总是先顾自己，第二才帮助自己以外的友国，绝没有例外。前回在重庆，即有人间接的或暗示的提出，仅为其本身事业〈要求〉援助的问题，代表同仁即当场一致声明：这不是这种性质的会议所可解决的，更不能在这个会议的时候解决。

（二）如何促进国际了解

中国的困难，需人了解，事实上也须得帮助才能解决。促进中外的相互了解，这是必要的，不然，不仅是中国前途的不幸，也是国际间很大的不幸。

章先生[①]说：“在国际外交上说话很困难。”就是说得使人了解也很难。像我这样不会说话的人，去到国际上说话，尤其困难。但自己绝不减少勇气，也曾利用过机会及时间，去和纳尔逊先生晤谈，和美国大使

① 章友三，时任复旦大学校长。

馆的执事乃驻渝的美籍朋友晤谈，甚至也和英国大使馆的人士晤谈，虽然未能完全说服，至少已使他们对中国的真正问题有相当的了解。

首先要使明了的，中国自然是一个很困难的国家，其困难是一向都如此，并不是抗战后或最近才如此。性急的美国人来不及看清楚全面和前后，只就现在观察得的局部情事来作推断，这是很错误的。

原来在太平洋战争前，中国抗战四年多，未引起世界的注意，美国亦未注意到中国的艰难及其支持的力量。一直到珍珠港事变发生以后，日本不数月而席卷了南洋，囊括了荷印，掠有了缅泰，直叩印度之门，英美遭受了惨重的打击，才尝到日本进攻的力量！才推想到中国抗战的力量，如何能支持这样久？把中国敬佩的了不得。尤其美国人，突然起了很大的惊异。以为中国一定是一个非常神奇的国家；以为政府或社会各方面都一定非常之好，就可以值得立刻去帮助它。

本来这种太敬佩、太惊异，就是一种错觉。实地来到中国一看，才是各方面都不如想像那样之满人意。在大的惊异之后，遂来了一个大的失望，由失望而产生许多哲理：认为“中国不值得抬爱”。便以这些错误的观察为事实，自然，我们也不能否认这些不是事实，例如走到重庆来看，有几条旧的街道有点不清洁；还有来访问的中国人很多，听中国人说的话也很多。而所说的话都各是一套，各不相同，没有共同的见解，没有共同的主张。

中国人最喜欢批评，外国记者的新闻材料，也许就是从中国人的口头上得去的。在外国报章杂志上发表的批评，也许就是中国人自己的批评。例如：四川人就最会讲四川人的坏话。有一次，一个家庭请了十多位客人在一个纪念的日子吃饭，自己和另一位四川朋友也在座。这位四川朋友就在席间大发感慨地说：“有十几年未回四川来了，这一次回到成都，感觉得成都非常之腐败。”我问：“何以见得呢?”他说：“有的人还在戴着一顶瓜皮帽，有时将瓜皮帽脱放在桌上，用长而黑的指甲，搔着头皮乱飞。”我说：“这固然是腐败。”他又说：“有的朋友脚上还踏着一个灰笼①。”我说：“这尤其腐败。但是，你看见好的方面没有呢？深夜还有打锡箔的声音，缝纫〈机〉的声音，黎明就有卖豆腐的声音，卖豆芽的声音……你听着没有呢?”答说：“我没注意。”〈我继续说〉：“又如，天一亮，所有的店铺门都开齐了，你走到长江下游任何地方，商店

---

① 取暖用具。

开门都没有这样早。许多家铺子，外在是商店，里面便是工场。上海的大百货商店，一疋一疋的绸缎，五光十色地扯得很长，但很少是自己织造的。有一次在成都同晏阳初先生驱车出城，到处看见都是水头，凡水头都有水磨，凡水磨都在动。这些，你看着没有呢?”他说：“也未注意”。“还有，成都终年无一片闲土，一出城遍地都是黄金。因为那时的地，种满了油菜和粮食，而菜花较其他作物为高，所以便只看着一片黄色的菜花了。我说：‘我们是到了黄海!’晏先生说：‘我们是到了金海!’这些，你看着没有呢?”他说：“也未注意到。”我便说：“因为你只注意到腐败去了。所以从头上到脚下，看到的便都是腐败。如果你换一个镜头，从另一个立场去观察，则你所见所闻，即有很多好的事实，值得你称羡，值得你快慰不止的”。旁座的人都说：“四川倒需要像你这样一个宣传家!”

其实，不过他提着成都，随便就成都举几个例子。至于四川，值得说的当然更多。例如：四川人种地，一直种到山顶上去了。省外的人对山坡地都放弃不种。所以我说：“外省的种植是计平面的，四川人的种植，已由平面进到立体了。再有，对中国抗战的支持，四川是尽了主要的力量；机器、物资的抢运，民众的撤退，都是靠四川的轮船搬运进来的；兵源的补充，军需的接济，也是靠四川的轮船输送出去的；迁到重庆的许多工厂、学校，还靠重庆原有的电力，驻渝的机关商旅，还饮用重庆原有的自来水；如果没有四川的原有基础和努力，连你今天想回四川，也难能了。所以，四川人需要认识四川，中国人尤需要认识中国，万不可鄙薄自己，只批评自己的短处，而不去发扬自己的长处，更不去改善自己的短处。我这次出去，虽然积极的保证没有，便消极的保证却是有的，就是：‘绝不说自己的坏话’。”

这还不够，更要促进相互的了解。而了解的促进，不是多请几次客，或以口头上，文字上的宣传，可以奏效的，而是要多看看实际做出来的事迹。例如：有些外国人到了成都飞机场，看着那样伟大的工程，是完全凭着人力，在那样短的时间内做成的，无不钦佩的了不得。又如：美国的新闻记者到北碚来看着北碚的复旦大学，江苏医学院，地质调查所，中工所的实验厂或中农所的农场，天府公司的铁路和矿厂，都非常惊诧。甚至惊诧到：何以到中国来这样久，还未看到这些东西呢?有的人说我：很会替北碚作宣传。其实，我从未替北碚宣传。北碚到现在连一本完整的介绍印刷品也还没有。我也未宣传自己，你在北碚任何地方。找不出“卢作孚”三个字。但因为北碚在做事，他应能把他所做的事说得明白，所以也阻止不住他的宣传。

抗战以前，四川人与省外人多不互相了解，我们即曾作过这样沟通工作的运动：即促起四川人多到省外去，促起省外人多到四川来。自己就曾先后率领了几个团体到上海、到青岛、到东北去考察。也曾首先促起一个科学团体到四川来举行一届盛大的年会。以后即随时欢迎各方面人士到四川来考察。今后更希望促进国内外人士多多相互往还。我们不怕美国人来，更欢迎美国人多来，欢迎世界上一切国家，尤其是各种物质文明比较先进的国家的人士都多来。中国人虽然还未把现代的技术，现代的管理方法学会、学好，然而还是一个刻苦的、勤奋的、有希望的民族：现在总是在往好的方面学，往好的方面变，而且证明是可以学得好，可以做得好的。同时，另一方面，还须促成中国人多到外国去。但不是像以往那样，把刚毕业甚〈至〉还未毕业的青年，大批大批地送出国去，而是要促起成熟的人多出去，促成头脑中问题装得更多的人、事业上负责的人多出去。这些人出去，自然思想、品行都不会有问题，然后可取得对世界的相当了解，可以增进多少认识。盼望大家都促成这个运动。只要人多往还，多研究，便不难做成中外的沟通。自己便是以这种的意义出国去，并盼望在这次出去的机会中，更吸引多少外国人到中国来，真正地看看中国的情形，不要匆匆忙忙地来一两天就走了，便认为这就认识了中国。记得十几年前读严复译的《群学肄言》，当中有一版，记述一个外国人到伦敦去住了三天，就认为了解了伦敦，要想写一本伦敦的书。但提笔的时候，觉得还有些问题未弄明了，又住了一星期，觉得不明了的问题还多，再住一个月，觉得问题更多。等到了三个月之后，他说：我这本伦敦的书写不出来了。所以必须有较长久的时间，了解才能越深切。

这次出去，还有一个须得国际了解的问题，便是中国需要一个国外的市场。外国人也很了解，一个国家要是没有出口货的时候，也不会有进口货；出口货不多的时候，进门货也不会多。国际间的帮助，即使再深切的友谊，也绝不是无偿的救济性质。如用钱帮助你。必需拿钱还他，而且要拿他的钱还他。用机器帮助你，也是卖给你，还是合成钱，需要用他的钱付他。但如何才能取得他的钱呢？就必需拿东西出去卖。拿东西到哪里去卖呢？就必需要一个国外市场，这是第一个前提。第二，中国多拿什么货出去卖呢？这些货如何多起来？以〈前〉出口的大宗是生丝、桐油、茶叶及一部分特种矿产原料，现在生丝已为人造丝所代替，桐油美国自己种植了很多，茶叶非所需要，此外农畜产品如粮食、鸡蛋……这些东西到底能增加多少呢？是无法增加多少的。而且鸡蛋、肉食之类，并不是自己生产过多而输出口的，而是自己省下不吃，才输出去的。再如矿产，较大宗的是钨砂，一年也不过换几百万美金。

中国需要工业化，需要大量的机器。只有利用大量的机器，才能增加大量的生产，也才能建设现代的完整的国家。如果只靠农产品或矿产品来掉换机器，是无法解决建国中庞大的需要的。故必需输出大量工业品，以掉换外汇。但如以我们幼稚的工业品，去和欧美先进国家的工业品竞争，根本就不可能。所以研究到只有南洋还是一个出路。南洋以往是日本的市场，日本战败之后，为防止其再度侵略，必得灭除他的军事力量，也必得降低他的经济力量。要降低他的经济活动的力量，即必得紧缩它经济活动的市场。日本原有的这部分南洋市场，就应得让中国去填充。则以后中、南（洋）、美的经济活动，就有如兜圈子一样，中国买美国的机器，美国买南洋的橡胶或锡，南洋买中国的布或工业品。因为这个关系，美国人纳尔逊便认为中国应该取得南洋的市场。甚至许多英国人士也有这样认识。这次出席国际通商会议，当利用机会，用尽方法去取得了解，并取得国际上大家共同的承认。但还得自己准备，谁快，谁就取得。机会绝不会为我们保留。所以，还须解决另外一个根本问题，就是：建设成功一个现代化的国家。

（三）中国建设的前途

我们希望中国能够建设起来，先曾以北碚这个小小的地方作一度经营的实验，悬出了一个理想，叫做“将来的三峡”。最初进行起来颇困难，但毕竟能建设成功一个这样的局面。尤以迁建事业机关的帮助，两三年内完全实现了原来的理想，甚至超越了原来的理想。从这小小地方的经营，可以证明：中华民国是可以建设得起来的，是能够建设得起来的；使别的国家也认识中国，必决有希望，有前途。

自然，以少数几个人来做建设中华民国的运动是不够的，但是许多人来做，即一定可成功。何况中国又有这么广大可爱的领土，有这样众多可爱的人民，有这样良好的际会，而又不像苏联建国初期那样孤立呢？

我们如何建设成功一个令人满意的国家？我最近在一本《战后中国究应如何建设》① 的小册子里，即引叙了这样一段：“英国工业进步最早，大约有二百年，美国立国以来，仅一百七十余年，日本维新以来，仅七十余年，苏联革命以后重新建设，仅二十余年，越是进步最迟的国家，一旦觉醒，其进步则愈快。”即因其善为运用了前人的经验。原应用于工商业的新的利学管理方法，今天已应用到整个国家建设上去了。最显著的莫过于战时的美国，尤其莫过于美国的制造轮船。过去几百天始能造成一只轮船，现在几十个小时就可以造成一只轮船了。将整个轮船的各部零件，分配到若干工厂去造，再将若干个工厂的制件，送到一个大的装配工厂，配合起来，便成为一只轮船了。我们更可进而用这种方法，把整个国家的一切建设，一切事业，配合起来，便很快地建设成功一个现代的国家了。只要有计划，有确定的办法，善于运用先进国家的建设经验，和他们的物质援助，其发展且必比苏联更易而更速。

美国人对于国家经济计划，最感觉头痛。这是颇费解释，而很难令其彻底明了的。美国人认为一桩事业可以有计划，而一个国家却不可以有计划。国家有了计划，即事业有了管制，有了管制，会发生弊害。他们认为战时才应有计划，平时就不应有计划；因为战时转变急遽，故必须有计划。殊不知在平时建设，经济情况转变得快的时候，也一样的须有计划。我举几个例：例如长江的重庆汉口间，原有一千只木船行驶，每船平均以二百工人计，即有二十万人靠这一千只木船生活，如以间接依赖的家属合并计算，当在百万上下。单是青滩一处拉纤的人家就是好几百户。自从行驶轮船之后，便代替了木船，原有靠木船为生的人，通通被消灭了。自己就曾亲去调查这青滩这几百户人家的生活，有少部分改业，大部分沦为乞丐，有的甚至冻饿以毙，情况非常之惨。又如上海地方，原有许多手工织袜厂，南通一带有许多手工织布厂，现通通已被大的电力机器织袜厂或织布厂所代替，所消灭了。近如璧山原来就是一个大的土布厂，现在亦通通被洋布抵倒了。所以如果只创办新的现代事业而没有整个妥善的安排，即易发生很大的弊害，引起整个社会的不安，尤其是中国的建设，更不能没有一个确当的计划。

又如，近拟利用长江水源，正筹划创办一个在世界上都空前甚或绝后的大动力厂，一个最大的发电厂，可以发到一千零几十万千瓦的电

① 即《论中国战后建设》。

力，〈输电〉直径一千英里（也许还不止，据翁部长[1]谈：可到一千二百英里）的区域内，都可用电力实行高地灌溉，用电力实行农产加工，则对农村的改变，是何等重大！还不止此，这样大的电力，如何利用，如何分配，还必须有一大群产业来配合它，有若干交通线配合它。必须改革长江中下游一带航路，使最大的海船能直达重庆。又如假定四川完全用化学肥料，只需一百到一百二十万吨，如拟以五百万〈度〉的电力来供一大的肥料工厂，则可年产六百万吨的肥料，不仅可以供本国自用，而且还可以之出口，以之掉换外汇，以还外债。这一切一切，如何可以不要计划？不要整个的计划？如果没有计划，像这样大的动力事业，即会支持不了。

还有，像这样大的计划，恐怕中国人做不了，其实，计划何必一定要中国人做呢？更何必一定要政府做呢？像上面说的这个水力发电计划，就是一个美国人，一位世界上第一流的水电工程专家萨凡奇博士做的。但定计划的时候，政府必须参加；还不止政府，凡有执行关系的事业上的负责人都必须参加。只要计划决定了，不论谁来做都可以。政府做可以，人民来做也可以。中国人做可以。外国人来做，还是可以。昨天同主席[2]在船上谈：将来中国政府的资力，一定放在几个主要的事业上，如海港、铁路、电厂。其余的事业即放手中国人来做，甚或外国人来做，只要在国家整个计划之下。（促起美国朋友参加上述的若干事业，亦为此行希望之一。）

此后，国家只须控制两个武器：第一是法律；第二是计划。两者都是维持秩序，法律从消极方面规定了人民行动的范围，计划更从积极方面规定了人们行动的方向和途程。有鲜明的目标，有前进的道路，有光明的前途，不仅鼓舞了中国人奋斗的力量，也鼓舞了外国人帮助的信心和同情。我想中国的十年计划，必比苏联的几个五年计划规模更大，进步更速。例如苏联三个五年计划才建设成功六七百万千瓦的电力，而我们一建设，便是一千零几十万千瓦的电力。

（四）结论

世界上要得永远地和平下去，必得要没有侵略的国家，同时更得要

---

① 翁文灏。

② 即章友三。

没有可能被侵略的国家。至少中国必须有足够的力量能保证自己的安全，乃能保证远东的安全；必须有力量能够维持远东的和平，乃能联合世界上爱好和平的若干强大国家，维持世界上今后永久的和平；才能不辜负这次战争，才能保证这次战争的功绩和无限代价的勋劳。

现在大家都有这种热情。如这次运动能促起美国人士甚至英国人士的了解和兴趣，也许对中国有所帮助。至于成功不成功，力量如何渺小，这是另一问题了，当尽力鼓起热情，勇气，努力去做。就这做的本身说，也可多少答谢各位这番盛意。

（原载《嘉陵江》1944年10月12—15日）

工商管理*
（1945 年 2 月）

（一）概　论

工商管理肇端于工业管理，援用于商业管理，更援用于工商以外一切事业、一切机关的管理。具体言之，每一类事业，甚至每一种事业有其特殊的性质，即有其特殊的管理。抽象言之，任何事业、任何机关，皆有若干共通的管理对象，即有若干共通的管理原则。兹编仅及于共通的几个管理原则，及其值得注意的若干项，未能及于特殊的问题，亦未能及于具体的方式也。

工商管理所采用的方法系科学的方法。科学有两种方法：就纵的言之，寻求事物的因果必然的关系；就横的言之，分析或排列事物，使彻底系统化，科学有两大类：一系自然科学，一系社会科学。自然科学应用到农业、矿业、工业及交通事业等的物质方面，技术方面；社会科学应用到一切事业，一切机关的社会方面，管理方面。实则管理亦系技术，如何配合一切事业之物质设备，并控驭其活动，如何训练每一工作人员，使其有控驭物质活动的技术，亦皆管理范围以内之事也。

工商管理的要求，在提高工商事业中全盘活动的效率，在使工商事业中全盘人力、物力配合的活动达到最高的效率，所谓最高效率，系要求以最少人力，最少物力，最快时间，换得最多结果，最好结果。任何事业，任何机关皆应有此要求，此其精神为经济的。

---

* 又名《卢作孚讲业务管理》，抗战期间曾先后在国民党中央干训团、重庆大学商学院讲授，首刊于《新世界》1945 年 2 月号。

工商管理的方法即系建设秩序的方法，建设每一工作人员活动的秩序，建设一群工作人员相互配合活动的秩序。秩序面以成文表现之，即系“法”。任何管理皆有必不可少的三事：1. 创造“法”，2. 执行“法”，3. 遵守“法”。此其精神为政治的。

工商管理方法的实施，特别重在工作人员的训练，训练所有工作人员使有秩序的配合活动，使其活动有效率，有技术，且有管理的技术。事业实即学校，且为最实际的学校，此其精神为教育的。

社会科学主要运用在经济、政治、教育三方面，尤其综合地应用在工商管理方面。其基本建设为心理的。工作人员必须有事业上远大的志趣与工作上当前的兴趣，工作人员必须要求有秩序的活动，有效率的活动，乃能接受并运用管理的方法，使管理充分发挥其效用。

（二）工作人员的志趣与兴趣

工作人员必须有远大的志趣，乃能有浓厚的兴趣。第一，必须有个人职业的兴趣。从事于某种职业，即要求成功于某种职业。从既定的职业上要求继续提高其地位，而不随时改变其地位。继续积累其日益丰富的经验，而不随时放弃其经验。第二，必须有公共事业的志趣。个人不但不改变其所择定之职业，亦不轻易改变所参加的事业。使所参加的事业逐渐扩大其经营，改善其设备，改善其服务的方式，使有更多裨助于社会。第三，从所择定的职业造成职业上一股进步的运动，从所参加的事业造成事业上一股革新的运动。第四，从自己参加一种事业而认识国家整个的建设。就自己的地位推动事业的经营，就事业的地位推动国家整个的建设。

要使每一工作人员认识自己的地位，即是成功的地位。不仅可以造成自己的成功，抑且可以造成同样职业的成功。不仅可以造成个人的成功，抑且可以造成事业的成功。不仅可以造成事业的成功，抑且可以造成国家整个建设的成功。要使每一工作人员有此要求，有此远大的志趣，乃能有工作上浓厚的兴趣。

从工作人员当前工作言：亦须使其直接感有浓厚的兴趣，必须使其明了每一工作的目标远近，已有成绩多少，比较他人并比较自己的过去，必须使其明了工作的内容，分为若干部分及若干步骤，其与周围有何种关系，横的联系与纵的交替，其前进有何种困难，有何种方法可以克服困难；必须使其有工作即有成就，且有欣赏并鼓励其成就，乃能使直接感有工作上浓厚的兴趣。

从工作人员工作以外的生活言：应使建立整个生活的意义，以工作为中心应使学问与工作联系，选择与自己的工作，自己参加的事业，自己参加的社会运动和整个国家的建设有关的题目，集合同志读书讲学，应使旅行生活与工作联系，参观可供参考的事业，留心可供参考的方法和设备。应使一切娱乐生活与工作联系，电影选择有关的影片，戏剧选择有关的剧本，凡此皆有助于工作的兴趣。

从工作人员的家庭生活言，亦当予以联络及改善，学校、尤其小学校深知联络学生家庭的重要。事业与工作人员的家庭关系尤为密切，尤有联络的必要。应使家庭明了工作人员的地位与事业的关系，明了工作人员现在及未来可能对于事业及国家的贡献，欣赏其努力与成就。应使家人参加事业并相当参加与事业有关的公共生活，尤其旅行生活与娱乐生活。应以各种方法协助工作人员解决其家庭生活的困难，使家人对于事业有可以依靠的感觉，对于工作人员努力事业无反对或责难的态度。

（三）组 织

一事业而有一群人工作，即必须此一群人各有职掌而又相互配合；必就事业管辖之区域或范围或性质划分部门，或在某种范围之下再分性质，或在某种性质之下再分范围。就整个政府言，中央之下分省，省之下分县；就整个中央言，国民政府之下分院，院之下分部，部之下分署、分司，司之下分科；就整个股份有限公司言，总公司之下有分公司，分公司之下有办事处；就总公司言，总经理之下分几部或几处，每处分几科或几股，无不以区域或事的范围或事的性质分设机关或分设部门，或部门之下又分小组；要将所有事务划分到每人有显然不同的工作。即此工作如何分析仍当分析，不但供整个事业分析成为绝对严格的系统，直使每一工作人员的工作亦有其严格的系统，以此发挥每一工作人员的能力，使能担当最多的工作，然后能使每一事业或每一机关只需最少工作的人员也。

机关而必须层层节制，乃能使事业之推动如身之使臂，臂之使指，中央节制省，省节制县，总公司节制分公司，分公司节制办事处。此为纵的组织，然仍有其横的关系。一机关之人事部分，必须料理及于各部分的人事问题。统计部分必须料理及于各部分的统计问题。纵横错综乃成为灵活的有机体组织。事业愈伟大，纵横错综的关系愈复杂。在纵的关系中，必须每层有其明了的责任；在横的关系中，必须相互有其明了的联系，乃不致职责混淆，系统紊乱。上层机关常有若干专掌部门，每易直接指挥其下层机关的专掌部门，忽略其下层机关之整个体系，亦殊失层层节制之义，将降低其管理效能。

组织最重要之意义，在兼擅分工与合作的长处，尤其在以社会的秩序监督个人的行动。吾人不能相信任何人之任意行动，而应相信任何人在整个社会组织中秩序的行动。因整个社会有秩序，故个人在其中亦不得不有秩序。一事业而有最高才能的领导者，不在其凭个人的天才监督人群，而在能建立人群的秩序监督个人，不但应当发挥每一工作人员的能力，尤其应当发挥整个社会组织的能力。

（四）管理上几个主要问题

1. 人事

人事管理之第一问题在用人，用人之第一要义在为事择人。因此，第一必须明了何事需人？事的范围及事的性质？第二必须明了需何种人？需何种知识及何种技能？第三必须明了从何处可得所需的人？从何学校或何事业或不可知的社会得所需的人？第四必须明了用何种方法可以得之？征求、托人推荐或与学校约定？第五必须明了所觅的人是否有某种知识或某种技能？予以考试或调查过去？如竟无适当人选，更应如何事前储备之？

人事管理之第二问题在于工作人员以指导。每一工作人员进入事业，必先由人事管理部门予以生活上之指导。应在何处办公，何处领物，何处领款；如供食宿，何处用餐，何处就寝，有何种公共规则，何种公共活动，尤其事业之整个组织内容及与环境之关系，皆应有书面说明，并应有人指导与解释。然后介绍工作人员到达工作地段，由主管者予以工作上之指导。第一指导其接收工作之交代，明了工作程序、方式与周围之关系及尚待解决之事项；接收文件之交代，明了应有的规章、专案及尚待裁发之文件；接收器物之交代，明了其应行保管或使用之文具、用具及用品。第二介绍其拜访周围有关之工作人员，明了其应接触之点。一切均已明了后，试令其说明工作概要，再令其试任工作，助其克服不可避免的困难，使其顺利工作，日有进步，兴趣日加浓厚。

人事管理之第三问题为工作检讨。主持一机关全局者对于各部门之工作，主持一部门者对于下一层组织之工作，主持最下一层者对于所属每一人员之工作均应逐日加以检讨。检讨方式用个别接谈或公共会报，藉表报审核或实际检查，期要对于每一部分或每一人员之工作效率有所考察，有所比较，一方面使事皆推进，一方面使考核成绩确有事实之依据。

人事管理之第四问题在实施奖惩，尤在多奖而少惩。最有效的奖励在使工作者有成绩，有成绩者得赏识，有才能者得上升。故第一奖励方法在为工作者作成绩的记录，第二奖励方法为宣布其成绩使人众皆知，第三奖励方法为给予成绩优异者以较高的地位或荣誉的机会，第四奖励方法为给予相当酬金。至于惩处在促人省悟，绝非表示厌恶。一日而仍留用成绩不良之人，即必一日仍寄以无穷之希望，不可使觉绝望。免职、解雇，成为最后惩处之方法，但为不可轻用之方法。抑尚有进者，奖惩有力不在重轻，而在考核确有依据，无可侥幸，在经常举行，非偶然为之。旧时科举，今时学校考试，皆可鼓舞学子勤苦求学，即是明证。

人事管理之第五问题在谋职工福利。不仅为谋职工当前福利，并须为谋未来福利；不仅为谋职工个人福利，并须为谋家庭福利。有关福利的设施，如职工之补习教育、卫生环境运动及娱乐生活，医药及死亡保险、家庭住宅、家庭经济、家庭卫生、家庭娱乐及子女教育皆所必需。其属于物质方面者应视经济能力设施之，其属于服务方面者应竭所有人力趋赴之。

2. 财务

任何事业能有发展，及能发展到何种程度皆以财务为决定之条件，工商事业尤以财务决定其成败。财务部门所主管者为款项出入，建设款项出入的秩序为预算，惟有确立预算，并严格执行预算，乃能控制款项的出入，乃能使财务不紊乱。机关需要预算，工商事业亦何尝不需要预算？经常预算应按年、按季、按月为之。临时预算应按事为之。

无论预算政策系量入为出或量出为入或两者兼顾，非决定于财务之本身，而决定于全局之配合。最为重要在确立事业之计划，计划必需顾到预算，预算必须配合计划，计划之能执行在根据事实上所可取得之人力、物力与财力，预算即据以支配财力，预算即系支配财力的计划。

预算一经确立之后，即重在严格执行，除因事实上不可避免之变迁及计划上不可避免之修改及不得已修改预算外，必照预算收入支出，不得自由出入，严格执行预算，不仅是足以维持财务上本身的秩序，亦足以协助计划的执行，使全般秩序不易纷更。

财务收支应严格到无一非根据预算，同时应严格到无一非有记录，无一非有完全相符的记录。依据收支数目，确立传票，依据传票，确立账目。账目完成，收支手续乃告完成。依据依次记录之账目分别科目登记，并分别户头登记，以为结算之根据。逐日整理，逐日累计；逐月整理，逐月累计；不但要求正确，亦且要求迅速。盖本月有结算，乃便确立下月之预算；本年有结算，乃便确立下年之预算。事实上纵难定此先后程序，但预算确立之时间与决算完成之时间愈接近乃愈少错误。

财务运用在调度。事业中不可有一件废物，亦不可有一笔废款。精当之预算及精明之执行预算，可使一钱不妄耗用；精明之调度，可使一钱不枉停搁。因此主持一事业之财务人员必须明了全事业之财务状态，必须明了各部分之收入支出及结余数目而善运用调度，尽量应付事业上之需要，而不至停搁于无用之处。

3. 工具

各事业之工具，视事业之性质而异其种类。铁路运输之工具为机车及车辆，公路运输之工具为汽车，航业之工具为轮船，机器厂之工具为工作机，各有不同之性质及用途，因而各有不同之管理方法。但如何以最少之工具发挥最大之效用，如何可使工具的活动力有最大的容量、最高的速度、最多的工作时间、最少的修理时间与停搁时间，要求相同，管理的原则亦大体相同。

第一须设备效率最高的工具。依世界进化的原则，效率最高的工具，常是出品最新的工具，落后国家所可迎头赶上现代者，即赖以得此时间上的便宜。不可太贪价钱上的便宜而去买他人废弃不用、效率太低的工具。

第二须保护工具，使之健全，须使用工具者有使用工具的技术。工头对于工人有严格的管理，工人对于工具有小心的照拂，须使工具保持正常的动作，减少修理时间到最低限度，增加使用时间到最高限度。

第三在使工具有灵敏之调度。尽量适应各方面之需要，不致有停搁或错误，时刻明了工具的动态，使甲工作完结乙工作衔接，不但使用工具到最大限度，且分缓急先后应付，使能达到最高效用。

第四节省工具的耗用。节省润滑油或燃料或其他开支到最低限度。

4. 物料

物料应依事业之需要，有计划的整个的准备：（1）整个的准备较零碎购买为经济；（2）整个准备适于使用时必需的标准；（3）集中易于管理；（4）可省各部分分别采购所感之烦累。

物料之第一问题为选购。首须明了事业各部分所需要物料之多少，以何种标准为最适宜、最经济。经济非即价格便宜之谓，须就耐时长久、效用大小、耗用多少，各种条件比较之，往往竟以价昂贵者为经济。次须调查物料供给之来源——大量制造之厂或大量生产之地。比较品质的优劣，价格的高低。有招标的方法，有特约的关系，有特订的标识。不仅有确实可靠的采购人员，尤须有明白可信的采购方法，然后不致有任何错误或任何弊病发生。

物料之第二问题为保管。接收时检查数量与品质，接收后登记，登记后安置。一切须依确定程序，安置物料，期于保护周密，取携便利。时加检查整理，勿使损坏；如可修理，勿任废弃；最低储量，随时清理，如感不足，即刻添配。

物料之第三问题为分发。分发之主要任务为查明领物部分之确实需要。根据一般使用标准，领物部分过去之使用实况及其存余数量，凭已核定发给数量。要求其于可能程度，经济使用，降低数量，手续上务须迅速周到，使领物部分感觉便利而不感觉烦扰。

5. 文书

事业组织中常有专门办理文书之部分，实则事业中之各部分均须办理文件，故文件草拟为办公室人员一般必要之训练。每草拟一文件，必先明了所须提出之要点，所须根据之事实及理由，所须根据之法令规章及成案，不惮烦累，检讨一切，条分缕晰，加以说明。如系裁答文件，尤须查明来文要点，斟对裁答。如事不止关系一部分，必须以迅速方法征求有关部分之意见。如须签请上级人员核示，必须说明事实及理由，提出方案，签请抉择。一切皆系明白负责之表现，而非含糊卸责或迁延时间。

次为收发文件。收发文件亦为一切机关之重要问题，大的机关有总收发，有各部分的收发，重叠登记，重叠延搁。文件出入经过最多的程序，迁延最多的时间。实则收发困难源于机关组织未能十分明了，每一部分或每一人员办事地点，未能十分确定，致投文件者不能指定机关之某部分、某地点、某人员直接送达，或收发人员无此认识，尚需重叠转达。故机关中各部分各人员之任务及其办公地点之部署均须明确，至少收发人员全能认识，可以省略重叠之收发机关，缩短文件之出入时间。

再次为文件归档。文件归档的方法应参照图书管理方法，应有登记，有目录，并作有系统之架上陈列，期于检取便利，不致贻误。并期于任何人皆可依据登记编目，依据陈列检取，不使成为个人独具的技术。

6. 会计

会计制度系财务记录的制度，已于财务一节中提及财务的记录。一切财务有关之事物均须记录，不仅款项出入逐日记录、逐日整理，逐月记录、逐月整理，任何时间可以查出一事业之收入、支出、资产、负债。结算时间可以查出盈亏数额。从总表上可以查出大纲，从详表上可以查出细目。凡此记录，不仅要求正确，亦复要求迅速，不仅凭以查其过去核实与否，亦复凭以确定未来的业务方针及财务预算，成品制造，工具运用，更须确立成本会计，以查出其确实成本，乃能据以判断盈亏，确定价目。

7. 统计

除与财务有关之数字记录，会计制度上有处理之规定外，凡与数字有关之事物皆须有统计。无论物价之涨落，业务之消长。开支之增减，员工之进退，物料之消耗及工具之运用，凡可以数字统计，从时间上或空间上比较查出其问题者，其材料须尽量搜求，尽量整理，尽量发现问题，以供主管人参证。现代事业常须若干专家作为顾问，统计数字尤为不可缺少之顾问，统计须应以问题参考的需要，尤须应以时间的需要，在事业上非以作学理的研究，乃以供业务的参考，故完成愈快愈于业务有助。主持事业者如不根据统计以决断一切，实为盲目的决断，纵无显然的失败，亦常有不可见的损害。中因无数字上明了的表现，故无显著的发现。

8. 编辑

一事业之编辑工作亦为重要问题。若干事业上之经过，除以会计或统计表现其数字外，常需文字记录、文字整理、文字报告。数字问题亦常需文字说明。无论经常的或特殊的事件，应用文字记录者，开始活动即当开始记录，活动完成，记录即当完成。或者依事之始末，具为报告，或按月、按年具为报告，此为历史上、宣传上、参考上均不可少之资料。

9. 稽核

稽核制度为事业上最重要之制度。其第一工作为审核。事前审核重在预算，事后审核重在结算，中间重在监督预算的执行，随时发现错误，随时纠正。审核须有依据，依据预算、依据过去的成案、依据当前的事实、依据调查、依据统计，不可依据主观的意义。应协助问题之解决，不可牵制问题的解决；应迅速审核，不可延误时间。

其第二工作为检查。审核究系纸面上的工作，必须以检查方法证实之。检查须执行于工作地点及其有关方面。无论检查账据，检查物料，检查工具，检查工程，检查来往关系，要皆重在核对事实与证件是否一致。

（五）计划——安排事的秩序

任何事的进行，皆须先有计划，计划系有系统的办法而非文章，就根据事实不应凭空想像。应一方面顾到可资运用的人力、物力、财力。一方面顾到环境上的需要，先行搜集一切可供参考的资料，排列比较，选择其最适宜的方案定为计划。

计划内容应分整个问题为若干部分及若干步骤；为配定人力物力的数字，尤其财力的预算，并确定开始及完成日期，事前准备事项，随时检讨及相互联络事项，使事的全部进行有所依据，保持一定的秩序。

计划即定，应使执行人员彻底了解，按照执行。凡应准备事项，如期准备。凡应完成事项，应如期完成。如有困难，立刻排除；如有错误，立刻修正。务使一切在预定的秩序下进行，丝毫不紊。从最初起，即全力趋赴，如有充裕时间应留在最后。

任何事业，事业中任何部分之事务，乃至任何个人之工作，均须有计划，然后有效率，无计划即勿行动。管理问题全在安排秩序。组织系安排人的秩序；预算系安排钱的秩序；计划系安排事的秩序。

（六）贤明的管理者

贤明的管理者不应处理纷乱的事物，陷自己入纷乱中，而应整理纷乱的事务，纳事务入秩序中，不应核定人如何活动，但应要求人如何活动。不应待人询问："事应如何办理"，而应问人："事正如何办理"？明了事的动态，乃能控制事的动态。不仅在消极方面防止弊端，尤应在积极方面建设秩序。严格的秩序之下，自然不容许发生弊端。管理问题的核心全在建设秩序。在使每人行动有确定的秩序，全体行动有相互配合相互衔接的秩序，贤明的管理者即为此种秩序的建造者与执行者。如不能建造秩序或不能坚强执行既经建造的秩序，即非良好的管理者；即令其为人才，亦非良好的管理人才。

（录自北碚私立北泉图书馆印行部 1949 年石印本，原件现藏北碚图书馆）

中国中心的伟大基地
（1945年）

蒋介石先生于抗日战争开始前两年第一次乘飞机到四川旅行时，曾经对我说：“一个人只要进入四川的上空，立即就看到了地球外貌的彻底改变。这个广阔的绿色省份最后一定会成为我国抗战的基地。”这一预见已经实现。

四川及其邻近地区对于中国的民族生命来说，不仅在抗日战争中重要，而且在战后的重建中也重要。作为大后方最重要省份的四川，有五千万人口。它已输送了三百万新兵入伍。它的盐产量已由每年六百万担增加到一千万担。它供给了全国大部分的煤和百分之九十的抗战时期最重要的汽油代用品酒精。更重要的是，四川还为国家提供了一个十分理想的战时首都重庆。在那里，城市所在的山岭上，开凿了许多防空洞，这就使政府的日常工作在敌人狂轰滥炸的那几年里，只受到较小的干扰。现在，这个城市的周围已有许多兵工厂和其他工业企业，有的建在地下，有的分布在郊区。四川的那些为美国的空中堡垒及其它飞机使用而修建的许多空军基地的建设，是抗日战争的史诗之一。可以毫不夸张地说，一夜之间就征集了四十万人。他们除了双手外，几乎什么也没有，赤手空拳地劳动，三个月内即建成了那些机场。而在1944年，四川的无穷无尽的人力，主要靠人背，将六千二百万蒲式耳稻米从数不清的僻远农村运到河道上和公路上，供应大后方的需要。

比田纳西还要大

但是，这个地区最惊人的是它的水力。一个可能修建比美国著名的田纳西水利枢纽大好几倍的、世界上最大的水电站的地址，最近已在宜昌附近找到。美国开垦局的顾问工程师约翰·沙维吉在帮助中国政府进行查勘之后，作了一个在长江三峡东端附近修建一个巨大水坝的初步计划。这个水坝将把水面升高一百六十米，产生足够的水力，发电一千五百万千瓦。一半的电力即足以解决总人口约为两亿、直径为一千英里的地区内的供电问题，另外一半电力可用来制造年产数百万吨的化肥，除满足中国的需要外，尚可大量出口。

这个计划的最大受益者是农业。除了化肥而外，它将为灌溉提供丰富的水源。一些地方可用自流水；地势较高的地方则可安装动力抽水系统。这样大规模的灌溉必将大大提高食物、原材料的产量，并增加出口。

第二个受益者是工业。如此丰富的廉价电力必将给所有需要电解的化学工业和所有需要电能的其他工业以巨大的推动力。它将既有助于农村的小工厂，也有助于城市的大型工矿企业。

运输和交通将能得到引人注目的改进。这个区域的所有铁路都可以电气化。水坝将使长江上游的水位大大提高，终年四季通航大船。一万吨以上的海轮可以从海边上溯一千三百英里一直到达重庆，使这个内陆城市变成一个海港。这个方案需要建一个巨大的船闸，其高度比现在世界上已有的任何船闸还要高出五倍之多。

长江三峡水电站将是最大的一个水电站，但绝不是唯一的水电站，并且也不需要最先修建它。之所以首先引证它，是为了显示几乎没有止境的可能性。宜昌上游沿江一带及其支流将会找到许多适当的地点修建比较小的水电站，其中一部分发电量可能不超过几千瓩，但总合起来将能提供丰富的电力。有两处地方将能修建相当大的水电站，一个位于灌县沿岷江上游十英里的地方，可以发电八十二万千瓦，另一个则在大渡河和马边河之间。这两条河差不多是紧挨着并排而流，然而大渡河的标高却高得多。如果用一条隧道将两条河连接起来，将有足够的水位落差发电两百万千瓦。另外还有长江上游的主流金沙江，沿着西康和云南边界的大山脉迂回流过，最后与岷江会合。所有沿江地带都可以修建水坝，以同时解决发电和航运问题。这些水电站的总发电能力如果超过巨大的长江三峡水电站，那将是毫不足怪的。

河道网

水不仅是电力的巨大来源，而且是中国中部和西部的主要运输渠道。四川的得名，就是因为它的四条主要的河流，然而实际上它却布满了由大小河流构成的整个河道网。其中一百一十条以上可以行驶木船。有的河流很小，一年只能通航几个月，但如兴建水利工程，就能大大改善其通航条件。例如重庆西南边的綦河，由于修建一系列二十一个船闸，将变成一条运输煤和铁的交通干道，其中已有一些船闸建设竣工。

兴建水利工程已改造山区河流的一个有趣例子是缩短嘉陵江的计划。这条河流在一个名叫青居街的小镇处，围着一座大山迂回流了十七英里，也就是说相当于木船一整天的行程。可是如经由陆路，其真正距离还不到半英里。不知道这条河的地理状况的旅客们，在经过一整天乘船之后，竟发现自己又住进了前一天晚上住过的客店，无不感到惊奇莫解！现在，计划修一条隧道穿过这座山，使江水穿过隧道抄近路流走，并在隧道低的一端修建一个足以灌溉一万英亩土地的水电站。原来绕道的河床，不再被水淹，也将变成良田。由于这里是一个生产桐油和生丝的重要地区，这一开发将给人民增加可观的收入。

灌溉和资源

四川有世界上最古老的灌溉系统之一。两千多年以前，李冰就将岷江分成无数的水渠和水沟，把江水送到成都平原的每一块田土里。经过了两千年之后，这个系统仍然完好存在。农民们需要干的工作，只是每年保持这些水渠和水沟畅通；而其余的工作，都由大自然完成了。一个世纪又一个世纪，这些河道给四十万英亩田土带来了生命之源的水和保持土壤肥沃的养分。平均每英亩的产量超过了九千蒲式耳，或者相当于未灌溉的土地的两倍。此外还能种一季豆子或小麦，有时候还能再种第三季别的作物。除了成都平原的这个主要灌溉系统之外，还有一些其他灌溉系统。但所有这些灌溉系统合在一起，也仅仅是应该做的一个开端而已。四川有六百万英亩稻田，现在只有百分之十得到灌溉，其余的只能在夏季种一季庄稼，一年内其余的时间只是用来作为自己的蓄水池。这个省的农业产量常有很大波动，如果能得到较好的灌溉，整个省都可以达到成都平原的生产水平，总产量将提高到六亿蒲式耳。四川的年降雨量很充足，但四季分布不均匀，又没有水库和灌溉设施，大部分水都浪费了。扩大自流水系统，将使四川的绝大部分农田得到灌溉，余下的农田则可采用电力抽水来浇灌。

四川的粮食基本上能自给。它有相当多的畜产品，可供出口。四川的羊皮和猪鬃是世界闻名的。四川产糖，其中一部分销往省外。桐油产量约占全国的三分之一，远销世界各地。四川的药材遍销于全中国和南洋群岛。

一幅普通的四川地图会使人对其真实大小得到错误印象。它那山岭重叠、绵延起伏的地形使它具有比地图所显示出来的更多的土地。从飞机上看，地形本身呈现出一幅巨大的、轮廓清楚的地图，由梯田的田埂自然地形成了等高线。这些稻田中的每一寸土地以及稻田间的田埂和斜坡上，都用来种植了农作物。尚未耕作的土地已经不多，开荒的可能性已经不大了。不管怎样，通过扩大灌溉和用肥，以及改进农艺方法，较大的增加产量还是可能的。已有的经验表明，由于改进农艺方法，稻子能增产百分之二十到四十，棉花百分之二十到五十；由于在适宜的地区引进新品种，小麦增产了百分之十到二十。本地甘蔗，每英亩平均产一千五百镑〔磅〕，但在同一地区引进爪哇品种，每英亩生产了三千三百镑〔磅〕，而从印度引进的一个品种，达到了三千六百镑〔磅〕。

四川有丰富的煤藏量。主要的煤层位于重庆地区沿江两岸，并已开始大规模开采。天府煤矿公司的年产量约为四十万吨，供应了战时首都总需煤量的百分之四十。从飞机上或从嘉陵江的船上，人们可以看到一条小的窄轨铁路弯弯曲曲地在山间穿行，这就是连接天府煤矿和它在嘉陵江上的木船船队装煤码头之间的运输线。更多的铁矿藏已在长江上游的南岸发现，在贵州的西北角，蕴藏量尤其丰富。紧挨着铁矿，还发现了优良的焦煤，这就提供了建设另一个重要的钢铁工业中心的可能性。

地方和人民

四川是从战争的废墟中涌现的新中国的地理中心。当中国的重建完成以后，这个地区和世界上其他地区之间的交流将大大扩展，将有不断的货物交换和人员往来。这个地区的自然景色将吸引世界各地的学生和旅游者。这样，交通运输的方式将成为最重要的要求。现在已有几条公路将长江与陆路连接起来通往各地。这里也将成为一个通往四面八方的铁路中心。若干“纵向的”铁路线同中国最大的横向河道长江连接起来，再加上战时修建的许多航空基地，将使中国的西南部成为世界上的巨大通衢之一。

任何开发计划，只有使人民生活得到改善，才是有意义的。当土地本身受到自然灾害的限制或危害时，生活就永远无法富裕起来。我的心中强烈地铭刻着一九三六年四川遭受的那一次近代史上最严重的旱灾之一的情景。从低空飞行的飞机上望去，数百英里范围内，只能见到干枯的田野由于缺水而开裂，覆盖着大地的不是新生作物的碧绿，而是头一年留下来的枯死的残梗。一星期以后，我又一次飞过那片农村，景色却完全改变了！代替旱灾劫掠的是一英里又一英里新生稻谷的美丽秧苗。雨已经下过，人们已经播种。迅速改变的景色使我留下一个信念：人的力量同等于大自然的力量。

四川的人民属于一个非常保守的农民社会。但是接受新的思想时，他们却远不是保守的。稻、麦、棉、甘蔗的新品种已以非凡的速度普及推广。蚕丝业也已以难以置信的速度由纯粹手工业发展成为机械化工业。

甚至在现在这场战争以前，社会建设和工业建设的结构就已经建立起来。可以期待，四川人民一定能为他们的国家的现代化做出更大的贡献，来证明他们自己是配得上大自然给予他们的惊人恩赐的。

（本文原名“The Great Base in The Heart of China”，原载 *Asia and The America's* 第 44 卷，第 191～195 页，1945 年。

卢国仪翻译）

战后中国究应如何建设*
（1946 年 2 日 15 日）

（一）胜利以后的希望是建设

七年来竭中国之全力对日寇作战，规模之大，在中国历史上为空前未有的局面；由侵略国家的结合与被侵略国家不断的更大的同盟结合，所演成的世界大战，在世界历史上尤为空前未有的局面。全世界几乎没有几个中立国家了，除了直接在侵略国家的占领或威胁之下者外，几乎全加入了盟国方面。

战争在心理上，以自身沉痛的心情与周围更大的同情为基础，此在盟国胜于敌人；在物质上，以人力物力及其所造成的生产力运输力为基础，此在盟国胜于敌人。故盟国方面已早在运筹帷幄中确定其最后的胜利，不必待诸战场局势，而年来的战场局势，亦复事实上证明了盟国胜利的加速度趋势，同时证明了敌人正在加速度地崩溃。

凡盟国人民没有不希望胜利早日降临的，尤其是几千年来爱好和平，七年来忍受战争痛苦的中国人民，不仅仅希望胜利降临了，立刻结束痛苦，恢复和平，其于和平恢复以后的国家前途，乃更怀抱有无限的希望的心情，希望国家迅速建设，迅速建设成为一个现代国家，现代强有力的国家，其自力可以防御今后任何强邻的侵略，其联合世界上爱好和平的国家的协力，更可以防御今后任何强国对于任何弱国的侵略，不要有下次的战争，不要有下次弱国再被侵略的战争。

假如中国本身仍是一个可被侵略的国家，即仍随时可被侵略而无任

---

* 1944 年卢作孚作于赴纽约出席国际通商会议前夕，曾铅印成单行本。

何保障，无任何外来的保障可恃以作一切外来事变的预防。一个国家的安全，必须掌握在自己的手上。过去曾有若干年间，希望国家能够苟且偷安于国际均势局面之下，以希望为判断，外患未发，即以为无外患，其结果均势局面一失，准备无素，外患骤至、应付无术。此为永远不可或忘的教训。吾人可以仰赖国际力量维持国际的和平，不可仰赖国际力量维持自己的生存。自己必须对自己的安全，负起绝对责任，必须自己支配自己的命运，必须装备自己，训练自己，使其强力足够维持自己的生活，自己力能抵御强敌的侵略，乃能遏止强敌侵略的野心。即令终可仰赖国际力量援助，国际力量往往只能加于事端发生或问题扩大以后，亦须本身力量能够先自支持足以等待其援助。中国危机依然存在，即远东问题，依然存在，影响之大，仍可及于世界。这次战争，从中日发端起，到全世界卷入止，便是一个事实上的证明，反过来说，假如中国强到可与世界爱好和平的国家携手维持亚洲乃至维持世界的和平，则维持世界和平的力量，有此强大国家在内，绝对压倒一切了。此压倒一切的力量，战时有绝对的把握，获致最后的胜利，平时即有绝对的把握防止发生任何战争，任何侵略的战争。不仅自己获得保障，实可保障任何弱小国家，不使再被侵略，这是中国应对亚洲乃至应对世界负起的责任。

中国有数千年爱好和平的历史，自从春秋战国结束以后，即以其地理关系形成一个较为安全的世界，而非一个斗争群中的国家，此一世界东南有海洋，西南有大山，西比有大沙漠，东北有大荒原，以与其他世界隔绝，故无随时存在的国际间复杂的斗争问题，虽然亦有外患。而其本身又系一农业民族，以每一家庭为一经济生活的单位，各自占有或租有一块土地，安居乐业，与人无争，只是馨香祷祝天下太平，因此人民生活习惯中实缺乏斗争成分。只有一部屡被侵略，屡次南迁以避敌人的历史，没有显然侵略他人，掠夺他人或奴役他人的历史，欧亚两洲只有此一大国有足够爱好和平的精神，犹如南北美洲之有美国一样。惜在今日武力斗争的世界上我无足够的力量维持世界的和平，甚至于无足够的力量保障自己的安全。今后诚须继续保持而且发扬此种爱好和平的精神，但是必须建树可以担当斗争，然后可以维持和平的力量，不仅应以此种力量结束过去被侵略的历史，尤须以此种力量联合世界爱好和平的若干强大国家，揭开今后世界上永久和平的历史。

战后国家的建设，不仅为了防御可以再来的侵略，防御侵略仅为其消极的目的，确立公众的良好秩序，完成一切物质基础的建设，提高人民的生活水准和文化水准，使国家成为一个本身健全的现代国家，尤为吾人必须全力趋赴的积极的目的。

一切都感落后的国家，事事皆系痛苦，不仅遭遇敌人的侵略而已。人民大多数穷困羸弱，食物营养不足，衣服洗涤更替不足，房屋空气光线不足，道路泥泞，市街拥挤，环境污秽，疾疫流行，荒年饥馑，或水患骤发，流离转徙者，动辄若干万户。凡此都是落后国家，随时随地可以遭遇到的问题，其与国际密切接触，互为比较之后，愈为显著。秩序清洁与混乱污浊，高楼大厅与茅屋棚户，轻车疾驶与徒步重荷，触目皆是天堂地狱，其不平与难堪，日趋严重。惟有从根本上建设国家，以机器替代人力，以科学方法替代迷信与积习，使农业增产，矿业开发，工业发达，陆有火车、汽车，水有轮船，空中有飞机，可资转运；人人皆有智慧，皆有工作的技术，皆有职业的机会，皆有服务公众的兴趣；以自力谋生者。收入增加，被雇用者，待遇改良，由此衣食丰裕，住处宽舒，旅行便利，污秽的环境变为清洁，混乱的环境变为秩序；有灌溉工程，防洪工程可以预防天灾；有医药卫生设备，可以预防疾疫；使一切都感落后的同家，短期内即一切进步到与先进国媲美，使全国人民在最大的痛苦后，获得最大的幸福和安慰，其他国家的人一向轻视中国者变为尊敬，批评中国者变为称誉。

世界上其他国家在战争结束之后，只须恢复秩序，中国则恢复秩序之后，尚有极繁重之建设工作开始，战争动员了壮丁千万，粮食数万万石，金钱数千万万元，究竟尚未动员四万万五千万人的全力。战后建设乃为全中国四万万五千万人的责任。尤为全国领导者……未来当更领导四万万五千万人建设中华民国，使成不可侵略的国家，使成一切健全而且达到最高理想的国家。在抗战结束以后，即当开始建设；抗战结束以前，自即日起，即当开始准备。

世界第一次大战以后，国父孙中山先生曾希望中国有迅速而更合理的建设，曾草拟实业计划，希望能在大战以后，利用列强过剩生产力，协助中国完成实业建设。但那时，内有军阀把持政权，相互斗争，南北分立，足为一切建设的障碍；外有一切不平等条约存在，虽有计划，未能实现。自国民革命军胜利，国民政府定都南京以后，建设工作逐渐开始，但以全国尚未完全统一，仅系枝枝节节为之，未及根本。直到抗战前夕，统一大业乃告完成，亟当总动员以应付敌人，不能谈到建设了，当时若干建设在东南方面的，一经撤退，都被摧毁了。

全国既经统一了，不平等条约既经取消了，抗战胜利以后，一切建设的障碍都没有了，只有举国一致的希望着建设，希望着政府有整个建设的办法，有非常明白使人有所遵循并有所恃赖的办法。不但中国人希望如此，外国人之关切中国者，盟国政府之愿助中国战后建设以维持远东和平，以增进相互利益者亦应希望如此。

战争的准备应在秘密中进行，建设的准备，除有关国防必守秘密的部分外，应全部公布，以齐一全国人民的视听及其心志。尚在办法未经确定期间，亦即应使办法的研讨成为全国人民的兴趣，中国是要建设成功一个现代国家，即应参考现代国家建设的资料，图书馆应尽量搜集参考书籍，出版事业应尽量编译印行参考书籍，研究机关应尽量研究此类问题，报章杂志应尽量讨论此类问题，先使现代国家的建设经验成为举国〈人〉民的常识，尤其成为专门人才的专门知识，使对中国的建设前途，有较为接近、较为确定而且较为深刻的认识，使能提出若干建设性质的建议，以供政府的参考或依据。确定中国整个建设的办法，为决定中国若干代命运的大事，诚应迅速为之，尤应慎重为之，应注意有现代头脑的中国人的意见，并应注意有现代国家建设经验的外国人的意见。

（二）建设应以经济为中心

几个主要问题和主要原则，现在或可得而提出的，拟试提出，以供研讨。

中国研究准备建设成功一个什么样的国家呢？当然是一个三民主义的国家。分析起来，很容易得以下三个解答：

政治方面，要求成功一个完全独立自主的民主国家，以实现民族主义和民权主义；

经济方面，要求工业化，人民的生活水准提高，以实现民生主义；

文化方面，要求教育普及，人民的文化水准提高，使能完全实现三民主义。

更具体的说起来，民主国家的人民应有一切的自由，同时国家应有整个的秩序，自由是有法律保障的，亦即是有法律范围的。官吏应有执行法律的训练，人民应有尊重法律的习惯。即没有法官裁判，亦有舆论裁判，即没有警察干涉，亦有旁人干涉，法律乃能彻底发生效力。立法之前，应即审慎，立法之后，应即森严，不准任何人违犯，整个国家的秩序乃能建设起来。

中华民国应是一个完全独立自主的民主国家，应有强大的海陆空军、国防力量，足以防御侵略，维持自己的安全，此为完全独立自主的必要条件。人民应有其贡献于国防力量的必要责任，不能避免。

教育普及是要科学和艺术的教育普及，是要运用科学方法的技术和管理的教育普及，是要了解现代和了解国家整个建设办法的教育普及，是要欣赏建设与社会进步的教育普及。除教育普及外，还得要科学和艺术的研究，继续不断的提高其程度，使能应用世界上已有的发现、发明和创作，而更进一步。

中国要工业化是要一切产业都工业化，是要工业机械化，要用机械替代手工，使有大量的生产，标准的生产和成本低廉的生产，要用工业解决一切生产问题、农业问题、林业问题、渔牧问题、矿冶问题；一切交通问题、铁路、公路、航路运输问题、电报、电话、通讯问题；乃至于一切建设问题。政治建设问题，文化建设问题；增进人民的富力，提高人民生活水准，巩固国防力量的基础。

这三方面的建设诚当并重，但更当以经济建设为中心，更当集中一切力量于经济建设。政府机关是用以管理经济建设的，法律是用以保障经济建设的，教育是用以培养经济建设所需要的人才的，科学研究是用以克服经济建设所遭遇的困难的。

为什么应以经济建设为中心呢？

第一，任何建设，政治的或文化的，皆应以经济建设为基础。政府要管理一个极大的国家，必须依赖铁路、公路、航路的运输便利，电报、电话的通讯便利。要能抵御侵略，必须有强大的陆海空军，必须有大量的大炮、坦克、军舰、飞机的装备，必须有大量制造大炮、坦克、军舰、飞机的工厂。学校要有实际的有效的教育，必须有丰富的图书、仪器、模型、标本；科学研究的实验室里，要做有结果的实验，必须有充分的图书、仪器、药品和一切实验必需的设备，必须有印行图书，制造仪器及供应一切设备的工厂。因此，必须首先着重经济建设，尤其发展工业，否则一切皆感空虚，皆成问题。

第二，必须增进人民的富力，乃能增进人民对于国家完纳赋税的负担力，大多数穷困的中国人民，仍然生活在农业社会当中，只有维持最低生活需要的收入，断无余力完纳过高的赋税，能负担一个现代国家的政治建设和文化建设的经费。战前和战时我们常可听得人民呼吁负担过重了，但所负担的数字，就战前言，中央支出预算最多不过九万万元，以四万万五千万人除之，每人不过平均负担二元；就战时言，除田赋征实作为军粮公粮外，三十三年度的支出预算，不过七百万万元，假定实际支出达一千万万，照物价指数计算，最多不过等于战前三万余万，假定以后方二万万人负担之，每人均不过一元余，这比世界任何文明国家为低。一部分尚非直接取诸人民，人民已感负担过重了，其实何尝真正过重！实在由于其负担能力太底了。战后建设开始以后，只有逐渐加重人民负担的趋势，绝非人民实在的负担能力所可胜任，故必须先致力于经济建设，增进人民的负担能力，而后其他建设乃能追随或并驾齐驱。

第三，经济活动为国家最大多数人所必须参加的活动，一个国家只需最少数人作政治活动和文化活动。管理的效率愈高，运输和通讯的设备愈进步，愈可减少政治活动的人数；政治应为最大多数人谋最大幸福，对于最大多数人从事的经济活动，应首先予以帮助，故应先致全力于经济建设的运动。

（三）经济建设必须有计划

经济建设又应采用何种政策呢?

这得检讨人类的历史。人类是进化的动物，而且是加速度进化的动物。因为人类有使用器具的经验，并能运用语言传达其经验于他人，遂远比其他动物进步，及其有了文字，能够将一人的经验更远的传达于各处，更久的传达于后代，于是人类的进化加速，最后有了科学方法，整理人们的经验，而且由于科学方法的运用，使人们经验的传达更为普遍而迅速，于是更加速了人类进步的速度。后一代人运用了前一代人的经验，总比前一代人进步。而且加速，只怕置前一代人的经验于不顾。

由近代的事实可以证明。英国工业进步最早，大约有二百年了，有一时期号称为世界的工厂。美国立国以来仅一百七十余年，日本维新以来仅七十余年，苏联革命以后重新建设仅二十余年，其进步愈迟的国家，一旦觉醒，即进步愈速，即因其善为运用了前人的经验。中国如果善运用上列国家的经验以从事于战后建设，其进步必比上列国家更速。纳粹德国重整军备仅仅六年，美国由平时工业改为战时工业仅仅两年，虽然两国各有其本国原已发达之工业为基础，故可以极快发展其兵工工业，中国却原来没有基础，但正有世界上其他各国原已发达之工业为基础，只要战后建设有确定的办法，善于运用现代先进国家的建设经验和他们的物质援助，其发展必最易且最速。

科学管理方法，是用科学方法整理工厂管理的经验，由工厂管理发展到任何事业任何机关的管理，提高了每一事业、每一机关的工作效率，使以最少人力最少物力最快时间获致最大结果、最好结果。其方法若干端，要其原则，在为人、为事、为物安排秩序，使横的各部分相互配合，纵的各步骤相互衔接，预算清楚每一部分，每一步骤需要的人力、物力和财力，而预为准备，使无等待、无遗漏、无重复，无过剩或不足，使任何复杂的事物，成为有秩序的活动。这样的科学管理，这样的秩序安排，这样配合工作，已使每一工厂产品加多、标准提高、成本降低、工作时间缩短，尤其在美国用以大量制造引擎、汽车、飞机，在这次战争期间，用以大量制造轮船，过去几百天始能造成一只轮船，现在几十个钟头就可以造成一只轮船了。但在平时，除了苏联，还没有哪个国家曾经用过这种配合的方法来管理整个国家的一切工厂，管理整个国家经济建设的。

苏联曾以五年计划——第一五年计划，第二五年计划，第三王年计划——安排整个国家建设秩序，有效的配合一国的人力、物力和财力，在预定的秩序上前进，结果达到了预期，而且超过了预期，五年计划竟于四年完成了！可以证明运用科学管理的方法，在整个国家经济建设上或工业发展上，是犹如适用于每一经济事业或每一个工厂一样的有效。

有人批评："一般资本主义国家里，第一经济事业有精密的计划，但是整个国家的经济发展却无计划；苏联有整个国家的经济计划，每一事业却嫌缺乏精密的计划"，实则一般国家亦各多少有其整个经济政策，保育其国中若干经济事业，而那若干经济事业亦是凭藉资源或适应需要而发展的，只非由国家事前计划，确定其发展的，比较两种国家经济发展的成就，无计划即远不如有计划。如果中国整个经济建设有计划，每一经济事业又有其精密的计划，则中国未来的可能发展的速度，又当比苏联为大了。

使一切经济事业——生产事业、交通事业、贸易事业、金融事业——在国家的整个秩序上发展，在国家预定的计划上发展，这是经济建设最进步的方法，经济建设而有预定计划，应叫做计划的经济建设，或简称计划经济。我们可以从各方面证明，如果中国未来要作经济建设，不能不采用它。

计划经济最重要的要求在使一切供求配合。在过去自由经济的状况之下，亦自有其供求适应的定律，但其供求适应，是追随于过剩与不足之后，不能事前控制或适时应付。某种货物因供给不足而有利益，且有奇特的利益，于是人皆争趋，增加货物的产量，逐渐或竟迅速适应需要；但常由此超过需要，而降低利益，或竟陷于亏折，于是又减少产量，以逐渐或竟迅速适应需要，或又竟呈供给不足的现象。如此循环往复，成为波状，永远不会稳定在供求适应线上。世界的市场愈大，此种波状的往复亦愈大，货物由供求的量的起落而影响到价的起落。善经济者纵能改良其技术及管理方法，以降低其成本，但事实上所可降低的成本甚微，而原料购价及成品售价之起落甚大，世界的市场愈大，此种起落的因素愈复杂，纵有眼光敏锐者根据市场消息加以揣测，亦难正确，徒使投机者因此活跃。在工业尚未高度机械化以前，尚未极端专业化以前，市场的需要改变，生产计划或尚易于改变。工业愈高度机械化，愈专业化，即愈不易改变生产计划，以适应新的需要，故在今后中国经济建设的进展途程中，不可听任一切经济事业自由冲撞，在无政府状态下，必使供求相互配合，在预定计划上。不但国内供求须作有效的相互配合，国际供求亦须相互协商，力求其相互配合。

产业组织之逐渐集中，逐渐加大，乃机械生产规模愈大愈为经济的自然结果。此种趋势，听诸自由竞争，优胜劣败，少数事业最后成功，实成功于多数事业不断的失败。就是非常残酷的结果。尽管一个工厂长期存在，但已不知几易主人几易招牌。如此自由竞争，一方面诚造了若干英雄豪杰，他方面却埋葬了更多的英雄豪杰，为社会算总账，总是人力、物力莫大的损失，损失的量远比获得的为大。竞争诚为促进人类进步必要的方法，但是你存我亡的竞争究非唯一必要的方法。假如国家确定了经济计划，选定了共同趋赴的目标，则相互竞赛谁先到达，促起进步，亦最有效。中国未来的经济建设，极应以计划经济代替自由经济，以竞赛代替斗争，集中人力、物力在成功的事业上，减少无谓的损失，加速建设的完成。

产业经营之易于失败，不仅因为同业竞争，常常因为供求不相配合，而原料尤所缺乏，或工具有所等待，或销场尚待打开，或人才不能胜任，或资金不够支应，因而迟延了完成时间，或竟使其结果归为失败，故供求配合，在产业发展初期，有感需要，尤感有确立配合计划的必要。

同业竞争即令不到你存我亡的程度，亦将浪费若干可以携手并进的力量于相互对峙上。最显著的为广告与装璜。为了争取顾主，有时费用比产品的成本为大。假定供求配合，有预定计划，则介绍商品与保护商品，均应有较为简单的方法，不必作巨额的浪费在广告和装璜上。

不但是为了以上种种理由，需要确立经济建设的计划，中国人是一向在农业社会生活中的，安分守己是他们的习惯，相互斗争不是他们的习惯，如果骤然变更了他们的生活，极易引起若干纷乱，引起若干不道德的事件。因为他们一向的道德基本，是确立于安分守己上的，不是确立于相互斗争上的，故最好以预定的计划，为从事于经济事业的中国人民安排妥当，为选定目标划定范围，使在相当安定的局面之下竞赛，以此方法相当改善其生活习惯，而非急剧根本改变其生活状态。

中国人纵然有一盘散沙之称，但可以共同的目标和共同的行动团结起来，对日抗战是一个证明。计划的经济建设，是极其明了的举国人民的共同目标，应有共同行动去实现它、完成它，更可团结一盘散沙的中国人，一部分有知识的人，不喜欢接触事实，不喜欢接触数字，各有其冥思所得的偏执的理论，对于整个国家的问题，缺乏共同的了解，缺乏确切而接近的意见。计划的经济建设，是要根据无可争议的事实和无可置疑的数字作成计划，再依据计划，产生人人都得承认的事实和证明事实的数字，可以使这一部分人养成新的心理，了解整个国家的问题，意见确切而趋一致，一部分中国人偶一想到国家，即想到国家里面若干不满人意的事情，无由增进其爱好国家的感情，应以计划的经济建设代表最令人想望的国家，引起大家对于国家之深切的爱好，使因为深切的爱好国家，更努力的实现计划。

（四）如何作成整个配合的计划

计划经济最大的原则在使整个国家经济建设的全盘安排，相互配合在整个秩序上。过去只有一经济事业中或有良好的管理方法，有相互严密的配合，有完整的计划，但在整个国家一大群经济事业间，则相互无配合、无计划。过去政府中各机关，抑或各自草有一群事业的计划，抑或曾经实行若干事业的计划，然仍常感事业与事业间相互无配合，各机关相互间更无整个的配合。今后政府的责任，不是在计划甲事业或乙事业，亦不是在甲机关随便计划若干事业，或在乙机关随便计划若干事业；而是在中央设计机关就整个国家的需要，及其可能发展的若干力量，计划全盘相互配合的事业，而特别侧重在相互关系上。各机关仍应负责计划各部门的事业，但在相互关系上，则应由中央设计机关作整个的计划，且应先作整个的计划。

过去计划之所以不易配合成为整个的，常是由于计划机关立于被动地位，由各主管机关各自提出要求；而各主管机关亦常立于被动地位，由其所属各事业各自提出要求；甚至于主办事业者亦常立于被动地位，而由事业中各部门去支配他。即有所谓计划，亦视各部门要求的强弱，决定其范围之大小，而非依据整个需要和可能分配于各部门的力量。今后中央设计机关为整个国家作经济建设的计划，应自站在主动地位上，依据国家的整个需要和整个力量，作配合的计划。

计划必须安放在事实上，不能凭空想像。一个事实，必须先经调查，再经研讨；一个工程，必须先经察勘，再经测量，然后确定计划。整个国家的经济建设，经纬万端，里面包含有无数事业，无数工程，更须经过若干调查，若干探测，若干研讨，乃能确定计划。即在初期划一轮廓，亦须寻出若干基本事实以为依据，至少，以供参考。

第一，人口的分布，

第二，海口、河流及山脉的分布，

第三，地土〔上〕产物农产、林产、畜产等的分布，

第四，地下产物油、煤、铁等的分布，

第五，水中产物分布，皆为最基本事实，必须搜得材料摆在案上。就生产言，据以算出应生产和可能生产的种类及数量；就运输言，据以算出应增加和可能增加的路线和运量。更分析言之。例如农产，战前年须进口大量粮食，付出大量外汇，战后须增加大量粮食产量，使能自给。战前工业尚未发达，所需工业原料之由农业供给者，除棉花外，为量甚少，战后适应国内乃至国际需要，大规模发展工业，即须适应工业需要，大规模增产原料。例如棉麻织品，为争取外汇，除供本国需要外，须大量输往南洋，即需大量增产棉麻。战前输出货物，除少数矿产品外，大量系农牧产品，战后外汇需要更大，农牧产品必须尽量增加，即令世界市场发生变化，某种产品需要减少，亦当尽量改变方针，适应他种需要。战前主要海口或接近海口地方，一部分木材运自海外，战后一切建设，需要木材之量更大，应尽量从自有的森林采伐。因为原有森林无多，更待从育苗起，大规模植造。

总之，战后农林牧畜产品，须应本国人民消费增加的需要，须应工业发展，原料增加的需要，又须应换取外汇，输往国际的需要，须估计其需要数量，逐年增加多少，同时即须计划可能增加出产的方法。

就农产品言：全国有已耕地若干万亩，就中每年可能解决若干万亩的灌溉工程，供给若干万亩的工业肥料，改良若干万亩的品种，减少若干万亩的病虫害，除已耕地外，每年以交通运输及人口移徙的可能性，增耕若干万亩荒地，算明每年可以各种方法增加农产品若干。

就牧畜产品言：每年可能改良品种若干，原有牧地每年可能增加牲畜若干，除原有牧地外，可能新辟牧地若干，由此种种方法算明每年可能增加畜牧产品若干。凡此生产计划，须与需要相互配合，勿使有过剩或不足的现象。

地下产品：油、煤、铁等，主要是应工业和交通需要的。战前只有煤的生产可以勉应需要，没有油的生产，仅有甚少量的铁的生产。战后工业发达，尤其是工业机械化，需要大量钢铁，制造机械；工程众多，需要大量钢筋和钢架；铁路伸展修筑，需要大量钢轨、机车和车辆；轮船建造，需要大量钢板、角铁、锅炉和引擎，国防上需要大量大炮、坦克、飞机和军舰，亦需要各种钢铁材料；因此，需要钢铁增加之量最大，应尽量探察开采铁矿，冶铁炼钢，以应需要，以减少输入量。战前石油已为重要输入，战后汽车及飞机大量发展，尤其国防上需要量远比战前为大，亦须尽可能探察油矿，扩充采煤量，使能供应部分需要。煤的开发亦须适应铁路、航运、电力、钢铁冶炼及其他需要，陆续开采。铜的藏量，甚感不足，更应尽量采炼。钨、锑、锡等应增加产量，一方面供给国内工业发展的需要；一方面供给国际换取外汇的需要；铝、镁等战前未有生产，战后亦应大规模采炼，以应工业需要。

经济建设主要是要求工业化，更应集中最大的力量发展工业，便能适应一切需要。第一，适应农业的需要，发展肥料工业，农具工业，农产品加工工业。第二，交通方面，适应铁路需要，发展机车车辆制造厂；适应公路需要，发展汽车制造厂；适应航空需要，发展飞机制造厂；适应航运需要，发展造船厂。第三，适应工业本身配合的需要，发展动力厂，同时发展动力机制造工业；发展纺织厂，同时发展纺织机制造工业；应一切机器需要，发展工作机制造厂；应各种用电需要，发展电机器材制造厂；应各种工程需要，发展水泥厂；应陆海空军装备需要，发展兵工工业，军需工业。这不过略举重要者数端。任何生产事业或交通事业的发展，必有工业配合着发展；一种工业发展，同时必有多种工业配合着发展，不仅有相互配合的事业，尤其有相互配合的产量，使供给随时适应需要。甚至于选择地点亦应相互配合起来，以减少其运输往返的困难。

依据地上农、林、畜、牧，地下油、煤、铁等，各种产区的自然分布状态，其与海口、河流联络的方便，及其互相联络的方便，考虑各种工厂可能的集中的地点，各种商品可能的集散市场，人口现有的分布和可能的移徙状态。用铁路网、公路网、水运网、航空网，以及各种通讯网联络起来，使所有运输和通讯事业，配合生产和商业的需要同时发展。不仅运输和通信路线，应并运量和通讯容量配合着需要发展。

依据战后生产事业和交通事业的发展，所需资金总额非常庞大，政府可能从预算上担负的非常微小。政府所担负的纵在国家总预算上可能占最大成分，但在整个经济建设所需资金总额上，只能占最小成分；纵然机器材料可从国外输入，所需资金亦可从国外借得，但亦只能供给事业所需资金总额的一部，即此外资一部，如系借贷，亦须归还，且须以外汇归还。另一部国内资金，除政府可以供给最小成分外，其最大成分仍须来自民间。其集中方法：

一是奖励直接投资。必须予以鼓励，使其投资比一般存款，并比商业投资有更优厚和更稳固的利益，并有信托投资的组织和股票交易的便利，乃能发生效力。

二是银行吸收存款。必须银行事业普遍发展，能为人民存款普遍服务，有如邮政为人民信件服务一样，使人有钱不存在家中，而存在银行，乃能大量吸收存款。

三是发展银行支票的信用，使银行相互服务，相互接收支票，相互抵解，而以中央银行的支票最后给付。使支票能在市场普遍使用，使银行贷出资金，除由存款集中一部分外，尚有支票的信用，创造另一部分。不过须有最低限度的准备，其余乃能运用。

四是国家货币稳定后，随着生产、交通和贸易的发展，所需货币的量与日加大，法币亦可适应需要，增加发行。除一部分必要的准备外，亦可作贷出资金部分的来源。计划战后的经济建设，不仅应确定生产计划、交通计划、为筹资金来源，并须确定金融计划。

为了大量运用外资，必须筹还外债，必须确定国际商业计划，依据国际需要，确定一部分生产计划。若干战前输出的物资，农牧产品，矿产品和手工艺品，战后应尽可能增加其输出量。制造品不能销往欧美的应辟南洋为销场，应用各种方法换取外汇，若干战前输入的消费品，应力谋增加生产或减少消费，以减少其输入量，集中所有外汇归还外债，或使用于购买机器材料上。

生产事业和交通事业可先限制的发展，但为资金所限制，尤其为人才所限制。国家现有专门人才，仅敷现在需要。即在沦陷区连同东北一起收之后，从日本人手中接收所有生产和交通事业，已大感困难。建设一旦开始，更需要大量的专门人才，其数量远比战前或战时为大，人才比资金更少来源，更会感应付无法，可从外国聘来若干专家，帮助建设，但不能填补本国所感人才的缺乏。亟应按照生产、交通、金融和国家贸易事业的需要，从各大学、各专科学校，大规模培养。不仅使有足数的学生，务使学生有足用的知识和技能。因此各校须有充分的设备，有学问和经验兼备的教授，并与各事业取得密切联系，取得学生实习的机会，使能应用到实际工作上去。同时须大批派送有工作经验的学生到国外去，不仅是去进学校研读，尤须去进工厂或其他事业实习，务得实际的技能，以供回国后实际的运用。更大量的低级干部，须从职业学校培养，或就高中毕业学生短期训练，专施技术或管理的训练，使能确实胜任低级干部而愉快。最大多数的工人，亦得就战后退伍兵士或就农村征募，施以技术上必要的训练，使能立刻担任工作，不致失败。同时人口太密、分地太少的农村，亦应转移一部分人到工业或交通事业上去，或转移一部分人到东北或西北垦荒去，以减低农村人口太密的压力。

在经济建设的计划中，产生一大群生产和交通事业，不是产生一群无组织的事业。每一事业应自有其严密的组织，事业与事业间亦应有其联合的组织，而这组织是在政府指导下的。凡是现代产业，为求其产量加大，成本减低，必采大规模组织，集中经营。有合并必要的小组织，必促其合并，使产业经营较为经济。产业由此愈少，政府亦愈易管理。同时若干同类的产业，亦须联合起来，组织同业团体，与政府管理机构配合解决原料及工具采购，成品标准，市场分配，人才培养，技术和管理改良等等问题，使政府管理愈少费力。

小工厂、手工业和农业，无法产生大的组织。为解决其原料、工具、销路及技术等问题，应促成其为合作社的组织。为适应农村副业的需要，用合作社的组织可分散若干工业到若干农家去。譬如织布工业，每家可以安设织布机，且只将必不可分的预备工作或整理工作集中于一工厂。此在工业发展的初期，尤为最切实际需要的组织，应特别注意及之。

政府的管理机构，亦应配合着产业的发展组织起来，其本身的组织和分支机构的分布，均应配合着整个国家的产业组织和产业分布。一切产业自负管理的责任，管理机构只负产业相互配合的责任。盈亏成败应由产业自任之，不应由管理机构代任之。故产业本身的管理责任，应由主办产业者自负之，不应由管理机构代负之。盈亏成败实为管理最有效的驱迫力；驱迫主办事业者不得不改善其管理。政府的管理机构对于产业本身的管理，除多用奖励、指导、帮助的方法外，不能多加力量，政府的管理机构，只在要求整个的经济建设依照计划实施，要求整个国家的产业依照计划发展，要求产业与产业间相互配合，这是向来缺乏人管理的，今后正需要政府来管理。向来国家一大群产业在无政府状态下发展，今后应使变为有政府，在相互配合的计划上发展。

政府所要求于全国产业的为相互配合，为供求双方相互配合，以此保障供求双方的利益；其次是要求一切标准化，原料、成品以及任何零件均须标准化，大小形式以及品质均须标准化。不仅一切产品为然，举凡道路建筑、运输钟点、工作技术、管理方法，凡可以标准化的均须要求标准化。以此确立了社会上一切动作相互配合的保障，而且保障了供求双方交往的诚实与公道。再次要求成本降低，任何产业，无论其为生产或运输，均须确立成本会计；政府须鼓励其改良设备、改良技术和管理，以降低其成本。自无须相当保障其由降低成本而产生的利益。同时亦须相当促其售价降低，以保障消费者的利益，以增加购买力。再次要求劳工待遇水准提高。与产业负责者商定劳工待遇的最低水准，使劳工收入勉足自给。奖励产业界在此水准以上调整工资，并作种种福利设施，以此保障工人的利益，使其利害与所参加的产业一致，不与产业立于敌对地位。再次要求资金利润逐渐降低。在整个经济建设计划下，如能奖励民间投资，又能运用外资，又能以适当金融政策吸收资金，多方辟出资金来源，以供产业需要，自然可使一般存放利息相对降低，产业利润亦随以降低，但依投资期间长久及冒险程度大小，应让产业利润大于资金存放利息，工业利润大于商业利润。过度分配或应予以限制，平时不应有所干预。

依照以上复杂的配合状况，一个国家合理的经济建设真不容易急剧写出具体的计划，既不能由各执行机关各自写出，又不能由一设计机关代为写出；不但非数周可以成就，亦非数月可以成就。有若干程序必须经过。因为计划必须以过去事实为基础，故必须先由设计机关搜集材料，自各研究机关，各执行机关，各重要产业搜集所有一切材料、统计材料、研究报告、实施报告制为图表，以供参考。再由设计机关的负责设计人员与各研究机关，执行机关重要产业的负责人员，分别商讨，草拟大纲。尽量取得国内各方面的意见，乃至国际各方面必要的意见。经过分组审查，集中检讨，然后提请政府核定，交各机关据以草拟各部门的详细计划，交各地方政府据以草拟各地方的详细计划；下至于各事业将要直接担负实施责任的，草拟各该事业的详细计划。在草拟计划期间，仍须时时刻刻交换情报、交换意见、召集会议、派员联络或指导，以期相互顾到配合的需要，使各部门、各地方、乃至于各事业作成的详细计划，次第综合起来，仍成一套。

战后的经济建设计划，应以几年为一期，不要急剧下一判断。各种产业建设完成，各需不同的时间，若干产业且系继续不断发展，不易从中划为一段。为了齐一步伐，划一时期，则愈短愈为适当。因为过去缺乏完备的调查记录和统计材料，缺乏研究和试验报告，尤其缺乏实施计划的经验，不易写成正确无误的计划。故第一期计划只能认为试验性质，只能划为最短期间。在此期间，开始调查，开始测量，开始试验，开始实施，以取得若干根据，若干经验，再定第二期较长时期的计划。在计划进行期间，根据事实的需要，还免不了随时修正计划。

（五）计划究应广泛到何种程度

中国所作战后经济建设计划，究应广泛到何等程度呢？

一个政府确定计划，只限于政府直接设施的范围，不能为民间确定计划。无预算不成计划，政府只能在国家预算范围内定各机关的预算，故只能为政府直接经营的经济事业定计划，这样狭义的经济设施，不算是计划经济。经济计划是安排经济建设所需的人力、物力和财力，其中当然包含财力的预算，估计必需的和可能筹集的〈资金〉数字，却并不同于政府机关的机械性的预算。或谓应划定若干大的企业、包含国营和民营，作为战后的经济计划，其余琐细不必去管它。但是国家产业的全部是互相有关系的，所以需要全部互相配合，不能就中划出若干大的企业，而遗弃其他一切有关的产业。如盼整个经济建设计划迅速完成，且比先进国家更迅速完成，则全部计划包含农林、牧畜、工矿、贸易、交通、金融及一切产业，集中所有人力、物力、财力在全部计划上经营，其范围必须包括 4.5 亿人的活动在内，不仅包括政府直接经营的事业在内，亦不仅包括若干大的企业之由民间经营者在内，甚至于不仅包括大多数人民的经济活动在内，用以训练人民从事经济活动的教育事业，用以管理人民从事经济活动的政府机关，应通通包括在内。

有人批评苏联的五年计划，认为苏联五年计划之最足以令人惊异的并不是某工厂在某天建设完成了，某工厂某天起产量加多了，某工厂从某天起成本低了，而是设计委员会中 16 个人规定了 1.56 亿人五年间行动。而这 1.56 亿人在这五年间竟能完全依照规定行动起来。这个批评正是证明苏联计划经济是包括了全苏联 1.56 亿人的行动在内。如果中国必须实施计划经济，亦一样必须包括全中国 4.56 亿人的行动。

问题是苏联是一个实施社会主义国家，一切私有财产都收归国有了，一切产业、一切资金在国家手上，可以完全由国家布置分配，确定计划。中国则尚在私有财产的经济制度之下，一切产业，一切资金全都在私人手上，如何可由国家布置分配确定计划？尤其是一个民主国家，法律保障人民的自由，同时限制人民的行动妨碍他人的自由，政府亦自不能妨碍人民的自由。人民有选择职业及投资选择事业的自由，政府安能确定一个计划，确定民间选择职业和投资选择事业的行动？

殊不知计划经济的要求：是以现有的经济状况为基础，一方面改善扩充原有的产业，一方面增加新的产业。新的产业无虑百千，尽有人民自由选择的余地。以前人民苦于情况不熟，或调查不足，盲目撞碰，今后国家所可为力的是奖励指导帮助人民，使国家有计划而明了全局，使在国家全部需要中选择自己更适当的事业或工作。举凡往时所感原料、工具、产品、人才、资金配合的困难，都可由政府助其配合。政府有财力和人力，不是自己选择要作的事业，而是以配合人民的需要，补助人民力量的不足。任何私人经营的事业，明了国家计划的全局，及其所可在计划中取得的地位，没有不乐于接受奖励指导和帮助的。国家的计划愈明以全国人民趋赴的目标，人民愈乐于趋赴。国家愈能奖励指导帮助人民，人民愈乐于接受奖励指导和帮助。国家愈要求人民贡献其手脑，贡献其所有一切于国家的经济建设，人民愈乐于贡献一切，不但无妨于计划经济之执行，亦无妨于民主国家的人民的自由。

或谓私人投资所获利润，为私人所有，厚利所在，人皆争趋。利或较薄，或竟无利，人辄避之。如果不幸而私人投资有所选择，或于生产事业以外，另有牟利机会，可以不劳获致，则安能为国家所定计划，一切皆有人投资？若干生产事业何由兴举？殊不知此种状态在自由经济之下最为显著。一切予人以自由，在生产事业以外，予人以若干投机的自由。例如交易场中，黄金、证券可以公开赌博；市场繁荣，土地涨价，可以投资地产，坐牟厚利；自然无人肯更甘冒困难，投资生产，以应国家的要求。计划经济之最大要求，即是人民一切经济活动都在国家计划中。一面奖励指导帮助国家所需的产业，一面关闭一切投机的门。土地由市场繁荣而有的利益，依照国父遗教，应为国家所有。一切赌博及类似赌博的交易，应予禁止。只有货物乃有交易，只有供求两方乃可举行交易。而且供求两方相互配合，市价自少起落，甲乙事业之间，利润自少出入。即有出入，政府为要各种产业平衡发展，还可以奖励指导帮助的程度高下，予以调节。

或谓私人企业究以私人利益为前提，奖励私人扩大企业组织，并助其加强同业联合的组织，结果将使私人团结起来，垄断市场，操纵市面，剥削公众。实则此种病状，则应产生于无整个经济计划和整个产业组织的国家，而让那一部分私人有了计划有了组织，造成供求失去平衡的现象。没有政府去管理他们，没有政府去指导帮助他们的对方，他们才可以垄断市场，操纵市价。如在计划经济制度之下，政府使供求两方相互配合，两方均有组织，两方利益均得保护，而且使产品成本逐渐降低，售价亦可能逐渐降低，尤其因为一切在政府奖励指导帮助之下，应能仰体政府的瞩望，其产量、其产品、其成本均为政府彻底明了，纵有只顾私人利益的私人企业，亦不能对政府有所欺骗，有所反抗。

或谓私人企业所获利益尽为私人所有，如此奖励帮助私人企业，是否无形中培养了若干大资本家在私人企业背后，逐渐把持企业，以为私人攫取利益，不但可以不顾国家的要求，亦复可以不顾事业前进，这种力量到了尾大不掉的时候，政府亦将束手无措，这与国父节制资本的主张实相刺谬。实则大资本家之能完全操纵事业，亦是在无政府状态中产生的，是利用供求状况不协调的机会中产生的。在计划经济供求配合之局面之下，私人企业不易有奇特的盈余，私人股本颇不易有过高红利的分配。必要时期，亦可定分配红利的最高限制，使企业盈余和个人分配为两事。一部分盈余保留在事业上，不被分配，依照国家计划的要求，继续运用在事业的发展上，应为政府所欢迎，即为私人分配所得，其愿省衣节食，将所蓄积再事投资，亦应为政府所欢迎，不应问其是否来自私人。至虑私人投资逐渐加大，结果企业可由私人把持，发纵指使，为所欲为，亦惟有在无政府下资本万能，乃有此种问题发生。在计划经济下，任何产业所需的原料供应，成品推销，人才培养，人力分配，资金接济，均由管理机关助其配合，管理机关虽然只用人奖励指导帮助的方法，但是掌握了产业全部的生命，即令有资本家产生，仅仅掌握了资金，亦不能操纵把持全部事业，以为私人攫利工具。

过去小规模产业时代，资本家常常即为企业管理者，因其私人资本有与企业同时发展的机会，故于企业扩大之后，仍自为管理者，在计划经济制度下，企业发展，不仅恃赖资本，尤恃赖管理人才，此等管理人才不仅应了解一企业的管理方法，同时应了解整个国家计划之所要求，并了解自己所在的地位，对于计划全局所负的使命，而厥竭其最善的努力，替国家负一部分责任。即或其为事业偶谋利益，亦系适用〔应〕国家需要发展其事业，而非为私人争分配，此在抗战以前，尤其抗战以来，有若干例证，若干与国家命运有关的大企业，无论其常有亏折，即令其偶有盈余，股东亦绝少分配，而倾其全力以为事业，以为社会。此中有若干可歌可泣的事，多所贡献而少所辜负于国家。如更得政府加以奖励指导和帮助，使更知所感激兴奋，其必更能为国家用，毫无疑义。

亦曾有若干无知识的投机商人，利用战时经济秩序混乱，最得厚利的机会。如果战后有了经济建设的秩序，一切企业、一切同业皆有严密的组织，此种投机商人无所施其技巧，如不归于失败，亦当改变作风走上轨道。如果国家培养了确有管理方法的人才，主持了一切事业，一切皆用进步的管理方法，则更不易有投机商人产生了。

私人资本应被鼓励集中在产业上，但依照国父节制资本的遗教，应防止集中在少数资本家手上。若干产业随国家的要求不断的发展，私人资本亦将随着不断的发展，其结果终会造成若干资本家。此则应从加重财产所得税和遗产税的税率上予以限制，或奖励其以财产捐作教育事业、科学研究事业或社会救济事业之用，以减低其财产的累积，不能从投资上予以限制。如果私人利益始终与国家要求相反，国家的利益就是他的损失，纵令私人资本已受限制，只要其尚存在，终将为国家害。不如改变私人的企图，使他不为个人而为公众，使他贡献个人所有于所努力的事业上。贡献事业于国家的要求上，他即以资金贡献于国家。此亦全靠国家有经济建设的计划。

（六）最强有力的集体生活——国家

人类不能离开社会而生，尤其不能离开社会的核心集体组织而生活，人类是社会生活的动物，尤其是集体生活的动物。此所谓集体生活，是存在于两个原则上面的；集体以内是相互依赖着，集体与集体间是相互比赛或斗争着。基于这两个原则，产生了人必须忠于集体的道德条件，为了忠于集体，可以牺牲自己，也可以牺牲集体以外的一切。任何时代的人民都有其集体生活，尽管是各种各样的集体生活随时代而不同，但其以经济生活的单位为决定的原则则相同。渔猎时代有渔猎时代的集体生活，游牧时代有游牧时代的集体生活。中国几千年绵延在农业时代中，所以至今还过着农业时代的集体生活，以一家庭为一经济生活的单位。因为经济的依赖关系在家庭，所有教育、职业、衰养、死葬、疾病医药，都是家庭担负，所以家庭生活为中国人主要的集体生活。财产为家庭所企求的事物，在一个家庭的集体生活以内，要仰赖着的，在家庭与家庭间要比赛或斗争着的。其用以生利，则表现在地产、房产或其他产业上，用以消费，则表现在高大房屋，华美陈列，山珍海味，奇装异服上。都是他们所选为比赛标准的，由趋赴这些比赛标准，使得他们集中全力以积聚其财产。

今天以后，因为产业发达，将由农业社会进入工业社会，经济生活的单位，将有相当改变。在私有财产尚未废除以前，虽然家庭仍为保有财产的一个单位，但不复是惟一单位，而且不复是人们运用财产的一个单位。人们将以其手脑，其所有一切，参加另一经济生活的单位——企业组织，或非企业性的社会组织，例如一个学校或一个医院。一部分经济互相依赖关系，亦移到第二个经济生活的单位——企业组织，或非企业性质的社会组织上去了。人们在参加此等集体生活时，其生活上所需要的收入，可以仰赖此等集体组织，而不必仰赖自己家庭。疾病医药、养老、死亡、抚恤或子女教育，亦可从此等集体组织上取得一部或全部的帮助，而不必完全得自家庭的帮助。此等集体组织，应给予工作人员以月薪或工资，并应给予工作人以福利的设施。至于股东，则只分配红利，一年一次，家庭收益可得其相当帮助，但不能得红利以外的帮助。由现代的产业组织所形成的集体生活，工作人员的地位，实比股东更为重要。产业愈发达的国家所形成的集体生活愈加加强，不仅是产业内部的经济依赖关系加强了，产业与产业间的比赛和争斗，益愈加剧烈了。人可忠于一个企业，纵然或没有忘了自己，但可忘了企业以外的一切。极应形成更大的更强有力的集体生活，而以整个国家为一集体组织，使人在自己有财产的时候依赖财产，有事业的时候依赖事业，没有财产，没有事业的时候，或衰养死葬、天灾流行的时候，可得国家的救济和帮助；子女教育可得公立学校的相当帮助；疾病医药，可得公立医院的相当帮助。凡是现代国家，差不多都已形成这种集体生活了，在一个国家里，相互依赖关系，一天比一天加强，国家与国家间相互的斗争，亦一天比一天的剧烈了。相互的斗争不仅表现在武力上、战场上，亦表现在一切产业上和文化上。如果用整个国家有计划的经济建设，可更加强此最后一种集体生活，不但使每人所需教育，所需职业和所需社会救济仰赖国家的帮助，各种产业亦都依赖国家的帮助，使能由国家的帮助获得原料、工具、人才、成品、资金的适应和配合，使人感觉国家为力量最大的帮助者，它在国内造成了相互依赖的生活，它在世界上与爱好和平的国家比赛，与侵略国家斗争；同时也造成了国际间互相依赖的生活。它是一个最强有力的集体组织，使每一个人都效忠于这集体组织。人为事业服役，事业为国家服役。过去以个人或家庭所有的一切，表现在社会上，作为比赛的标准；今后应以个人在事业上所作出来的成绩，和事业在社会上所作出来的成绩，作为比赛的标准了。一切比赛的标准都依国家的要求修改了，尤其集中比赛在经济建设的成绩上，每人停止、至少减低饮食、衣服、装饰、陈列、建筑和拓殖私人财产的比赛，而为增加产量，提高标准，降低成本，增进劳工福利，改良技术或管理的比赛。

如果以国家为范围的集体生活，由计划的经济建设而更加强了。人们有职业的时候，可以依赖职业；没有职业的时候，可以依赖国家，不必依赖家庭，尤其不必依赖财产了。又使比赛标准改变为国家整个的要求，为人在事业上表现的成绩，事业在社会上表现的成绩；非复过去财产所表现的夸大和浪费了。一切产业都在国家奖励指导帮助之下，不在财力支配之下；则人们对于财产的依赖的兴趣都会降低。政府对于人民财产所得的收入，更可用降低利润，增高税率种种方法限制，自然不会有大资本家产生了！但是这是经济建设最后的事，不是最初的事；其所采用的方法是渐变的，不是骤变的；是使大家感觉快乐的，不是使大家感觉痛苦的。

国家必须实施计划经济，计划经济必须包括人民经济活动的全部，必须包括由政府以至全国人民活动的全部，即是为了造成一个以国家为范围的最强有力的集体生活，使每一产业或其他事业，配合着国家的要求，使每人的活动配合着事业的要求。民主国家的主要精神，在使人民有机会自由发展其才能。此一新的民主国家，更能在整个国家的要求上，使人民自由发展其才能；其桥梁为一切产业，其方法为计划的经济建设。苏联先没收了人民的私有财产，故只鼓励人民贡献其手脑，我们仍保持人民的私有财产，即不能不于鼓励人民贡献其手脑以外，并贡献其私有财产。苏联系一社会主义国家，私人所得一切物质上的分配，只能作消费用，不能再作生产用。中国还在私有财产制度下，财产应奖励作生产用。虽一般生活水准应提高，但富有者浪费应减少，应集中其财力在生产上。其如何支配，仍由人民自由选择，但全为国家整个计划所要求。人民因投资而有照料产业的关系，应为国家法律所许可，因为其系代国家照料事业的盈亏成败，正应为国家所要求。国家只应管理事业与事业间的配合。现代管理的原则，上级机构对于所辖下级机构，应让其自己负起处理自己范围内的事务的责任，政府更应让人民负起处理自己事务的责任。

国家既用全力于整个经济计划，亦当用其财力于整个经济计划。国家既掌握全部经济计划的配合，亦当以其财力配合在全部计划上。只要能吸引人民的财力，即用尽方法吸引之，而助以国家的财力。国家不必划开政府投资与人民投资的领域，而应以政府的资金与人民的资金配合。政府应以整个计划的要求和管理机构的地位控制产业全部，控制产业全部的相互配合；不宜以投资地位控制一部分产业，负责产业本身的盈亏成败。因此不必划定若干产业由政府投资，或在一产业中划定若干成分由政府投资，以便管理其本身。政府既以全力管理所计划的全部事业，不宜同时又直接投资经营一部分产业，因为这中间有矛盾的问题。如其希望直接投资的事业获有成绩，即不能同时希望所管理的同类事业与之竞争，获有更好的成绩。两种性质的事业，在业务上、在所得主管机关的帮助上，或难获得平等机会，徒使政府与人民立于竞争地位。即令一切平等，但国家究竟是最后权利者，亦容易使人民感觉恐惧忧虑，失却政府笼罩全体人民，管理机构笼罩全体被管理者的意义。计划经济即在使政府与人民成一气，造起整个国家的利害共同关系，而消灭任何对立关系。在计划经济原则下，政府所必须直接投资经营的事业，只限于人民不能经营的事业，此外则皆投资于人民所经营的事业，而让人民管理其盈亏成败。政府只站在全盘产业的管理地位上，管理其相互关系，管理其相互配合的关系，而奖励指导帮助每一桩事业，但不直接管理每一桩事业。

在政治秩序、尤其是人事安定的秩序，尚未建设完成以前，在政治上的管理方法尚系权力集中于上层机构，下层机构必须请示的时候，决不宜直接管理产业。因为任何产业组织都是继续不断的事业，随时都重受盈亏成败的压迫，各级工作人员，尤其是主持全局者，必须随时负起绝对责任，必须人事安定，必须每人的职权都有可以自由发展的范围，可以发展其才能，乃能发展其产业，此非现在政治机关的管理可以容许，故在计划经济下的一切产业，应尽量鼓励民营。

国家只要控制两个武器：第一是法律，以之保障人民的自由，同时范围人民的自由；第二是计划，是整个国家经济建设的计划，是一切经济事业相互配合的计划。法律从消极方面规定了人民行动的范围，计划从积极方面规定了人民行动的途程。两者都须明白公布，明白解释，使一般人了解全局，一部门执行的人们更了解其细目，只要是中华民国的人民，依照中华民国的规定，而有所贡献，为法律所准许和计划所要求，均应受政府的奖励指导和帮助；只要在国家领土以内，领海以内，以此运用了外资，运用了专家，运用了现代最进步的机器，运用了现代最进步的管理方法和技术，总是于国家建设的成就有帮助。只有国防秘密有关，中国人民在此产业幼稚期间，应有相当保护，若干范围内，应予外人参加以若干限制，但亦须有非常明白的办法和态度，使外人易于选择而且乐于参加，不复迟疑瞻顾。当我们还在单独对日作战时候，有美国空军志愿队来参加我们的战争，将来有办法从事于经济建设的时候，必有若干外国志愿队来参加我们经济建设的运动。

还有一个中心问题，是培养人才，培养计划经济实施时各方面所需要的人才，尤其培养政府机关执行法律和执行计划所需要的人才。教育计划原应配合在经济计划上，亦应如经济计划一样，鼓舞民间贡献其人力和财力于国家所要求的教育运动上，科学研究运动，乃至于一切文化运动莫不皆然，莫不需要人民共同造起运动，使一切成为全国人所要求，心理建设的前提，更应在全国造成此种心理建设的运动。站在全国领导地位的国民党，更有责任造成此心理建设的运动。

国家应以此种配合的要求，造成全国有力的集体生活，造起全国人民共同参加这一最强烈的运动，以加速一切建设的进步，以使中国提早完成现代建设，提早成为一个完全独立自主的民主国家，国防巩固，人民生活水准和文化水准提高，减少本身的危险和痛苦，加强国际维持和平的帮助。这伟大的事业正是全国人民所希望着的，……应可以完全实现的。

（原载《新世界》1946 年 2 月号，1946 年 2 月 15 日）

公司的任务*
(1950年7月24日)

(一) 信心的增加

回到上海来同各方面接谈以后，在个人来说对于公司经营的信心是大大的增加了。“民主”轮的偏差经过检讨以后，船员一致的保证在下次水到上海的时候，即是说再经过十多天以后，保证把一切搞好。工会的代表提出了很多可贵的意见，这就证明我们的劳资关系是正常的，我们的职工是有办法、也有决心克服困难搞好生产的。我希望、我也相信今天在座的各位等一等也提出很多可贵的意见来，因为各位都是负了一部分责任的主干人员。

(二) 公司必须进步

1. 民生公司现在在私营航业界中占第一位，对于私营航业是占着领导地位的，所以必须配合国营事业与招商局彻底合作。

2. 以前的时候一切未上轨道，也许我们还可以推诿自慰着说：我们固然没有进步，但还有不如我们的哩！而现在基本不同了，国家的一切都在日飞猛进的进步，即以交通事业而论：铁路例如在服务上、在准点上，都每天在改进；招商局也在进步，事实放在眼前，不容许我们再推诿了，再自慰了，我们必须进步。

---

* 1950年6月卢作孚由香港回到北京，并出席中国人民政治协商会议第一届第二次会议后，到民生公司上海区公司视察期间，对公司主干人员的讲话纪要。

3. 公司的债务要还，利息要付，备件要买，一切要开支，财务的繁重任务不允许我们不进步。因此必须仰赖于全体职工的合作，同时更盼望各级主干人员领先进步起来。

（三）要求如何进步

公司有的是办法，有的是很好的办法。但是有了办法将如何彻底的执行，向来是没有人过问的。一本“驾驶须知”是一本印得令人羡慕的，那样精致的小册子，发到船上没有人看。有一次本人由宜昌乘“民风”因事希望三天到重庆，但是不是违反海关的规定，船上没有人知道，电报问总公司也没有人知道。结果二副或者是三副仿佛还记着有这样一本小册子，经过到处翻寻，才找了出来。在小册子上面就明明的有一条规定：川江下水不得少于十八小时，上水不得少于四十五小时。夏至前后白昼最多每天可以航行十五六小时，三天当然可以由宜昌到重庆，这是一个不注意规定的例子。

在两年前上海有一部汽车因为冰冻将汽缸炸裂了，冰冻是因为没有放水。但汽车说明书上明明有在冬天可能冰冻的时候，必须放水的说明，可是没有人看。我们公司有这样多的机器，有这样多年的历史，可是没有人注意到这件事。所以在这事件发生以后，就立刻分电各部、各船提起警惕。可是不到一个月，我们有一只船的机器被冻炸裂了，于是乎追究这个责任，究竟是前次的通知没有送到吗？还是船上看到了通知没有做，结果是两个原因都有。公司的通知是送出去了，但是究竟送到没有，没有人管。船上知道公司有这样的通知，但是也没有人管。于是就造成这样大大的错误。这就是管理不彻底的第二个例子。

一个人在公司做好或做坏都没有人管，记得有一个青年在公司是很好的，因为他好，所以才调到船上去作会计，可是不久就开始作弊了，问他为何要作弊，他说：我本不晓得作弊的，但是有人对我说：“不作弊没有人晓得，作弊也没有人晓得，你为什么不作弊呢?”这就是管理不善的第三个例子。所以今天改善管理的问题，是要如何执行和如何检查执行的问题。公司对每一件事，事先都要有切实的计划，根据事实的发展，还要随时作合理的修正。对于每笔开支都要有预算，全公司有全公司的预算，各部分有各部分的预算，不作没有计划的事，不支没有预算的费用。凡事都以开会的方式传达，反映于各级人员，使彻上彻下的都彻底了解。

对于人事管理上的几个原则：

1. 工作分配确立卡片制度。每一个人都要有一定的工作。一个人有一个工作就有一张卡片，有两个工作就有两张卡片，增加一个工作就增加一张卡片，减少一个工作就减少一张卡片。在卡片上把工作的一切情形都记得清清楚楚。让主干人明了，也让他本人明了。

2. 工作检讨建立批评的制度。每天要有经常的检讨，每周或每月要有总结的检讨。主管人员每天必须抽出一二十分钟的时间，来冷静的考虑一下原则性的重要问题。

3. 实地视察。做轮船的要和船时常接触，坐在办公室里不见得能了解船的全部情形，所以岸上的主干人员，要有组织的、有计划的到船上视察，公司的人上船检阅，船上的人可以参加，其他部分的人也可以参加，相互观摩了解实际情形。

4. 定期检阅。规定一个期限来做工作的检阅。

5. 然后才能确立奖惩制度，严明赏罚，多与同人接触，公开奖评，改正错误，发现人才。

（四）当前的任务

在收入方面：

1. 争取货源：不仅顾及自己，也要顾及同业。所以民生揽货要与招商共同进行，要为大家揽货，凡大宗货物，都照各公司的轮船吨位、比例分装，彼此照顾。

2. 加强服务：为争取货源、为争取客运，就必须加强服务，把客与货所感受的困难，都当作我们自己的困难。我们不仅要研究改善揽货、装货的技术，还要进一步研究货本身由产地到装船的运输和成本，还要研究货的销场，并且协助货主来解决这些问题，也惟有这样的服务，才能基本上解决我们公司货源的问题。

3. 研究方法：例如装卸要有计划装卸，特殊货物要有办法，例如装运钢锭，登陆艇有没有开前门的，又没有吊杆怎么办？经过很多人的研究，于是就知道没有前门的可以开后门，这个问题就算有办法了。凡事多同人商量，就有办法，就必须事前有准备、有计划，有了计划，就要同各部、各地妥取联络，照着计划同时进行。

在支出方面：

1. 修理问题：船上要随时检查，一有小的问题就立即修理，不要等着由小变大、坏到不能用了才进厂去修，一修就是几个月，所以船员应该随时注意保养，随时自己修理。岁修进坞只修船底及其他平时不能修理的部分，这样，修理的时间就可能减少多了。此次工会代表说，船上应该做些什么事，公司没有规定，没有人知道要做些什么？所以我们各部分应该规定明白，船只进厂，船上人员应有工作计划，就从荆门起，驾驶部分从船长起，应该做些什么事，轮机部自轮机长起，应该做些什么事，都应规定明白，照计划进行。

2. 减少事变：一切事变，船上均应尽量避免，装载不可逾重，一切以安全为第一。船的航行，第一是安全，第二是安全，第三还是安全。

3. 配件问题：目前有许多配件不仅是贵重，且是买不着。香港对于登陆艇的许多配件，已经不准出口了，所以我们一定要设法解决。重庆有一家工厂正在计划制造轮船配件，不特对行业有了帮助，对于工厂的出品，也有了销路。

4. 减少各部分的人员，每人必须有工作，多余的人参加其他更有价值的工作，如工程队，如成本会计等。

5. 节省物料、燃料，这是多方面的，如修理机器，注意保养等。

我们公司要有办法，就必须从改善管理、减低成本着手。我希望大家多提意见，下一次来能够得到更多的意见。

（本文未公开发表，录自有关档案）

在民生实业公司董事会第二十四届第二次董监座谈会上的讲话
（1950 年 9 月 16 日）

我在香港时，曾接得重庆屡次电报催往北京与政府确立本公司公私关系。但是当时民生香港的一切尚未安排妥贴前，若骤然离开，定会发生绝大危险。第一当西南初解放时，本公司在港的船只吨位占全数的一半，亟待设法安排；其次是债务可能发生问题；再次是香港公司及在港船只的开支问题，都非有一定安排不可。在未离港前，每天都在忙于办此类事，幸而走前几天，一切已有头绪。

北京催要在六月十日以前到达。当我要启程时，香港人士议论纷纭，但已决计北上，虽经竭力控制离港的消息，结果还是未能，故离港后不久有太湖轮被台湾扣去之不幸事件。

到京后，前三周都在参加各种会议。后来与中央人民政府交通部商谈本公司公私合营事件时，我首先声明，此次民生到京之人为总经理及四位经理，凡是有所商讨，我们不能侵越董事会的权责。后来经协定公股董事由政府派出代表四人，以代原有之中国银行公股之赵雨圃、霍亚民，及交通银行之张叔毅、汤筱斋；又战犯股权由政府派出代表三人，以代原有之董事宋子安、刘航琛及徐可亭。

在京同中央人民政府交通部的代表协议之事项，大约可分为以下数端：

一、本公司自抗战以来，清理工作太缺乏，即如股东之住址变迁，至今有许多户的通讯处不能确知，正不断作调查工作。更重要的就是公股和私股股权的确定，究竟哪些真算是公股，除最明确者外，必待详细清理审定。所以第一项事便是股权的清理。

二、本公司的资产，大部分为船舶，以前旧有之船及最近几年所造之船驳的价值都易算出，其他则为民生厂及岸上各项资产。公司本年七月已经有一次普遍的盘点，将来即可据以估算。至于如何估价，正由何迺仁经理在京请示交通部，俟公司将资产全部价值估定，即送请董事会审核。

三、负债的清理。本公司负债笔数并不多，除加拿大造船借款外，其余债务可分为两年至四年还清。偿债办法俟将债务清理后即可作决定。

四、精简机构。首先从总公司着手，如供应部门或另成处或属船处，稽核室须与财务处配合，俱须妥为筹划。至于总公司之改为总管理处，也是今后讨论机构时之一重要问题。

五、人事整理。在原则上希望今后人事问题处理得很简单。无工作者另派工作，如船厂之修理工程，办理成本会计，旅客服务，报关、联运等等，无不需人去进行。所以现刻无工作者，只要能学习，不久之后，都会有相当技能，能担当某项有需要的工作。还有驾驶轮机及报务人员，亦常须训练补充，因之将来从事人事整理时，每个职工都不能发生失业的顾虑。还有船员可组织工程队，随时机动往各船担任修理工作，如此自己修理使船不进厂，对于公司节省最多。至于各项有关人事的重要规章，自然都要另行加以修改或另行制定。

六、财务业务之整理。首先要货运发展，在业务上要与招商局配合，一月来遇事商洽，已有了良好结果。小公司亦应加以照顾，商业上着重有联系，近来办理同业间的各项联系已经得到效果。

以上六项原则，经在北京与政府人员商订本公司公私合营过渡办法，成立协议，现在将协议书照印分送。

最后关于劳资问题，今后总基于劳资两利的原则将生产搞好。本公司之劳资协商会议，俟工会正式成立后亦即正式进行。

还有奖励办法亦正在研究，俟订定后将送董事会审查。

（原载《民生实业公司董事会第二十四届第二次董监座谈会纪录》）

如何推行公私合营过渡办法，如何克服枯水季节业务困难（1950年11月6日）

董事长、各位董事、各位公股代表、各位工会代表、各位出席同人：

自从长江完全解放以来，这是举行第二次业务会议。

今年一月恰在重庆解放后的第二个月，曾经举行过一次业务会议。个人很抱歉，远在香港，未能参加，未能有点滴的供献。但从会议的记录和各处室执行决议案的报告，知道那一次会议的结果，不只当时有丰富的议题和解答的方案，而且在后来继续不断的执行，若干事项已有显著的成绩，这是大家可以自慰的。

从一月到现在，公司事业得各位同人和海员弟兄们的努力，得中央人民政府和各大行政区的照顾，在行政上的航务局，在财政上得人民银行和交通银行，在业务上得招商局的指导和帮助，克服了无数的困难，渡过了国家大革命后商业骤感萧条、缺乏上下货物的枯水季节，担任了一时最紧张的粮运，迄今尚待完成的复员运输和甚盼及时完成的钢胚运输。

可是历史上积累下来的问题还多着。轮船要忙着航行，同时也要忙着修理。运输紧张的时候，感觉轮船不够，但另一方面感觉有了下货，上货不够，有了上货，下货不够，甚至于一些时候上下货都不够。内外债务积累太多，还本付息是太大的担负。困难的枯水季节，收人不敷支出，即在洪水季节，亦只能以当时收入勉强应付当时支出，而转瞬又是枯水季节，又到最困难的时候。这不过略举问题数端，各位更有深切的感觉勿待一一举出。如无有效方法解决，即必日益增加其严重程度。

政府为了增加生产，繁荣经济，在财统一、国库收支平衡、物价稳定之后，立刻调整工商业，调整公私关系和劳资关系。这是政府非常明确的政策，公司应立刻改善一切关系。同时公司原已有国家资本，照政协纲领的经济政策，应立即确立公司的公私关系。因此与交通部签订了公私合营的协议书。在协议书中规定了公私合营的过渡办法。在过渡办法中，规定了清理事项和整理事项。清理事项在确定公股和私股的成分，确定资产和负债的实值和合乎实值的股本。整理事项在调整机构，使体系清楚。调整人事，使人人有适当的工作并有工作的技术。在改善业务经营，使一切有事前的安排，有计划、有预算，实施生产节约办法、经济核算制度。期于增进船舶效能，对国家确实能负起一部分水上运输责任，对本身做到枯水季节收支勉能平衡，洪水季节稍有赢余，能自负起偿还债务的责任。一方顾到职工的福利，另一方顾到股东应分的股息，以期劳资两利。

枝枝节节应付当前的问题，绝不是解决问题有效的办法。公私合营过渡办法是从基本上解决公司的问题，是有效的解决公司问题的办法。经过董事会一致决议，要积极地推行它。推行的责任，正在我们身上。这一次业务会议的主题，正是如何使公私合营过渡办法具体化。分析起来，要是：

（一）确立生产计划实施办法，要使今后客货运输，轮船航行和修理、燃料和物料配备、港务配备，比今天以前更有计划。要使今后航运按季有计划，按月有计划，每轮每次航行有计划，每次进入港口亦有计划，同时即据以拟具明春枯水季节调配及其有关各种计划，一切作事前的安排，以减轻枯水季节的业务困难，亦即开始使生产计划实施办法具体化。计划不是具文，是要坚决执行的；不是臆造或一成不变的，是要依据事实确定，并根据事实修改的，但须竭尽全力避免修改，修改的原因如系又行动的不谨慎或不配合而发生，尤其应该避免。

（二）确立预算规程，要使今后业务损益、财务收付，按季有计划，按月有计划，即有不可避免的临时开支，亦应有必依手续的临时预算。同时据以拟具今冬以迄明春的业务预算和财务预算，一切作事前的安排，以减轻枯水季节的业务困难，亦即开始使生产计划实施办法具体化。预算不是具文，是要坚决执行的；预算是根据计划编造出来的，可能随计划的修改而修改，但要竭尽可能避免修改。

（三）确立会计规程和成本会计以为今后实施经济核算制度的依据。会计规程已经实施了若干年，但尚待改善，成本会计，自七月份开始试办，但尚未完全。希望经此次修改，据以作今后的结算，并从明年一月一日起全部的有效的实施，以会计的记录，掌握全部的收支损益，掌握全部的资产和负债。

（四）确立生产节约办法和奖励办法，以期增进轮船航行安全，减少海损到最底限，增进轮船保养健全，减少修理到最低限；提高燃料的品质，节省燃料的消费；改善客运服务，以增进旅客的便利和舒服，以减少货物的损坏和误差，坚决执行航行计划和港务计划，船上岸上人员一切照预定计划配合行动，无时间上和事务上的任何贻误。如此必能提高运输能力，逐步减轻赋予公司的运输任务。同时必能增加收入，减少支出，作到收支平衡，包含合理的保险和折旧，使有还本付息的余力，逐步减轻积累太大的债务。

（五）调整必要的机构及人事，使总公司、分公司、办事处，有由繁而简的相似组织，体系分明，纵的一串的工作，衔接更为密切，横的各别的工作划分更为清楚。公司需要的人员，有技术的甚感不足，无技术的却有多余之苦。特准备开技工班、木工班、会计统计班，以使无技术者有技术。今后必须减少间接生产的人，增加直接生产的人，不再有徒负名义或不劳而获或工作不够的人，原有顾问而系名誉职的，或少有舆马费的，亦正自请并办理结束中。

（六）确立学习和检讨的办法。加强思想学习、政治学习，以提高我们的政治觉悟；加强业务学习，以提高我们的工作能力，并培养我们在计划上配合行动。我们必须检讨每日的工作，每次航行计划和港务计划的实施。每月乃至每季调船及其有关各种计划的实施，在每次检讨中必须批评与自我批评，以期认识已有的成就或错误，并作未来调整计划的依据。

以上各种事项，全在推行公私合营过渡办法，全在使公私合营过渡办法具体化。并不是已经一切决定了，提出业务会议，正是盼望大家研究讨论加以改正，然后一方面送到董事会予以核定，另一方面送到工会，一部分问题经工会研究后，尚须经过劳资协商会议。未来的实施，不是公司行政可以单独担任的，必须仰赖海员弟兄们的努力，必须仰赖工会的号召，获得海员弟兄们一致的要求和决定，全体一致的起来热烈进行，才能发挥确实可靠的效力。生产节约运动本为重庆工会所倡导，其他各地工会且已全力推行，有相当成绩。生产计划本为上海工会所建议，且已见诸实施。此次所提各种办法，不过就业务上的需要加以具体整理，本与工会所悬目标是完全一致的。最近申汉渝工会委员会代表且有函致公股代表和我们，提出改进的事项，其建议精神是公司所接受的。希望业务会议之后，首先实施在即将到来的枯水季节，期能预算上收支的差额，减轻财务上不可能应付的困难。

公司必须改进，有董事会，有公股代表正确的领导，有工会恳切的盼望，如何改进，完全系在这一次业务会议上。相信各位必能竭尽全力给予最圆满的解答，不仅表现在未来的实施上，尤其是即将到来的枯水季节，即将是非常明显而且是完全成功的第一次考验。

（原载《1950 年第二次业务会议报告》）

在西南军政委员会第二次委员会议上的发言（1951年1月）

我们听了邓副主席一九五一年工作任务的报告，张际春委员清匪反霸减租退押的工作报告和土改计划的报告，并听了各位委员和王副主席军事的、财经的、文教的、民族的、法院的、人民监察的工作报告，深深感觉到西南各方面的工作，在一九五〇年中，有非常迅速的进步，非常显著的伟大的成就。就进军西藏言，筑成了由四川深入西康最艰难险阻的公路，从基本上克服了进军西藏的困难，所以一举而解放了重要地区昌都。就剿匪清特言，彻底肃清了残敌最后留在西南的祸害土匪与特务，使西南广大地区完全成为一片干净土。从到处难通的交通道路，做到无往不通。就农村的清匪反霸减租退押的运动言，十一月才开始向全面发展，迄今不过两个月间，即已有广泛的基本的成就。就这几个例证，可以证明西南区在中央人民政府和毛主席的正确领导下，在军政委员会刘主席和各位副主席各委员的坚毅主持下，实获得各级干部的共同努力，各民族各民主团体的一致团结和广大人民的一致拥护，所以提出一个问题，必解决一个问题，发动一种运动，必完成一种运动。所以在这一年中，各方面的工作都有非常迅速的进步，非常显著的伟大的成就。

过去十余年中，西南人民受反动政府的毒害最重，尤其因为解放最后，一切毒害更集中在西南，现在一切都没有了。西南人民的生活已起了实质上的变动。过去农民在反动政府的驱使下，日夜恐怖着被拉为壮丁，一自解放以后，可以安心农作了。过去工人店员和教师靠固定工资或月薪为生的，日夜忧虑物价波动，现在物价完全稳定了。过去商人只图投机或囤积，现在恢复正常经营了。过去若干人只图不劳而获，靠财产剥削为生，现在都忙于求得工作机会了，过去若干人过着奢侈浮华的生活，现在变得俭朴了。过去在反动政府的压迫下，人民不能有自己的组织，现在农民已有普遍的农民协会，工人已有普遍的工会组织，工商业者有工商联的组织，妇女有妇联的组织，由于这些组织加强了团结，提高了政治觉悟，成为了一切改革运动的动力。在农村中能够很快展开清匪反霸减租退押的运动，在城市中能够很快展开抗美援朝保家卫国的运动，全靠这些组织起了很大的作用。

我们相信有了一九五〇年工作的成就，即是替一九五一年筑好了基础，铺平了前进的道路。进步总是加速度的，一九五一年工作的速度，必比一九五〇年更为迅速。西藏必完全解放，我们的五星国旗，必插在世界高原的边沿上，或竟插在世界的最高峰上。不但从此完全解放了大陆，还要进一步集聚西南的人力物力，支援解放残敌最后盘踞的台湾，打破海口的封锁，解放数百艘数十万吨的中国轮船，让我们的中国轮船，让我们的五星国旗，飘扬在世界的海洋上面。不管美帝如何支持残敌，由抗美援朝的决定性胜利，即可断定解放台湾的必然胜利。

土地改革为中国有史以来革命的最大运动，为一九五一年我们的最大任务，我们必以全力趋赴。让农民拿出自己的劳力，耕耘自己的土地，增加每一亩地的产量，以提高他们的生活水平，并由他们的合作组织，解决他们共同需要的种子问题、畜力问题、农具问题、水利工程问题、产品运销和消费品供应问题。在土改完成以后，将见大量的农产品，包括工业原料和出口物资，涌到城市，将见农民大量增加购买力，大量需要布匹和一般日用品。

城市工商业应在政府和公营事业的领导下，赶快面向农村，有组织的有计划的向农村采购产品，是工业原料，送到工厂去，是出口物资，送到省外或国外去，供给农村以必要的消费品和生产工具。须知农民才是最广大的买主和卖主，农村才是最广大的市场。必须先有农村生产才有工业生产，须先有城乡交流才有内外交流，盼望我们工商业界赶快作一切准备，迎接土改完成以后即将到来的最大任务，工商业界应准备一切，为农民服务。我们办理航运的人，包括自己，应准备一切，为工商业服务，应担负起城乡交流和内外交流所需要的运输任务。

谨祝西南区一九五一年的工作任务完全胜利。

（原载四川省档案馆馆藏《卢作孚委员在本会第二次全体委员会议上的发言》，1951 年 1 月）

卢作孚年谱简编

光绪十九年　1893　出生

4 月 14 日（农历二月廿八日），出生于四川省合川县北门外麻杨柳街。

合川卢氏系清初“湖广填四川”时由湖北麻城迁入。祖父卢仲义，务农。父亲卢茂林，以贩麻布为生，人称“卢麻布”，迁居至合川城外，育有五男二女，卢作孚行二。

光绪二十六年　1900　7 岁

与长兄卢志林进入合川县北门外李家私塾发蒙。

光绪二十七年　1901　8 岁

与长兄卢志林一道进合川县瑞山书院读书。此书院原为义学，创立于乾隆年间，1897 年更名为瑞山书院；1904 年这所传统书院改办新学堂，更名为瑞山小学。卢作孚对瑞山小学颇有感情。20 年后在学校出现财政困难的时候，他自任校长，学校转而稳步发展。抗战胜利后，又引晏阳初、瞿菊农入校董会，壮大了学校的声誉。

光绪二十八年至二十九年　1902—1903　9—10 岁

因病误食草药，失语辍学近两年。

光绪三十三年　1907　14 岁

从瑞山小学毕业。六年的小学教育，是卢作孚一生所受过的所有正式学校教育。

光绪三十四年　1908　15 岁

步行至成都，先入补习学校，继而自学代数、三角、几何。

宣统元年　1909　16 岁

一面自学历史、地理、化学和古文，一面招收补习生；编写《代数》《三角》《解析几何》《代数难题解》等书稿，其中《代数难题解》正式出版发行。

宣统二年　1910　17 岁

研读卢梭《民约论》、达尔文《进化论》、赫胥黎《天演论》以及孙中山的民主革命学说。

宣统三年　1911　18 岁

6 月 17 日，四川保路同志会在成都成立。卢作孚积极参加保路同志会的革命活动。

同年在成都加入中国同盟会，在革命活动中，“宣传策动，为朋辈所推重”。

民国元年　1912　19 岁

3 月 11 日，成渝两军政府合并成立都督府。论功行赏，卢作孚被委任为川东奉节夔关监督。卢志不在此，固辞不就，继续在成都补习学校任教。

民国二年　1913　20 岁

6 月 13 日，川督胡景伊投靠袁世凯，大肆搜捕革命党人。卢作孚被迫离开成都返回合川。途经大足龙水镇，被扣审，经当地一位士绅仗义保释，方才脱险。当时重庆时局紧张，经人介绍，折道川南江安县中担任数学老师；一说任教江安县中时，上杨森万言书，给杨森留下深刻印象。

民国三年　1914　21 岁

夏，乘蜀通轮赴上海，寻求救国的办法。在沪上结识名流黄炎培以及商务印书馆业务员黄警顽、赵连成等人，利用商务印书馆继续自学并参观学校和民众教育设施。蒙黄炎培推荐担任商务印书馆编辑，辞而不授。沪上年许，萌发教育救国理想。

年底，从上海到北京短期考察民初乱象。

同年，所著《应用数题新解》由重庆中西书局出版。

民国四年　1915　22岁

秋，聘于合川县中，离沪返乡。因路费不济，耽误行程，县中改聘他人。后由卢尔勤推荐，在辗转任教于几个学校之前，为《上海时报》写通讯，勉强度日。

民国五年　1916　23岁

3月，与兄卢志林投稿成都《群报》，影射合川县县长贪污舞弊，反被诬有通匪嫌疑逮捕入狱。经各界援救，月余后保释出狱。

6月，经卢志林介绍，赴成都任《群报》记者兼编辑。

民国六年　1917　24岁

夏，杨鹤皋任合川县中校长后，聘卢作孚为县中监学兼数学教师。时任合川县县长的郑东琴对其十分赏识。

秋，与蒙淑仪女士结婚。

民国七年　1918　25岁

夏秋，参加张森楷主持的《民国新修合川县志》编纂工作。

民国八年　1919　26岁

年初，郑东琴任重庆警察厅长，邀卢作孚担任科员。卢志不在此，数月后离职。

5月，经三弟卢尔勤推荐，再入成都，受聘李劼人主办的《川报》，任记者、主笔。妻子蒙淑仪、四弟卢子英随行。

8月末，李劼人赴法勤工俭学，卢作孚继任《川报》社长。《川报》特色是代表青年学生的声音。

11月19日，长子卢国维在成都出生。

民国九年　1920　27岁

继续在《川报》履职。

民国十年　1921　28岁

年初，应川军第二军第九师师长兼永宁道尹杨森的邀请，前往泸县，任永宁道尹公署教育科科长，协助杨森开展泸县新政。

4月，长女卢国懿在合川出生。

下半年，经由陈愚生陆续相邀少年中国学会会员王德熙、恽代英、穆济波、周晓和等人从北京、上海、南京、华中汇聚到泸县，以川南师范学校为中心，积极开展新文化运动。

1921年12月至1922年1月之间，加入少年中国学会。

民国十一年　1922　29岁

2月，四川泸县永宁道尹教育科出版《教育月刊》，卢作孚任主编。

3月，创办《新川南日刊》，以“鼓吹民治，传播新文化，提倡教育实业，灌输国民常识，研究种种社会问题”为宗旨。

春，在杨森支持下，举办川南学生运动会。

7、8月间，杨森败北，退出泸县，卢作孚被迫离职，离开泸县旅居重庆。

年底，与好友郑璧成一道赴江浙沪考察教育和实业问题。从教育和实业入手寻找救国道路的“成心”，在中华职业教育社的活动中部分地找到了答案。在半年旅居沪上的时间里，还拜访了南通的张謇。张謇是黄炎培早年的两大人生导师之一，也是地方建设的先驱，当时他主导的南通建设事业已成规模，从大生丝厂到农垦公司，再到戏院、学校、报社、博物馆、老人院、手枪队等，给卢作孚日后建设北碚以很大启发。旅沪期间，卢作孚撰写了《中国军人的新倾向》一文。他认为“要进行社会改革试验，必须首先兴办实业。只有以实业为基础，社会改革才有可靠的经济保证”。至此，初步形成实业救国、教育救国和地方建设的朦胧意识。

民国十二年　1923　30岁

8月11日，次子卢国纪在重庆出生。

9月，任重庆四川省立第二女子师范学校国文教员，与同任国文教员的萧楚女交好。

秋，父亲卢茂林去世。

本年，撰写《局部改造以模范全局》一文。

民国十三年　1924　31岁

2月，杨森东山再起，后任四川军务督理，发起成都新政，拟委任卢作孚为教育厅厅长，卢固辞不就，建议创办通俗教育馆并自任馆长。

年初，杨森麾下王治易师长中伤卢作孚的通俗教育馆，卢萌生去意，经杨森挽留，作罢。

民国十四年　1925　32岁

本年，在通俗教育馆内举办了四川第一个大型运动会，数万民众观看。

7～8月间，杨森在军阀混战中失利，再次下台。卢作孚感到“纷乱的政治不可凭依”，事业随军事上的成败而沉浮不定，遂决意返乡创办实业、建设地方，通过局部改造以模范全局。

8月，和彭瑞成、赵瑞清等成都通俗教育馆的同事、老同学一起回到了合川家乡，拟筹组航运公司。

8月至9月，围绕航运，对合川、嘉陵江三峡沿线开展了调查研究，写就《两市村之建设》小册子。

10月1日，民生公司筹备会在合川通俗教育馆和陈家花园举行，卢作孚、陈伯遵、黄云龙、彭瑞成、卢志林、刘润生等23人出席，多为卢氏老师、同学、好友和当地贤达。会议决定成立民生公司，推举卢作孚为筹备处主任，积极开展募集股本的工作，定股本为5万元，每股500元。会后，卢作孚、黄云龙赴申购船，路费由卢的老师陈伯遵垫支200元。

冬，在沪上为购船奔波两月，接洽九个船厂，订购一只70.6吨的小船“民生”号，造价3.5万元。由于股东对航业的疑虑，汇至上海的股款仅0.8万元。卢作孚以0.5万元购回柴油发电机，供合川县城发电照明，以0.3万元作造船订金，决心回川再集股资。郑东琴、陈伯遵在募集资金中起了关键作用。

民国十五年　1926　33岁

1月，柴油发电机运抵合川，于药王庙成立发电厂。

3月，民生公司在合川成立事务所，卢作孚任经理。当时，民生公司有四大业务部：航业部、碾米部、电灯部、自来水部。

6月10日，民生实业股份有限公司在重庆成立，公司宗旨是“服务社会，便利人群，开发产业，富强国家”。卢作孚任总经理，月薪30元；陈伯遵、黄云龙为协理，月薪15元。

6月至7月，前往宜昌，接民生轮回渝。

7月23日，率民生轮驶抵合川。

11月，刘湘成立军事政治研究所，大规模调训中下级干部，卢作孚、刘航琛任政治教官。

民国十六年　1927　34岁

2月15日，出任江北、巴县、璧山、合川特组峡防局局长，负责4县39乡镇中的团练剿匪事宜。峡防局开展化匪为民、寓兵于工、建设三峡等一系列行动，迅速改变了这一地区的面貌。

5月14日，率峡防局官兵兴工修建温泉公园。

5月31日，创办学生一队。之后又陆续创办学生二队、少年义勇队、警察学生一队，先后500余名青年受训，成为峡防局各机关、事业单位人员的主要来源。

7月，创办峡区医院。

8月，创办《学生周刊》。

9月11日，次女卢国仪出生于合川。

同年主持筹组北川铁路公司，开始修建四川第一条铁路。

民国十七年　1928　35岁

1月，确定峡防局例会制度。

2月，创办峡区实用小学。

3月，改组《学生周刊》，创办《嘉陵江》报三日刊（1931年1月起改为日刊）。

4月，在关庙创办峡区图书馆。

9月11日，峡区农民银行成立，资本1万元。

9月20日，北碚公共体育场建成。

9月，开始架设乡村电话线。至1930年3月，北碚各场及重庆、合川之间接通电话。

9月，创办民生机械厂，于本年冬建成。此时仅能修理小型轮船，后来发展壮大，到抗战时，不仅能修理本公司轮船，还能制造新船。

10月，北碚举行首次秋季运动会。

10 月，开始整理北碚市政，开辟码头、整齐街道、建设市场、设立路牌、取缔淫祠、清理尿缸、成立市民自治会。经两个月努力，北碚面貌焕然一新。

11 月 16 日，创办峡防局第一期少年队。

12 月 5 日，发起成立北川铁路公司。

民国十八年　1929　36 岁

4 月，在北碚组织嘉陵江运动会，共计 1 161 人参加。

春夏，应刘湘之邀，出任川江航务管理处处长，整顿川江航务。规定军队征用轮船打差必须购票，登船检查外轮货物，实现部分收回航线利权。

10 月 10 日，峡防局职员官兵在公共体育场开小运动会，卢作孚出席并讲话。

民国十九年　1930　37 岁

1 月，发表《四川人的大梦其醒》和《乡村建设》两篇重要文章。

2 月，北碚农村银行改组成立，卢作孚任执行委员长。

3 月至 8 月，携民生公司、北碚峡防局、北川铁路公司有关人员 7 人，出川到华东、华北、东北，历时 5 月有余，一面参观考察学习，一面宣传推销峡局。归来出版《东北游记》，揭露了日本帝国主义对我国东北进行的经济、政治、军事侵略野心。

9 月，中国西部科学院在北碚成立，卢作孚任院长，下设设立地质、生物、理化、农林等 4 个研究所，博物、图书两馆，及兼善中小学校。

10 月，福川公司第一个与民生轮船公司联合，民生开始大规模合并川江轮船公司。

10 月，峡防局工务股正式改组成为三峡染织工厂，化兵为工。

民国二十年　1931　38 岁

3 月，在北碚火焰山建立火焰山公园，后改为平民公园。

6 月，联合重庆各界人士，促使刘湘、杨森、刘文辉在重庆举行旨在结束四川内战、实现川政统一的三军长联合会议，并为会议撰写《四川的问题》的小册子，全面论述四川的政治、军事、教育、经济、交通、边务等问题。

9月，九一八事变发生，发起成立东北问题研究会，唤起民众认识日帝侵略危机，呼吁民族团结抗日。

民国二十一年　1932　39岁

上海"一·二八"事变爆发，与弟卢子英组织"北碚抗日义勇军"，在渝组成"重庆救国分会"。

辞去峡防局局长一职，由其弟卢子英接任。

民国二十二年　1933　40岁

1月1日，重庆民生公司事务所正式改组为总公司，下设总务、船务、会计、运输四处。

5月，把三峡染织厂拨给中国西部科学院办理，力图用这一生产企业来帮助发展学术机构。

6月，促成同兴煤矿、福利煤矿、又新煤矿、天泰煤矿、和泰煤矿、公和煤矿联合；民生公司、北川铁路公司注资成立天府煤矿股份有限公司，卢作孚为董事长，刘宗涛、邓少琴、黄云龙等先后担任经理。

8月中旬，促成中国科学社年会在重庆北碚召开，与会代表120余人。刘湘任年会名誉会长，卢作孚任年会会长。大会主张，组织一个专门委员会帮助四川做4项工作：（1）帮助派人调查地上和地下的各种物产；（2）帮助计划一切；（3）帮助介绍事业上需要的专门人才；（4）帮助对外接头。此后，卢作孚和四川实业界又邀工程学会、经济学会来川开会、考察，帮助解决四川发展中的各种问题。

10月17日，四川"剿匪"总司令部安抚委员会在成都成立，张澜任委员长，卢作孚任赈济组长。

10月，民生公司举行第1次成立纪念活动，致开幕词，明确指出"民生公司不能走上资本主义事业途上去"。

11月，在北碚主持召开峡区团务会议，议决编练民丁大纲。

民国二十三年　1934　41岁

1月29日，《大公报》刊载卢作孚《从四个运动做到中国统一》一文。

2月4日，派峡防局官兵在峡区西山坪举行屯垦开工典礼，经此后一年努力，将荒坡建设成了农场和试验园地。

3月19、20日，《大公报》刊载卢作孚《中国的根本问题是人的训练》一文。

8月2日至11日，《大公报》刊载卢作孚《建设中国的困难及其必循的道路》一文。

10月1日，《中华教育界》刊载卢作孚《四川嘉陵江三峡的乡村运动》一文。

民国二十四年　1935　42岁

1月3日，由汉口飞抵重庆。在民生公司以及峡防局召开的欢迎会上，说道："中国的读书人，都希望自己成为一个学者，做做文章，一点不切实际，当然不能解决目前的问题，我们要提倡活动的精神。"

5月，交通部汉口航政局发出第2371号训令，要求所辖区域内各轮船公司遵照卢作孚所陈办法施行轮船上的新生活运动。

6月，四川省政府批准卢作孚草拟的改组峡防局为嘉陵江三峡乡村建设实验区计划大纲。

10月8日，四川省政府局部改组，任命卢作孚为省政府委员、建设厅厅长，卢未赴任。

10月，赴广西考察。途经广州停留了两天，参观广东省政府经营的糖厂、棉毛丝麻等纺织厂，会晤李宗仁。

10月，在南京与晏阳初相识。

11月上旬，为辞谢省建设厅厅长的任命，与刘湘面谈16个钟头，最后勉力为之。12月上旬正式履职。后来回忆道："前奉故刘主席电召，要本人出任川省建设厅长，当时我认为建设一区（北碚）对国家的贡献，比建设一省的效力来得更大。而建设一区所得的经验，若不加以培养，则比本人不主持建设川省所对国家的损失来得更重。但终以固辞不获勉为担任，而事实上本人所贡献的，实在比致力于北碚的，要少得多!"

民国二十五年　1936　43岁

1月，拟就改组峡防团务局为实验区署的计划，初步确定实验的目标是：(1) 实验乡村建设方法；(2) 培养乡村建设人才；(3) 造起乡村建设影响。实验区署下辖 5 个乡镇，分别是：巴县属北碚乡、江北县属文星镇、江北县属二岩镇、江北县属黄葛镇、璧山县属澄江镇。

2 月初，四川省府第 57 次会议决议，准予设立嘉陵江三峡乡村建设实验区，隶属第 3 区专员公署。委唐瑞五为区长，卢子英为副区长。

2 月，为改进四川糖业，与华侨创设的上海建源糖业公司数度接洽，由建源公司赠送爪哇甘蔗种 120 包。这些爪哇甘蔗种于本月运回四川，其中 60 包由四川建设厅与四川大学在内江合组试验场，特约农民试种，另外 60 包由内江糖业公会领取，分给糖户试种。

3 月 2 日，主持召开中国西部科学院行政会议，议决用中国西部科学院董事同人名义致函重庆著名银行家康心如，希望由他“鼎力斡旋”，帮助解决中国西部科学院经费捐助问题。

3 月 18 日，偕黄炎培到北碚参观并指导各项工作。

3 月，民生公司资产已经达到 700 余万元，股本 120 万元。卢作孚建议增加股本到 250 万元，另加募 150 万元公司债。

5 月 30 日，《嘉陵江日报》载：卢作孚、刘航琛等人，为四川财政以及建设问题奔走京汉一带。卢作孚已经在南京呈准行政院长蒋介石，发行四川建设公债 2 000 万元。

9 月，四川建设厅此前开始筹备建立糖厂、丝厂、电厂、植物油厂，需 800 余万元。为解决资金问题，卢作孚在重庆与此间金融界领袖晤谈，以建设公债向重庆金融界抵借 300 万元，其余议定拟由上海金融界投资，以建设公债为担保品。

12 月 23 日，宋子文在西安与周恩来、张学良、杨虎城谈判中提议组织过渡政府，以孔祥熙为行政院长，卢作孚为实业部长。

民国二十六年　1937　44 岁

3 月 25 日，发表书面谈话，说明代表刘湘到南京报告四川情形之经过：此次奉刘湘主席令，同贺国光参谋长及邓汉祥秘书长赴京，主要是报告四川情形以及四川省政府准备努力经营四川的意见。此行中，何应钦还就南京政府与四川省政府在政治、军事等方面的关系提出 6 项办法，经卢作孚抵达成都后向刘湘说明，刘湘表示接受。

4 月 4 日，陪同实业部长吴鼎昌等人赴四川灌县参观都江堰水利工程。

4 月 6 日，参加民生公司第 12 届股东大会。董事长郑东琴报告公司资产超过 1 000 万元，实收股本仅 160 余万元。

4 月，国民经济建设委员会四川分会在成都举行大会，刘湘担任大会会长，卢作孚担任大会总干事。

6 月 26 日至 27 日，梁漱溟抵达北碚参观并讲演。其间卢作孚也在重庆，卢作孚与梁漱溟相识应在此前后。

6 月，应蒋介石电召，代表刘湘从成都飞抵武汉，转庐山谒蒋，呈明建设新四川意见。

7 月 4 日晚，由汉口抵达庐山；5 日面见蒋介石，陈述辞四川建设厅厅长一职原因并推荐何北衡继任。

7 月 15 日，抵达上海，准备参加国民政府组织的实业界人士赴欧考察团，预定考察时间为 5 个月左右。20 日，母亲在北碚突发脑溢血，25 日病逝。26 日，卢作孚由上海飞返北碚治丧，决定暂不出国。

8 月 20 日，被任命为军事委员会第二部副部长，参与了南京国民政府抗战总动员计划草案的制定。

8 月，开始组织民生公司增加船只、囤积燃料，以芜湖、镇江为基地，组织大规模运输计划，抢运大批军工、生产设备入川。

民国二十七年　1938　45 岁

1 月 6 日，国民政府改组，任命卢作孚为交通部常务次长，主管战时水陆运输事务。

3 月，为解决后方燃料问题，在汉口商请经济部长翁文灏觅一接近前线的大煤矿公司撤退到四川与天府煤矿公司彻底合作。翁文灏首先商请中福公司孙越崎入川考察，考察后与卢作孚在汉口商谈，达成合作办法。5 月 1 日，天府煤矿公司、北川铁路公司与中福公司正式合并为天府矿业股份有限公司。

5 月 19 日，辞去四川省政府委员职。

12 月 21 日至 22 日，陪同晏阳初到北碚参观考察。

民国二十八年　1939　46 岁

1 月，打破孔祥熙、宋子文吞并民生公司的图谋。

2 月，三峡染织厂与常州大成纺纱厂、汉口隆昌染织公司合组的大明染织公司正式成立，卢作孚任董事长。

4 月 4 日，重庆恒顺机器厂股份有限公司正式成立。该厂以迁川的汉阳周恒顺机器厂的大部分机器材料抵作股本，民生公司参加投资，推荐卢作孚为董事长。

民国二十九年　1940　47岁

2月9日，据民生公司《公司消息》：卢作孚日前条知会计处，从1940年1月份起，各方送卢作孚的舆马费及应得的红酬，悉数捐入北碚兼善中学。

5月12日，由重庆返回北碚视察各项建设事业，特别对北碚消费合作社提出6项办法：（1）修建仓库，收储食粮；（2）联络金融机关和生产事业；（3）优待社员；（4）业务以生活必需品为主；（5）售货以社员为限；（6）尽量增加股额。

8月1日，鉴于本年春夏以来，粮价猛涨，国民政府在渝成立全国粮食管理局，卢作孚担任局长。

秋，周恩来指示在重庆聚兴诚银行任经济研究室主任的高兴亚，团结西南的民族资本家，同心合力对抗四大家族。首先，团结四川主要的民族资本家，如刘航琛、卢作孚、何北衡、杨粲三，再团结云南的缪云台。刘、卢、何、杨表示赞成，经过3天协商，达成协定：他们4位经营的任何企业受到四大家族压迫发生危机时，大家协力支援。

年底，陪都建设计划委员会成立，孔祥熙兼任主任委员，翁文灏、卢作孚、康心如等兼任委员。

民国三十年　1941　48岁

7月1日，重庆国民政府粮食部正式成立，取代全国粮食管理局职权，卢作孚辞去全国粮食管理局局长一职。

9月10日，民生公司与中中交农四行签约，向四行借款400万元添购油料，借期2年；另借款400万元添建船只，借期4年。

民国三十一年　1942　49岁

3月1日，三峡乡村建设实验区署正式改组为北碚管理局，卢子英任局长。

3月，民生公司发行公司债700万元。

4月，民生公司在重庆召开第17届常年股东大会，报告公司1941年亏损125万元。

5 月 31 日，民生公司与四行签约，借款 1 000 万元修理船只，借期 2 年。

6 月，民生公司全部资产达到 1.3 亿元，比上年同期增加 7 300 万元。

8 月，航运部营业收入达 1 200 万元。

10 月 13 日，民生公司与交通银行签约，向交通银行借款 1 000 万元添购五金物料，借期 2 年。至此，民生公司共向四行借贷 4 笔款项，共计金额 2 800 万元。

民国三十二年　1943　50 岁

3 月 19 日，国民政府行政院同意民生公司发行公司债 8 000 万元，由各国家银行协助承销，作为修复轮船及清理债务之用；同时，要求民生公司资本总额由 700 万元增加到 8 000 万元。

4 月 17 日，正式辞去交通部次长一职。

6 月 1 日，主持召开天府矿业公司第 1 届第 6 次董事监察人联席会议，大会报告 1942 年公司盈余 214 万元。

6 月 23 日，陪同国民政府军事委员会副委员长冯玉祥到民生公司总公司讲演。

7 月 18 日，中国科学社等六大全国性学术团体在北碚重庆师范礼堂举行联合年会，卢作孚任大会筹委会主任。会议期间，建议在北碚成立中国西部科学博物馆，得到各学术机构赞同。

9 月 13 日，长兄卢志林在北碚病故。主持丧事。

11 月 3 日，在民生公司第 84 次周会上指出，民生公司本年度损失船只多，加上航线缩短和重庆国民政府实行统制等原因，上半年公司航业亏损 4 500 万元，最近月亏更达 1 200 万元以上，公司经营上困难加大。

民国三十三年　1944　51 岁

5 月 5 日，主持召开了天府矿业公司第 4 届股东常会，大会报告公司 1943 年盈余 2 529 万元。

8 月，中国出席国际通商会议代表人选最后确定为张公权、陈光甫、范旭东、卢作孚、李铭、贝祖贻等 6 人，分别代表中国银行业、化工业、运输业和进出口业。卢作孚 10 月 5 日出访，次年 4 月下旬回国。

民国三十四年　1945　52 岁

11 月 13 日，将北碚管理局民众图书馆、中国西部科学院图书馆、民生公司图书馆合并，成立北碚图书馆，晏阳初任理事长，张从吾任馆长。经筹备，该馆于 1946 年 7 月 1 日正式开馆，藏书达 24 万册。

民国三十五年　1946　53 岁

2 月 26 日，以民生公司遭受历史上空前的重大困难，自己无法解决为由提请辞职。董事会召开紧急会议一致恳切慰留。

4 月 9 日，为订购船只再次赴加拿大。

5 月 16 日，赴美国纽约。

5 月 18 日，被国民政府任命为中国出席第 28 届国际劳工大会雇主方代表。

11 月中旬，在蒙特利尔与加拿大 3 家银行正式签定借款协议，建造 9 艘轮船。

11 月，带领民生公司相关人员赴美参观造船厂，并低价收购美加军用舰船。

民国三十六年　1947　54 岁

3 月，从美国回到上海，此前家人已经全部迁至南京。

11 月 1 日至 2 日，回北碚指导工作。

民国三十七年　1948　55 岁

3 月，由上海赴台湾考察公司业务以及基隆、高雄等地港口设施。

10 月，偕加拿大驻华大使戴维士参观北碚图书馆。

12 月，返回北碚，与中农所、管理局建设科及农推所、嘉陵江水道工程处等有关单位，研究北碚农村建设。

1949 年　56 岁

4 月，由香港飞抵上海，与中共上海地下党接触后，由上海飞抵重庆。

5 月 7 日，与晏阳初、蒋梦麟等人，由重庆飞抵广州，拒绝阎锡山内阁交通部长一职，离开广州赴香港。

本年 5 月至 1950 年 2 月，为营救滞留台、港轮船，在港工作 9 个月。在此期间，与中共驻港机构联系，接触中共代表张铁生。

下半年，往返于重庆香港之间。周恩来通过黄炎培传达欢迎卢作孚早日从香港回到内地的指示。卢作孚多次接触张铁生，表示愿意回国。

1950 年　57 岁

年初，新中国政府贷给民生公司巨额美元和港币，帮助民生偿还加拿大贷款本息。

6 月 10 日，离港，经深圳、广州乘火车到北京。

6 月 14 日，全国政协一届二次会议在京开幕，以特邀代表身份出席。在京受到毛泽东两次接见，并多次受到周恩来、陈云等党和国家领导人接见。随后，被任命为西南军政委员会委员。

10 月初，回到重庆。随后，受到邓小平接见。

1951 年　58 岁

10 月 23 日，作为特邀代表，参加中国人民政治协商会议一届三次会议。

冬，与有关部门最后商定民生公司公私合营方案。期间，周恩来转达中央意见，希望卢作孚担任交通部负责工作，并已安排好北京住所。

1952 年　59 岁

2 月 8 日，在重庆家中突然逝世。

中国近代思想家文库

方东树、唐鉴卷	黄爱平、吴杰　编
包世臣卷	刘平、郑大华　主编
林则徐卷	杨国桢　编
姚莹卷	施立业　编
龚自珍卷	樊克政　编
魏源卷	夏剑钦　编
冯桂芬卷	熊月之　编
曾国藩卷	董丛林　编
左宗棠卷	杨东梁　编
洪秀全、洪仁玕卷	夏春涛　编
郭嵩焘卷	熊月之　编
王韬卷	海青　编
张之洞卷	吴剑杰　编
薛福成卷	马忠文、任青　编
经元善卷	朱浒　编
沈家本卷	李欣荣　编
马相伯卷	李天纲　编
王先谦、叶德辉卷	王维江、李骛哲、黄田　编
郑观应卷	任智勇、戴圆　编
马建忠、邵作舟、陈虬卷	薛玉琴、徐子超、陆烨　编
黄遵宪卷	陈铮　编
皮锡瑞卷	吴仰湘　编
廖平卷	蒙默、蒙怀敬　编
严复卷	黄克武　编
夏震武卷	王波　编
陈炽卷	张登德　编
汤寿潜卷	汪林茂　编
辜鸿铭卷	黄兴涛　编

康有为卷	张荣华　编
宋育仁卷	王东杰、陈阳　编
汪康年卷	汪林茂　编
宋恕卷	邱涛　编
夏曾佑卷	杨琥　编
谭嗣同卷	汤仁泽　编
吴稚晖卷	金以林、马思宇　编
孙中山卷	张磊、张苹　编
蔡元培卷	欧阳哲生　编
章太炎卷	姜义华　编
金天翮、吕碧城、秋瑾、何震卷	夏晓虹　编
杨毓麟、陈天华、邹容卷	严昌洪、何广　编
梁启超卷	汤志钧　编
杜亚泉卷	周月峰　编
张尔田、柳诒徵卷	孙文阁、张笑川　编
杨度卷	左玉河　编
王国维卷	彭林　编
黄炎培卷	余子侠　编
胡汉民卷	陈红民、方勇　编
陈撄宁卷	郭武　编
章士钊卷	郭双林　编
宋教仁卷	郭汉民、暴宏博　编
蒋百里、杨杰卷	皮明勇、侯昂好　编
江亢虎卷	汪佩伟　编
马一浮卷	吴光　编
师复卷	唐仕春　编
刘师培卷	李帆　编
朱执信卷	谷小水　编
高一涵卷	郭双林、高波　编
熊十力卷	郭齐勇　编
任鸿隽卷	樊洪业、潘涛、王勇忠　编
蒋梦麟卷	左玉河　编
张东荪卷	左玉河　编

丁文江卷	宋广波　编
钱玄同卷	张荣华　编
张君劢卷	翁贺凯　编
赵紫宸卷	赵晓阳　编
李大钊卷	杨琥　编
李达卷	宋俭、宋镜明　编
张慰慈卷	李源　编
晏阳初卷	宋恩荣　编
陶行知卷	余子侠　编
戴季陶卷	桑兵、朱凤林　编
胡适卷	耿云志　编
郭沫若卷	谢保成、魏红珊、潘素龙　编
卢作孚卷	王果　编
汤用彤卷	汤一介、赵建永　编
吴耀宗卷	赵晓阳　编
顾颉刚卷	顾潮　编
张申府卷	雷颐　编
梁漱溟卷	梁培宽、王宗昱　编
恽代英卷	刘辉　编
金岳霖卷	王中江　编
冯友兰卷	李中华　编
傅斯年卷	欧阳哲生　编
罗家伦卷	张晓京　编
萧公权卷	张允起　编
常乃悳卷	查晓英　编
余家菊卷	余子侠、郑刚　编
瞿秋白卷	陈铁健　编
潘光旦卷	吕文浩　编
朱谦之卷	黄夏年　编
陶希圣卷	陈峰　编
钱端升卷	孙宏云　编
王亚南卷	夏明方、杨双利　编
黄文山卷	赵立彬　编

雷海宗、林同济卷	江沛、刘忠良　编
贺麟卷	高全喜　编
陈序经卷	田彤　编
徐复观卷	干春松　编
巨赞卷	黄夏年　编
唐君毅卷	单波　编
牟宗三卷	王兴国　编
费孝通卷	吕文浩　编

图书在版编目（CIP）数据

中国近代思想家文库．卢作孚卷/王果编．—北京：中国人民大学出版社，2014.12
ISBN 978-7-300-20353-9

Ⅰ．①中… Ⅱ．①王… Ⅲ．①思想史-研究-中国-近代②卢作孚（1893～1952）-思想评论 Ⅳ．①B250.5

中国版本图书馆 CIP 数据核字（2014）第 282477 号

中国近代思想家文库
卢作孚卷
王果　编
Lu Zuofu Juan

出版发行	中国人民大学出版社		
社　　址	北京中关村大街 31 号	**邮政编码**	100080
电　　话	010－62511242（总编室）		010－62511770（质管部）
	010－82501766（邮购部）		010－62514148（门市部）
	010－62515195（发行公司）		010－62515275（盗版举报）
网　　址	http://www.crup.com.cn		
经　　销	新华书店		
印　　刷	涿洲市星河印刷有限公司		
开　　本	720 mm×1000 mm　1/16	**版　　次**	2015 年 5 月第 1 版
印　　张	31.5 插页 1	**印　　次**	2025 年 1 月第 2 次印刷
字　　数	505 000	**定　　价**	113.00 元